## 内容简介

本书以习近平总书记的文化思想与党的二十大精神为指引，秉持历史自信和文化自信的态度和原则，以中外文明互鉴为视界，紧扣传统文化的“概要”特性要求，充分吸收了近年来本领域最新的学术研究与理论创新成果，系统、全面而平实地梳理并阐述了中国传统文化产生的根源与发展流变、传统文化的基本结构形态及其主要特征等核心内容，既注重对中国传统文化核心价值体系的宏观把握，又强调以现代性立场来反观历史传统和传统历史；既注重对文献与文化本源的学术考辨，又尽力突出中西文化的宏观视野比较定位；既注重多维度多层面的客观历史呈现与描绘，又着眼于思辨性科学思维能力的针对性延伸拓展训练。本书图文并茂，为中国传统文化的研习提供了一部集学术性、简明性、实用性和启迪性于一体的读本，除主要用于大学中国传统文化通识课程的教学之需外，亦适合社会普通读者的兴趣参阅。

## 主编简介

**冯希哲**　陕西韩城人。现为西安工业大学三级教授，国家级一流本科专业建设点汉语言文学专业负责人。陕西当代文学与艺术研究中心主任，陈忠实当代文学研究中心主任，西部电影艺术与文化品牌发展研究中心主任，陕西省第九届高等学校教学名师，陕西省宣传思想文化系统第三批“四个一批”人才，中共陕西省委理论讲师团特聘教授，陕西省高等学校教学指导委员会中国语言文学类工作委员会副主任，陕西省汉语国际教育研究会副会长等。近年主要从事地域文学与文化的教学研究，出版著述14部，主持并完成国家级和省部级重点基金项目11项，获省部级及以上科研成果一、二、三等奖9项。

# 目　录

# 绪　论

**【本章要点】**

1. 文化内涵的界定及其结构与功能。
2. 中国传统文化的主体特征。
3. 研修中国文化的价值与基本方法。

文化是一种精神、一种信念、一种力量，是一个国家、一个民族的血脉和灵魂，是人民的精神家园，是民族生存和发展的重要力量。作为一种社会的存在物，有了文化，人类才从宇宙演化的自然历程中发展而成。文化赋予了人以意义、智慧和灵魂，赋予了人以认知自然与社会、改造自然与社会，以及认知自身和改造自身的超凡能力。人既是文化的产物和结晶，又是推动文化发展和进步的决定性力量。具体而言，凡是超越本能的、人类有意识地作用于自然界和社会的一切活动及其结果，都属于文化。即，文化是体现自然的人化创造性能动过程，是凝结在一切器物、典章、信仰、行为之中的精神活动及其结果。

文化的基本结构形态表现为物态文化、制度文化、行为文化和心态文化，并具有记录、认知和教化等功能。

中国传统文化在漫长而悠久的人类历史长河中，历经风云荡涤而赓续至今，体现出强大的生命力，并凝结为求稳惧乱的农业文化心态、以家族为本位的宗法集体观念、君主专制与民本主义结合的政治文化、中庸之道的社会心理习惯、以人为本的仁者风范等主体内涵特征，也成为历史文明进步的精神脉源与营养液。

自觉研习中国传统文化，坚定文化自信，师古而通今，不仅是作为一名中华儿女的本分和理所当然，更是承继优秀传统以开创新时代的历史性必然要求。在这一过程中，秉承历史唯物主义的态度和方法论，力求以文明互鉴视野的去其糟粕而取其精华的扬弃原则至关重要，而文化自信始终应是一个正确的立场。

# 第一节 文化与中国传统文化

人是文化意义上的人类，文化构成了人类的本质性特征。从野蛮的动物到文明的人，人类靠文化进步；从生物的人到社会的人，人类靠文化教化；人类千差万别的个性、气质、禀赋、情操，靠文化培养；人类的欢乐与痛苦、幸福与悲伤、崇高与鄙俗、伟大与渺小等，靠文化熏染并赋予；人类各种各样的世界观、人生观、价值观等，靠文化涤荡而确立。

# 一、文化的内涵

文化是一种精神、一种信念、一种力量，是一个国家、一个民族的血脉和灵魂。习近平同志在论述中国传统文化时强调："中华文化源远流长，积淀着中华民族最深层的精神追求，代表着中华民族独特的精神标识，为中华民族生生不息、发展壮大提供了丰厚滋养。中华传统美德是中华文化精髓，蕴含着丰富的思想道德资源。"[①] 源远流长的民族文化既是世界文化长河的重要组成部分，也因其丰厚博大而构成了独特的文化品格，形成了民族于宇宙自然、于人类社会、于人本体独特的认知体系和精神标识。如此独到的认知系统最早便始于对"文化"的理解。

## (一) 中国"文化"的命名及含蕴

"文化"是中国语汇系统古已有之的词语。"文"的解释最早来自《周易·系辞下》的一句话："物相杂，故曰文。"《说文解字》称："文，错画也，象交文。"就是说，"文"的本义是指各色交错的纹理。在此基础上进一步衍化为文字、文籍、文章、文学等更为广泛的概念及意义，"文"随之与"质""实"构成相对的精神修养与美善德行之意。《论语》有言："质胜文则野，文胜质则史，文质彬彬，然后君子。"郑玄注《礼记》曰："文优美也，善也。"可见，"文"字自其始便与今日之"文化"一词有着不解之缘。

"化"本义指事物动态的变化过程，如《周易》的"男女构精，万物化生"，《礼记》的"赞天地之化育"；后又延伸出造化、大化等意义，如《荀子·天论》的"阴阳大化，风雨博施"；进而引申出伦理德行的化成。"文""化"合用，则见于《周易·贲卦》："刚柔交错，天文也。文明以止，人文也。观乎天文，以察时变；观乎人文，以化成天下。"这段话里的"文"是从纹理之义演化而来。日月交错文饰于天，即"天文"，也就是天道规律；人与人纵横交织的关系布成社会，即"人文"，也就是社会人伦。它同时也告诉我们，好的治国者必须观察天道自然的运行规律，以明耕作渔猎之时序；必须把握社会人伦秩序，以明君臣、父子、夫妇、兄弟、朋友等级关系，使人们的行为合乎礼仪，并由此而推及天下，以成"大化"。显然，"文""化"从其最早的连用起，便有明确的"文明教化"之义。这一用法沿至后世，进一步引申出多种义项，分别与自然、神理、朴野、武功相对应，出现了人伦、文明、文雅、文治等多层面的含义。史料记载，汉朝刘向第一个把"文""化"两个字合成

① 把培育和弘扬社会主义核心价值观作为凝魂聚气强基固本的基础工程. 人民日报，2014-02-26 (1).

一个词来使用。他在《说苑·指武》中说："凡武之兴，谓不服也；文化不改，然后加诛。"晋人束皙也讲"文化内辑，武功外悠"，这些都是指与国家军事手段相对的概念，即国家的文教治理手段。到唐代，孔颖达则别有见地地解释《周易》中的"文化"一词，认为"圣人观察人文，则诗书礼乐之谓"，这实际上是说"文化"主要是指文学、礼仪、风俗等属于上层建筑的东西。古人对"文化"的这种规定性从汉唐时起一直影响到清代，因此明末清初的大学问家顾炎武在《日知录》中说，"自身而至于家国天下，制之为度数，发之为音容，莫非文也"，即人自身的行为表现和国家的各种制度都属于"文化"的范畴。

## （二）西方关于"文化"的阐释

轩辕黄帝像

西方人论述"文化"要比中国人晚一些。西方语言中的culture，在1690年安托万·菲雷蒂埃的《通用词典》中被定义为"人类为使土地肥沃、种植树木和栽培作物所采取的耕耘和改良措施"，并有注释称："耕种土地是人类所从事的一切活动中最诚实、最纯洁的活动。"可见，此时西方人观念中的"文化"只是用来隐喻人类的某种才干和能力，是表示人类某种活动形式的词语。而"文化"一词成为一个完整体系的术语，大约是在19世纪中叶，而这以后，文化和文明常被看作同一事物的两个方面。学者们从人类学和社会学的角度探讨文化现象及其历史发展，给"什么是文化"做了多种解释，其中较有影响的观点有三种。第一种是方式论，即认为文化是一定民族的生活方式，是一种并非由遗传得来的生活方式。这里包含了人们的兴趣、爱好、风俗、习惯，强调了文化的继承性。譬如，美国著名文化人类学学者鲁斯·本尼迪克特的定义是："（文化是）通过某个民族的活动而表现出来的一种思维和行动方式，一种使这个民族不同于其他任何民族的方式。"第二种是过程论，即认为文化是人类学习和制造工具，特别是制造定型工具的过程，这里既包含了人类智力和创造能力的不断进化，也强调了文化的演进性。第三种是复合论，即认为文化是作为社会的成员的人所获得的包括知识、信仰、艺术、音乐、风俗、法律以及其他种种能力的复合体，这强调了文化的熔铸性。如人类学家爱德华·泰勒在其《原始文化》一书中说："文化"是人类在自身的历史经验中创造的"包罗万象的复合体"。马克思主义理论家对文化做了一种新的解释，把文化分为广义和狭义两种。

罗森塔尔·尤金所编《哲学小辞典》中认为文化“是人类在社会历史实践过程中所创造的物质财富和精神财富的总和”，这就是所谓“广义的文化”；而与之相别的“狭义的文化”“代表了人类群体的显著成就，包括他们在人造器物中的体现；文化的核心部分是传统的（即历史地获得和选择的）观念，尤其是它们所带来的价值。文化体系一方面可以看作人类活动的产物，另一方面则是进一步活动的决定因素”。这一文化的综合定义基本为现代东西方的学术界所认可，有着广泛的影响。

### （三）“文化”的具体内涵

钟敬文先生审视了诸论，在《话说民间文化》中从人类学视野出发，将文化界定为“凡人类（具体点说，是各民族、各部落乃至于各氏族）在经营社会生活过程中，为了生存或发展的需要，人为地创造、传承和享用的东西，大都属于文化范围。它既有物质的东西（如衣、食、住、工具及一切器物），也有精神的东西（如语言、文学、艺术、道德、哲学、宗教、风俗等），当然还有那些为取得生活物资的活动（如打猎、农耕、匠作等）和为延续人种而存在的家族结构以及其他各种社会组织。”[①] 应该说，这个论述抓住了问题争议的症结，但是并未明确给出真正的定义，仍然流于描述。但从中我们可以归纳如下：文化的核心问题是人，文化也就是“人化”。作为一种社会的存在物，有了文化，人类才从宇宙演化的自然历程中发展而成。文化赋予了人以意义、智慧和灵魂，赋予了人以认知自然与社会、改造自然与社会，以及认知自身和改造自身的超凡能力。人既是文化的产物和结晶，又是推动文化发展和进步的决定性力量。

具体而言，凡是超越本能的、人类有意识地作用于自然界和社会的一切活动及其结果，都属于文化。即，文化是体现自然的人化创造性能动过程，是凝结在一切器物、典章、行为之中的精神活动及其结果。

## 二、文化的分类

长期以来，人们使用的“文化”概念，内涵、外延差异甚大：有物质文化与精神文化的两分说；有物质、制度、精神的三层次说；有物质、制度、风俗习惯、思想价值的四层次说；有物质、社会关系、精神、艺术、语言符号、风俗习惯的六大子系统说，等等。我们这里以四层次说来界说。

---

① 钟敬文．话说民间文化．北京：人民日报出版社，1990：35－36.

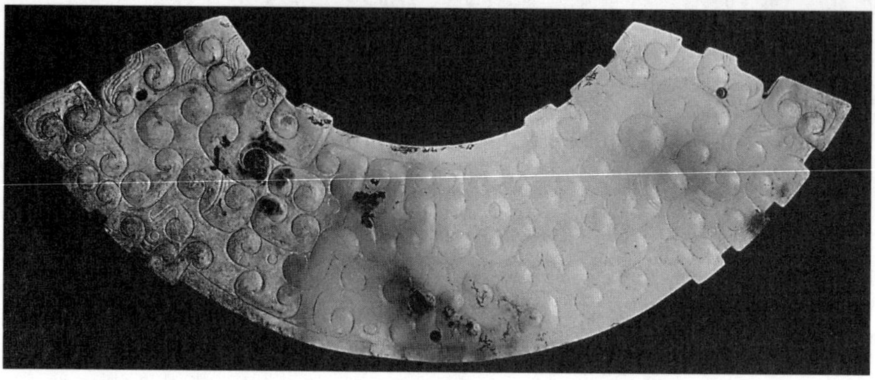

玉璜

## （一）物态文化

物态文化是人类加工自然创制的各种器物，并以满足人类最基本的生存需要——衣、食、住、行为目标，所直接反映人类认识、改造自然的精神因素。如孙中山先生按照中国人“三纲五常”“礼义廉耻”的理念设计了“中山装”；中国的饮食文化则强调调料的“调和”，折射了中国人重关系、重整体的情怀；中国的建筑则强调“和谐”意愿以及“天人合一”的思想等。

## （二）制度文化

制度文化是指人类依据一定的思想观念建立起来的国家根本制度，如经济制度、政治制度、法律制度、教育制度、婚姻制度等。就中国政治制度来说，其君主专制制度不同于欧洲，它是统治者凭借武力抢夺并强化自己的专制权力，能够使神职人员成为他们顺从的奴仆，而且专制形式越来越完备。

## （三）行为文化

行为文化是指人类在社会实践中，尤其是在人际交往中约定俗成的习惯性定式所构成的行为模式，也就是我们所说的风俗习惯。就中国传统节日来看，有春节、元宵节、清明节、端午节、中秋节、重阳节等。这些节日的表现主要有两层：其一表现为亲友团聚和举行一些喜庆活动，其二往往与祭祖活动紧密联系在一起。这些节日表现出一个家庭、一个民族的强烈的内部亲和力和凝聚力，展现了中国社会是一个伦理道德思想非常发达的宗法体制的社会。

### （四）心态文化

心态文化是指由人类社会实践和意识活动长期孕育而成的价值观念、审美情趣、思维方式等。它所反映的是人的内心世界，潜伏在整个文化系统的深层。以中国人的心态文化为例，在价值观念方面主要是崇古、唯上、忠君、道义；在审美情趣方面是追求善与美、情与理的统一；在思维方式上强调整体直观、类比外推等。

## 三、文化的功能

文化的功能是指文化系统在人们的社会生活实践中，能适应并满足个人和社会多种需要的重要作用。它具体表现在以下三方面。

### （一）记录功能

文化从被人类创造的第一天起，就有着记录的功能。当文字还没有出现时，人们就通过口头语言将经验、知识、观念口耳传授，代代相传；文字出现以后，它作为文化的载体，扩大了文化的记录功能。不仅语言文字是文化的记录载体，而且物质型文化也有这种功能。一件兵器、一种生活用具、一件艺术品都可以使我们感知到彼时彼地人们的精神风貌和实践活动，感受彼时彼地的风土人情和风风雨雨。秦朝的兵马俑使我们重睹秦王朝的风采，而一幅《清明上河图》使宋代都市繁华嘈杂的生活图画又呈现在我们眼前。

### （二）认知功能

人类的认识过程总是受到文化现象的制约和规范的。这是人类通过文化不断积累经验，改进自己的思维方式，提高自己的认知能力，从而逐渐认识自然、认识社会、认识自身、认识世界的过程。摩尔根的《古代社会》就是收集了印第安人原始社会的信息后写成的，它使我们知道了人类社会并不是只有阶级社会，也并非一开始就是阶级社会。

### （三）教化功能

文化被人们创造出来以后，就成了人们生活环境中的有机组成部分。这种不同于自然界的人造环境，我们称为文化环境。它一旦产生就反过来影响人、塑造人，体现出教化功能。如在西方有“人是环境的产物”的说法，在中国则有“孟母三迁”的典故和“近朱者赤，近墨者黑”的古训。

# 第二节 中国传统文化

中国传统文化是指1840年鸦片战争以前，由中华民族在东亚大陆这片广袤的土地上所创造的独特的文化体系。它包括了含韵独特的语言文字、浩如烟海的文化典籍、嘉惠世界的科技工艺、精彩纷呈的文学艺术、充满智慧的哲学宗教、完备深刻的道德伦理等。在这个博大精深、“仰之弥高，钻之弥坚”的巨大体系面前，首先要了解中国传统文化的主要特征和基本精神，以便管中窥豹。

中国传统文化总体而言，有如下主要特征：

## 一、强大的生命力

在世界文化之林中，按照英国历史学家汤因比的说法，曾有26个文明形态，但只有中国的文化体系是长期延续发展而未中断过的。这种强大的生命力毋庸置疑是中国文化的一个重要特征。

中国文化的强大生命力表现在它的同化力、融合力、延续力、凝聚力等方面。

所谓同化力，是指外域文化进入中国后，大都逐步中国化，融入中国文化而成为它的一部分。佛教文化的传入和中国化就是一个典型。佛教发源于尼泊尔、印度一带，在两汉之际传入中国，传入的结果是佛教没有征服中国士大夫，反而一部分变为中国式的佛教（如禅宗），如大慈大悲的观世音菩萨被按照中国人的习惯发生了转变，由佛教中的比丘转变为比丘尼，佛教的经典也被冠名为《中华大藏经》；一部分消融于宋明理学之中，成为中国文化的一部分。

所谓融合力，是指中国文化并非单纯的汉民族文化或黄河流域的文化，而是在汉民族文化的基础上对中国境内不同民族和地域文化的吸收。它既包括中原农耕文化与北方游牧文化、南方山地游耕文化的交融，也包括各少数民族的杰出贡献。“中华文明具有突出的统一性，从根本上决定了中华民族各民族文化融为一体，即使遭遇重大挫折也牢固凝聚，决定了国土不可分、国家不可乱、民族不可散、文明不可断的共同信念，决定了国家统一永远是中国核心利益的核心，决定了一个坚强统一的国家是各族人民的命运所系。中华文明具有突出的包容性，从根本上决定了中华民族交往交流交融的历史取向，决定了中国各宗教信仰多元并存的和谐格局，决定了中华文化对世界文明兼收并蓄的开放胸怀。”①

佛塔

所谓延续力，是指中国文化历经数千年持续至今而未曾中断，把今天和昨天、明天紧密地结合起来。世界文明之林中有四大文明古国，但抹去历史的尘埃，我们会发现印度文化因雅利安人的入侵而雅利安化，埃及文化因亚历山大大帝占领而希腊化、因恺撒占领而罗马化、因阿拉伯人移入而伊斯兰化，希腊、罗马文化因日耳曼民族入侵而中断并沉睡千年。

所谓凝聚力，是指文化心理的自我认同感和超地域、超国界的文化群体归属感。早在公元前1000年的西周时期，中华民族便有了“非我族类，其心必异”的观念，表达了文化心理特质上的自我确认。到了近代，中国人便自觉地意识到：“中华之名词，不仅非一地域之国名，亦且非一血统之种名，乃一文化之族名。”②“历史上与中国文化若后若先之古代文化，或已夭折，或已转易，或失其独立自主之民族生命。唯中国能以其自创之文化永其独立之民族生命，至于今日岿然独存。”（梁漱溟语）英国历史学家汤因比说：“避免人类自杀之路，在这点上现在各民族中具有最充分准备的，是两千年来培育了独特思维方法的中华民族。”美籍华人、诺贝尔物理学奖得主杨振宁教授在《读书教书四十年》一书中感慨地说：“我觉得中国传统的社会制度、礼教观念、人生观，都对我们有极大的束缚力量。”这也表明那些浪迹天涯的华夏子孙，尽管在异乡生儿育女，但他们的文化脐带仍然与中华母亲血肉相连。

## 二、求稳惧乱的农业文化心态

中国传统文化是一种农业文化。所谓农业文化是说整个文化的物质基础的主导

① 担负起新的文化使命 努力建设中华民族现代文明．人民日报，2023-06-03（1）.

② 章太炎．中华民国解．民报，1907（15）.

方面和支配力量是在自然经济轨道上运行的农业。几千年来，中国人的主体——农民，过着“日出而作，日落而息，凿井而饮”的生活，进行着面朝黄土背朝天、躬耕田畴的重复的简单再生产，形成了重实际而黜玄想、求稳怕乱的文化心态，展现了务实的精神、安土乐天的情趣、循环与恒久的变异观念。

### （一）务实精神的群体趋向

中国人的主体——农民在农业劳作过程中领悟到一条朴实的真理：利无幸至，力不虚掷，说空话无济于事。这种农人的务实之风也感染了士人，“大人不华，君子务实”是中国先哲们倡导的精神。在这种舆论的大前提下，农民的观念里就有了“勤有功，戏无益”，即便有人要改变现状而出怪招，也会被看成“烛光之火如何能成燃天之意”予以否决。上层的统治者则明确提出：“空谈误国，实干兴邦。”近代的章太炎概括为：“国民常性，所察在政事日用，所务在工商耕稼，志尽于有生，语绝于无验。”这一描述比较深刻地刻画了以农民为主体的中国人“重实际而黜玄想”的民族性格。正是这种民族性格使中国人发展了实用-经验-理性，而不太注重纯科学性的玄想；正是这种民族性格，当然还有小农业的简单再生产，使中国人比较早地完成了贯穿自然、社会、人生的世界观的构筑，诞生了直觉体悟的思维方式，但在细节的严密分析上和思辨体系的构造上留下了许多缺憾；也是这种民族性格，使中国人在自周秦以后的两千余年间虽有多种宗教流传，但基本上没有陷入全民族的宗教迷狂。

### （二）安土乐天的生活情趣

《礼记》称：“不能安土，不能乐天；不能乐天，不能成其身。”故而中国人所追求的是在自己的故土上从事周而复始的自产自销的农业经济所必需的安宁和稳定。农民固守在土地上，其居有定，耕作有时，安土重迁是他们固有的观念，而“愚公移山”则是歌颂的榜样。这既符合农民自身的要求，也是统治者的需要。汉人作为一个农业民族，采用的主要是农业劳动者和土地这种自然力相结合的生产方式，所以以“耕读传家”为荣，以穷兵黩武为戒，追求《桃花源记》里所描述的那种质朴宁静、“饥则得食，寒则得衣，乱则得治，此安生生”（《墨子·尚贤下》）的理想世界。正因为这样，所以“安民以固邦本”成为中国人的一条治国方略，所谓“民为邦本，本固邦宁”讲的就是这个道理。即便城市中的市民，也喜好按部就班的生活节奏。

### （三）循环与恒久的变异观念

作为一个农业民族，汉人受到农业生产由播种、生长到收获和植物从种子到种

《清明上河图》(部分)

子的周而复始的衍化，以及一年四季周而复始更替现象的启示，产生了一种循环论的思维方式。正如《周易》所概括的“寒往则暑来，暑往则寒来”。政治生活中朝代的周期性盛衰更迭、治乱分合的往复交替，出现了所谓“天下大势，分久必合，合久必分”以及人世间“白云苍狗”式的变幻离合，这更强化了人们的循环观念，而金、木、水、火、土“五行相生相克”的公式便是循环论的自然观和社会观的哲学表征。同时，由于农业社会中人们满足于维持简单再生产的过程，缺乏扩大社会再生产的动力，因而社会运行缓慢迟滞，大体呈静态，所以容易滋生永恒意识。综观中华民族中许多个人的行为，我们不难发现，由于某些原因的策动，他们可能在某一阶段做出激烈的行为，急于在“一个早上”改变现状，然而在更多的时候则表现出习故蹈常的惯性，好常恶变。反映在精英文化中，则是求“久”观念的应运而生，即《周易》所谓的“可久可大”，《中庸》所谓的“悠久成物”，《道德经》所谓的“天长地久”“深根固蒂长生久视”，董仲舒所谓的“道之大原出于天，天不变，道亦不变”。反映在民间心态中，便是对用具追求“经久耐用”，对婚姻追求“白头偕老”，对家族追求“香火不断”，对统治方式希望稳定守常，这些都是求“久”意识的表现。当然，农业生产也向人们反复昭示着事物的变化和生生不已，因此变异观念在中国也源远流长，影响深远。《周易》云：“富有之谓大业，日新之谓盛德，生生之谓易。”(《周易·系辞上》)宋人张载说：“生生，犹言进进。”宇宙是一个生生不已的大流，这就叫作“易”。《论语·子罕》云：“子在川上曰：逝者如斯夫，不舍昼夜。”荀子说：“阴阳大化，风雨博施。”（《荀子・天论》）这些都肯定变易是这个世界最根本的事实。老子说：“大曰逝，逝曰远，远曰反。”（《道德经》第二十五章）也就是说，宇宙是无穷往复的历程。庄子说：“万化而未始有极也。”（《庄子・大宗师》）意思是说，一切都在变动流转之中，变化是普遍的、没有终极的。这种恒久与变异的观念寓于整体保守之中，如汉武帝的“复古更化”，“复古”是继承尧舜禹三代道统，“更化”是以儒家哲理改变秦代遗留的恶俗；又如王安石变法、康有为变法，它们都是某种程度的“托古改制”。这种复古以变今的思路正是农业经济养育的中华文化在古与今、常与变问题上的独特表现。

## 三、以家族为本位的宗法集体观念

家族由若干具有亲近的血缘关系的家庭组成。自进入文明时期以来，我国古代的家族一直是以父亲的血缘连接的，而若干出自同男性祖先的家族又组成宗族。《尔雅・释亲》即把由同一高祖父传下来的四代子孙称为宗族，实际上有些宗族还可包括更多的世代。家族和宗族密不可分，有些甚至合二为一。所以，以家族为本位的社会关系的基本单元是“宗族”。在宗族内部，每一个人都不被看作独立的个体，而是起码要和上下两代人（即父子）发生关联。这样，父亲、自己、儿子就形成三代，这是一个以“自己”为核心的最基本的“宗族”。由三代分别向上、向下延伸，还可以形成分别以自己的父亲、自己的儿子为核心的另外两个最基本的宗族，实际形成了三个圆。如果仍以“自己”为核心来考虑的话，这三个圆一共包括五代，即从自己的祖父到自己的孙子形成两层圆。就人的自然寿命而言，这五代人是可以同时在世的。如果以“自己”为核心的这两层圆分别再往上往下延伸，上至自己的“高祖”，下至自己的“玄孙”，这样一共包括九代，形成四层圆。这就是《礼记・丧服小记》中所说的“亲亲，以三为五，以五为九”，至九而“亲毕”。

由此我们可以看到，在宗法观念下，个人是被重重包围在群体之中的，因此，每个人首先要考虑的是自己对家族的责任和义务，而忽视了个人在社会中的权利，呈现出重家族轻个人、重群体轻个体的宗法集体主义。为了强化这种模式，在形式上往往依赖祠堂、家谱和族田三要素。祠堂供奉着祖先的神主牌位，所以每逢春秋祭祀，全体成员在此隆重祭祀祖先并向族众灌输族规家法，发挥其增强家族意识、延续家族血脉、维系家族团结方面的巨大作用。家谱是家族的档案、经典、法规，通过家谱可以看到全族的世系系统、子嗣系统、婚配系统、祖宗墓地、族产公田、族规家法等。录家谱既可以防止因年代久远或居住地变动而发生血缘关系的混乱，从而导致家族的瓦解，也可以为解决族内纠纷和惩治不肖子孙提供文字依据。族田是家族的公共田产，可分为祭田、义田、学田几类，是家族制度的物质基础，正像清人倪元祖所说："凡宗族离散，皆因不设义田宗祠之故。"宗规是在祠堂、家谱和族田这三要素的基础上形成的和政权、神权、夫权并肩的族权。推而广之，皇帝是广义上的家长（或族长），他对整个社会任何有意义的活动或决定拥有最终的表决权和否决权，一如家（族）长之于家庭，这就是历史学家称中国古代社会为"家国同构"的原因所在。作为个人，必须按照"孝悌为本"的观念孝顺父母、追念祖先，如果有成，首要的影响是光宗耀祖，而有悖于伦理的行为则是辱没门庭。这样一来，由尊祖敬宗到忠君，整个社会就团结起来，完成政治伦理化和伦理政治化的构想。

## 四、君主专制与民本主义结合的政治文化

君主专制与民本主义相辅相成，彼此既相互对立又互为补充，这是中国农业文明在政治意识上富于特色的表现。

君主专制是农业宗法社会的必然产物。中国农业社会以千百个彼此雷同、极其分散而少有商品交换关系的村落和城镇组成。但是，对外抗御游牧人的侵袭、对内维持社会稳定又是这个农业社会的全民需要，这就有了建立统一的、权威巨大的帝国的必要。然而，农业性的自然经济决定了不能指望以商品交换形成的纽带来维系国家的大一统，只能依靠政治上和思想上的君主集权主义将国家大一统变为现实。在中国古代，除少数异端思想家如阮籍、鲍敬言等人有过犀利的非君论之外，多数学派的思想家都有不同程度的尊君思想。法家的韩非子提出了绝对尊君的观点，他从天下"定于一尊"的构想出发，提出"事在四方，要在中央，圣人执要，四方来效"（《韩非子·扬权》）的中央集权政治设计，并规定在这种政治结构内部，君对民、君对臣拥有绝对权力，而臣民对君则必须唯命是从。臣民不具有独立人格，视听言动皆以君子之意为转移。君以法、术、势制驭天下，天下以君为头脑和中枢。儒家的创始人孔子系统地提出了温和尊君的思想，西汉大儒董仲舒则赋予尊君论以神学理论色彩，所谓"天子受命于天，天下受命于天子"。唐代韩愈则从社会分工角度出发，进一步设计君、臣、民的社会使命，大倡尊君抑民之说。此后，程颢、程颐、朱熹等理学家用思辨性的理论体系为"君权神授"做论证，将"君为臣纲"归结为"天理"。这种绝对君权主义到了明代更在社会实践上达到登峰造极的程度。明太祖朱元璋为了"收天下之权归一人"，废除沿袭一千多年的宰相制和沿袭七百多年的三省制，将相权并入君权，撤销行省，设立分别直接受制于朝廷的"三司"（布政使司、按察使司、都指挥使司）；废大都督府，分设五军都督府，同兵部分掌军权；此外还有"不衷古制"的廷杖和锦衣卫的设立。这一切将君权扩张到极点，真正达到"朕即国家"的程度。总之，中国农业社会需要并养育了一个君主集权政体，而这种君主集权政体一经形成，就成了超乎社会的异己力量，它剥夺了人民群众的一

切权利，将军、政、财、文及思想大权全部集中到朝廷以至皇帝个人手中。这就是马克思多次论述的在“亚细亚生产方式”的土壤中生长出来的“东方专制主义”。中国早在距今两千多年前的秦汉时代就确立了专制主义的中央集权的君主政体，而欧洲直至中世纪晚期才出现类似政体，而且其历史功能也与中国的专制君主政体迥然不同。

“民本主义”是中国农业社会“重农主义”的孪生兄弟。中国自先秦即已勃兴的“民本主义”是一个具有特定历史含义和民族文化特征的概念，它在处理神和民关系的问题上，先是“近民而远神”，其表现是《左传》所反映的“天道远，人道迩”一类思想；后是“重民”，其表现是《孟子》所反映的战国时代出现的“民为贵，社稷次之，君为轻”一类思想。这些思想应该植根于尚农、重农的社会心理的深层结构之中，与重农主义互为表里。农业社会存在和发展的前提是农业劳动力——农民的“安居乐业”。农民得以安居乐业，农业生产方能稳定有序，朝廷的赋役才可以源源供给，“天下太平，朝野康宁”的“盛世”才有保障。反之，如果以农民为主体的广大庶民失去起码的生存条件，出现“民不聊生”“民怨沸腾”的状况，“民溃”“民变”就会层出不穷，“国削君亡”就难以避免。基于现实考虑，中国的“圣君”“贤臣”们很早就提出“知人”“安民”的观点；时至晚周，民本思想渐趋盛大。老子认为，统治者必须顺应民意——“圣人无常心，以百姓心为心”（《道德经》第四十八章）。孔子则指出“节用而爱人，使民以时”（《论语·学而》），并有“修己以安人”“修己以安百姓”的主张；他理想中的“圣人”是“博施于民而能济众”的仁者；他所倡导的“仁政”，以“裕民”为前提，希望统治者“因民之利而利之”（《论语·尧曰》）。在孔子身后，《左传》《孟子》《荀子》等书更对民本思想做了系统发挥。孟子曰：“民为贵，社稷次之，君为轻。”孟子在这里提出了“民为国本”和“政得其民”的辉煌命题。稍晚于孟子的荀子也有类似的思想，他说：“君者，舟也；庶人者，水也。水则载舟，水则覆舟。”（《荀子·王制》）荀子对君民关系的这一形象比喻给历朝统治者以深刻印象。唐太宗李世民与魏徵、房玄龄等大臣的对话中就论证过“民水君舟”“水可载舟，亦可覆舟”的道理，一再强调“载舟覆舟，所宜深慎”，“为君之道，必须先存百姓”。李世民还深有感慨地说：“天子者，有道则人推而为主，无道则人弃而不用，诚可畏也。”这些议论成为“圣君”“贤臣”相互唱和的千古名言。

民本主义同君主专制主义的相互关系是双重的。一方面，以“爱民”“重民”“恤民”为旗帜的民本思想与专制主义的极端形态——“残民”“贱民”“虐民”的暴政思想和绝对君权论是相互对立的，历来抨击暴政的国人几乎无一例外地引述过民本主义的精辟词句。另一方面，民本主义又与君主专制主义的一般形态相互补充，构成所谓“明君论”。这种明君“重民”“惜民”，民众则将安定温饱生活的希望寄托于明君。“万姓所赖在乎一人，一人所安资乎万姓，则万姓为天下之足，一人为天下

天坛祈年殿

之首。”可见，民本主义毕竟与主权在民的民主主义不可同日而语。民本主义严格划分“治人者”与“治于人者”的此疆彼界，它是从治人者的长治久安出发，注意民众的力量和人心向背的。在中国古代，民本学说只能作为绝对君权的抑制剂、制动剂发挥作用，而不可能直接导向主权在民的以社会契约论为基石的民主政治轨道。无论是孔子还是孟子，抑或是李世民和魏徵，无一例外都是尊君论者，他们既强调“国以民为本”，又强调“民以君为主”，坚持“君臣大义”，维护“君君，臣臣，父父，子子”的秩序。论述“民水君舟”的荀子便毫不含糊地说：“君者，天地之参也，万物之总也，民之父母也。”

总之，民本主义和君主专制主义是矛盾的统一体，它们共同组合为中国农业社会政治思想的主体，而“开明君主”（或曰“好皇帝”）制驭天下是中国民众的理想境界。地主阶级中富于远见者作如是观，多为皇权主义者的广大农民也对此梦寐以求。当然，作为一种重视民心向背、关切民生疾苦的理论体系，重民心、顺民意的民本思想不仅为统治阶级所用，也成为进步文化人经久不衰的精神支柱。从屈原的“哀民生之多艰”，到杜甫的“朱门酒肉臭，路有冻死骨”，以及白居易对“卖炭翁”的深切同情，关汉卿对窦娥悲惨身世的不平之鸣，无不跳动着民本主义的脉搏。民本主义的这类表现，应当说更贴近民间，更富于人民性，与唐太宗之类的深谋远虑的统治者的“重民以固本”思想有着重大区别。

## 五、中庸之道的社会心理习惯

中庸思想是中国古代流传很广、影响普遍的一种思想。中庸思想给中国古代各阶级人们的思想、言行和人生态度都打上了深深的印记，并在长期的历史发展过程中积淀成一种民族的思想文化传统和社会文化心理。这种思想传统和社会心理从古代一直延续到现代，并长期作为中国人为人处世的主导原则。

中庸思想在中国古代源远流长，早在原始社会末期，尧就要求舜的处世方式应该是“允执其中”。到了春秋末期，孔子明确提出了“中庸之德”的观点，把中庸看作最高的道德标准。《论语·雍也》说：“中庸之为德也，其至矣乎！民鲜久矣。”《论语·先进》还说：“过犹不及。”在孔子的影响下，荀子在注意个性差异的同时，还注重从对立统一的角度，针对个性的不足或过分，尝试用其对立面给予补偏就中。《礼记·中庸》则注意到人的喜怒哀乐各种情感的中和之美，认为“喜怒哀乐之未发，谓之中；发而皆中节，谓之和。中也者，天下之大本也；和也者，天下之达道也。致中和，天地位焉，万物育焉”。董仲舒在解释《礼记》的“中”时，认为“中”不是指各种情感未发之时，而是指已发之情应保持无过、无不及的状态。程颐《近思录》的解释比较符合《中庸》的原意，他认为“喜怒哀乐未发谓之中，中也者，言寂然不动者也，故曰天下之大本。发而皆中节谓之和，和也者，言感而遂通者也，故曰天下之达道”。邵雍认为“人得中和之气则刚柔均，阳多则偏刚，阴多则偏柔”。从中庸角度来看，孔子、孟子、荀子、程朱理学都讲究节欲，也都是为了保持欲望的中庸，以实现个性的和谐。总之，传统的中和思维被用于个性的塑造，尽管理论家对中和、中庸的解释不尽相同，但有一点是值得肯定的，那就是要求个性的适中、恰当，达到中和之美、中庸之美。在传统文化看来，个人的修身养性和立德如果达到了中庸，就是实现了道德的最高标准。

与中国传统的中和思维相比，西方古代也讲究中和之美，只不过时间稍晚于中国。德谟克利特、苏格拉底和柏拉图虽然也偶尔谈及节制和适度的问题，但并未展开探究。在古希腊，对中和、中庸进行深入研究的当属亚里士多德。亚氏认为，在一切连续而又可分的东西中，都存在着过度、不足和中庸，过度和不及都属于恶，中庸才是德性，中庸是最高的善和极端的美。综观亚氏的哲学观、社会观、伦理观和美学观，他已自觉地把中庸当作一把重要的钥匙，当作一种思维方式，用来开启他思想宝库的大门。亚氏的中庸观与中国传统的中和思维尽管表述略有不同，但在本质上有惊人的相同、相似之处，反映了人类思维发展的共同性。但中庸思想在中国的影响却大大超过了西方。这其中又有中国社会历史的特殊原因。这种特殊原因主要表现在两个方面：第一，我国古代实行的是宗法制度，奴隶主贵族是由社会的氏族贵族直接转变而来的，他们身上有着旧传统的沉重负担，所以他们怕剧烈的社会变革，怕矛盾激化，小心翼翼地要在新旧调和中找出路。而封建生产关系在奴隶社会内部不断发展壮大，经过“渐变”最后取代了奴隶制生产关系。孔子在“礼崩乐坏”的社会变革时期，既感受到了新时代的气息，又怀念旧时代的文化传统，他既不想完全抛弃西周社会的“礼”，又不想完全接受封建社会的革新，于是产生了在新旧调和中求生存和发展的中庸思想。第二，小农经济始终是中国封建经济的社会基础。小农经济以家庭为单位，男耕女织，人力单薄。小农经济生产规模小，生产内容方式落后，经济基础落后，而且十分薄弱。它经不起天灾人祸的打击，也经不起社会动乱的冲击，稍不小心就可能被抛到社会的最底层。因此，不出头、不垫底，谨小慎微，因循守旧，求稳怕乱，维持现状就成为小生产者基本的思想和心理状态。中庸思想恰恰反映了小农经济的特点，适应了小生产者的普遍心理状态。因此，中庸思想始终有经济依托和社会基础，成为中国人的一种思想文化传统和社会心理习惯。

故宫

“中庸之道”的影响力是持久而深入的。

首先，它是经世治国和治民的大道。朱熹曾用历史上朝代的更迭来说明它的重要性，他认为，周朝末期，文礼极为兴盛，待秦朝兴起，势必降温。周代是那样柔弱，所以秦兴必然强暴。可是秦朝变得太过分，有失中理，致使秦朝残暴肆虐。汉朝兴起后就采取了宽大轻松、休养生息的方法，出现了文景之治。秦朝鉴于分封制的弊端，废除了分封制，可汉朝却大封同姓王，从一个极端到了另一个极端。汉武帝对诸侯“只管削弱”，晋武帝却尽用宗室。到了宋朝，更是鉴于五代藩镇教训，藩镇、刑政、赏罚，“一切都收了”，使“州郡一起困弱”。上述历朝历代对政事的处置，均不符合中庸原则，影响了社会的发展。

其次，它对建立良好的人际关系也有重要的意义。孔子认为一个人的修养是“质胜文则野，文胜质则史，文质彬彬，然后君子”（《论语·雍也》）。就是说，“中庸之道”强调了为人处世的中和、稳妥，反对片面性，反对走极端，所以它有助于人们形成团结融洽、和谐宽松的社会关系和人际关系。作为个人来说，按“中庸之道”的原则来规范就应该是：热情而不轻浮，沉着而不寡断，谨慎而不怯懦，老实而不愚昧，大方而不粗俗，幽默而不油滑，谦逊而不拘谨，忍让而不软弱，机警而不多疑，自信而不固执，灵活而不失立场，坦率而不失原则。只有自尊、尊人的人，才能被人尊重。所以，只有彼此尊重，才能建立起友好的人际交往关系。

最后，它也是一种辩证的方法论。其一，中庸强调的是行为和情感的度，即对量的把握，过与不及皆为恶，唯有适中才是善。其二，中庸的获得往往是通过否定过与不及这两种极端而达到的，即所谓“叩其两端”“执两用中”。庞朴在《“中庸”平议》中把“中庸”精妙地概括为“A 然而 B”“A 而不 A”“亦 A 亦 B”和“不 A 不 B”四种逻辑形式。然而，要熟练地掌握这四种模式而达到中庸之境，绝非易事，稍有不慎，便会差之毫厘而谬以千里。其三，中庸的应用有一定的范围，并非事事都可执两用中，中道而行。如亚里士多德就认为，诸如说谎、强奸和谋杀等本身即恶行，谈不上过与不及的问题，不存在恰到好处的中间性的善。其四，中庸的“中”是就“主-客”“人-我”的特定关系与个人的具体境遇而言的，时过境迁，其标准也会改变，古人对此有着深刻的洞识并提出“适中”的观念。其五，在审美价值观上，它强调“中和之美”。一般说来，中国古代文学很少有剑拔弩张的表达狂怒和狂喜的作品，情感宣泄的适度与表现方式的简约使中国古代文学在总体上具有含蓄深沉、意味隽永的艺术特征。即便是最能表现人的情感的诗歌，也以“乐而不淫，哀而不伤”的方式来批判现实，用委婉曲折的方式来抒发自己内心的感受，表现出我们民族平和、宽容、偏重理性的文化性格，从未达到西方诗歌那种“酒神”的程度。我们的悲剧不是悲到极限，而要留点光明的希望；喜剧的诙谐也绝不过分，一般是适可而止。综观中国的诗论、文论、画论、乐论、书论，强调和谐的更是比比皆是。

## 六、以人为本的仁者风范

中国传统文化素以重视理性和人文教养而闻名于世。

“以人为本”，用中国传统方式来说，就是肯定在天地之间以人为中心，在人与神之间以人为中心。同世界上任何其他民族一样，在中国的远古时代也产生过原始的宗教以及对天命鬼神的绝对崇拜，直到殷商，在意识形态上仍有“尊天事鬼”的特点。但在西周时则发生了疑“天”的思潮，并开始出现了“重民轻神”的思想，西周统治者的信条是“敬德保民”，“明德慎罚”，“民之所欲，天必从之”，“天视自我民视，天听自我民听”，在宗教的外壳里明显地孕育着理性主义和人文精神。《礼记》说："周人尊礼尚施，事鬼敬神而远之，近人而忠焉。"春秋战国时期，理性主义和人文精神更是破壳而出，独立地发展起来，并以此确定了中国传统文化在孕育时期的主导地位。这主要表现为士大夫阶层把研究对象集中在人文方面，而不考虑关于鬼神生死之类的宗教问题。如孔子就告诫弟子："务民之义，敬鬼神而远之，可谓知矣。"（《论语·雍也》）孔子的这种以人为中心的人本主义传统得到了后世儒家广泛的认同和发展，许多思想家进而采取了无神论的立场。他们重视现世人生的意义，高度评价人类在宇宙中的地位和作用。"天地之性人为贵"，这是中国传统文化的主调。特别值得注意的是，在西方封建时代的中世纪，宗教始终占统治地位，政教合一，甚至教权、神权高于皇权。基督教认为"上帝是宇宙的创始者和主宰者"，伊斯兰教认为"安拉"是万物之主，于是把一切托付给"上帝"和"安拉"，人与"上帝"和"安拉"之间形成一种绝对的依附关系。信仰外在的万能"上帝"和"安拉"，遵守上帝的戒令或旨意，把自我奉献给上帝，在精神上与"上帝"和"安拉"合一，这是西方社会中世纪时代人们精神生活的主要特征。为此，在中世纪的西方哲学史中，许多唯心主义者都把论证"上帝存在""灵魂不死"当作哲学的重要课题。与此相悖，以儒家文明为主体的中国传统文化则以弘扬理性精神为主旨，不仅排斥宗教，而且对宗教的有神论思想进行了深刻的批判。这种唯物论和无神论的传统给人文主义、理性主义以有力的支持。因此，在中国哲学中，不仅唯物论哲学家主张无神论，而且许多唯心主义者都与无神论在一定限度内结合了起来。从先秦时代的老子、庄子到宋明时代的朱熹、陆九渊、王守仁等唯心主义哲学家，都在不同程度上主张无神论，排斥宗教，积极倡导和弘扬人的主体精神。中国传统文化这种非宗教的具有浓厚的理性主义和人文精神的特点，正是中国传统文化远远高于其他国家封建时代文化的突出标志。

中国传统文化不仅重视人文精神，而且重视人文教养。中国传统文化超越了宗教，摆脱了神的控制，那么它靠什么来支撑人们的精神信念、维系社会关系呢？那就是道德理性。在中国历史上，维系社会的伦理道德、调节个人的心理和精神生活，不是依靠外在的"上帝"或"神"的力量，而是强调通过主体内在的道德自觉来约束自我、提升自我、完善自我，并通过自我的完善来维系社会关系。因而，中国传统文化特别重视以礼乐精神为核心的人文教养。通过道德教育、礼乐熏陶，从道德和艺术入手进行人格理想和人生境界的培养，从而使人不断地摆脱动物的状态，进入一种高尚的精神境界。从孔子开始，中国人就非常重视诗教和乐教，孔子认为"兴于诗，立于礼，成于乐"，因而立志而后学诗，学诗而后知礼，要在知礼以后的启迪中自觉地陶冶性情。孔子本人就善于欣赏乐曲："子在齐闻《韶》，三月不知肉味，曰：'不图为乐之至于斯也。'"在孔子看来，诗有助于振奋精神、陶冶性情，礼有助于立身处世、培养完美情操。正是在这个意义上，他整理《诗经》，并把诗列为"六艺"之一。正是从孔子的倡导开始，中国的诗词，从先秦自唐宋取得了很高的成就。

中国传统文化重视人文精神和人文教养，还表现为重人伦、轻自然的学术倾向。以《论语》为例，其中有关自然知识的材料共54条，涉及天文、物理、化学、动植物、农业、手工业等方面的现象，不可谓不丰富，但究其内容都是利用自然知识以说明政治、道德方面的主张，而不以自然本身的研究为目的。例如，孔子说："知者乐水，仁者乐山。"（《论语·雍也》）后来汉代的学者把它发挥成如下的对话："子贡问曰：'君子见大水必观焉，何也？'孔子曰：'夫水者，君子比德焉。遍予而无私，似德；所及者生，似仁；其流卑下句倨，皆循其理，似义；浅者流行，深者不测，似智；其赴百仞之谷不疑，似勇；绵弱而微达，似察；受恶不让，似包；蒙不清以入，鲜洁以出，似善化；至量必平，似正；盈不求概，似度；其万折必东，似意。是以君子见大水观焉尔也。"（《说苑·杂言》）可见，从"水"这一自然现象中，可以观察出德、仁、理、义等一系列道德品格，而自然本身却显得不那么重要。朱熹虽然也发表过对自然科学知识的见解，又为《大学》的"格物致知"章作补传，但正如研究者所指出的，理学家的目标主要不在于求知识之真，而在于求道德之善。重人伦、轻自然的思想也表现为，在教育领域，往往是身份较低的人才学习自然科学，例如唐代的"二馆六学"（"二馆"指弘文馆、崇文馆，"六学"为国子学、太学、四门学、书学、算学、律学），招收弟子依照出身的品次高低，其中"六学"的书、算、律被排在最后，其学生为八品以下官员的子弟以及庶人子弟。当然，我们应该看到，从汉唐到宋元明，中国的科学技术在相当长的时间里居世界领先地位，但是，当16、17世纪近代自然科学在西方产生并大踏步前进的时候，中国却落后了。这其中的原因是多方面的，从文化史的角度看，中国传统文化重人伦而轻自然的倾向，也是其中的原因之一。

中国传统文化重视人文精神和人文教养，还有一个突出的外在形式上的特点：经学传统。所谓经学传统，是指中国文化长期以儒家经学为主流，有着一以贯之的传统，形成了自己的特色。孔子是中国第一个创立私学的伟大教育家，他对古代的文献进行搜集整理，以之为教育的内容，后世的人把他编辑整理的古代文献称为"六经"，即《周易》《尚书》《诗经》《礼》《乐》《春秋》，大致包括古代的政治、历史、哲学、文学、音乐、典章制度等丰富的文化内涵。到了汉代，汉武帝采纳董仲舒"罢黜百家，独尊儒术"的建议，"经"的地位被大大提高了。训解和阐释"六经"及儒家经典的学问被称为"经学"，是学术文化领域中压倒一切的学问，成为汉以后历代的官学。到了唐朝，经学也是官方学术，并确定了"九经"。到宋朝又扩充为"十三经"，成为一切文化学术的指导性经典。在中国历史上，对"十三经"的注疏、训解、发挥层出不穷。仅据清代乾隆年间的《四库全书总目》，"经部"的著录就有1 773部，20 427卷。可以说，中国文化在汉代以后的发展中，经学成为重要的形式。

中国传统文化的这一特点，使我们中国人摆脱了神学独断的生活信念，避免了欧洲中世纪基督教神学占统治地位的“黑暗时代”那样的时期的出现；同时将道德作为维系整个社会的根本纽带，重视人的情操培养，使整个社会形成“见贤思齐”的氛围。当然，经学本身并不排斥自然科学，相反，儒学中的理性主义以及某些思辨方法对自然科学甚至还有启发作用，但问题的关键是，经学以它自成一套的体系凌驾于一切知识之上，无形中影响了科学的独立。

# 第三节 学习中国文化的目的、意义和方法

中国文化是中华民族永远无法离别的精神家园。传统的思想观念、传统美德、人文精神三个方面的相互贯通、互为支撑，共同构成了中华优秀传统文化的有机统一体，这是今天我们传承和发展中华优秀传统文化的主体内容所在。面对经济全球化的浪潮，文化的两个向度——全球化和多样化同时并存，加之社会剧变，学习中国文化在新时代具有必要而非凡的意义。

首先，学习中国文化，有助于我们增强民族的自豪感和自信心，坚定文化自信力，坚定历史自信，以更好助力人生的自我发展。习近平同志 2013 年 3 月 1 日在中央党校建校 80 周年庆祝大会暨 2013 年春季学期开学典礼上的讲话中，明确指出：“中国传统文化博大精深，学习和掌握其中的各种思想精华，对树立正确的世界观、人生观、价值观很有益处。”“学史可以看成败、鉴得失、知兴替；学诗可以情飞扬、志高昂、人灵秀；学伦理可以知廉耻、懂荣辱、辨是非。”① 通过学习中国文化，我们可以发现古老的文化中不乏在历史上起过积极作用而且至今仍有其存在价值的东西。如在克服当今泛滥的人类中心主义、消除人与自然的紧张关系时，回顾中国传统文化中的整体观、和谐观，必有会心之感；“民胞物与”的宇宙情怀恰好和现代环境保护意识相合；“己所不欲，勿施于人”的道德信条正与现代全球伦理相合；“厚德载物”“自强不息”“舍己成人”等君子气概，有助于疗救人己隔膜、群己疏离的现代社会病。所以，我们应坚定文化自信，不能也不应妄自菲薄，自诬自己的民族。

学习中国文化，有助于更加准确而深刻地认识我们当前的国情。新时代的中国

① 习近平．在中央党校建校 80 周年庆祝大会暨 2013 年春季学期开学典礼上的讲话．人民日报，2013-03-03 (2).

人所面临的历史使命是复兴伟大的中华民族，完成这一千秋伟业的前提是切实认清中国的国情。国情不是空洞物，其实质就是文化的历史及现状。改革开放以来，我们所经历的至为深刻的社会及文化转型，一是农业文明向工业文明的转化，二是计划体制向市场体制的转变，三是经济和文化全球化的遭遇。但更大的挑战则在意义层面上，精神失落、信仰危机、道德滑坡、拜金主义、工具理性排斥人文理性等，这些全球性文化问题都逐一被呈现在现代中国人的面前。数千年的传统文化给我们留下了丰厚的遗产，同时也带来了因袭的重负。如何遵循文明互鉴的原则，审视和赓续传统文化，消除负面影响，自当从了解和正视传统文化入手。文化类型间的碰撞和交流，是认清国情的必要工作。

学习中国文化有助于我们开阔文化视野，以海纳百川的气概和开放的心胸，面向现实，面向未来，面向世界，吸纳其他文化体系的积极内容和优良传统，建设高度发达的社会主义精神文明。在今天，既不可能再有笛福笔下鲁滨孙的荒岛，也不可能再有陶渊明笔下的桃花源。先进的电子信息技术和全球覆盖的传媒网络已冲破一切文明障碍，渗透到地球的每一个角落，拨动着每一个族类的心弦。这种态势，对中国传统文化复兴来说，既是机遇又是挑战，但我们也知道，中国文化素有包容精神，能够并善于与外来文化融合，以升华自身。我们应发扬这一传统，向所有不同于我们民族文化的其他文化学习，取人之长，补己之短，以创造社会主义的新文化。然而这种新的中国文化既不是单纯的东方文化的承袭，也不是单纯的西方文化的移植，而是中外文化的交融互摄，是多种文化成分在新时代的新融合。

中国文化源远流长，博大精深，面对这样的学习、研究对象，掌握正确的方法十分重要。我们要注意掌握以下几种方法。

### 1. 历史梳理与逻辑分析相结合

中国文化历经数千年演化，内容异常丰富。我们既要对它的来龙去脉有明晰的了解，又要避免被无法穷尽的枝节材料所淹没，唯有将历史的方法与逻辑的方法有机结合起来，才能认识中国传统文化的流变和分期，感悟中国传统文化中科技、教育、文学、艺术、史学、道德、宗教、哲学的风采，真正懂得文化就是凝结在器物、典章、制度中的精神，真正回到中国人的精神家园。

### 2. 典籍研习与社会考察相结合

中国文化的要义多被记录在汗牛充栋的古籍之中。研读这些古籍，尤其是其中具有经典意义的文献，如《诗经》《周易》《论语》《史记》等，对于我们把握中国文化的精髓无疑是非常重要的。但这只是问题的一方面。另一方面，中国文化的众多要素是以非文本的形式存留于社会生活之中的，例如起居习俗、宗教礼仪、道德规范等。这就要求我们将研究视野扩大到文本之外的社会生活的广阔领域，将典籍研习与社会考察结合起来，相互比照，相互印证，相互补充，从而对于生生不息的中国文化有动态的、全面的了解。

**3. 批判继承与创新发展相结合**

对待传统文化，苛求前人、否定过去、打倒一切的非历史主义和民族虚无主义的态度是不可取的。传统既是我们现代化进程中的宝贵营养液，有时也是我们文明行进途中的精神负担。我们要了解中国的历史文化，了解世界上不同民族的历史文化，去其糟粕，取其精华，从中获得启发，使其为我所用。我们既不能被前辈的认识、成就所束缚，又不能陷入言古即否。正确的态度是，以历史唯物主义的科学观点和方法批判地继承前贤已经取得的成就，同时根据时代的要求不断开拓创新，只有这样才能在中国文化研究领域有所发现，有所创造，有所发展。正在接受新的历史语境考验和洗礼的中华民族，必须首先珍视自己的精神家园。通过对传统文化的去粗取精、去伪存真，创造性转化和创新性发展，来激活我们的文化基因，努力增强民族文化内在活力与动力，固根壮体，真正实现民族复兴的伟大梦想。

## 思考题

1. 请阐述文化的内涵及其结构与功能。
2. 请阐释中国传统文化的主体特征。
3. 请结合自己的认识和体验论述学习中国传统文化的意义所在。
4. 试列举中国传统文化典籍中那些自强不息的名言警句。
5. 英国历史学家汤因比说，世界上存在过的 26 个文明形态中，只有中国的文化体系是长期延续发展而未曾中断过的。为什么？试加以引据阐述。

## 扩展阅读

1. 泰勒．原始文化．连树声，译．上海：上海文艺出版社，1992.
2. 怀特．文化科学．曹锦清，等译．杭州：浙江人民出版社，1988.
3. 格尔兹．文化的解释．纳日碧力戈，译．上海：上海人民出版社，1999.
4. 钟敬文．话说民间文化．北京：人民日报出版社，1990.
5. 陈华文．文化学概论．上海：上海文艺出版社，2001.

# 第一章

# 中国传统文化的产生与流变

**【本章要点】**

1. 中国传统文化赖以产生的地理环境、经济土壤以及社会政治结构，及其对传统文化的影响。

2. 中国传统文化的分期与发展历程。

中国文化产生和发展的地理环境是指中国进入文明社会以来的整个历史时期的地理环境，即历史地理环境，主要包括疆域、政区、民族、人口、地形、气候等因素。有利的地理环境因素为创造中国文化奠定了经济基础，多样性的地理环境则创造了中国文化的多样性。

东亚大陆得天独厚的自然条件和地理生态环境孕育了中华民族以农耕经济为主体的经济生产形态。以农耕经济为主体的农业自然经济在中国历史当中延续时间最久，悠久昌盛的古代文化正是创造、繁衍、根植于这一经济土壤之中的。在历经数千年的文化演变发展中，农业自然经济对民族心理、思维方式、意识形态等的形成起到了重要作用。

中国古代的社会政治结构则具有以血缘关系为纽带的宗法制度完备而系统、专制主义严密两大特征。而中国社会结构的宗法型特征导致中国文化形成伦理型范式，中国社会结构的专制性特征导致中国文化形成政治型范式。宗法与专制的结合，在政治上表现为儒法合流，在文化上的反映则是伦理政治化和政治伦理化。

按照中国文化自身独特的发展脉络，传统文化的发展历程可以区分为上古的发生期，夏商、西周至春秋战国的奠基和创制期，秦汉统一帝国的探索、定格期，魏晋南北朝至唐中叶的文化融合期，唐中叶至明中叶的近古文化定型期，明清的东西文化交汇及转型期。

## 第一节
## 中国传统文化产生的根基

任何民族文化的生成与发展均与该民族所依赖的地理环境、经济土壤和政治结构有着密不可分的关系。在中国文化的演进变化过程中，中华民族所创造的具有中华特质的文化传统，风格迥异、绚丽多彩的文化世界，很大程度上得益于它所独有的历史地理环境、经济土壤和社会政治结构基础。

### 一、中国传统文化产生的历史地理环境

中国文化产生和发展的地理环境是指中国进入文明社会以来的整个历史时期的

地理环境，即历史地理环境。地理环境包括两个方面：自然地理环境和人文地理环境（又分为经济地理环境和社会文化地理环境）。一般来说，自然地理环境，如气候、地形、地貌、水文、植被、海陆分布等，发展变化的速度比较缓慢。人文地理环境，如疆域、政区、民族、人口、城市、交通、农业、牧业等方面，发展变化的速度比自然地理环境发展变化的速度要快。

## （一）中国历史地理环境基本要素

中国传统文化赖以生成的历史地理环境主要包括疆域、政区、民族、人口、地形、气候等因素。

### 1. 疆域

中华历史上最早的夏朝（约公元前 21 世纪至前 16 世纪）已经统治了相当广袤的地区。经过商、周两代约 13 个世纪的发展，到公元前 221 年，秦始皇终于建立起中国历史上第一个统一的国家。秦朝的疆域北起河套、阴山山脉和辽河下游流域，南至今越南东北和广东，西起陇山、川西高原和云贵高原，东至大海。此后的历代中原王朝的疆域虽然时有变化，但基本的趋势是逐渐扩大，逐渐巩固，不少王朝都曾拥有过今天中国领土以外的疆域。乾隆二十四年（公元 1759 年），清朝最终奠定了今日中国疆域的基础，形成了一个拥有 1 000 多万平方千米领土的统一国家。

### 2. 政区

政区是国家为进行分级管理而划分的地方。它的出现是以国家的建立为前提的，商和西周时期实行分封制，并没有划分政区。春秋战国时代，逐渐出现了直接向国君负责的行政单位——县、郡；战国后期，随着县的普遍设置，郡成了县的上一级政区。秦汉两朝实行的都是郡、县二级制。东汉末期，原来只起监察作用的州逐渐升为最高一级的政区，从而形成了州-郡-县三级制。春秋以来，历代主要行政区划系统大致经历了萌芽期、郡县制期、州制期、道制期、省制期五个时期。

### 3. 民族

曾经在中国范围内居住活动的民族有几十个，除了为数很少的民族外迁到中国以外地区，其他各民族几乎都没有完全离开过中国。在今天中国的 56 个民族中，除朝鲜族、俄罗斯族、塔塔尔族等几个是在近一两个世纪从境外迁入的以外，绝大多数都是在中国形成的或者已在中国生活了很长的时间。除汉族以外，匈奴、鲜卑、羯、氐、羌、契丹、女真、蒙古、满族都曾建立过统治中原地区的政权，其中蒙古族和满族还统治过整个中国。中国古代社会无论是汉族还是非汉族建立的政权，都是多民族的国家。在开发和巩固边疆方面，少数民族做出了特别重要的贡献，如藏族及其前身吐蕃在青藏高原，古代的西域诸族和维吾尔族在新疆，蒙古族在内蒙古，契丹、女真和满族在东北，高山族在台湾地区等。中华民族多元一体是我国的一个显著特征：我们辽阔的疆域是各民族共同开拓的，悠久的历史是各民族共同书写的，灿烂的文化是各民族共同创造的，伟大的民族精神是各民族共同培育的。①

### 4. 人口

据《汉书·地理志》记载，公元 2 年在汉朝设置政区的范围内有近 6 000 万人口，未列入统计的少数民族和此范围之外的中国人估计还有数百万，合计超过当时世界人口约 1.7 亿的 1/3。12 世纪初的北宋末年，境内的人口已经超过 1 亿，加上辽、西夏境内和其他少数民族地区更多，而当时世界人口约有 3.2 亿，中国人口也占约 1/3。1850 年，世界人口达到约 12 亿，而中国人口已突破 4.3 亿，所占比例并没有减少。综上可知，中国人口在世界人口中的比例一般维持在 1/5 以上的水平。在主要依靠人力和简单工具的条件下，这无疑表明中国当时拥有世界上最强大的生产力。

总体来看，古代中国人口有分布不均衡与迁移频繁两大特点。公元 1 世纪初，60%的人口分布在太行山、中条山以东，豫西山地、淮河以北，燕山山脉以南的地域内，而长江以南大多数地区人口稀少。随着经济的发展、政治中心的转移和自然条件的变迁，人口迁移日趋频繁，移民的主流是由北向南，即从黄河流域迁至长江流域及更南地区，其中以西晋末年永嘉之乱后、唐朝安史之乱后、北宋末年靖康之乱后的三次南迁影响最大，移民人数最多。以淮河、秦岭、白龙江作为划分北方和南方的界线，北方和南方人口的比例从公元 1 世纪初的 7∶3 演变为公元 10 世纪末的 4∶6，到 14 世纪前期竟达到 2∶8。明清以来，人口的北南比大致稳定在 4∶6。10 世纪以后，主要的人口稠密区已经转到南方，这一东南人口稠密区和西北人口稀疏区的格局至今仍无明显改变。

### 5. 地形

中国是一个多山的国家，山地、高原和丘陵约占全国土地总面积的 67%。中国的地势西高东低，高度悬殊。高山、高原以及大型内陆盆地主要分布在西部，丘陵、平原以及较低的山地多见于东部，宽阔缓斜的大陆架则在我国大陆东南侧延伸于海下。地势自西而东层层下降，形成地形上的三级台阶，习惯上称为“三大阶梯”。

由于自然和人类活动的相互作用，在局部地区，地形、地貌发生了不小的变化，比较明显的有湖泊的发育和消亡、水道和水系的变迁、海陆变迁、黄土高原的变迁、

① 习近平在全国民族团结进步表彰大会上发表重要讲话.（2019-09-27）[2023-04-23]. http://www.npc.gov.cn/npc/c2/c30834/201909/t20190927_301039.html.

沙漠的变迁。这些变化对中国的历史和文化往往产生着重大的影响。

**6. 气候**

中国的大部分领土处于北半球的温带——暖温带，南北两端的少部分地区深入热带和亚寒带。中国气候有三个特点：(1) 季风气候显著，表现为盛行风向与降水量季节性变化显著；(2) 大陆性气候强，表现为冬、夏两季平均温度与同纬度其他地区或国家有较大的差异，气温年差较大；(3) 气候类型多种多样。这些特点，有史以来并没有太大的变化。但是受全球性气候变化以及人类活动的影响，中国的气候状况还是呈现出一定的波动，如由温暖转向凉爽的温度变化、由湿润逐渐变得干燥的湿度变化，对经济开发、民族迁移、人口增长、文化传播甚至社会治乱和王朝兴衰都起着或大或小的作用。

## (二) 历史地理环境对中国文化的作用与影响

地理环境是人类赖以生存和发展的物质基础，也是人类文化的基础。中国历史上，地理环境在中国文化形成中的作用主要体现在以下两个方面。

**1. 有利的地理环境因素为创造中国文化奠定了物质基础**

中国不但疆域辽阔，而且地理位置比较优越。大部分地区处于中纬度，气候温和，下半年雨热同季，温度和水分条件配合良好，为发展农业提供了适宜的条件。中国文化最重要的发祥地——黄河流域、长江流域、辽河流域以及东南和西南崇山峻岭间比较适合人类生存的地域有 500 多万平方千米，尤其是黄河流域、长江流域的中下游地区更适合人类的生活、生产，因而成为文明的发祥地和繁茂区域。

农业在中国有着极其悠久的历史和相当辽阔的地域，黄河中下游最早形成了大片的农业区。中国占主导地位的传统文化都是建立在农业生产的基础上的，它们形成于农业区，也随着农业区的扩大而传播。大量汉族（华夏族）人口不断从黄河流域迁往南方、西北、东北各地，文化上和数量上的优势使这些移民最终成为迁入地区的主体人口，他们所传带的文化也成为迁入地的主体文化。

由于中国疆域辽阔，跨纬度范围大，所以气候的波动一般只影响农业区的南北界线，而不会减少它的面积，这为中国文化的延续提供了稳定的物质基础。

**2. 多样性的地理环境创造了中国文化的多样性**

中国文化的滋生地疆域广阔，腹里纵深，拥有东西南北气候、土壤、动植物群差异显著的地理生态格局，必然带来文化形态的丰富多元特性，每一个区域的文化都明显带有该区域的地理生态特色。不同特质的文化又构成不同的文化形态。如黄河流域的秦文化、三晋文化、齐鲁文化与长江流域的楚文化、吴越文化之间就存在着较大的差异，而东部温暖湿润地区的农耕文化与干燥的西部、北部地区的游牧文化更是大相径庭。虽然统治者在汉代确立了"罢黜百家，独尊儒术"的治国思想，但并未完全扼杀各区域文化的特质，人们长期生活在不同性质的文化之中，自然要接受其教化，因此他们的心理、性格、行为也必然带有该类型文化的特征。

数千年间，中国不同时代的王朝有规律地经历了多次迁徙，大体上是自东向西，以后又由西北而东南，最后到元明清时的北方，先后形成闻名于世的七大古都，即安阳、西安、洛阳、开封、南京、杭州、北京。中国这一历史现象有别于其他大多数古老国家，那些国家的都城较为稳定甚至单一，如埃及的开罗、古罗马（现意大利）的罗马、印度的新德里、英国的伦敦、法国的巴黎等。中国之所以如此，得益于其本身所具有的地理位置上的优势，与中国经济重心的开拓以及民族的融合有关，在数千年辗转迁徙的过程中，汉民族文化不断吸收各兄弟民族的优秀文化，使中华民族的文化走向了一体化，进而成为博大精深的中国文化，并以其独特的魅力自立于世界东方，影响远播世界各地。

## 二、中国传统文化植根的经济基础

### （一）中国古代社会经济的主体与发展阶段

农业的出现是人类历史上一次巨大的飞跃，人类自此由攫取性经济向生产性经济发展，这是依靠创造性的劳动增加物质资料的重要一步。东亚大陆得天独厚的自然条件和地理生态环境孕育了华夏民族以农耕经济为主体的经济生产形态，早在四五千年前，兴起于黄河中游地域的新石器文化——仰韶文化和龙山文化，已经展现了华夏民族的祖先从渔猎向农耕生产过渡的历史风貌，中华农耕文明开始在气候适宜、土壤肥沃的黄河中游流域形成。

#### 1. 农耕自然经济是中国古代社会经济的主体

夏、商、周三代，农业已经成为中原华夏民族社会生活资料的主要来源。夏历的产生，开创了农业立国的先河，商甲骨卜辞对主要农作物如黍、稷、粟、麦、秕、稻、菽（大豆）均有记录。殷人重视天象历法，又制定了完整的纪时、纪日、纪年法。周朝高度重视农业生产，其先祖教民耕作，倡导农桑，被后人尊为后稷。西周的农业技术有了很大的发展，施肥、中耕、熟耘、选种、防治病虫害以及休耕等技术的应用，改变了以往粗放式的耕作方式。春秋战国以后，各诸侯国为富国强兵，无不高度重视农业，纷纷广泛应用铁制农具，推广牛耕，兴修水利等。秦汉以后大一统的中国更把“重农固本”奉为治国的不易之道。黄河、长江流域虽然同样是中国农耕文明的发祥地，但由于黄河流域细腻而疏松的黄土层较适合远古木石铜器农具的运用和粟、稷等旱作物的生产，所以农业生产首先在黄河中下游达到较高水平，黄河中下游地区自然也成了中国上古时代的政治、经济和人文中心。随着农业生产力的发展，特别是铁制农具和牛耕的普及，中国的农耕区域逐渐向土肥水美的长江流域扩展，而秦汉大一统局面的形成，更为中国农耕区域向南扩展创造了有利的社会条件。汉晋以降的数百年间，北方的边患日趋严重，战火的蹂躏使黄河流域的农业生态环境迅速恶化，在战乱的压迫下，中原的农耕者大批向南迁徙，足迹遍布长江中下游区域及东南沿海各地。于是，中国农耕区的中心逐渐从黄河流域向长江中下游和江南地区转移，而中国南方优良的自然气候条件和生态环境很快显示出了发展农耕经济的巨大潜力。隋唐以后，长江中下游区域迅速成为京都及边防粮食、布帛的主要供应地，“苏杭熟，天下足”和“湖广熟，天下足”的谚语即反映了唐宋以来经济重心南移的历史事实，“东南财税”与“西北甲兵”共同构成了唐以后历代社会政治稳定的基本格局。

在黄河流域以南的农耕文明日益发展的时候，中国的西北部地区繁衍生存着剽悍善战的游牧民族，他们世代“逐水草迁徙，毋城郭常处耕田之业”（《史记·匈奴列传》），依靠畜牧、狩猎为生。流徙不定的游牧生活促使他们经常南下劫掠，“利则进，不利则退”（《史记·匈奴列传》），给中原的农耕民族造成了很大的威胁。农耕与游牧这两种经济类型和生产方式决定了古代中国的军事格局是中原农耕人处在被动防御状态，而游牧人常取攻势。农耕民族与游牧民族以长期对垒、战争、迁徙、聚合、和亲、互市等形式为中介，实现经济文化的互补和民族的融合。农耕与游牧作为东亚大陆两种基本的经济类型，是中华文明彼此不断交流的两个源泉，它们历经数千年的相互融合，互为补充，汇成气象恢宏的中华文化。

### 2. 中国传统自然经济的发展阶段和形态

以土地所有制为主要尺度，中国传统自然经济的发展可以分为殷商西周和东周至明清两个阶段：殷商西周时期是土地国有及公社所有阶段，或称“三代井田”阶段。东周至明清时期是土地私有阶段，具体来说，又可以分为东周井田制瓦解至唐中叶均田制瓦解、唐中叶均田制瓦解至鸦片战争两个段落，前者是土地私有制的确立阶段，后者则是土地私有进一步深入的阶段。殷周时期的土地国有和集体耕作制是与当时的社会生产力水平低下相适应的，也是在氏族公社解体后，进入阶级社会，血缘贵族保留土地公有制外壳，并继续实行集体生产的一种经济制度。到了西周后期，土地国有制出现瓦解的迹象，诸侯贵族从周天子那里取得土地，他们也逐渐和周天子一样，可以随意处理自己的封地，或用战争的手段掠夺别人的封地。不可否认，那些耕作私田的劳动者也逐渐拥有对私田的部分所有权，奴隶制度逐渐出现了瓦解的征兆。东周以后，随着牛耕和铁制农具的使用，农业生产力进一步提高，土地国有形态走向瓦解，井田制破坏，变“公田”为“私田”的现象普遍出现。尤其是土地买卖的出现，打破了世袭贵族土地所有制时期“田里不鬻”（《礼记·王制》）的旧例。东周以后的土地私有化进程也打破了以往那种集体生产的农耕传统，而向以家庭为单位的个体生产形态过渡。一个家庭内，“男子力耕”，“女子纺织”，“一夫不耕，或受之饥；一女不织，或受之寒”（《汉书·食货志》）。这种男耕女织、以织助耕或以工助耕、以商助耕的自给自足型的家庭小农业，逐渐在中国的农耕经济中占主导地位。与此相适应的政治体制则是国家直接向个体生产者征收赋税徭役。

尽管东周以后土地日益私有化，农业生产转变为家庭个体生产经营，但这并不意味着中国的农耕经济进入了纯粹“自给自足”的状态，恰恰相反，在古代中国土地私有化刚刚起步的时候，与自然经济相对立的商品交换也悄然出现。总体而言，中国古代商品经济是为了补充农耕经济的不足和满足大一统中央集权国家的需要而产生和发展的，因此，这种商品经济缺乏独立发展的性格，特别是中国历朝奉行不渝的“重农抑商”政策，更是加强了商品经济的依附性，从而使它的发展随着封建社会的变迁而呈现出波浪式前进的姿态。农耕经济较为繁荣、政治较为清平之世，商品经济也随之繁荣；而当农耕经济走入低谷、政治腐败混乱，商品经济的发展也受到严重的破坏。商品经济对于农耕经济的依附性质又促使工商业者的普遍归宿是回到经营土地的老路上去，促进地主、商人和官僚三位一体的结合。这种性质大大削弱了商品经济对于农耕自然经济的腐蚀瓦解作用。但就总的趋势而言，随着社会生产力的发展和土地私有化的深入，中国古代商品经济呈现出整体上升的趋势。这种不断进步的商品经济，推动了多元化封建经济的繁荣和更新，对旧的生产体制也产生了一定的冲击。正因为如此，到了明清两代，中国传统自然经济进入了一个承前启后的变动时期。

## （二）中国传统自然经济的基本特点及其对文化发展的影响

以农耕经济为主体的中国农业自然经济延续力最为持久，悠久昌盛的古代文化正是创造、繁衍、根植于这一经济土壤之中的。在历经数千年的文化演变发展中，农业自然经济对民族心理、思维方式、意识形态等起到了以下三个方面的重要作用。

### 1. 农耕经济的延续性造就了中国文化的延续力

中华文明具有突出的连续性。中华文明是世界上唯一绵延不断且以国家形态发展至今的伟大文明。这充分证明了中华文明具有自我发展、回应挑战、开创新局的文化主体性与旺盛生命力。[①] 中华文明连续性的重要经济基础正是农耕经济的强大延续性，传统农业的持续发展保证了中华文明的绵延不断，使其具有极大的承受力、愈合力和凝聚力。历代以来，中国经历了战乱与稳定的周期性运动，王朝的兴衰更替不可避免，短期的国家分裂时有发生，特别是游牧民族的侵扰与入主中原，都曾在中国历史的不同时期掀起悲惨壮烈的一幕。然而，中国的农耕经济依然向前发展，而建立在这一基础上的中华文明亦未曾中断。相反，短期的战乱与分裂更增强了中国文化的坚韧性和向心力：魏晋南北朝是“五胡乱华”的动荡时代，恰恰也是中国农耕文化得到进一步扩展传播的重要时期；辽夏金元是中国历史上又一个较为动荡的时期，但文化的传承一如既往；清朝也是如此，满洲贵族入主中原不久，便已“习汉书入汉俗，渐忘我满洲旧制”（《清世祖实录》）。在各民族的共同努力下，中国文化得到了进一步的继承和发展。中国文化正是这样伴随着农耕经济的长期延续而源远流长，并且历经动乱与分裂的洗礼而不断得到充实升华，这种文化传统是任何外来势力都无法割断的。然而，中国文化的早期定型往往也使人们产生一种“瞻后”式的思维方式，所谓“圣人设教，为万世不易之法”，尽善尽美的制度和礼教存在于远古的三皇五帝之中，后世的治平之道便是“克绳其法”，偶有一些枝节的改革，也大多是“托古更化”。这种文化思维模式，一方面为中国文化的长期延续和增进向心力起到了积极的作用；另一方面也在不知不觉中积累着文化的守旧性。这样，到了封建社会后期，中国传统文化便显得暮气沉沉，缺乏积极进取的冲劲。

**2. 农耕经济的多元结构造就了中国文化的包容性**

中国是个幅员辽阔的国家，各地的自然条件千差万别，社会、政治、文化诸方面的发展水平也有很大差异，因此，古代中国形成了不同的区域文化格局，如齐鲁文化、楚文化、吴越文化、三晋文化、秦文化等。这种不同的区域文化格局也导致了中国文化的多元结构。然而随着中国农耕经济向周边扩展，中国文化的包容性又促使这些区域文化相辅相成，渐趋合一。中国文化不仅因善于包容百家学说和不同地区的文化精华而日臻博大，而且还长期吸纳周边少数民族的优秀文明，使之交相辉映，增添异彩：汉代北方民族的器用杂物、乐器歌舞，“京都贵戚皆竞为之”（司马彪《续汉书·五行志》）；魏晋南北朝是中华各民族大融合的时期，充满生机的北方民族精神为中原农耕文化注入了新鲜空气；盛唐是中国最为开放的时代，中国文化的包容性发挥得淋漓尽致，胡汉文化相互融合，促使中国文化更加丰富多彩，生机勃勃。即使对外域文化，中华民族亦能敞开博大的胸怀，扬弃吸收：佛教自汉代传进中国以来，经魏晋南北朝的发展，至隋唐时期形成一个高潮，中国固有的儒、道、玄等文化与外来的佛教文化会通交融，获得新的营养，从而走上了一个更高的

① 习近平．在文化传承发展座谈会上的讲话．求是，2023（17）：4－11.

层次；明末清初时期，西方的耶稣会士东来，带来了西方文明，当时许多有识之士抱着“并蓄兼收”的态度主张学习耶稣会士们传进的科学技术，对社会生产力的发展起着一定的积极作用；近代以来，面对西方列强的欺凌压迫，大批热血的知识分子仍然不忘吸收西方文化，“师夷长技以制夷”。这种文化开放心态，正是中国文化有容乃大的包容性的表现。

元青花瓷展现文化交融

### 3. 农耕经济的早熟造就了中国文化的凝重性

农耕经济的多元成分结构促使中国封建社会经济得到了充分的发展，造就了灿烂辉煌的中国古代文化。但是，中国农耕经济的早熟却不成熟又造成了中国文化的早熟性和凝重性。早在先秦，我国已有“敬德保民”“民为邦本”的思想。以孔孟为代表的儒家学说，以“仁”为核心，强调人与人在道德上的平等，所谓“人皆可以为尧舜”“民为贵，社稷次之，君为轻，是故得乎丘民而为天子”（《孟子·尽心下》）。这种民本意识曾受到西欧启蒙思想家的高度赞赏，但是在中国却得不到正常的发展。由此而派生的平均主义思想，一方面固然成为农民反抗压迫的思想武器，另一方面又加剧了中国历史稳定与动乱的恶性循环。中国的科学技术也是如此。秦汉以后，知识分子大多陷入经解的泥潭和科举的旋涡，对于科学技术的发明创造缺乏应有的重视。因此，尽管中国有四大发明以及一系列的科技贡献，但这些创造贡献始终未能成为社会前进的主流。许多科技发明无法得到社会的推广应用，往往出现中断、失传的现象。

中国农耕经济和中国文化的早熟性，与中国社会的多元结构相互配合，增强了传统社会的坚韧性。随着中国封建社会从前期过渡到后期，中国文化日益显露出凝重的保守性。宋元以后，中国文化的开放性和包容性较之汉唐已有明显的衰退。近现代以来，中国人前赴后继，卧薪尝胆，开放改革，焕发自强自新之道，使中国文化重新获得了生命活力。

## 三、中国传统文化依赖的社会政治结构

一个民族的文化发展，除受特定的地理环境、经济状况和外来因素的制约外，社会政治结构对它的影响也是至关重要的。就世界几个主要文明古国的发展史来看，中国古代的社会政治结构至少有以下特点：第一，以血缘关系为纽带的宗法制度完备而系统；第二，专制主义严密。在漫长的历史中，中国一脉相承的专制制度和带有某种血缘温情的宗法制度相结合，形成一种“家国同构”的社会政治结构。

### （一）宗法制度对中国传统社会政治结构的影响

阶级产生以前，人类走着大体相同的道路，先是原始群居，以后是氏族，继而发展为部落。这些组织都是以血缘关系为纽带联系起来的。宗法制度是由氏族社会的血缘关系在新的历史条件下演化而成的。从现存文献和地下发掘材料看，中国古代的宗法制度产生于商代后期。根据《左传·定公四年》记载，周武王克商后，周王室分鲁公以“殷民六族：条氏、徐氏、萧氏、索氏、长勺氏、尾勺氏，使帅其宗氏，辑其分族，将其类丑，以法则周公”，分康叔以“殷民七族：陶氏、施氏、繁氏、锜氏、樊氏、饥氏、终葵氏”，分唐叔以“怀姓九宗”。这里所说的氏、族、宗就是宗族存在的证明。西周建立以后，统治者在商代宗族制度的基础上，建立了一套体系完整、等级严格的宗法制度，宗法制度具体包括嫡长子继承制、封邦建国制和宗庙祭祀制度等。纵观整个中国历史，宗法制度一直深深地影响着中华民族的生活。这种现象存在的主要原因是农耕自然经济生活方式一直延续了下来，虽有所变异，但其模式基本上循而未改。以宗法制为基础的中国社会政治结构有着以下鲜明的特征：家天下的延续、封国制度不断、家族制度长盛不衰。

#### 1. 嫡长子继承制与家天下的延续

关于夏、商、周三代的王位继承方式，夏朝缺乏相关文献记载，商朝主要实行兄终弟及制，周王室则从周成王之后推行固定的嫡长子继承制。古代统治者实行一夫一妻多妾制，正妻为“嫡”，其子为嫡子；媵、妾为“庶”，其子为庶子。按照周制，最高统治者称“天子”，统治天下的土地和臣民，继承王位的，必须是嫡妻长子。如果嫡妻无子，就只能立庶妻中级别最高的贵妾之子。这种制度显然是从父权制社会演化而来的，是用父子血缘亲情来维系王权的威严和稳定。从君统看，周天

子及其继承者是天下的共主，是政治上的最高统治者；从宗统看，他们又是天下的大宗。西周统治者划分为四个等级：天子、诸侯、卿大夫、士。天子的嫡长子继承天子之位，为大宗；其余庶子被分封为诸侯，为小宗。诸侯的嫡长子继承诸侯之位，为大宗；其余庶子被封为大夫，为小宗。卿大夫之嫡长子继承卿大夫之位，为大宗；其余庶子成为士，为小宗。由此可见，嫡长子继承制与宗法关系是密不可分的。

宗法制度的本质就是家族制度的政治化。西周时代，统治天下的主角是姬姓家族。周之后，姬姓家族的统治灭亡，但其他家族的统治相继而起。这种家天下思想不只统治者有，还深深地影响着广大的民众。西汉末年农民在起义时为反对王莽的新朝，都去找西汉皇室的后裔做自己起义的旗帜：绿林找来刘玄，赤眉找来刘盆子。以后有司马氏的晋朝，杨氏的隋朝，李氏的唐朝，赵氏的宋朝，朱氏的明朝，爱新觉罗氏的清朝等，一部中国史，就是一部家族统治史。家天下的主要特点是一姓家族统治一个朝代，只要这个朝代不灭亡，这个家族就能一直统治下去。嫡长子继承制这一西周宗法制的主要内容，历代皆沿袭下来。除皇位继承仍采取嫡长子继承的原则外，民间家庭财产的继承关系一般已改为诸子均分，但对家族的重视是一以贯之的。

### 2. 分封制与封国制度不断

封邦建国制简称封建，即“分封制”。分封制是由宗法制度直接衍生出来的一种巩固政权的制度，是由周人创立的。分封制度的具体内容即所谓“天子建国，诸侯立家，卿置侧室，大夫有二宗”（《左传・桓公二年》）。诸侯受封后就成为一个地方邦国的统治者，但地方邦国并非是完全独立的，周天子与诸侯有一系列的权利和义务的对应关系。天子对诸侯有巡狩权、命官权、迁爵权等，诸侯对周天子则有必尽的义务，如朝聘、进贡、出兵役劳役等。诸侯依照天子的办法分封卿大夫，卿大夫的领地称为“采”或“邑”，史家一般称为采邑制。不过采邑与封国的性质有诸多不同，其主要差异是采邑没有封国所有的许多独立的权力。卿大夫也依此例分封士。士是西周统治阶级中最低的一个阶层，一般要靠自己的技艺和本领为卿大夫服务。

秦汉以后，尽管郡县制成为国家的一项基本行政区划制度，但封国制度一直不同程度地以不同方式被历朝历代保留。秦始皇统一全国后，曾废分封，立郡县，以子弟为匹夫。但秦朝二世而亡，汉朝的政治家在总结秦朝速亡的经验教训时，其中重要的一条就是秦始皇废分封。所以西汉初年刘邦大封同姓王；刘秀建立东汉后，吸取西汉封国反叛的教训，尽管大臣多次提议封皇子，他犹豫未决，但最终还是没有摆脱宗法关系的束缚，于建武十五年（公元 39 年）分封诸子。此后历朝历代，一般都没有跳出分封皇子的窠臼，只是在管理方式和封王所得利益多寡上有所不同罢了。应当指出的是，尽管中国历史上发生过严重的封王反叛，如汉代的七国之乱、西晋的八王之乱、明代的靖难之役，但历代帝王依旧照封不误，究其原因，仍然是宗法关系的存在。

### 3. 宗庙祭祀制度与家族制度的长盛不衰

宗庙祭祀制度是为维护宗族团结而发展起来的一种重要手段。宗法以血缘亲疏来辨别同种子孙的尊卑等级关系，以维护宗族的团结，所以它十分强调尊祖敬宗。据《礼记·王制》记载，周天子为七庙，诸侯为五庙，大夫为三庙，士为一庙。宗庙祭祀制度的发展，形成了中国传统的礼乐文化，这种文化不仅塑造了世世代代的中国人，也影响着中国周围的国家。周代严格的宗庙祭祀制度对于维护以家族为核心的宗法制度和巩固政权发挥过重要的作用。进入封建社会之后，这一传统被历代统治者继承，并有发展之势。皇宫之前，左宗右社的制度一直延续到明清。今北京故宫前左侧的劳动人民文化宫便是明清的太庙，右侧的中山公园是明清的社稷坛，也就是“左宗右社”的格局。“左宗”是宗法的标志，“右社”是国土的象征，共同表示着这个王朝的天下和对全部土地臣民的占有。

北京太庙

动荡不安常常困扰着中国历史，但构成中国传统社会基石的以血缘为纽带联系起来的家族始终非常稳固。战国时期，由于战争频繁，家族的动荡变化是比较大的，但超姓氏的家族本身依然在发展。到了汉代，由于较长时间处于安定环境之中，一些“强宗豪右”迅速发展起来。魏晋南北朝时期，家族制度得到进一步的发展，江北有大姓，江南也有大姓，而且出现了豪门与寒门的区分。家族制度一直延续到清代甚至民国时期，也没有衰亡的迹象。

## （二）中国君主专制制度对中国传统社会政治结构的影响

马克思曾把君主专制大致区分为两种类型，即以英、法、德等为代表的欧洲型和以中国、土耳其为代表的东方或亚洲型。由于两者产生的社会历史条件不同，所以其社会政治结构迥然有异。例如，英国的君主专制政体形成于封建社会的晚期，这时封建贵族势力已经由强变弱，新兴资产阶级势力勃然兴起，斗争的任何一方均未压倒另一方，英国君主专制制度的阶级基础有僧侣、地主和新兴资产阶级，所以专制君主在维护旧的封建贵族利益的同时也拉拢资产阶级，鼓励工商业的发展和海外贸易活动，这在客观上保护和推动了资本主义生产方式的成长。与欧洲的情况不同，中国的君主专制应当说从中国历史踏入文明门槛的那一刻起就已形成，所以专制的历史十分悠久。这种专制的阶级基础是奴隶主和地主，所依赖的经济基础是小农业和手工业相结合的自然经济，统治者普遍采取压制工商业和贸易的态度，“重农抑商”成为历代统治者的基本国策。具体而言，中国君主专制制度具有如下特点。

### 1. 武力先导，专制时间漫长

就现有文献来看，黄帝以及夏商周三代政权的获得无不以武力为先导：黄帝的权力是用武力取得并用武力加以扩大的；从黄帝传至禹，禹巩固自己的政权多用武力；禹死后传至启，启同样用武力来巩固自己的统治地位；商朝的建立同样处处以武力为先，商朝建立后，商王率兵四处征伐的记载非常多；周武王以武力推翻商纣王的统治后，虽然分封了许多姬姓诸侯国，但天子与诸侯之间的关系既是宗法血缘关系，也是君臣关系，这种体制也是一种专制。周天子的这种专制，持续到公元前8世纪初。公元前770年周平王东迁后，周王室式微，诸侯坐大，卿大夫崛起，家臣活跃，社会开始发生激烈动荡。这种社会动荡的本质是一种新的专制制度取代旧的专制制度。这种新制度就是以郡县制为外在形式的君主官僚政体。就其本质特征来说，这种君主官僚政治体制从春秋时代产生起，一直延续到辛亥革命推翻清朝皇帝止，前后达2 500多年，基本上没有什么质的变化。

### 2. 重农抑商，经济基础稳固

君主专制制度的经济基础是土地的国有和自给自足的小农经济。商周时期，君主把全国看成他的私有财产，所谓“普天之下，莫非王土；率土之滨，莫非王臣”（《诗经·小雅·北山》）就证明了这一点。春秋以后，出现了土地多级所有的局面，即土地所有权分属于各个等级，并出现了多种形式的土地占有，以后土地私有逐渐成为主要的土地占有形式。但在整个封建时代，国家对土地的占有量是很大的，而且官僚、地主对农民土地的剥夺非常严重。

与专制统治者维护地主和小农经济所构成的经济基础相一致，历代统治者无不采取打击工商业的政策。工商业的出现不但是社会经济进步的标志，而且它的发展能冲破小农经济单一的简单再生产模式。毫无疑问，它是历史前进的一股强劲的驱动力，打击工商业就是打击这股历史发展的推动力。由于封建的小农自然经济被人为地保护起来，能够瓦解自然经济基础的工商业被视如洪水猛兽，因此这个基础就变得异常稳固，资本主义生产方式始终未能在中国大地上形成一股强大的势力。

### 3. 君主专制，集权日益强化

从总的趋势来看，中国封建社会君主专制的集权程度是日益强化。战国时期，经过长期的兼并战争，形成了区域性的君主专制体制。秦始皇统一中国后，中央集权达到了一个新的高度。最高是皇帝，由三公九卿组成统治集团，皇帝通过公卿统治全国，形成中央集权的君主专制制度。魏晋南北朝至隋唐时期，专制主义中央集权有所发展，三公九卿制度转变为三省六部制。宋辽金元时期，专制主义中央集权又有了进一步的发展，中央严厉限制和防范地方割据，军权、政权、财权、司法权都归朝廷。明清时期，专制主义中央集权发展到顶峰，其主要标志是皇帝个人专权，相权被废止。明代成立内阁，清朝设军机处，它们都是皇帝自己的办事机构。

当然，中国的君主专制制度也存在着若干制约因素，如朝议制度、谏议制度等，但这些制度没有对皇帝的否决权，因而也就在很大程度上成为对君主专制制度的一种补充。

### 4. 安土重迁，人身控制严密

中国是最早实行人口统计和户籍管理的国家，很早就用什伍组织把老百姓编入什伍之中，“十家为什，五家为伍；什伍皆有长焉”，并进一步提出“凡过党，其在家属，及于长家；其在长家，及于什伍之长；其在什伍之长，及于游宗；其在游宗，及于里尉；其在里尉，及于州长；其在州长，及于乡师；其在乡师，及于士师”（《管子·立政》）的规定。商鞅变法制定了连坐法，把百姓按五家一伍、十家一什的户籍办法编制起来，要相互告发和同罪连坐。告发“奸人”的可以得到同斩得敌人首级一样的奖赏，不告发的则要腰斩。一家藏“奸”，与投敌者受同样的处罚，其余九家若不检举告发，则要一起办罪。旅客住宿要有官府凭证，旅舍的主人如果收留了无证之人，与“奸人”同罪。这些制度和法令使居民失去了流动的可能，国家便可轻易地按郡县、乡里、什伍系统征赋税、徭役和兵役，帝王的诏令也就很容易到达每一个家庭了。

中国专制统治者还十分重视控制生计的办法，历代统治者都非常注重对土地的管理，管好了土地，也就把农民牢牢固着在土地上。从商周的井田制到秦始皇“令黔首自实田”，还有以后的占田制度、均田制度、两税法、一条鞭法、摊丁入亩法

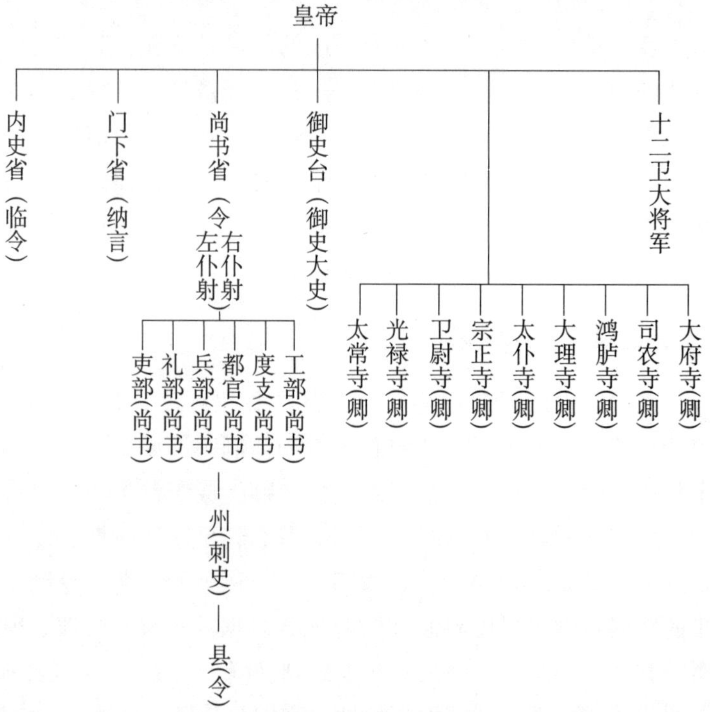


**三省六部制**

等，无不包含着将农民固着在土地上的目的。如此既久，中华民族安土重迁的风俗就形成了。

## （三）传统社会政治结构对中国文化的影响

以宗法色彩浓厚和君主专制制度高度发达为主要特征的中国传统社会政治结构，对中国文化的影响是巨大的。这主要表现在以下几个方面。

### 1. 宗法型特征与伦理型范式文化

中国社会结构的宗法型特征导致中国文化形成伦理型范式，这种范式所带来的正价值是使中华民族凝聚力强劲，注重道德修养，比较重视人与人之间的温情，成为举世闻名的礼仪之邦；它的负价值是使“三纲五常”的伦理说教、“存理灭欲”的修身养性、“非我族类，其心必异”的盲目排外心理等成为中国文化健康发展的障碍。

### 2. 专制性特征与政治型范式文化

中国社会结构的专制性特征导致中国文化形成政治型范式，这种范式所带来的正价值是形成了中华民族的整体观念、国家利益至上的观念，造就了民族心理上的文化认同、文人学士的经世致用思想等；它的负价值是使国人存有严重的服从心态，对权威和权力过度迷信，个人自信心缺乏，文人喜欢影射传统，等等。这种负面影响还表现在对中国传统文化精华的抑制和摧残方面。例如，早在战国时代孟子就讲过类似于民权高于君权的观点，他说："民为贵，社稷次之，君为轻。"（《孟子·尽心下》）但这种观点在此后的社会生活中并未得到统治者的提倡，自然也就得不到贯彻实施。

**3. 伦理政治化和政治伦理化**

宗法与专制的结合，在政治上表现为儒法合流，在文化上的反映则是伦理政治化和政治伦理化。用政治伦理秩序代替法律秩序，政治大于法律，伦理也大于法律，因而法律意识、法律观念在中国古代很难找到立足之地。也正是在此基础上，形成一种"家国同构"的社会政治结构。家国同构是指家庭、家族和国家在组织结构方面具有共同性。由于古代中国的经济基础一直处于商品经济不发达的小农经济占主导地位的状况，所以与这种生产方式相联系的家族制度也深深地根植于数千年的中国社会结构之中，使国家结构也打上了家族结构的印记，家与国的组织系统与权力配置都是严格的父家长制。在中国，尽管奴隶制国家和封建制国家是按地缘原则建立起来的，不同于原始的氏族部落，但始终未能摆脱氏族血亲宗法关系的纠缠。从一定意义上说，中国的奴隶社会是宗法奴隶制，是家族的政治化。宗教和宗法关系在中国长期存在，导致了"家国同构"的格局，所谓"忠孝相通""求忠臣于孝子之门"。"家国同构""忠孝同义"，都是宗法制度长期遗存的结果。

中国文化伦理政治化和政治伦理化的范式，从"内圣外王"的矛盾统一体中获得了坚韧的理论架构，并以小农自然经济和宗法专制社会政治结构作为坚实基础，组合成一个严密的体系。这个严密体系在近代大工业兴起之后才逐渐瓦解，新时代的新文化由此才有可能形成。

## 第二节
## 中国传统文化的发展历程

文化的生成、发展都具有阶段性。中国文化自有其独特的发展脉络。这种脉络当然与王朝更替相关联，但文化史的进程又往往突破王朝界域，有着自身的发展序列。某些跨王朝的阶段，如周秦之际、魏晋南北朝之际、明清之际，以及某些朝代的中段，如唐中叶、明中叶，文化均发生了重要转折，或形成思想学术的高峰，故而中国文化史的段落划分又必然要在一定程度上冲决王朝的樊篱。因此，本节对于中国传统文化发展历程的介绍将按照文化自身的发展演变予以把握。

中华文明源远流长、博大精深，是中华民族独特的精神标识，是当代中国文化的根基，是维系全世界华人的精神纽带，也是中国文化创新的宝藏。在漫长的历史进程中，中华民族以自强不息的决心和意志，筚路蓝缕，跋山涉水，走过了不同于世界其他文明体的发展历程。中华文明探源工程等重大工程的研究成果，实证了我国百万年的人类史、一万年的文化史、五千多年的文明史。①

## 一、中国文化的发生期：上古

上古时期是中国文化发端的初始阶段，包括旧石器时期和新石器时期，相当于中国古史的传说时代。梁启超《中国史叙论》将“自黄帝以迄秦之一统”称作中国历史的“上世史”，“是为中国之中国，即中国民族自发达、自争竞、自团结之时代也”②。

### （一）中国人的起源

文化的实质性含义是“人化”或“人类化”。有了人，就开始有了历史，也开始有了文化。因此，中国文化起源与中国人起源实质上是联系在一起的。

中国境内分布广泛、数量众多的考古遗址表明，从旧石器时代到新石器时代的居民，体质上存在着明显的承续、发展的人种学序列。1965 年 5 月，考古学者从云南元谋上那蚌村发现了距今约 170 万年的猿人化石，定名为元谋猿人，这是中国境内最早的人类活动的历史确证。20 世纪 70 年代以来，人类的直系远祖腊玛古猿的许多材料以及人类从直立人（猿人）、早期智人（古人）到晚期智人（新人）各个发展阶段的丰富材料相继被发现，这使得世界上迄今只有中华大地在人类起源的各个环节中没有缺环。根据人种学分类，中国人是在一个大的人种（蒙古人种）主干下发生和发展的，从元谋人、蓝田人到马坝人、大荔人，再到山顶洞人，颧骨高突、铲形门齿、印加骨、额中缝等一系列现代蒙古人种所具有的典型体征在明显的进化趋势中一脉相承。

① 把中国文明历史研究引向深入 推动增强历史自觉坚定文化自信．人民日报，2022-05-29（1）.

② 梁启超．中国史叙论//饮冰室合集．北京：中华书局，1989：11.

## （二）原始物质文化

在文化产生的过程中，最早出现的是工具。猿人最初使用的工具是天然和简单加工的石块，考古学上将这一时期称为旧石器时代。从元谋人直到距今约 7 000 年的四川资阳人均处于这一时代。火的使用是旧石器时代先民的一项具有划时代意义的文化创造。在中国神话传说中，取火技术的发明权有时记在“燧人氏”名下，有时记在“伏羲”名下，有时又归功于“黄帝”。这种歧说并陈的现象正反映了原始初民经过广泛的、多渠道的实践才发明取火技术的文化史的本来面目。

从距今 7 000 年开始，中华先民进入了新石器时代，磨制的较为精致的石器取代了打制的粗糙的石器，以“泥条盘筑”为主要制作方法的陶器也广泛出现。经历了 100 多万年的采集和渔猎活动，中国境内的原始人积累了丰富的动植物知识，大约在新石器时代开始了农业栽培和家畜驯养，由此农业、畜牧业取代采集渔猎，成为首要的生产部门。中国无疑是农作物和家畜、家禽的重要原生地，是世界农业起源的中心之一，包括稻作和旱作在内的丰富多彩的农业生产方式奠定了有别于游牧方式的农耕文化的基石，由此决定了后来中国文化的许多特点。迄今为止，已发现新石器时代的文化遗址达七八千处，其中最著名的有仰韶文化、大汶口文化、红山文化、良渚文化、马家窑文化、龙山文化、屈家岭文化等。

## （三）上古文化分布

中国前文明时期的文化遗址数量极多，分布极广，恰似“满天星斗”，它显示着中国文化的多元发生，然而其主体却集中在黄河流域和长江流域及其南北不远的范围内。神话传说及民族学、民俗学研究表明，中华民族的远祖可分为华夏、东夷、苗蛮三大文化部落。

中华先民的一部分，很早就自称“诸夏”或“华夏”，或单称“华”“夏”。华夏部落发祥于黄土高原，后沿黄河东进，散布于中国的中部及北部的部分地区，即仰韶文化、龙山文化分布区。华夏部落内又分两支：一支称黄帝，一支称炎帝。神话传说中那位桀骜不驯的共工氏也属于这个部落。

东夷部落的活动区域大致在今山东、河南东南和安徽中部一带，即大汶口文化、龙山文化及青莲岗文化江北类型分布区。与黄帝恶战的蚩尤、射日的后羿都属于这个部落。

苗蛮部落主要活动于湖北、湖南、江西一带，即大溪文化、屈家岭文化分布区。如若向东延伸，河姆渡文化、良渚文化等也可归于此集团。大名鼎鼎的伏羲、女娲都属于这个部落。

## 二、文化奠基及元典创制期：夏商西周至春秋战国

夏商西周至春秋战国是中国文化史上的“轴心时代”或称“元典时代”①。像世界其他地区独自生成的文化系统一样，这一阶段已经奠定了中国文化的基本构架，后来影响中国文化乃至整个东亚文化达 2 000 多年的许多特征，在此阶段已初步显现。

### （一）夏朝：废禅建制

远在公元前 21 世纪，也就是 4 000 多年前，奴隶制国家——夏朝便建立起来了。夏本来是一个部落的名称，以善于治水闻名。其首领鲧因治水失败而被放逐，但鲧之子禹却因治水有功而被拥立为部落联盟首领。从此，夏部落日益强盛起来。当时部落首领的继承依据的是传统的“禅让制”，但是禹去世以后，禹的儿子启公开破坏“禅让制”，继承父位，自称“夏后”，这是我国历史上第一个国王。“禹传子”，说明“世袭制”代替了“禅让制”，“公天下”变为“私天下”。这是国家形成的一个信号，也是我国从原始社会过渡到奴隶社会的标志。在豫西、晋西南进行的考古发掘正在揭开夏代文明的面纱。

### （二）殷商：神本文化

商人的文明水平有了显著提高。兼具“象形”“会意”“形声”等制字规则的甲骨文的出现，标志着中国文字进入了成熟阶段。文字、典籍、青铜器以及“殷”这座目前所确认的中国最早的古都，无不显示古代中国已跨入文明社会的门槛。商人尊神重巫，体现出强烈的神本文化的特色。殷人观念中的神，地位最高的是“帝”或“上帝”，它统率各种自然力，也主宰人间事务。商王既是政治上的最高统治者，

---

① “轴心时代”（axial age）是德国哲学家卡尔·雅斯贝尔斯的著名命题。他认为，公元前 800 年至公元前 200 年间，尤其是公元前 500 年前后，是人类文明的“轴心时代”。“轴心时代”发生的地区大概是在北纬 30 度上下，即北纬 25 度至 35 度这一区间。在雅斯贝尔斯看来，在这一阶段，世界各个文明区域都产生了一系列优秀文化成果：在中国，诞生了老子和庄子，出现了百家争鸣的历史局面；在印度，佛陀出现；在希腊，产生了盲诗人荷马以及他的传世大作《荷马史诗》，产生了哲学家柏拉图、史学家修昔底德；在巴勒斯坦，希伯来人开始传播弥赛亚的有关信仰，这一文化成果对各个文明区域的发展都有着非常深刻的影响，甚至对其他的文明也产生了重大的影响。在“轴心时代”，印度、希伯来、希腊、中国这些相互隔绝的地区几乎同时涌现出许多科学、文学、史学、哲学等方面的成就，这些成就都被以书籍的形式（即“元典”）保留下来，从而确定了民族文化的基本走向，也奠定了民族文化的基本特质。

又是最高祭司。以尊重鬼神为特色的殷商文化是人类思维水平尚处于蒙昧阶段的产物。随着人们实践经验日益丰富，智力、体力水平不断增进，对神的力量的崇拜渐次淡薄，对于自身能力的信心与日俱增，于是，以神为本的文化逐渐向以人为本的文化过渡，其契机便是商周之际的社会大变动。

### （三）周朝：文化维新

周朝建立后，一方面，周人确立了兼备政治权力统治和血亲道德制约双重功能的宗法制，其影响深入中国社会机体。虽然汉以后的宗法制度不再直接表现为国家政治制度，但其强调伦常秩序、注重血缘身份的基本原则与基本精神却依然维系下来，并深刻渗透于民族意识、民族性格、民族习惯之中。另一方面确立了把上下尊卑等级关系固定下来的礼制和与之相配合的情感艺术系统（乐）。周代的礼制是周代制度文化、行为文化和观念文化的集中体现，它既是典章制度的总汇，又是政治生活、经济生活、社会生活、家庭生活各种行为规范的准则，包括形式和内容两个侧面。其形式为“仪”，即各种礼节和仪式。周制规定，各级贵族祭祀、用兵、朝聘、婚丧都要遵循严格的合乎其等级身份的礼节仪式，以体现君臣、父子、兄弟、夫妻的上下尊卑之别。其内容则为“亲亲”（贯彻血缘宗族原则）、“尊尊”（执行政治关系的等级原则）。周代礼制的内容与形式统一在其主旨上就是“别贵贱，序尊卑”。周人所确立的“礼”为后世儒家所继承、发展，以强劲的力量规范着中国人的生活行为、心理情操与是非善恶观念。中国传统的“礼文化”或“礼制文化”即创制于西周。

### （四）春秋战国：文化的“轴心时代”

春秋战国是一个“礼崩乐坏”的时代。礼崩乐坏的社会大裂变将原本属于贵族最底层的士阶层从沉重的宗法制羁绊中解放出来，他们在社会身份上取得了独立的地位；激烈的兼并战争打破了孤立、静态的生活格局，文化传播的规模日盛；竞相争霸的诸侯列国尚未建立一统的观念形态；随着周天子“共主”地位的丧失，世守专职的宫廷文化官员纷纷走向下层或转移到列国，直接推动私家学者集团兴起。正是如上种种条件的聚合，为中华民族的精神发展创造了一种千载难逢的契机，气象恢宏盛大的诸子“百家争鸣”由此应运而生。

所谓“百家”是诸子风起、学派林立的文化现象的一种概说。“战国诸子”总括而言大约有儒、墨、道、名、法、阴阳、农、纵横、杂、小说十家。

由孔子开创的儒家学派，以“仁”为学说核心，以中庸辩证为思想方法，重血亲人伦，重现世事功，重实践理性，重道德修养。汉代以后，儒学几经变化，礼教德治的精神始终一贯，从而成为中国传统文化的正宗。

以老、庄为代表的道家是先秦诸子中与儒家并驾齐驱的一大流派。道家在许多方面都是儒家的对立面：儒家注重人事，道家尊崇“天道”；儒家讲求文饰，道家向往“自然”；儒家主张“有为”，道家倡导“无为”；儒家强调个人对家族、国家的责任，道家醉心于个人对社会的超脱。当然，道家和儒家在精神上也不是全然对立，而是存在着相互接近、相互沟通的质素。

法家的先驱人物是齐国的管仲与郑国的子产，他们力主强化法令刑律，使民“畏威如疾”，以达到富国理乱的效果。法家是战国时的“显学”，后来成为秦王朝统治天下的政治理论。汉以后，儒学独尊，但法家学说仍然或隐或彰地发挥效用，历代统治者多采取“霸王道杂之”（即儒法并用）、“阳儒阴法”等统治方术。

墨家的创立者是鲁国人墨翟，其信徒多系直接从事劳作的下层群众，尤以手工业者为多。故墨家学说强调物质生产劳动在社会生活中的地位（“尚力”），反对生存基本需要外的消费（“节用”），企图以普遍的爱停止战乱取得太平（“兼爱”），同时又尊崇天神（“天志”），鼓吹专制统治（“尚同”），从而典型地反映出小生产者、小私有者的性格。

以邹衍为重要代表人物的阴阳家，其特长是“深观阴阳消息”。运用阴阳消长模式来论证社会人事是阴阳家的一大创造，而从时间、空间的流转变化中去把握世界则是阴阳家独具特色的思维方式。

春秋战国的特殊文化环境不仅为“文化轴心时代”的确立提供了契机，而且有力地推动了华夏民族的最终形成。正是在这一时期，中原地区各古老部族在诸侯国攻伐不已的兼并战争中被统一到少数几个大国的版图之中，其中北方的狄族多为晋所兼并，西方戎族多为秦所兼并，东方的夷族多入齐、鲁，南方的苗蛮及华夏小国则为楚所统一。过去华夏各国视为蛮夷的秦、楚二国，经过春秋 300 年的变迁，已实现华夏化，在语言文字、生活方式、政治制度、礼仪文化等方面与华夏趋于一致。自此，中国燕山以南、长江以北的黄河中下游及淮汉流域广大地区的居民已基本上融合为一个统一的民族，而不再有华夏与蛮、夷、戎、狄的区别。

## 三、统一帝国文化探索、定格期：秦汉

秦汉两朝的四个多世纪是帝国文化形成的时期。如果向前追溯，统一帝国文化的端绪应该推源至春秋战国之际，因为其时所发生的社会变革和文化转型已经蕴含着政治统一的走势。而秦汉帝国的建立，正式标志着“古代帝国的完成期”“古代中国文化的总归结时代”，实现了对先秦多元文化的统一整合。梁启超《中国史叙论》将“自秦一统后至清代乾隆之末年”称作中国历史的“中世史”，“是为亚洲之中国，

即中国民族与亚洲各民族交涉繁赜，竞争最烈之时代也”[①]。

## （一）秦朝：文化统一与思想统一

战国时代，诸侯割据，“田畴异亩，车涂异轨，律令异法，衣冠异制，言语异声，文字异形”（许慎《说文解字·序》）。秦始皇统一天下，雷厉风行地扫荡这种种之“异”，建立统一的文化，其重要措施有“书同文”“车同轨”“度同制”“行同伦”“地同域”。秦始皇统一文化的措施固然以强化专制君主集权政治为目的，同时也有力地增进了秦帝国版图内各区域人们在经济生活、文化生活乃至文化心理上的共同性，从而为中华文化共同体的最终形成奠定了坚实的基础。

秦始皇陵铜车马陪葬坑一号车（立车）

秦汉时期的文化统一还包括思想学术上的统一，秦统一天下后即致力于“别黑白而定一尊”。秦始皇采纳李斯的建议，“下焚书之命，行偶语之刑”（《隋书·牛弘传》），从而造成中国文化史上的一次空前浩劫。秦始皇“焚书坑儒”的文化专制政策以其酷烈性激起后世儒生、士大夫的反复抨击，不过必须注意的是，实行思想统一乃君主专制政治下不可回避的历史任务。

## （二）汉朝：儒学独尊与经学兴起

当西汉王朝取得政治上的稳定和经济上的繁盛时，统一思想的课题便被再次提

---

① 梁启超．中国史叙论//饮冰室合集．北京：中华书局，1989：11.

出，其倡导者董仲舒以“六经”为指针，高举“崇儒更化”的旗帜，寻找到了与地主制经济、宗法-专制君主政体比较吻合的文化形态，因而其独尊儒学的主张不仅被汉武帝采纳，推行于当世，而且在汉至清的 2 000 年间行之久远。“罢黜百家，独尊儒术”文化政策的推行使儒学取得了“定于一尊”的显赫地位，原来并不专属儒家的“古之道术”渊薮——《诗》《书》《礼》《易》《春秋》，亦一变而为儒家独奉的经典，并被正式尊为“五经”。统治者尊崇“五经”“立五经博士”，并推行“以经取士”的选官制度，传经之学和注经之学成为专门学问，这就是汉代至清代的官方哲学——“经学”。

秦汉时期中国文化由多元走向一统，中原农耕文明在与周边游牧文明的冲突交融中，逐渐赢得强有力的控制地位。秦汉文化足以与南亚的孔雀王朝文化、欧洲的罗马文化相媲美，成为亚欧大陆并峙的三大帝国文化。秦汉时期，既可以视为中国史前文化及元典时代之后的一个大完结、大整合，又可以视为后来的帝国文化乃至中国本土文化奠定模式的关键阶段，中国文化的基本面貌很多都是在秦汉时期固定下来的。如度量衡的统一、文字的厘定，以及教育模式、户籍控制、官吏考选方式、经学和史学体系的格局大定，形成中国独具的特色，并在帝国内部有效实施。汉族的形成也在这一时期，汉语、汉字、汉文等沿用至今的文明成果都在秦汉时代基本定格。

## 四、胡汉、中印文化融合期：魏晋南北朝至唐中叶

这一阶段，中国文化开始大范围地与东亚、西亚、南亚文化进行涵化整合。这一时期，与庄园经济和门阀贵族政治相表里，精神领域里玄风弥漫，儒、道、佛各擅胜场，影响着思想意识和各文化门类。

### （一）魏晋：玄学的崛起

玄学的产生是从两汉到魏晋思想上的一个重要变化。随着东汉王朝的崩溃，由儒家政治伦理学说与阴阳五行学说杂糅搭配而成的、包罗万象的宇宙论的神圣光环黯然失色，经学也成了令人难以忍受的烦琐学问，统治阶级的腐败以及社会大动乱更有力地宣布了儒学的“不周世用”及其思想的虚伪。在这样一种时代大背景下，玄学应运而生。玄学由老庄哲学发展而来，其宗旨是“贵无”，最高主题是对个体人生意义价值的思考。魏晋玄学从汉代的宇宙论转向思辨深邃的本体论。其思维特点是超脱多样化的现世实物而直接诉诸本体；玄学家所说的达到无限是在现实的人生之中，特别是在情感之中达到对无限的体验，这就使玄学与美学内在地联结在一起，成为魏晋美学的精魂；玄学作为一种本体论哲学，其现实意蕴乃是对魏晋人所孜孜

以求的理想人格做理论上的建构。玄学的兴起，对魏晋文化思潮产生了深刻影响。

## （二）南北朝：胡汉交会与文化互补

农耕文化与游牧文化之间的冲突与整合是魏晋南北朝文化的一大主题。游牧或半农半牧民族的“胡”文化与中原农耕人的“汉”文化长时间交会，在冲突中走向融合。胡、汉之间在相互调整、相互适应的过程中趋于一体化，这种一体化既包括胡文化的“汉化”，也不乏汉文化的“胡化”。胡文化“汉化”通常通过两个渠道进行：一个是由胡人统治者采用汉族统治的组织形式，并推广儒学，从而以强力推进胡文化发生质的变化；另一个是入迁内地的胡人潜移默化地受到汉文化观念意识的影响。胡文化“汉化”是多方面的，它不仅表现在政权结构专制化、经济方式农业化、观念意识儒学化上，而且表现在昔日的胡人自觉认同华夏文化，又转而以“汉人”的姿态去对待其他胡族上。胡文化虽见容于汉文化系统，但是这种加入绝非机械组合。在进入汉文化轨道的过程中，胡文化也以其特质对汉文化系统加以冲击、改造。游牧文化给中国文化带来复壮和补强作用，继秦汉之后，隋唐成为又一帝国文化高峰，这不能不说得益于北方民族“胡气”的熏染，物质上如此，文化上也是如此。

这一时期，中国经历了文化中心向东、向南转移的过程。这一过程大规模展开于东晋南渡，至唐代“安史之乱”后，中国的经济中心已经基本移至南方，正所谓“赋出天下而江南居什九”，但文化中心的南移还没有最后完成，这 600 年正是南移过程中的过渡、调适期。

## （三）道教创制与佛教传入

玄学的兴盛体现出动乱时代人们对个体存在意义和价值的关注，而这样一种社会心理也成为道教与佛教兴盛的土壤。

道教是中国本土的宗教。它酝酿于东汉，发展于魏晋，至南北朝时期，北魏嵩山道士寇谦之、刘宋庐山道士陆修静借政权之力清整民间道派，并首次使用“道教”一词统一各道派。与此同时，道教逐步形成了一套完整的宗教仪式和斋醮程式、道德戒律。萧梁陶弘景更以“天子师”之尊构造道教神仙谱系，叙述道教传授历史。道教作为一个完整意义上的宗派至此基本定型。

在道教勃兴的同时，另一支宗教力量也气势日增地进入了魏晋南北朝文化系统，这就是来自南亚次大陆的佛教。佛教传入之初，也曾经与儒、道等中土文化相冲突，但终与中国的伦理规范、实用理性、崇拜模式、政治需求等相妥协、相融合（如佛教本“不敬王者”“不事父母”，后来逐步演变为敬事君长、倡言孝道）。佛教在中国历经排佛、灭佛、佞佛、援佛等种种遭际后，逐渐实现了在中国的本土化，并深刻影响着中国文化的各个层面。在晋唐间，佛学宗派林立，天下名山寺院林立，禅声缭绕，佛学更成为中国文化史上的奇峰异峦。如果按照通行的说法，将中国学术史分作七段（先秦子学、两汉经学、魏晋玄学、隋唐佛学、宋明理学、清代朴学、近代新学），那么其中三段（魏晋玄学、隋唐佛学、宋明理学）是直接因为佛教影响而形成学术大势的。

魏晋南北朝时期“二学”（儒学、玄学）和“二教”（道教、佛教）的相互冲突、相互整合，造成意识形态结构的激烈动荡。这一时期因匈奴、鲜卑、羯、氐等北方少数民族入主中原而引发的胡汉文化的大规模冲突，更使魏晋南北朝的文化呈现出多样性、丰富性。在文化的多重碰撞与融合中，中国文化得到了多向度的发展和深化，强健而清新的文化精神大放异彩。

### （四）隋唐（唐前期）：隆盛时代

隋唐文化的气象恢宏，与地主阶级结构的深刻变化休戚相关。魏晋南北朝时期，盘踞高位，享有各种政治、经济特权的门阀世族势力在隋唐时期急剧没落；杨隋和李唐政权所推行的包括均田制、“崇重今朝冠冕”及科举制在内的一系列全面压抑门阀世族的改革措施，使得大批中下层士子在门阀世族衰落的同时由科举进入仕途，参与和掌握各级政权，从而在现实秩序中突破了门阀世胄的垄断。

以强盛的国力为依托，以朝气蓬勃的世俗地主阶级知识分子为主体，唐文化体现出一种无所畏惧、无所顾虑的兼容并包的宏大气派：在文化政策上，唐太宗李世民与以魏徵为首的儒生官僚集团不仅在政治上实行“开明专制”，而且在文艺创作上积极鼓励创作道路的多样性；在意识形态上奉行三教并行政策，决不推行文化偏至主义。唐文化的宏大气魄还体现在以博大的胸襟广泛吸收外域文化上。南亚的佛学、历法、医学、语言学、音乐、美术，中亚的音乐、舞蹈，西亚和西方世界的祆教、景教、摩尼教、伊斯兰教、医术、建筑艺术及至马球运动等，如同“八面来风”，从唐帝国开启的国门一拥而入，首都长安则是那一时代中外文化会聚的中心。中国文化发展至唐，显示出一种阶段性的集大成的灿烂风采。

## 五、近古文化定型期：唐中叶至明中叶

公元 9 世纪的中国，继春秋战国和魏晋南北朝之后，发生了又一次社会变革和文化转型，它同时还引起了东亚文化圈内朝鲜、越南、日本文化的变革。陈寅恪认为：“唐代之史可分作前后两期，前期结束南北朝相承之旧局面，后期开启赵宋以降

之新局面，关于政治社会经济者如此，关于文化学术者亦莫不如此。”[①] 唐代前后期的转折，规范了中国文化史后半段的大致框架。唐宋以降的 1 000 年间，中国文化在自身的发展中，已显示出走出中古文化故辙的种种动向，可以称为近古文化期。

## （一）唐（中后期）五代：中国文化的第三次转折[②]

唐代中叶以降，领主庄园经济破产，地主-自耕农经济定型；赋税制度也发生了重大变化，以两税法代替租庸调制为开端，以后宋明几代的赋税改革越来越明确地把朝廷对平民的直接经济关系确立下来。中唐以后是一个社会阶层重新组构的新社会，科举制度实行以后，门阀贵族淡出政治，官吏直接从地主和自耕农中考选，地主、农民、工商杂类皆可参与政治，并寻求与其经济实力相适应的社会地位。中唐以后中国文化心理上急转直下，隋唐帝国那“大有胡气”的自信放达、宽松自由、开放活泼、积极向上的精神风貌渐趋委顿，由开拓转为内敛，由闳放转为精致，由尚武转为右文，抵御游牧人的能力下降，以致边患不断。经济中心的南移带来政治、文化中心的南移。安史之乱以后，中国北部和西北部的游牧民族纷纷崛起，中央王朝渐渐失去对当地政治和经济的控制力，间接地加快了将经济、政治和文化中心向东南转移的速度。而此时的江淮流域，经过六朝以来的开发，在稻作经济、盐茶贸易、水陆转输等方面都已发展到一个相当的程度，足以成为新的经济中心。与这一政治经济现实相适应，中唐掀起了一场文化运动，韩愈等人明确地以儒家“道统”的继承者自居，以儒家“道统”的重建为己任，并与其同道柳宗元等人发起了“古文运动”，当然，这场文化运动对儒学的复兴已不是历史的再造，而是汲取融汇了佛、道文化的改造式的复兴，就此埋下了宋人理性主义精神的伏笔。

## （二）宋朝：理学建构与市井文化勃兴

酝酿于唐中叶，在宋明得以光大的理学，一定意义上是儒家人文理性的复归，程朱理学的天理观和格物致知使儒学走向精深，而宋学的怀疑精神则触及实证科学的边缘；与理学究意于知性反省、造微于心性之际的趋向相一致，两宋的士大夫文化也表现出精致、内趋的性格。另外，文人、官僚、地主和商人合为一体，形成所

---

① 陈寅恪．金明馆丛稿初编．上海：上海古籍出版社，1980：296.

② 前两次文化转折一在春秋战国时期，一在魏晋时期。春秋战国时期百家争鸣，诸子纷呈，堪称元典创制时期，中华民族的文化精神于焉形成；魏晋时期儒道释多元文化并存，胡汉文化、中印文化大融合，形成别开生面的文化景观。唐中叶开始的第三次文化转折不同于以前。它以“安史之乱”为界标，汉唐时代的雄浑气象逐渐转为精致内省的文化风格，并由此带来一系列的深刻变化。详见：冯天瑜，等．中国文化史：彩色增订本．北京：高等教育出版社，2007：245.

谓士大夫阶层，他们的审美情趣、人格理想、道德观念主导了全社会的价值规范，对近古乃至近代的精神生活影响深远。

唐宋以来，实物经济式微，货币（包括纸币）大量流通；城市由单纯的政治中心和军事堡垒演变为经济和文化的集散地。随着工商业的繁荣，市民阶层兴起，市井文化趋于活跃，反映市民生活及其情趣的小说、戏曲在形式和内容上都另创一格，为日后元曲、明清小说等通俗文学的繁荣开启了先河。这样一种不同于贵族口味与士人情调的市井文化跻身于文化系统中，显示出野俗的活力与广阔的普及性，成为不可忽视的社会存在。

### （三）辽夏金元：朔方冲击

自唐末五代始，北部和西北部的游牧民族再度相继崛起，对中原农耕世界发动规模日益巨大的冲击。北宋立国前后，契丹、党项、女真相继在华北、西北和东北建立政权。1206年，成吉思汗崛起于大漠，剽悍的蒙古铁骑南征北战，在空前辽阔的版图上建立起元帝国，又一次实现了全国性的大统一，并使中国第一次统一于一个草原游牧民族之手，但其文化样态并没有超越华夏文化的传统模式。忽必烈所建立的元朝是一个空前广阔的帝国，其疆域“北逾阴山，西极流沙，东尽辽左，南越海表”“东南所至，不下汉、唐，而西北则过之”。在这广袤的境内，帝国统治者大规模设置交通网络，蛛网密布的交通网不仅促进了以京师为中心的各地政治、经济的密切联系，而且有力地促进了文化的交流和传播。与帝国庞大的气势相适应，元朝统治者在原金中都（今北京）附近建立起一座规模宏大的新京城，它被忽必烈命名为“大都”，外域人士则称之为“汗八里”，意即可汗之城或皇帝之城。元帝国不仅幅员辽阔，而且是一个世界性的帝国。忽必烈称汗后，实际上是以蒙古大汗的身份兼领中国，西北钦察、察合台、伊利三个汗国在名义上均听从忽必烈大汗的指挥。横跨亚欧的版图以及驿站制度的完善，使一向不曾处在统一控制下的东西交通在元代畅通无阻。中原文化、北方草原文化、边疆各族文化、中亚伊斯兰文化、东欧拜占庭文化、南亚佛教文化都在一个广阔的文化场中交流融会，并在元文化大系统中留下鲜明的印记。尽管元帝国时代的中外文化交流大多尚局限于“物质”层面而未深入“思想”层面，但是必须承认这一时期的中外文化交流无论是在深度还是在规模上均远超过此前任何时期。

## 六、东西文化交汇及转型期：明（中后期）清

明清之际，早期殖民主义的南欧国家东来，其宗教、科技及学术进入中国，然

而影响力有限；清中叶以降，完成工业革命的英国等西方列强用炮舰加商品打开中国封闭的国门，强行将中国纳入世界统一市场和全球性国际关系中。中国第一次遭遇到“高势位”文化的入侵，中西文化既相冲突又相融会，这一过程造成了中国文化的空前危机，也赋予了中国文化新的发展机遇。中国文化的物质、制度、精神诸层面渐次发生近代转型，迈入“世界之中国”① 的阶段。

## (一) 明中后期：早期启蒙思想

明中叶以后，中国社会的内部结构发生了缓慢而又重大的变化，随着自耕农的普遍发展、庶族地主力量的增长以及屯田向私有和民田的转化，传统的地权占有形式发生变更；随着租佃关系上自由租佃的出现、永佃制和押租制的发展，以及雇佣关系上封建性雇工向自由雇工的过渡，封建依附关系发生松解；与此相关联，某些新的生产关系的萌芽开始在封建制度母体内出现。凡此种种，皆标志着中国封建社会已进入后期阶段。明清两代的文化，一方面是文化专制主义空前强化，程朱理学占据统治地位；另一方面，与社会形势的变化相适应，又出现了多少具有市民反叛意识的早期启蒙思潮。如以“致良知”之说打破程朱理学一统天下的王阳明，从人的主动性和能动性上顺次展开宇宙论、认识论、价值主体论，从而否定了用外在规范人为地管辖“心”、禁锢“欲”的必要性，高扬了人的主体性，形成对正宗统治思想的一种反叛，成为晚明人文思潮的哲学基础。他的门生王艮以及“泰州学派”的传人李贽则走得更远，他们已有较为鲜明的市民反对派气息。明清之际三大思想家——黄宗羲、顾炎武、王夫之，以及方以智、唐甄、颜元、戴震、焦循等人，更从不同侧面与封建社会晚期的正宗文化——程朱理学展开论战，非君崇“公”，将民本思想推至新阶段，开近代启蒙主义之先绪。

明代中后期市民文学的兴起也是对城市经济发展和某些新的生产方式萌芽的社会现实的反映。生动活泼、富于民间生活情趣的市民文学，较之明代前期内容空虚、徒具华丽形式的“台阁体”文学，以及“前后七子”“文必秦汉，诗必盛唐”的文学复古运动，都是一个巨大的跃进。其理论代表是李贽的“童心说”和公安派的“独抒性灵”，代表作品为长篇小说《金瓶梅》和短篇小说集“三言”“二拍”等。

## (二) 清代：朴学兴起与文化总结

清朝前中期基本沿袭宋明以降的文化路径，理学是官方哲学，朱熹的《四书集

① 梁启超的《中国史叙论》将“自乾隆末年以至于今日”称作中国历史的“近世史”，“是为世界之中国，即中国民族合同全亚洲民族与西人交涉竞争之时代也”。

注》是科举考试的范本，而士人实际经营的则是考据学，朴学实证精神得到空前发展，成就了古典文化的一次大整理，并对两汉以来经学的神圣性起着“解构”作用。“乾嘉朴学”上承东汉许慎、郑玄之学，故又称“汉学”“考据学”，它分为吴派和皖派二系：吴派治经从古文字入手，重视音训，以求经义，特别尊崇汉代经师之说，达到“凡古必真，凡汉皆好”（梁启超《清代学术概论》）的程度，其代表学者是惠栋、钱大昕、汪中等人；皖派从小学、音韵入手，判断经义，实事求是，代表学者是戴震、段玉裁以及王念孙、王引之父子。朴学在中国古文献的考订、校勘、辨伪和辑佚方面成绩斐然，又从解经扩大到史籍和诸子，从诠释经义扩大到考究历史、地理、天文历法、音律、典章制度，对中国古典文献做了一次大整理、大集成。此外，中国古代学术文化的总结集成还表现在明清两朝调动巨量人力物力，编纂《永乐大典》《古今图书集成》《四库全书》等类书和丛书，将古代浩如烟海的典籍加以排比荟萃。这些类书和丛书规模之宏大、编制之精密，不仅在中国是空前的，在世界文化史上亦是屈指可数的。

《四库全书》原书封面及楠木书函

## （三）西学东渐

明末清初，利玛窦、汤若望等欧洲耶稣会士东来，他们在给中国人带来欧洲宗教神学的同时，也将近代的世界观念以及西方文艺复兴时期的自然科技成就广泛传播于中国学术界，打开了部分中国士人的眼界。徐光启、李之藻、方以智、黄宗羲、顾炎武、王夫之、梅文鼎、王锡阐以及康熙皇帝都在不同程度上得益于外来的科技知识。近代科学思维的重要特点是实证方法和数学语言，徐光启、方以智等人通过接触西洋近代科技知识，重视“质测之学”和数学语言的应用，初步显示出近代科学思维的风貌。遗憾的是，由于宗法专制社会政治结构的强固以及伦理型文化传统的深厚沉重，“西学东渐”在明末清初进展缓慢。到了雍正年间，耶稣会士被逐出国门，“西学东渐”几近中断，中国对外部世界的大门日益关闭。当中国驱逐传教士、封闭国门、陶醉于“十全武功”之时，欧亚大陆的远西端，新兴的资本主义呼唤来工业革命。工业革命催化国际分工，宗法农业社会的中国也在劫难逃，中西方的冲突已成不可避免之势。1840 年爆发的鸦片战争以血与火的形式把中国文化推入了一个蜕变与新生并存的新的历史阶段。

清代晚期以降文化的现代转型是内力和外力共同作用的结果，是西方影响与中国文化固有因素彼此激荡、相互作用的产物。曾经颇有影响的“冲击-反应”模式，强调了西方现代文化的输入对于中国现代转型的作用，以及中国固有传统对现代转型的被动反应。但仅仅肯定这一侧面是不够的，还应当看到，在民族危亡和西方现代文化的冲击面前，中国文化自元典时代就深蕴其中的忧患意识、变易观念、华夷之辨、民本思想等精神传统，通过现代生活的激发，获得了新的生命，它们为当时的中国人所借重，转换为近代救亡意识、“变法-自强”思潮、革命观念以及近代民族主义、民主主义等，推进了中国文化的现代化进程。至于自宋明以来隐而未彰的原发性近代文化因子，更被纳入中国文化现代转型的动因系统之中。中国近代文化并非西方文化的移植，而是中西文化涵化互动的产物。

20 世纪以来的文化变革，无论在深度、广度还是在剧烈程度上，都比中国文化史上的前三次转折（春秋战国之际、魏晋南北朝之际和唐宋之际）有过之而无不及。五四新文化运动的新旧转换，可以看作对明清以来启蒙思潮的一个终结，既对中国文化传统有所厘清，又在传统与现代之间、中西文化之间激发了一系列的矛盾运动。

## 思考题

1. 历史上哪些地理因素对中国文化的形成和发展产生过较大的影响？它们在中国文化形成中的作用如何？

2. 中国传统的农业自然经济对民族心理、思维方式、意识形态等方面产生了怎样的影响？

3. 中国传统社会结构有哪些特征？其对中国文化的作用如何？

4. 习近平总书记在文化传承发展座谈会上鲜明指出，中华优秀传统文化有很多重要元素，共同塑造出中华文明的突出特性。中华文明具有突出的连续性、创新性、统一性、包容性、和平性“五大突出特性”。结合本章内容，谈谈你对中华文明五大突出特性的理解。

5. 中华文明根植于农耕文明，我们应如何深入挖掘、继承、创新优秀传统乡土文化，把我国农耕文明优秀遗产和现代文明要素结合起来，赋予中华文明新的时代内涵？

## 扩展阅读

1. 冯天瑜，杨华．中国文化发展轨迹．上海：上海人民出版社，2000.

2. 张岱年，方克立．中国文化概论：修订版．北京：北京师范大学出版社，2004.

3. 阴法鲁，许树安．中国古代文化史．北京：北京大学出版社，1991.

4. 阿姆斯特朗．轴心时代．孙艳燕，白彦兵，译．海口：海南出版社，2010.

5. 王会昌．中国文化地理．2 版．武汉：华中师范大学出版社，2010.

第二章

# 中国古代哲学思想

**【本章要点】**

1. 宇宙本原问题。
2. 天人关系中的天人合一理论。
3. 人生境界中儒家的“内圣外王”论。

中国古代哲学思想是中华优秀传统文化的组成部分。“中华优秀传统文化有很多重要元素，比如，天下为公、天下大同的社会理想，民为邦本、为政以德的治理思想，九州共贯、多元一体的大一统传统，修齐治平、兴亡有责的家国情怀，厚德载物、明德弘道的精神追求，富民厚生、义利兼顾的经济伦理，天人合一、万物并育的生态理念，实事求是、知行合一的哲学思想，执两用中、守中致和的思维方法，讲信修睦、亲仁善邻的交往之道等，共同塑造出中华文明的突出特性。”[①] 哲学是对宇宙自然、社会人生以及人类思维的思考。哲学的基本任务是探讨整个世界的发展规律和生活实践的基本原则。中国传统哲学思想是中国古代的哲学家们对于宇宙、社会和人生问题的思考，集中体现在宇宙观、人生境界两个方面。在宇宙观方面，中国哲学家主要探讨了世界的本原、生成以及人与世界之间的关系，认为宇宙本原是太极（道、理、气），太极生阴阳，阴阳生五行，五行在气的推动下最终归结为阴阳，再归结为浑圆之太极。在天人关系问题上，中国哲学家主要持三种观点：一是天人合一，二是天人相分，三是天人相胜。在人生境界上，中国哲学家基本上持两种观点，一是以儒家为代表的“内圣外王”的人生境界；二是以道家为代表的“超迈逍遥”的人生境界。在对这两个问题的探讨中，中国哲学思想独特的整体特征就显现了出来，具体表现为：在天人关系上，重伦理政治和主体精神；在思维上，关注唯物论的辩证以及天人和谐；在人生境界上，趋于审美的完善之境。中国哲学思想的这三个方面互相依存，宇宙论是人生境界的前提，人生境界是宇宙观的必然延伸，在对这二者的思考中，贯穿始终的是中国哲学思想的整体特征。

## 第一节<br>中国古代哲学的宇宙观

所谓宇宙，在中国古代哲学中主要指时间和空间。《淮南子·齐俗训》中说：“往古来今谓之宙，四方上下谓之宇。”宇宙是一切物质存在和活动的形式，是天地间万事万物的总称。宇宙观指人们对于自然界、人类社会以及人的思维活动等的看法。

---

① 习近平．在文化传承发展座谈会上的讲话．求是，2023（17）：4－11.

## 一、宇宙本原及生成

在宇宙本原及生成问题上，中国古代哲学形成了“道”论、“阴阳五行”说、“气”论、“太极”学说、“天理”说等。

### (一)“道”论

#### 1.《周易》

《周易》最早对宇宙生成进行了阐释。在《周易·系辞上》中有“易生太极，是生两仪，两仪生四象，四象生八卦”的说法，即认为万物由太极而来，太极是世界的本原，是宇宙未分化之前的统一体；太极通过自身的分裂，形成两仪，外化为阴阳，或天地两极即乾元和坤元。乾坤结合，万物萌生，所谓“大哉乾元，万物资始”“至哉坤元，万物资生”就是此意。两仪之间互相运动而生成少阳（春）、老阳（夏）、少阴（秋）、太阴（冬）四象；四象之间互相作用，生成乾（天）、坤（地）、震（雷）、巽（风）、坎（水）、离（火）、艮（山）、兑（泽）八种卦象。这八种卦象或者八种物质之间的互相运动使得万物得以生长、变化、发展，生生不息。这种运动在《周易》中是以“刚柔相推而生变化”来解释的。“易之为书也不可远，为道也屡迁，变动不居，周流六虚，上下无常，刚柔相易，不可为典要，唯变所适”，由此，“天地感而万物化生”。也就是说，太极是无常的、变动不居的，周而复始的，且其运动的力量来自“刚柔相易”。刚柔相互推动促使万物产生并生长，这种推动无始无终，生生不息。《周易》以太极为本原的宇宙生成论与老子的“道生万物”的“道”论非常接近，最终二者互相借鉴，形成了中国古代基本的宇宙观模式。

#### 2.《道德经》

老子关于宇宙生成问题的具体论述体现在两句话上，即“道生一，一生二，二生三，三生万物”（《道德经》第四十二章）和“天下万物生于有，有生于无”（《道德经》第四十章）。在老子看来，作为宇宙本原的道（无）产生一（原始统一体）、二（阴、阳）、三（阴、阳、充和之气），然后三生出万物。结合第二句话，即“天下万物生于有，有生于无”，由此我们可以得出这样的结论，即老子这里的

太极八卦图

“道”就是“无”，“一”到万物，是“有”。另外，在《道德经》中有“有物混成，先天地生，寂兮寥兮，独立而不改，周行而不殆，可以为天下母”。这里可以为“天下母”的也是“道”，“道”生于天地之先，完美无缺，川流不息地运转变动，循环往复，永不消失。因此，在老子看来，“道”不仅在时序上先于天地万物而存在，而且是产生天地万物的总根源。不仅如此，老子还解释了“有”与“无”之间的关系，认为“有无相生”（《道德经》第二章），“反者道之动”（《道德经》第四十章），“祸兮福之所倚，福兮祸之所伏”（《道德经》第五十八章），即认为有无之间是互相依赖、相互包含且相互转化的。正是二者之间的互反互推，使得宇宙生生不息。而互反互推的动力来源于“气”。老子认为气是道生万物过程中的一个环节，即老子所言的“万物负阴而抱阳，冲气以为和”，即万物由阴阳而来，阴阳不停地运动，“冲气”和合而化生万物。

### （二）“阴阳五行”说

阴阳和五行是中国哲学的基本概念。先秦时期，以阴阳五行作为基本的研究对象的是阴阳家一派。阴阳家是由上古时期的天文家和占星家而来，战国时期的邹衍是其主要代表。

从中国哲学思想史的角度来看，“阴阳”基本上有两种含义：一是与“气”同义，在宇宙中无处不在，阴阳就是气化；二是指宇宙间两种相互对立和相互作用的势力，在这两种势力的相互作用下，万物才得以生。“五行”出自《尚书·周书·洪范》篇，“五行，一曰水，二曰火，三曰木，四曰金，五曰土。水曰润下，火曰炎上，木曰曲直，金曰从革，土爰稼穑。润下作咸，炎上作苦，曲直作酸，从革作辛，稼穑作甘”，即五行主要指的是水、火、木、金、土这五种元素。还讲到了这五者的作用，即水润下、火炎上、木可曲直、金可从革、土可稼穑。从《尚书》中，我们可以看到，五行最开始并没有与阴阳统一起来，阴阳与五行的融合是后来思想发展的结果。后来阴阳家将时间上的春夏秋冬与空间上的东南西北相匹配，认为四季的变化是由木、火、金、水等各自的盛衰决定的，土位于中央，与空间上的四方相通，且每一行都有相对应的“德”，人们便可通过“德”的兴衰来确定季节的更替。由此，五行成为解释四季交替运行的关键。对五行之间的关系做出解释的是邹衍，他提出了“五德终始说”。“五德终始说”以五行相生相克为主要基础，五种元素之间的关系是互动的，五种元素因为性质的不同而产生不同的运动，即“顺”行和“逆”行。顺行为德之相生，即木生火、火生土、土生金、金生水、水生木；逆行为德之相克，即金克木、木克土、土克水、水克火、火克金。通过这五种元素之间的相生相克，万物产生并且生长。与此同时，阴阳也被解释为时间上的天时，即一年中的冬至和夏至、春分和秋分，呈现阴阳势力的此消彼长，由此，阴阳与五行融合，万物的运动变化、各自生灭也就在阴阳五行观念下得到解释了。

## （三）“气”论

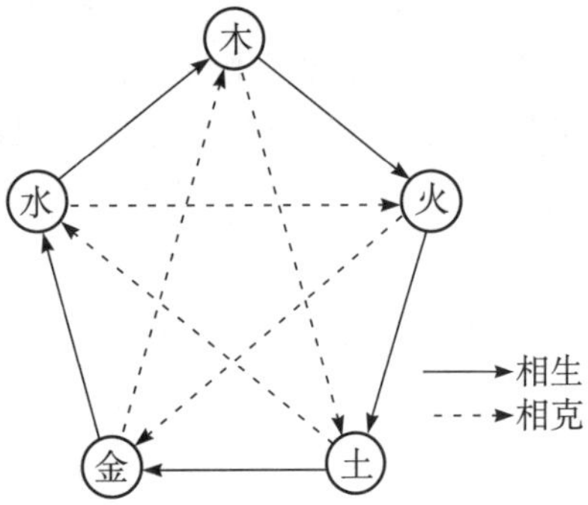

五行相生相克图

在后来的哲学思想发展中，阴阳、五行说以及气论相互融合，形成了中国独特的气化的宇宙论思想。

“气”作为宇宙本原并且生成万物的思想是中国哲学家思考宇宙的主要思想之一。东汉时期的王充认为天地万物是由元气构成的，天地是蕴含元气的自然实体，万物秉承气而来：“元气，天地之精微也”（《论衡·四讳》），“天地，含气之自然也”（《论衡·谈天》），“凡天地之间，阴阳所生……含气而生”（《论衡·商虫》），“天之动行也，施气也，体动气乃出，物乃生矣”（《论衡·自然》），“天地合气，万物自生，犹夫妇合气，子自生矣”（《论衡·自然》）。即他认为天上的气向下沉降，地上的气向上蒸发，于是天地之气合二为一，进而产生万物。元气按性质的不同，分为精气、天地之气、阴阳之气、五行之气和五常之气，它们相应地会产生不同的物类，精气是元气的最精微的部分，精气构成天、人以及人的精神等；阴阳之气是天地之气，五行之气是金、木、水、火、土这五种元素的气化，这五种气通过交感和相生相克使得事物得到发展。总之，他认为“气”既是万物的本原，又产生万物，推动万物的生长。

张载认为宇宙的本体是“太虚”，太虚即最虚之意。他说：“虚者天地之祖，天地从虚中来”（《张子语录·中》），“今盈天地之间者皆物也”（《张子语录·下》）。在张载看来，天地从太虚中来，万物出自太虚。他认为太虚是气的本体，即太虚是气的本来状态：“太虚即气”，“太虚无形，气之本体，其聚其散，变化之客形尔”（《正蒙·太和》），“气之聚散于太虚，犹冰凝释于水”（《正蒙·太和》）。也就是说，气和太虚在本质上是一样的，它们是宇宙的本体。在气如何使万物生长和使宇宙运动的问题上，张载认为：“太虚者，气之体。气有阴阳，屈伸相感之无穷，故神之应无穷；其散无数，故神之应也无数。虽无穷，其实湛然……人不见其殊也。”（《正蒙·乾称》）即阴阳是气本身所具有的属性，阴阳二气是相互感应变化的，是生生不息、变化多端的，事物的变化源于阴阳二气的变化，而阴阳二气的变化又体现在万事万物之中。

## （四）“太极”学说

继王充之后，将道、阴阳五行以及气融合为一体来解释宇宙生成的是宋代的大儒们。周敦颐在其《太极图说》中说：“无极而太极。太极动而生阳，动极而静；静而生阴，静极复动。一动一静，互为其根。分阴分阳，两仪立焉。阴变阳合，而生水、火、木、金、土。五气顺布，四时行焉。五行一阴阳也，阴阳一太极也。太极本无极也。五行之生也，各一其性。无极之真，二五之精，妙合而凝，乾道成男，坤道成女。二气交感，化生万物，万物生生，而变化无穷焉。”也就是说，他认为宇宙的本原是“无极”，无极生太极，太极通过动静化生出阴、阳，阴阳相互结合产生水、火、木、金、土五行。而阴、阳二气以及五行之气互相推进，形成两性，与此同时，阴阳二气相互交感，生成万物。太极的动静以及阴阳二气的交感作用使得万物生生不息。另一位大儒则是邵雍，他也认为太极是宇宙的本体，即“道为太极”。

### （五）“天理”说

程朱理学提出的“天理”说是对宇宙之本原及生成的又一种看法。程朱理学认为宇宙的本原是“天理”或“理”。“理”作为宇宙本原由程颢提出，程颐具体论证，朱熹进一步论证且全面阐发。二程认为：“宇宙之间，一理而已。”（《朱文公文集》卷七十）即认为宇宙的本体就是“理”。“有理而后有象，有象而后有数”，即认为理生出象，象生数。那么理是如何生出象和数的呢？程颐引入了张载的“气”论，认为：“有理则有气，有气则有数。鬼神者，数也。数者，气之用也。”（《二程集·粹言》）这里的意思是，阴阳二气生成了万物，而气之所以能生成万物，是因为理的决定作用。在气与理的关系上做进一步的阐述的是朱熹，他认为，理是气存在的前提，有理然后才有气，理在气中：“太极生阴阳，理生气也。阴阳既生，则太极在其中，理复在气中。”（《太极图说解·集说》）理与万物的关系则是“至于天下之物，则必各有其所以然之故与其所当然之则，所谓理也”（《大学或问》卷一）。也就是说，天下万物，之所以是其本身，之所以应当如此的本因在于“理”，“理”是一切事物是其所是并井然有序地运行的最后根据。

总体来看，中国古代哲学思想中关于宇宙的认知基本上有以上几种。无论哪一种认知，都体现出中国古代哲学思想在宇宙本原和生成论上具有互相渗透、互相吸收的特点。我们也可以看到，中国人在宇宙本原和生成上的认知基本上是这样的，即宇宙本原是太极（道、理、气），由太极而生阴阳，阴阳生五行，五行在气的推动下最终归结为阴阳，再归结为浑圆之太极。整体上的运行轨迹是个运动着的圆，而且这个运动是生生不息、变幻莫测的。在这种不断的运动变化中，万物生、长、灭、生循环往复，生生不息。

## 二、天人关系

中国古代哲学家在论述了天地从何而来、宇宙如何运化之后，就开始关注人与天地之间的关系问题。“天”在中国哲学思想中有四重含义：第一，自然之天，即作为人认识的对象、源泉以及前提和条件的自然界；第二，主宰之天，包括天命、天志、万物之祖的人格化的天，它具有无上的权威性；第三，本性之天，包括气、道、理、性、心等不同的界定，是心性之天；第四，至善境界，即人们道德的楷模和终极目标。其实在大多数时候哲学家们不是把“天”作为自然去研究，而是讲宇宙（天）与人生社会的关系，即天人关系。天人关系是中国古代哲学的中心议题之一。

在中国哲学思想史上，第一个探讨天人关系的是孔子。孔子肯定天的至高无上性，同时认为人要畏天，在他的敬畏天命、敬畏大人和敬畏圣人之言“三畏”中，敬畏天命是第一位的。同时他还认为人可以知天命，他的“五十而知天命”就是这个意思，这也暗含着后来天人可以合一的可能性。纵观中国哲学思想史，关于天人关系，中国古代的哲学家们主要有以下学说。

## （一）天人合一

一般来讲，“天人合一”指天与人是相通、统一的，是天道和人性合而为一的观念。从整个中国哲学思想史来看，如果排除道家的主体消亡以回归天道，以及宗教意义上的人神一体说，中国哲学思想史中的“天人合一”观念主要是作为一种道德理想和精神境界出现的，可以说是儒家学者以伦理为本建立自己的关于自然与人之间的关系的产物。它主要表现在两个方面：一是从人性层面而言，作为人性赋予者或来源的天与人性合一，要达到合于天道之境，人必须通过自己的德行修炼回归天（性、心）；二是从社会层面而言，天道与人道合一，天道是人道的前提和基础，人道是天道的顺承、效法和补充。

### 1. 孟子——天人合一说

最早提出天人合一观念并加以阐发的是孟子。他的天人合一观念主要包含两层意思。首先，他认为天是“莫之为而为者，天也；莫之致而至者，命也”（《孟子·万章上》）。即没有人让它这么干，它这么干了，这就是天意；没有人让它来，它来了，这就是命。由此可以看出，孟子认为天命是客观存在的，不以人的意志为转移，但是天命主宰着人事。在人与天的关系上，他认为“顺天者昌，逆天者亡”（《孟子·离娄上》）。也就是说，人要顺从天。那么人怎么做才能顺从天呢？他提出了他的天人合一观的第二个方面，即“天人合一”观念。他说：“尽其心者，知其性也；知其性，则知天矣。”（《孟子·尽心上》）也就是说，人充分发挥人的善良本心，就会知道人的本性，知道了人的本性，就知道了天命。由此可知，孟子将天人关系从人与外在的天的关系转化为人对于自身的认识，天人关系在此变为尽心知性知天的心性体验。此处的“心”指的是本心或良心，内含仁、义、礼、智、信的道德本性。

由此可以看出，孟子的天人合一思想强调天人相通相连，在本原上，天、心、性是可以合一的，天性就是我心，只要向内体验，就可以知天。那么如何做到天人合一呢？孟子认为，一方面，努力认识自己的本心善性，知道人心善性是禀天之赋，而天是遵循自然之道行事的，这叫知天；另一方面，要知天行事，就必须摒弃私欲，存心养性，发挥人之美德，以公正中肯的态度把握天道，这叫事天。人性与天道交融，就进入"天人合一"的理想境界。

**2. 董仲舒——天人感应论**

两汉时期，儒家思想经过整合，取得了思想上的统治地位。在这一时期，儒家关于天人之间关系的学说主要表现为董仲舒的"天人感应"论。董仲舒将殷商时期的天命说以及后来的阴阳五行理论用儒家的立场进行整合，提出"天人感应"论。他的天人感应论是对天人合一说的进一步阐释。该理论包含三层含义：第一，天是至高无上的，是人类和万物的造物主。他说："天者，百神之大君也"（《春秋繁露·郊祭》）；"天者万物之祖，万物非天不生"（《春秋繁露·顺命》）。在人与天的关系上，他认为人来自天，天是人的祖先，即"人之人本于天，天亦人之曾祖父也"（《春秋繁露·为人者天》）。在他看来，天有感情，有意志，有目的，有道德，天意通过人和自然间的秩序表现出来。他将五行之间的相生关系看作上天的恩德，将五行的相克看作上天的惩罚，将四季的更替看作天的喜怒哀乐，因而他认为"仁之美者在于天。天，仁也"（《春秋繁露·王道通三》）。也就是说，天具有人的本性，即天在道德上是"仁"的。由此他进入了天人感应的第二个重要阶段，即"天人相副"。他认为，人来自天，那么人就具有天的属性，与天相似，人是天的复本，这就是他的"天人相副"理论。他认为天有 366 天，那么人身上就有 366 块小骨节，这是"副日数"；一年有 12 个月，人体也有 12 个大骨节，这是"副月数"等。"天人相副"理论的根基在于"阴阳"，他说："天有阴阳，人亦有阴阳。天地之阴气起，而人之阴气应之而起，人之阴气起，而天地之阴气宜应之而起，其道一也。"（《春秋繁露·同类相动》）也就是说，天有阴阳二气，人也有阴阳二气，当天地的阴气起的时候，人的阴气就会随之而起，产生互动，相反亦然。那么天与人之间如何相互影响呢？他以国家的自然灾害为例说："国家将有失道之败，而天乃先出灾害以谴告之，不知自省，又出怪异以警惧之，尚不知变，而伤败乃至。"（《汉书·董仲舒传》）即国家如果行将灭亡，那么天就会以灾害来警示，君主仍不知反省，天又以怪异之象给国家以警告，如果君主仍然不知改变，那么国家必然走向衰败。从以上论述中我们可以看到，董仲舒认为天人之间是可以感应的，灾祥祸福，治乱兴衰，莫不与正邪治乱之气相感应。

**3. 张载——天人感应命题**

中国哲学史上第一个明确提出天人感应命题的是北宋的张载。他以人为中心，批判和改造了儒释道三家的天人理论，将天人合一建立在虚与实的融合，天道与人性的贯通，天、性、心有差别地同一的基础上。他认为天地阴阳的相互感应与人的思虑无关，是自然而然的："有两则须有感，然天之感有何思虑？莫非自然。"（《横渠易说·上经·观》）在张载看来，天地之所以能够感应是因为天人之间有差别，万物本来就是一，所以能合，天地万物没有不能感应的，即"以万物本一，故一能合异；以其能合异，故谓之感……二端，故有感，本一，故能合。天地生万物，所受虽不同，皆无须臾之不感"（《正蒙·乾称》）。在他看来，感应分为同类相感和异类相感，感应不分先后，是最普遍的运动方式，即"感之道不一：或以同而感，圣人感人心以道，此是以同也；或以异而应，男女是也，二女同居则无感也；或以相悦而感，或以相畏而感……感如影响，无复先后，有动必感，咸，感而应，故曰：'咸，速也。'"（《横渠易说·下经·咸》）他认为人可以通过长期积极有为的学习和修养活动，最终通过对"天"的体验和认识来确立起内在的道德本体，走向"从心不逾矩，老而安死，然后不梦周公"（《横渠易说·系辞上》）的充分自由的境界。由此可知，张载的天人合一讲的是心性的修炼和精神境界的升华，具有赋予人生以自由的充分实现的价值。

此外，宋代理学家把天演变为"理"，认为心性、天是一事，天就是人心，人只要充分发扬自身的善性，就知晓天了，天和人本来就是一体的，无所谓分，所以也不用说合，即程颢所言："只心便是天，尽之便知性，知性便知天"，"天人本无二，不必言合"。在如何达到"天人合一"上，二程要求人们通过格物致知、穷理尽性的功夫达成。

另外，我们还需注意，道家中具有"天人合一"思想的是庄子，庄子主张顺应自然，道是万物的本原，万物生于道而又复归于道，自然无为是道的基本属性。摆脱外在束缚而返回本真状态（道），即达到了"独与天地精神往来"的境界，也就达到了天人合一的境界。

从整体来看，中国古代哲学的"天人合一"理论，基本上都认为天和人在本质上是一样的，有统一的基础，在此基础上，人或者不断地挖掘自己的本性，并自我体验、自我知觉、自我超越、认识自我，或者通过认识"天"来达到"天人合一"的境界。

### （二）天人相分

在天人关系的认识上，中国古代哲学思想中还有一种与"天人合一"相反的观点，即"天人相分"。天人相分，也称天人有分。此处的"分"包含两方面的含义：第一，"天"与"人"不同，天构成自然之天，人是人事，自然与人事是相区别的，两者各有其特定的职能和规律，天意与人意无关；第二，天与人各自都有自身的特殊属性和规定，天自然而无为，而人是积极有为的。

**1. 子产**

中国古代思想家中最早论及天人相分的是春秋时代的郑国大夫子产。他说："天道远，人道迩，非所及也，何以知之？"（《春秋左传·昭公》）在他看来，天道是虚无缥缈的，人道才是切实具体的，人道和天道根本不同，知道人道根本无法知道天道。因此，他认为只有用人道去解释吉凶祸福才是合理可信的。

**2. 荀子**

荀子认为天有自己的运行规律，不以人的意志为转移，他说："天行有常，不为尧存，不为桀亡。"（《荀子·天论》）他认为"天"是无形的，可以成就万物，是"不为而成，不求而得"的。天道与人之间没有必然的联系，他说："天不为人之恶寒也辍冬，地不为人之恶辽远也辍广……天有常道矣，地有常数矣。"（《荀子·天论》）即天不因人害怕寒冷而把冬天取消，也不会因为人讨厌距离远而将广袤之地取消，天有自己的运行规律，地也有自己的运行常数。因此，天和人之间没有必然联系。他认为，人也有自己的特殊性，天和人不能互相代替。他说："天有其时，地有其财，人有其治。"（《荀子·天论》）他还认为天和人之间没有主宰关系，人有自己的规律，天也有自己的规律；人如果积极努力，那么天是阻挠不了的，人如果消极怠慢，天也是不能保佑的。他的"天能生物，不能辨物也，地能载人，不能治人也"（《荀子·礼论》），"明于天人之分"（《荀子·天论》）的思想即是此意，这可以看作先秦以来天人关系理论的新飞跃。

**3. 王充**

两汉时期，"天人相分"说主要以王充的"天道自然"说为代表。王充继承了荀子天人之分的观点，认为天道无为，天生万物并非有意识、有目的的，而是自然而然的；人道有为，天人各有自己的职责，不能相互代替，即"自然无为，天之道也"（《论衡·初禀》），"天动不欲以生物，而物自生，此则自然也；施气不欲为物，而物自为，此则无为也"（《论衡·自然》）。他主张，所谓灾异的出现也是"气自为之"的结果，不是上天的警告，他说："天尊贵高大，安能撰为灾变以谴告人？"（《论衡·自然》）在天地感应方面，他认为天地之间根本不存在什么感应的问题，人的"至诚"并不能使天感动。

**4. 柳宗元、刘禹锡**

唐代的柳宗元、刘禹锡也都提出过"天人相分"的理论，柳宗元认为自然界的一切现象和变化既无神意的支配，也与人事无关，他的这种观点否定了天命神权的超自然力的存在。刘禹锡对柳宗元的思想做了补充和发挥，区别了“天之所能”和“人之所能”，并论述了二者的关系，他认为天的功能是生万物，人的职责是治理万物。他说：“天之所能者，生万物也；人之所能者，治万物也。”（《天论》）天与人之间的关系是“天与人交相胜，还相用”，即自然界的功能，人类无法胜任，而人类的功能，自然界也不能胜任，天地万物的变化发展在于既相互联系又相互作用。他第一次明确地表达了天人之间的朴素辩证法，这也是他在哲学史上的突出贡献。

整体来看，天人相分理论是中国古代哲学家从人自身的独立存在和特性出发来认识天人之间的关系的理论。在天人关系中，认识人与自然的差别，在实际实践中调节这种关系，并对人的价值进行更深入的了解，使人的作用得到充分发挥，这是天人相分理论的重要特点。

## (三) 天人相胜

在天人关系中，还有一种观点，即“天人相胜”的观点。这种观点强调天和人之间存在着制约关系。如果说“天人合一”强调“合”，“天人相分”强调“分”的话，那么天人相胜则强调既合又分的关系，即强调人与天之间相胜的动态关系。

中国哲学家中最早论及天人孰胜问题的是庄子，也是论及人不胜天的第一人。庄子在其《庄子·大宗师》中说：“物（包括人）之不胜天久矣。”

长沙马王堆出土的《黄老帛书》中的观点则与庄子相反，主张人能胜天：“人强朕（胜）天，甚辟（避）勿当。天反朕（胜）人，因与俱行。”这里已经有天人交胜的思想萌芽。

### 1. 刘禹锡、朱熹、王廷相

对“天人相胜”理论进行系统阐发的是刘禹锡，刘禹锡对“天”和“人”进行了界定：“天，有形之大者也；人，动物之尤者也。”即认为天是无目的的自然之物，人是动物中的佼佼者。所以，此时的天人关系变为自然和人之间的关系，天不再是“意志之天”。他认为天和人的关系是“交相胜”“还相用”的：“天之能，人固不能；人之能，天亦有所不能也。”也就是说，自然界的功能，人类无法胜任，而人类的功能，自然界也不能胜任，天地万物的变化发展在于既相互联系又相互作用。他第一次用明确的语言表达了天人之间的朴素辩证法，这也是他在哲学史上的突出贡献。

宋明时期，出现了“天不胜人”和“天人相胜”的辩论，朱熹认为：“人不胜天久矣。”明代哲学家王廷相在张载的“天与人，有交胜之理”（《正蒙·太和》）的基础上，提出“天人交胜”的观点。明代吕坤也从改造自然和改造社会两方面提出了“人定真足胜天”的思想。

**2. 王夫之**

明清之际的王夫之继承了“天人相胜”的观点，提出了“以天治人”和“以人造天”的论点。他指出，“以天治人而知者不忧，以人造天而仁者能爱，而后有功于天地之事毕矣”（《读四书人全说》卷二），既承认自然及其规律对人的制约作用，又承认人对自然的能动改造作用。可以说，王夫之的“天人相胜”既看到了天的作用，又注重了人的主观能动性，具有强烈的辩证性。

整体来看，天人相胜理论是中国古代哲学家从天与人之间的互约互制、互相补充的角度来认识天人之间的关系的。在天人关系中，认识人与自然的互动关系，并在实践中调节这种关系，使天与人的关系更为合理、和谐，是天人相胜理论的重要特点。

“世界上的事物总是有着这样那样的联系，不能孤立地静止地看待事物发展，否则往往会出现盲人摸象、以偏概全的问题。”① 天人关系中的“天人合一”“天人相分”“天人相胜”三者并不是截然对立，而是相互补充共同构建了中国哲学思想中的天人关系命题，极端地主张其中任何一种都会出现盲人摸象、以偏概全的问题。从天人之间关系的探讨中，我们可以看到中国古代哲学思想具有两方面的倾向：其一，对天人关系的探讨本身就默认了天人之间存在着差别和对立。其二，中国古代哲学思想中不乏对于人的主体观念的阐发，这说明中国古代哲学思想中包含了相信人的本身力量，相信主体能够把握客体的固有精神。

## 第二节 中国古代哲学思想中的人生境界

境界说是中国古代哲学的一大特色，人生境界是中国古代哲学家追求理想人格的一种精神状态，它以人们对人生意义的理解为基础，以理想人格来体现。不同的哲学流派对此有不同的理解，从整个中国哲学思想史来看，儒家和道家两派对人生境界做了较多的论述。

① 习近平．坚持历史唯物主义不断开辟当代中国马克思主义发展新境界．求是，2020（2）：4-11.

## 一、儒家的人生境界——内圣外王

“内圣外王”是儒家追求的最高人生境界。圣人这一理想人格，从先秦到后世，一直是儒家追求的目标。在儒家典籍中，“圣人”是人格品德的最高典范。

### (一)《论语》

孔子像

孔子说：“圣人，吾不得而见之矣；得见君子者，斯可矣。”（《论语·述而》）即圣人他没有见过，能见到君子就可以了。由此可见，孔子认为圣人比君子的人生境界还要高一个级别。在整个《论语》中，没有出现圣王的概念，但是孔子却是“内圣外王”的奠基者。在孔子看来，远古时期的尧、舜、禹都可以看作“内圣外王”的楷模。他说：“巍巍乎！舜、禹之有天下也，而不与焉。”（《论语·泰伯》）在他看来，舜和禹是很崇高的，他们贵为天子，富有四海，却整年为百姓操劳，一点也不为自己。“大哉！尧之为君也！巍巍乎！唯天为大，唯尧则之。荡荡乎！民无能名焉。巍巍乎！其有成功也！焕乎！其有文章！”孔子认为，尧也是一位贤君，他不仅学习天，而且给百姓带来恩惠，他的功绩没法计算，他制定的礼仪制度简直就是完美的。由此可以看出，孔子认为，要做到圣王，就必须做到内在品格高尚，即必须是至高、至大、至善之人，同时也能把这种内圣的品格外化成社会制度。也就是说，圣人的人格特征表现在两个方面：一是内在的心性修养达到了最高境界，其道德品质足以为人楷模，教化百姓；二是外在的经世、济民、治国、平天下建立了丰功伟绩，足以名垂青史，供百世景仰。只有达到“修己以安百姓”“博施于民而能济众”，才能达到“圣”的境界。他认为“修己以安百姓”（《论语·宪问》）就是做到了内圣外王。在如何做到“内圣”上，孔子提出了他的“仁”学主张，他认为要达到圣人的标准，首先要达到“仁”，“克己复礼为仁”（《论语·颜渊》）。可见“仁”是孔子整个学说的开端，它包含了克己复礼、孝悌、爱人、忠恕等内容，也包含了义、礼、智、信等众多德目。

### (二)《孟子》

继孔子之后，孟子发展了孔子的“圣人”观点，他认为：“圣人，人伦之至也。”

（《孟子·离娄上》）在孟子看来，圣人就是具有最高道德标准和行为准则的人，是具有“四端”的人。“四端”即“四心”。人有“不忍人之心”，即人都有不忍心让别人遭受痛苦的爱心，这颗爱心扩展开就是人的恻隐、羞恶、辞让和是非之心，这四心正是仁义礼智“四德”的发端。这是生而就有的，只是有的人能保存下来，而有的人不能。圣人就是将这四心保存下来的至善之人。他认为在现实生活中，要养浩然之气，即一种以仁义为内核的“至刚至大”之气，也是一种精神境界。在外王方面，孟子认为，只要具有善心，即“不忍人之心”，就可以将其外化为国家组织行为，即施行仁政。孟子对仁政也进行了进一步的规定，即要使“黎民不饥不寒”，且“养生丧死无憾”。也就是说，仁政就是人民不饥不寒且在生死大事上没有遗憾，这样人民才会最终从善。由此可见，孟子认为，要做到内圣外王，必须以内圣为基础，在内圣的基础上才能达到外王。

### （三）《荀子》

“内圣外王”思想在荀子这里得到了很大的发展。对于什么是圣人，荀子做了这样的解释：“修百王之法，若辨白黑；应当时之变，若数一二；行礼要节而安之，若生四肢；要时立功之巧，若诏四时；平正和民之善，亿万之众而抟若一人；如是，则可谓圣人矣。”（《荀子·儒效》）即“圣人”要像辨别黑白那样清楚地辨别先王的成败得失；要如同数一、二那样迅敏地应变各种境况，并制定出策略；要像团结一个人那样使亿万人都安定下来。这样，就可以称作圣人了。由此，我们可以看到，在荀子这里，要做到“圣人”不仅仅是内修的问题，即不仅仅要具有高尚的人格，还要能够做到外王。在《论语》和《孟子》这些著作中，基本上没有出现“圣王”这样的字眼，而在《荀子》中的《荣辱》《非相》《非十二子》《仲尼》《王制》《王霸》《君道》《强国》《正论》《乐论》《解蔽》《正名》《性恶》《君子》《成相》等篇中，“圣王”多次出现。从“圣王”所出现的篇章及其意思来看，荀子主要侧重的是如何做到外王。《荀子·王制》篇中对于如何做到圣王做了具体细致的解释。他讲到“王者之政”“王者之仁”“王者之制”“王者之论”以及“王者之法”等。如，他说：“圣王之制也，草木荣华滋硕之时，则斧斤不入山林，不夭其生，不绝其长也；鼋鼍、鱼鳖、鳅鳣孕别之时，罔罟毒药不入泽，不夭其生，不绝其长也；春耕、夏耘、秋收、冬藏，四者不失时，故五谷不绝，而百姓有余食也。”“圣王之用也，上察于天，下错于地，塞备天地之间，加施万物之上；微而明，短而长，狭而广，神明博大以至约。”（《荀子·王制》）在荀子看来，圣王的制度就是顺应自然生长规律，不人为地破坏自然物的生长和四时的秩序。圣人要符合天地之道，要将天地之道施加于万物之上。那么如何来做到“内圣”呢？荀子认为要“尽伦”。《荀子》一书中的《修身》篇给出了做到内圣的条件和步骤。《荀子·修身》开篇即讲“见善，修然必以自存也；见不善，愀然必以自省也”。也就是说，要做到内圣，首先要求善，见到善，要存住它，见到不善的，要反省自己有无过错，还说：“以修身自名则配尧、禹。”就是说，如果人做到修身，那么就可以和尧、禹等先圣匹敌了。由此可见，荀子认为修身非常重要，他甚至还认为：“闻修身，未尝闻为国也。”（《荀子·君道》）即他说只听说过君主要修身，没有听说过怎么治国。由此可见，在荀子这里，内圣也是非常重要的。那么如何做到修身呢？做到修身不仅仅指的是要保存善，还要不断自省，且在具体践行中要“慎独”，即“君子至德，嘿然而喻，未施而亲，不怒而威。夫此顺命，以慎其独者也”（《荀子·不苟》）。他认为，要成为君子就要在自己独处时遵从儒家的道德规范，这样就能做到“至德”。在内圣和外王的关系上，荀子认为“圣也者，尽伦者也；王也者，尽制者也。两尽者，足以为天下极矣。故学者以圣王为师”（《荀子·解蔽》）。也就是说，圣人就是遵循伦理道德遵循到极致之人；成为王的人，就是将这种伦理道德制度制定到了极致的人；兼顾圣与王的人，就是做到了天下极致之人。所以，做学问的人应以圣王为师。也就是说，在荀子看来，只做到内圣是不够的，还要做到外王，才能称为圣王。

### （四）《礼记·大学》

继荀子之后，对“内圣外王”的人生境界做了系统而周密的解释的是《礼记·大学》。已故著名经学史家周予同说：“《大学》主张以格物、致知、诚意、正心、修身为个人内心修养的阶梯，就是《庄子·天下》篇中所谓‘内圣’之道，也就是中国学者最喜欢说的‘体’；以齐家、治国、平天下为个人内心修养完成后自然的展开，就是《天下》篇所谓的‘外王’之道，也就是所谓的‘用’。从格物、致知做到平天下，这正是儒者所谓‘体用一源’‘显微无间’的理想人格的完成者的圣人。”《大学》中首先讲到了明德与修身之间的关系以及如何修身：“古之欲明明德于天下者，先治其国；欲治其国者，先齐其家；欲齐其家者，先修其身；欲修其身者，先正其心；欲正其心者，先诚其意；欲诚其意者，先致其知。致知在格物。”“物格而后知至，知至而后意诚，意诚而后心正，心正而后身修，身修而后家齐，家齐而后国治，国治而后天下平。”（《礼记·大学》）也就是说，要使天下人都明白德，就要先治理国家；要治理国家，就要先管理家庭；要管理家庭，就要先修身；要修身，就必须先使自身心正；要使心正，就必须有诚意；要有诚意，就必须知道知识；要知道知识，就必须推究事物的原理。《大学》明确提出“修身是本”的观点：“自天子以至于庶人，一是皆以修身为本。”在如何修身上，《大学》认为修身在于正心，正心在诚意，诚意在格物致知。“所谓修身在正其心者，身有所忿懥，则不得其正；有所恐惧，则不得其正；有所好乐，则不得其正；有所忧患，则不得其正。心不在焉，视而不见，听而不闻，食而不知其味。此谓修身在正其心。”（《礼记·大学》）

正心的前提是"诚意"，"所谓诚其意者，毋自欺也，如恶恶臭，如好好色，此之谓自谦。故君子必慎其独也"（《礼记·大学》）。也就是说，君子不能自己欺骗自己，如讨厌臭味、喜欢美色等都是自身的感情流露，不能欺瞒，必须做到慎独。在"诚意"的基础上做到"正心"，也就是说：人要使心正，就要排除各种情绪，如愤怒、恐惧、享乐、忧患等，要做到时刻保持理智，做到遵礼守仁；要做到诚意就要格物致知，即要格物，推究事物的原理，获得知识。《大学》中不同的人"修身"的标准不一样，君主要做到"仁"，臣子要做到"敬"，子要做到"孝"，父要做到"慈"，与朋友交往要做到"信"。

《大学》也给出了外王的具体实现途径，即在修身的基础上齐家、治国、平天下。"齐家"就是管理自己的家庭，即在修身的基础上，用自身的仁德修养来管理家庭。在"齐家"的基础上，做到"治国"。对于"齐家"和"治国"的关系，《大学》有言："所谓治国必先齐其家者，其家不可教而能教人者，无之。故君子不出家而成教于国。孝者，所以事君也；弟者，所以事长也；慈者，所以使众也。""一家仁，一国兴仁；一家让，一国兴让；一人贪戾，一国作乱：其机如此。"也就是说，治国的基础是齐家，没有一个人是治理不好家却能治理好国的。一家如果有仁德之风，那么国家也必定有仁德之风；一家如果有谦让之风，那么国家也必然谦让之风盛行；一人如果有贪婪凶狠之气，那么一个国家也就乱了。道理就是如此。从这里可以看出，《大学》主张要达到外王必须要以齐家为基础。

从内圣和外王两个角度来看，《大学》一书中内圣外王的理想人格以修身为基础，在此基础上做到内圣，然后外王。

### （五）《张载集》

宋明时期的另一位代表人物是张载。他强调人不仅要内修，即要"立心"，而且要向外扩展。他追求的也是内圣而外王的人生境界，即"为天地立心，为生民立命，为往圣继绝学，为万世开太平"（《张载集·附录》）。意思是说，最高的人生境界是为天地化万物之心，为人民制定伦常政教，使人民有所依托，从而得以护持自己的生命；为先秦儒家正名，使其智慧得以继承，为万世而不是一时开出太平之景来。这可以被看作中国传统士人理想的人生境界，也是中国传统哲学中儒家内圣外王思想的集中体现。

### （六）宋明理学

"内圣外王"的人生境界在宋明理学那里得以完备。宋明理学更多地注重向内修身，即注重"内圣"。二程认为："圣贤千言万语，只是欲人将已放于心……"（《四书章句集注·孟子集注》）即圣人的千言万语，不过是让人们从内心开始修炼而已。朱熹认为："向内便是入圣贤之域，向外便是趋愚不肖之途。"（《朱子语类·朱子》）即人向内心追问、修炼就进入了圣贤之境界，向外求是愚蠢的。二程认为人达到了内圣，必然会显现于外，那就是圣贤气象，即通过圣贤之文字得以体会，体会到圣贤文字之人修正其心，向圣贤学习，也就有了圣贤气象。具有圣贤气象的人就是具有"颜回之乐"的人。"颜回之乐"就是"一箪食，一瓢饮，在陋巷，人不堪其忧，回也不改其乐"（《论语·雍也》），即一种自得其乐，追求内心自由之乐。朱熹提出的理想人格是"醇儒之道自律"的人格。"醇儒"在朱熹这里指的是专心做儒家事业、圣学功夫的人。要做到"醇儒"，就需要"革尽人欲，复尽天理"（《朱子语类·学》），即要革尽人自身的欲望，以此为基础达到"理"。这里的"理"不仅是天的自然运动之理，还是三纲五常之理，更是善、公、义之理。

从总体来看，理想的内圣外王的人生境界，既"要会做人，做好人，注意自己的言行举止，珍惜自己的人格魅力，洁身自好，做一个有高尚品德的人"①，也"要力行，知行合一，做实干家"②。

## 二、道家的人生境界——超迈逍遥

道家在人生境界的追求上，主张顺其自然，推崇即世又超世的自由人格。道家的人生境界论主要反映在《道德经》和《庄子》中。

### （一）《道德经》

在《道德经》中，老子提出了自己追求的人生境界——圣人。这里的"圣人"并不是儒家入世的圣人，而是以"无为"为基础的圣人，"是以圣人处无为之事，行不言之教"（《道德经·道经》），"是以圣人不行而知，不见而名，不为而成"（《道德经·德经》）。即圣人是无为的，其言传身教也是无言的。那么圣人是什么样的呢？老子认为："圣人无常心，以百姓心为心。善者吾善之，不善者吾亦善之，德善。信者吾信之，不信者吾亦信之，德信。圣人在天下歙歙焉，为天下浑其心。百姓皆注其耳目，圣人皆孩之。"（《道德经·德经》）即圣人无心，他的心就是以百姓之心为心，就是想百姓之想之心，对待善恶都以善待之，得到的就是善的真谛，对待可信

---

① 习近平．之江新语．杭州：浙江人民出版社，2007：258.

② 习近平．习近平在北京大学师生座谈会上的讲话．(2018-05-02)[2024-04-23]. http://jhsjk.people.cn/article/29961631.

与不可信者，都以信任待之，就得到了信的真谛。由于圣人之心来自百姓，所以他总是忧国忧民，不知如何是好；因为他总是想要知道百姓在想什么，所以总是惴惴不安。百姓都是圣人的耳目，为圣人提供信息，供圣人分析制定政策之用，而圣人也把百姓当作最亲密的子民看待。由此可知，老子所说的“圣人”显然是一切为公的圣贤之人。在如何做到“圣人”的问题上，老子认为人要绝学弃智、崇尚自然。他认为“绝学无忧”，“为学日益，为道日损”（《道德经·德经》）。也就是说，学识越丰富，道就越是日益受到损害。所以他提倡无为，即要达到圣人的境界，就要无为，顺应自然。通过顺应自然，崇尚无为之道，最终人能够达到与天合一的境界。老子试图追求一种主观与客观绝对统一的境界，即“玄同”的境界，以达到天人合一、道我合一、无知无欲的人生境界。

### (二)《庄子》

庄子像

庄子是老子之后进一步将道家的理想人格做了扩展和解释的哲学家。庄子追求的理想人格有很多名号，如“真人”“至人”“神人”“圣人”“德人”“大人”“天人”和“全人”等。其中“真人”“至人”最能代表其理想人格。《庄子·大宗师》中对“真人”如是说：“古之真人，不逆寡，不雄成，不谟士。若然者，过而弗悔，当而不自得也。若然者，登高不栗，入水不濡，入火不热。是知之能登假于道者也若此。古之真人，其寝不梦，其觉无忧，其食不甘，其息深深。真人之息以踵，众人之息以喉……古之真人，不知说生，不知恶死；其出不䜣，其入不距；翛然而往，翛然而来而已矣……古之真人，其状义而不朋，若不足而不承；与乎其觚而不坚也，张乎其虚而不华也；邴邴乎其似喜乎……其一也一，其不一也一。其一与天为徒，其不一与人为徒。天与人不相胜也，是之谓真人。”（《庄子·大宗师》）由此可知，庄子的真人无论在生理上，还是在精神上，都追求一种无为之境，是一种“无人”“无我”的境界，是能掌握“道”之人，他能看透生死，不因为生而喜悦，也不厌恶死，认为生死就是自然而然的事情，人应该无拘无束地在人间来去，对于生和死都泰然处之。“真人”是效法道、自然，无人无我、物我合一之人，没有掺杂任何杂质的本原状态的人，即“故素也者，谓其无所与杂也；纯也者，谓其不亏其神也。能体纯素，谓之真人”（《庄子·刻意》）。《庄子》中的理想人格还被称为“至人”“圣人”“神人”。这三者的内涵与“真人”是一样的。他说：“至人无己，神人无功，圣人无名。”（《庄子·逍遥游》）即认为至人不自私，神人不建功，圣人不贪图名利。由此可见，这三者其实都与真人的内涵是一致的，即都是一种忘我和丧我的人。他又说："至人神矣！大泽焚而不能热，河汉沍而不能寒，疾雷破山、飘风振海而不能惊。若然者，乘云气，骑日月，而游乎四海之外。死生无变于己，而况利害之端乎！"（《庄子·齐物论》）即至人是神，是乘云气驾日月的神人，是世外之人，即一种"天地与我并生，万物与我为一"的超乎生死的逍遥之人。庄子的理想人格就是一种从天道中涌出来的人格，是一种达到物我两忘的绝对自由境界的人格。

儒家的"内圣外王"，道家的"超迈逍遥"，并不是互相对立的，其基础都是要修己。中国哲学思想中这两种截然不同的人生境界观，呈现出一种互补互促的特点，二者的相互补充促进使得中国哲学思想中的人生境界观呈现出系统性和完善性的特点。当代哲学大师冯友兰先生在《中国哲学简史》中讲到人生境界可分为四等：自然境界、功利境界、道德境界、天地境界。儒家强调践行人伦，追求的是道德境界；而道家主张"道法自然"，追求的是自然境界或天地境界。人在道德境界中生活的标准是"贤"，即"道德完美"。人在天地境界里生活，则是追求"成圣"。"成圣"是中国古代哲学追求的人生境界的最高目标。

# 第三节 中国传统哲学的整体特征

中国传统哲学思想是中国古代的哲学家们对于宇宙、社会和人生问题的思考，贯穿其中的是中国传统哲学的整体特征，即重伦理政治和主体精神的整体特征，唯物论辩证的思维特征，强调天人关系和人际和谐的特征。

## 一、重伦理政治和主体精神的整体特征

### （一）自然、社会伦理化

中国历代的哲学家谈天、说地、论人都具有鲜明而浓厚的伦理色彩。在儒家哲学中，从孔子的"仁者爱人"，汉代董仲舒的"天生五谷以养人"，天有善善恶恶之心，到张载的"民胞物与"，程朱的天理人欲之辨，都有把自然和社会伦理化的倾向。儒家学说是以积极入世的态度正视道德人格生命的，肯定生命的感性存在，强

调生命的现世有为是其基本特征。宋明理学家甚至把儒学中的人伦纲常哲理化，将人伦纲常加以概括和抽象，把伦理提高到宇宙本体的高度，融入形而上学本体的道和理之中。理学的奠基人周敦颐在其《太极图说》中，从“无极而有极”的宇宙论开始，经阴阳动静、五行万物的生生变化，最后明确提出了“立人极”，第一次为儒家的人伦思想提供了宇宙论的根据，从而把人伦纲常提升到了本体论的高度。二程对理气、阴阳、动静、性命、天理人欲等一系列范畴做了新的解释，完成了本体论、伦理学和人生论的统一。

## （二）伦理政治化

中国传统哲学始终以政治伦理和道德修养为立身之道，强调道德理性对个人境界的提升和对社会发展的重要性，在中国传统哲学浓厚的伦理色彩中深深地打上了政治的烙印。儒家的仁政王道就是一种典型的政治伦理型学说体系，对中国传统哲学影响极深。孟子把天和道德首先联系起来，认为只要把人内心固有的仁义礼智“四端”发掘并培养起来，便“足以保四海”。韩非子也认为，“臣事君，子事父，妻事夫，三者顺则天下治，三者逆则天下乱”。董仲舒创立阴阳“三纲”理论，把“君为臣纲”立为“三纲”之首，伦理道德的教化是为了君主专制的神圣不可动摇。二程曰：“父子君臣，天下之定理。”伦理训条的强化成为治国安邦的根本所在，伦理观念成为政治观念的代名词，清晰地表明了中国传统哲学伦理政治化的倾向，政治伦理成为中国传统哲学的核心内容之一。

## （三）弘扬主体精神

中国传统哲学探讨的问题很多，归纳起来不外乎两个方面：一为天，一为人。所以，天人关系构成了中国传统哲学的主要内容和基本逻辑线索。为了达到“天人合一”的境界，儒家提出“三纲八目”的修养论、“格物致知”的认识论，弘扬人的主体意识和积极有为的精神。孔子讲“为仁由己”，“人能弘道”，孟子说“尽其心者，知其性也”。宋明理学家认为“天理人欲此进彼退，革得一分人欲，便得一分天理”。对主体性及主体意识的弘扬是儒家学说的立足之点。

道家主张以“无”为本，提出“无为而无不为”，希望“不为物役”，绝圣弃智，实际上是以对自由人格的追求来表达对实现个体价值的向往；主张“疾虚妄”“守静笃”“无所待”，执着于对道的追求和精神解脱的自由，也是以肯定主体意识为基础的。法家颂扬论功行赏，杀敌效忠，凭个人的努力求取个人社会地位和自身价值的实现，体现了对主体性的确认。墨家倡导人人发扬“兼爱”之心，形成尚贤之风，也表现了对主体能力的信赖。

中国传统哲学所倡导的主体精神，在很大程度上是指人的群体，而非个体。“主张以道德秩序构造一个群己合一的世界”①，政治上的君臣关系，家庭中的父子、夫妇、兄弟关系，社会中的朋友关系，构成了所谓的“五伦”，即五种伦常关系。每一个人既处于五伦的关系网络中，又处于整个社会家国一体的宗法政治关系网络中，于是就形成了一整套与之相对应的道德规范。每个人依此规范，在社会中扮演一定的角色，履行一定的义务，相互联系，相互制约，维系社会的运转，实现各自的人生价值。

## 二、唯物论辩证的思维特征

### （一）朴素的唯物主义思想

中国传统哲学一开始就具有朴素的唯物主义思想和辩证的思维特征。中国古代的唯物主义萌芽早在《尚书·洪范》篇中就已有表现，它包含“五行”是构成万物的基本材料的思想。自老子的“道”论被提出和阐述之后，人们开始对宇宙本体进行思考和探索。《管子》《易传》《荀子》《韩非子》等均发展了老子的“道”论思想，并将其改造为唯物论。《管子》把“道”解释为一种“精气”，以“气”作为万物的本原，表现出了朴素的唯物论倾向。《易传》把“道”体现于一阴一阳之中，认为阴阳二气的变化生成万物，在本体论的认识上走向了唯物主义。荀子是古代最杰出的唯物论者，他强调“天行有常，不为尧存，不为桀亡”，其最高理想是“制天命而用之”，达到与天地的和谐。先秦思想家在本体论和人生哲学上的唯物主义思想成为中国传统哲学的特征之一。

中国古代的唯物主义思想至汉代有了新的发展。东汉时的唯物主义哲学家王充打破谶纬神学的束缚，以“形具而神生”的唯物论提示了形体与精神的关系；南北朝时的范缜则提出了“形质神用”的观点，反驳了唯心主义的神不灭论；唐代的刘禹锡进一步发展了荀子的唯物主义思想，提出了“交相胜，还相用”的学说；宋代的张载从哲学基本问题的高度提出了“凡有皆象，凡象皆气”的唯物主义观点，把有无虚实都统一于“气”，肯定了世界的物质统一性。

### （二）辩证思维

中国传统哲学在发展唯物主义观点的同时，辩证思维的内容也相当丰富，这是中国传统哲学又一显著的特点。“五行说”在体现朴素唯物主义思想的同时，认为

① 习近平．在文化传承发展座谈会上的讲话．求是，2023（17）：4-11.

水、火、木、金、土是以“相克相生”的方式相互联系着的，包含着丰富的辩证法思想。春秋以后，孔子讲“辩感”，老子讲“观复”，庄子讲“反衍”，《易传》讲“通变”，荀子讲“解蔽”，都具有辩证法的含义。

中国传统哲学讲求对立前提下的和合统一。《道德经》贵柔，主张以柔弱胜刚强，“天下莫柔弱于水，而攻坚强者莫之能胜”；《易传》推崇阳刚，认为“天行健，君子以自强不息”，讲“生生之谓易”，认为事物变化发展的根源在于阴阳的彼消此长，“一阴一阳之谓道”是最为简洁明了的概括。中国传统哲学的辩证方法论模型从“一物两体”“一体两面”“一分为二”，进而发展为“两面主动”的模型。宋明以后，中国传统哲学的辩证思维向更高层次发展。北宋邵雍在中国传统哲学史中首次明确提出了“一分为二”的观念，张载提出了“一物两体”的辩证思想；明末清初王夫之以“合二为一”“一分为二”“静即含动，动不舍静……方动而静，方静而动”等哲学命题，将中国传统哲学的辩证思维推向高峰，他成为中国传统哲学中思想最深邃、最丰富的辩证法大师。

## 三、强调天人关系和人际和谐的特征

### （一）强调天人关系和谐统一

关注天人关系是中国传统哲学的显著特征。历代哲学家都把“究天人之际”作为自己学说的最高目标和基本问题。无论是孟子的“性天同德”，董仲舒的“天人感应”，还是荀子的“制天命而用之”，刘禹锡的“交相胜，还相用”，王夫之的“天人道合天德”，都在不同程度上论述了天人之间的相互关系。从一定意义上说，中国传统哲学就是天人之学。天人问题贯穿了中国传统哲学的整个过程。“天人合一”“天人相分”代表了中国传统哲学天人关系论的主要潮流。而二者对人与自然的协调一致关系的重视，对道德理性与自然理性相一致的强调，则共同反映了古代天人关系和谐统一的实质内容，充分体现了中国古代哲学家对主客体问题、主观能动性与客观规律性之间关系的辩证思考，这种思想特征必然促进人的精神行为与外在自然的一致，促使人类道德追求的自我完善。

### （二）重视人际关系的和谐

由于中国传统哲学重视天人关系，强调主体内在的自我超越，肯定人的内在价值，把天人问题最终归结为伦理道德问题，所以中国传统哲学也十分重视人与人之间的和谐关系。孟子说，“天时不如地利，地利不如人和”，把追求和谐、稳定作为处理人际关系的基准和社会稳定的基本因素。儒家的“仁”是人的精神自我完善的道德规范，也是人际交往的行为准则，即“己所不欲，勿施于人”，“己欲立而立人，己欲达而达人”；道家的“无为”是一种随遇而安、自然相处的人与人交往的法则；墨家的“兼爱”，讲的是平等之爱的人际关系；法家则指出人际关系中最基本的是物质需求关系，揭示了人际关系中的利害关系。

总体上说，中国传统哲学关注人际关系，主要侧重于主体伦理道德的自觉完善，强调个人的社会责任和义务，认为只要做到由己及人，社会就能达到自治之境。

中国传统哲学思想是中国传统文化的核心内容，正确学习和认识中国传统哲学思想对于“更有效地推动中华优秀传统文化创造性转化、创新性发展，更有力地推进中国特色社会主义文化建设，建设中华民族现代文明”将具有重要的理论和现实意义。

## 思考题

1. 在天人关系上，天人合一与天人相分思想有什么异同?
2. 在中国哲学思想中，儒家的人生境界和道家的人生境界有哪些异同?
3. 请谈谈对“横渠四句”的理解?
4. 谈一谈修身与力行的关系?

## 扩展阅读

1. 冯友兰．中国哲学史．上海：华东师范大学出版社，2000.
2. 劳思光．新编中国哲学史．桂林：广西师范大学出版社，2005.
3. 胡适．中国哲学史大纲．长沙：岳麓书社，2009.
4. 葛荣晋．中国哲学范畴通论．北京：首都师范大学出版社，2001.

# 第三章

# 中国古代宗教

**【本章要点】**

1. 中国远古时代的自然崇拜与图腾崇拜。

2. 道教的历史渊源、发展脉络及其对中国古代文化的影响。

3. 佛教的基本教义及其中国化的发展历程。

4. 儒学和宗教的关系以及儒学的宗教色彩。

宗教是人类发展到一定历史阶段出现的一种重要的社会文化现象。恩格斯在《反杜林论》中指出宗教的本质："一切宗教都不过是支配着人们日常生活的外部力量在人们头脑中的幻想的反映，在这种反映中，人间的力量采取了超人间的力量的形式。"[①] 宗教作为一种社会意识，所反映的内容并不是凭空幻想出来的不可捉摸的东西，而是人们日常生活的外在客观力量（包括自然力量和社会力量），宗教幻想有其现实基础。在人类早期，人们希望通过宗教信仰获得心灵慰藉，祈求平安顺遂，因此宗教主要作用于情感层面。随着社会的不断发展，宗教逐渐渗透到生活的方方面面，不可避免地与政治、经济进行交流碰撞。宗教的社会作用具有两重性，既有利于规范人们的行为，起到稳定社会秩序的积极作用，又会产生宗教狂热、宗教迫害、宗教极端主义等消极影响。习近平同志强调要正确认识和把握宗教的两重性，"最大限度发挥宗教的积极作用，最大限度抑制宗教的消极作用"[②]，因势利导、趋利避害。

在中国，儒、释、道三家思想及其实践共同架构与维系了中国文化整体，是中国传统文化的核心所在。其中，儒家提供了人本主义传统，道家贡献了自然主义传统，佛家高扬的是解脱主义传统。这三个文化传统互动互补，在思想文化领域发挥了巨大的作用。

# 第一节 中国远古宗教

当代的人们提起宗教，很容易把它与先民的愚昧、迷信、狭隘联系起来。假若我们具备必要的历史感，从宏观的角度考察人类历史，就会发现，宗教的出现恰恰是先民逐步摆脱动物性，开始萌生自我意识的一个标志。

## 一、宗教的起源

中国古代典籍中并无"宗教"一词，该词属外来词语。"宗教"一词源于拉丁

① 马克思恩格斯文集：第 9 卷．北京：人民出版社，2009：333.

② 发展中国特色社会主义宗教理论　全面提高新形势下宗教工作水平．人民日报，2016 - 04 - 24 (1).

文，意为联系在一起，故“宗教”之本义是指人与神的一种关系。人对某种超自然力量（即神）的盲目崇拜是宗教的最主要特征之一。由此看来，宗教的出现，必须有“人”的意识和“神”的意识的存在。当原始人渐渐能够把“人”作为一个“类”同自然界、动物界区分开来，“人类”的意识就产生了。原始社会生产力水平十分低下，面对难以捉摸和控制的自然界，人们会不由自主地产生一种神秘和敬畏的感情；而一些特殊的灾害性的自然现象，如地震、洪水，还有人类自身的生老病死等，使人们幻想世界上存在着种种超自然的神灵和魔力，“神”的意识由此而产生。因而，宗教是人的思维发展到一定阶段的产物，是人类精神生活丰富化的体现，可以说，人类文化活动的结果促进了宗教的产生。原始宗教是早期人类包罗万象的文化体系，同时也是后来各种文化形态的重要源泉。

## 二、中国远古宗教

与世界上许多地区和民族一样，我国远古时代的宗教有着悠久的历史和丰富复杂的表现形态。中国远古时代的宗教形态主要有自然崇拜、图腾崇拜、鬼魂崇拜和祖先崇拜。

### （一）自然崇拜

所谓自然崇拜，就是把各种自然现象神化，进而把它作为一种超自然的力量加以崇拜，祈求它的保护和赐福。在中国先民眼里，自然界是一个充满神灵的世界，祭拜自然神灵是先民社会生产和生活不可分割的有机组成部分。自然崇拜的种类很多，依据崇拜对象的不同，大体上可以分为日月星辰崇拜、风雨雷电崇拜、山川湖海崇拜、动物植物崇拜等。其中日神崇拜最为盛行。太阳是最重要的天体，它给人类带来光明和温暖，照射植物，使其生长成熟，月亮和众星在它的光芒照耀下黯然失色，所以太阳就成为先民崇拜的主要天体之神。贺兰山岩画中有一幅拜日图，一人跪向太阳，两臂上弯合掌做礼拜状，非常形象地再现了当时人们祭拜日神的情态。贺兰山岩画中还绘有许多太阳，周边有光芒线条，圆形内是人的脸谱，表明在先民的观念中，太阳像人一样有性灵，而且太阳不止一个。在我国古代典籍中，有许多关于太阳的神话故事，如“羲和生十日”“羿射九日”“夸父逐日”等，这些记载大多与日神崇拜有关。太阳之外，月亮是个遥远却又能用肉眼观察到的较大星体，它与太阳一主昼一主夜，因而日神崇拜常和月神崇拜相伴随。我国许多少数民族保持着祭拜日月的习俗。如昆明西山区的部分白彝人，每逢农历冬月二十九即举行太阳会，祭日神；农历三月十三则举行太阴会，祭祀月神。日月崇拜后来逐步演化扩大为天地崇拜，并与阴阳观念相结合，成为天地阴阳的重要标志。

贺兰山岩画中的“拜日图”

## （二）图腾崇拜

与自然崇拜并存的另一种古代宗教是图腾崇拜。“图腾”一词源自美洲印第安鄂吉布瓦人的方言，意为“他的亲族”。图腾一般是某种动物，也有少数为某种植物或非生物。它被认为是某个氏族的起源和祖先，并被当作氏族的保护神，因而受到尊敬和崇拜。作为图腾的现存的动植物也被看作氏族的亲属，为禁忌，一般不准捕杀食用，有的还受到供奉。但是，图腾崇拜的真正对象并不是作为图腾的动植物本身，而是这种动植物与本氏族所共有的起源和祖先。因而，图腾崇拜是氏族以血缘纽带维系的统一整体在人们观念中的反映，图腾因而成为氏族生命共同体的象征。我国古籍中有许多这方面的记载。华夏民族的始祖黄帝号“有熊”（《史记集解》），“教熊、罴、貔、貅、虎，以与炎帝战于阪泉之野”（《史记·五帝本纪》），这则传说的真相是黄帝乃是熊图腾氏族首领，他联合其他五种动物图腾氏族，成为部落首领，与炎帝部落开战。《史记·周本纪》载，周穆王征犬戎，“得四白狼四白鹿以归，自是荒服者不至”，周穆王俘虏的实际上是四个白狼氏族和四个白鹿氏族的首领。图腾崇拜在少数民族的宗教信仰和风俗习惯中有所保留。如傈僳族以虎为主要图腾，又有熊、猴、羊、鸟、鱼、鼠、蜜蜂、蛇等图腾，分别代表族内不同的支脉；鄂温克人以熊为图腾，把熊当作他们的祖先，称呼公熊为“合克”（对父系最高辈的称呼），称呼母熊为“鄂我”（对母系最高辈的称呼）。

中国社会很多地方至今仍有图腾文化的遗痕，其中最显著的便是龙的观念。龙的传说经常出现在诗词歌赋、古典小说、传统戏剧、民族舞蹈、民间故事和民谣谚语中，龙的艺术形象在传统节日的活动中，在传统建筑的装饰、服装、家具、器皿和各种工艺美术品上屡见不鲜。但龙与其他动物不同，龙并不是现实世界实有的动物，它是在实有动物的基础上，经过人们头脑的重构而形成的想象物，集中了许多动物的特点和优点。古人说，龙“角似鹿，头似驼，眼似兔，项似蛇，腹似蜃，鳞似鱼，爪似鹰，掌似虎，耳似牛”（罗愿《尔雅翼》卷二十八，引王符说）。

龙图腾

我们从龙的身上可以看到原始时代众多动物图腾的属性。可以说，龙是若干地区性图腾的多元汇聚。龙图腾的形成过程恰好同中华民族文化多元起源并向中原汇聚，以及中原文化向四周辐射、往返不断的过程相一致。这恰恰可以说明中华民族文明的包容与博大。龙图腾在后来的发展演进中逐渐褪去了图腾色彩，被高度艺术化了，高度艺术化的龙的形象成为中华民族的象征，是中国传统文化的标志，它对于中华民族的凝聚和中国古代文化的融合、发展起着非常重要的作用。

中国古代宗教最具代表性的当推以上所说的自然崇拜和图腾崇拜，以及由此发展起来的祖先崇拜和鬼魂崇拜。这些古老的宗教形态在古代文化和社会生活中烙下了深刻的印痕，至今仍发挥着不可低估的作用。

# 第二节 道教与中国古代文化

道教是中国本土的宗教，它萌发于周秦之际，形成于东汉后期，完善于两晋南北朝，兴盛于唐宋两代，衰落于明清之际，时至今日，已有约两千年的历史。从历史渊源来说，道教是从中国原始社会后期的自然崇拜和鬼魂崇拜发展而来的，融合了战国以来的神仙方术和秦汉时期的黄老思想。道教所奉的天神地祇“杂而多端”，多神崇拜是道教信仰的特征。关于道家和道教的关系，道家是春秋时以《道德经》为代表创立的以道为理论基础的学派；道教则是汉末张陵创立的以道为信仰的宗教。二者皆以老子的道为根基，道家是道教的哲学支柱，道教是道家的宗教形式。

## 一、道教的创立及其历史发展

### （一）道教的早期宗派

道教成为一个有组织的独立的宗教是在东汉时期，其早期的宗派主要是张陵在四川创立的“五斗米道”和张角在中原创立的“太平道”。

东汉顺帝时，沛国丰人张陵学道于鹤鸣山。公元141年，他自称奉天神“太上老君”的旨意，撰写“道书”二十四篇，开始传教。他尊老子为教主，自称是教首，宣传长生成仙和忠孝仁义等思想，主要活动是用“符水”替人治病。因入道均须交纳五斗米，故称“五斗米道”。张陵死后，其子张衡继承父业，使五斗米道的影响日益扩大，遍及川西北及陕南一带。公元179年张衡死，儿子张鲁继承。张鲁割据汉中，建立了政教合一的地方农民政权，自称“师君”。张鲁统治汉中地区近30年，该道势力因而在汉中发展到鼎盛。公元215年，曹操攻打蜀国，张鲁投降曹操，被拜为“镇南将军”，“五斗米道”因而得以继续存在，并流传下来。后来，因张陵被信徒尊为“天师”，“五斗米道”的名称逐步被“天师道”代替。

在“五斗米道”创立之后，巨鹿人张角于汉灵帝熹平年间（公元172—178年）创立了太平道。该道奉《太平经》为主要经典，其传教方式大体上同“五斗米道”类似。十余年后，信徒达到数十万人，遍布幽、冀、青、徐、扬、豫等州。东汉中平元年（公元184年），张角组织黄巾军举行大规模起义，起义失败后，太平道遭到致命打击，转为在民间秘密流传，部分教徒后来加入“五斗米道”。

### （二）魏晋南北朝道教的发展

魏晋时代，“五斗米道”由于张鲁降曹而北迁，其后该教派逐渐分流：一部分仍在民间流行，另一部分则向上层权贵发展，许多贵族开始信仰道教。他们对道教进行了一番理论上的改革，把道家学说与魏晋玄学的精致内容注入原本比较粗朴的民间道教，创立了道教理论体系。这其中的代表性人物便是道教丹鼎一系的缔造者葛洪。

葛洪著《抱朴子》一书，内篇二十卷从宇宙观、本体论层面论证了道教的神仙长生思想，并集战国以来的神仙外丹论之大成；外篇五十卷提出儒道双修的主张，把按照儒家伦理道德约束自己的言行作为人们修道成仙的必备条件。《抱朴子》的出现对道教的完善及发展兴盛产生了深刻的影响。与葛洪同时，"天师道"在江东盛行，先后形成上清、灵宝等道派。其信仰特征是特别重视道教科仪和斋醮，强调宗教的劝世度人功能。

葛洪像

南北朝时，道教的较大发展是北魏寇谦之对"五斗米道"的教义、组织进行改革，创立"北天师道"。寇谦之原系北魏嵩岳道士，自称太上老君授予其天师之位，命其整顿道教。他把道教由讲究符咒、医病、去灾变为偏重斋醮、科仪，用香火斋功取代了房中术和服仙方养生，以之为求仙之本，这一改革使道教由原来的民间宗教一变而为官方宗教，道教也由此在北方获得了国教的地位。

继北朝寇谦之之后，南朝相继出现了著名道士陆修静和陶弘景，他们对"五斗米道"加以改革，创立了"南天师道"。陆修静主要继承了葛洪的理论，对道教组织进行整顿改造，进一步完善了道教的戒规科仪。此外，他搜集整理了大量的道教经籍，创立了影响深远的道教典籍分类方法。陶弘景是齐梁时期著名的医药学家、炼丹家，他以存神服气为主要的修行方法，不是很重视符箓斋醮。陶弘景所撰写的《真灵位业图》第一次把道教崇拜的各种神仙按等级排位，构成了一个等级分明的道教神仙谱系，为道教的祭祀活动提供了理论依据。

## （三）道教全面发展的繁荣阶段

唐宋至金元时期，道教进入全面发展的繁荣阶段。此时出现了流传至今的两大道教派别：正一道和全真道。正一道系南北天师道与上清、灵宝等道派合流而成，此派以《正一经》为主要经典，讲究符箓斋醮，以画符念咒、驱鬼降妖、祈福禳灾为宗旨，允许入教人员婚娶，宗教戒律不甚严格。元成宗大德八年（公元 1304 年），正一道第三十八代天师张与材被封为三山符箓派总领，自此南方符箓各派被正一道统一。全真道为王重阳于金世宗大定七年（公元 1167 年）在山东创立。与正一道相反，此派反对符箓，排斥咒术，主张儒、释、道三教圆融，以道教的《道德经》、佛教的《般若心经》和儒家的《孝经》为必修经典，注重"识心见性""养气炼丹"的内修真功。在宗教组织方面，王重阳仿效佛教建立了全真道教团生活制度，规定道士必须出家住庵，保持独身，不食荤腥，其宗教活动以个人修炼为主。王重阳去世后，全真道逐渐分化为七个派别，分别是遇山派、南无派、华山派、嵛山派、随山派、清静派和龙门派，诸派之中以丘处机所创的龙门派影响最为深远。在中国内地、港澳和台湾地区以及东南亚各国，现存的全真道庙宇大多属龙门派，中国道教协会就设在丘处机当年住持的庙宇——北京白云观内，北京白云观被称为全真道龙门派的祖庭。

与中国北方全真道兴起同期，南宋统治区出现了自称是汉代仙人钟离权创立的道教金丹学派。他们主张凝聚人体内的“精气神”，通过炼形、炼气、炼神三关修炼“内丹”。这一派传到李道钝时，他把佛教禅宗的打坐、参究、棒喝等参禅方式吸收到道教修炼方法中来。南宋灭亡以后，北方全真道传入南方，李道钝宣称金丹学派本来同属全真道。全真道在宋元时期是道教中势力和影响力最大的一个派系。进入明清之后，由于各方面的原因，道教日渐衰落。

“全真七子”图

## 二、道教对中国古代文化的影响

### （一）道教与哲学思想

道教作为一种土生土长的宗教，始终与社会文化的其他方面有着或多或少的联系。其中关系较为密切的，首先当推哲学思想。中国传统哲学和伦理学中都不难发现道教的影迹。《道德经》中提出的“道生一，一生二，二生三，三生万物”的宇宙生成说，被道教继承并加以渲染，成为绝大多数古代知识分子所持的宇宙观。道教和儒家共同推崇和倡导的“天人感应论”，塑造着中国人的思维方式，人们总是喜欢把自然界或宇宙间天体的变异同人类社会发生的某些现象加以联系。道教从其信仰追求中提出的为人处世之道，如“追求清静”“顺其自然”，以及崇尚“寡欲”“慈”“俭”“让”等品格，是中国传统伦理道德的重要组成部分。道家宣扬的“天地有大美而不言”，倡导的“独善其身”，追求的“返璞归真”已经成为中国知识分子衡判事物的标准和自我修养的目标。这些源于道家思想的理念，经过一千多年的发展，已经积淀为中华民族的文化心理结构。

## （二）道教与古代科技

道教与中国古代科学的关系也非常密切。教徒为了得道成仙而采用的一种重要修行方法就是服食丹药。为了制作丹药，教徒进行了大量的炼丹实验，并做了理论总结，从而翻开了中国古代化学史上重要的一页。例如东晋葛洪的《抱朴子·金丹》中就有如何从丹砂中游离出水银的记录。道教修炼中关于健身祛病的理论与方法，同中医学有许多相通的地方。历史上许多著名的炼丹家，同时也是杰出的中医大师，如葛洪、陶弘景、孙思邈以及近代的陈撄宁等，他们在中医学方面都有极高深的造诣。道教中有大量用以修道的经典，如《黄帝内经》《金匮药方》《本草经集注》等，同时又都是医药学重要的理论著述。道士们通过长期炼丹、服丹的实践，对丹砂、黄金、雄黄、硝石、砒霜的医疗效果有所认识，这些药物在日后的中医治病实践中被广泛应用。

## （三）道教与文学艺术

道教对中国古代文学艺术的渗透同样是不容忽视的。这种渗透首先表现在文艺理论方面。道教与道家崇尚自然，强调“人法地，地法天，天法道，道法自然”（《道德经》第二十五章）。这种“任运自然”的价值取向，在文学领域形成了以自然为美的审美理想。陶渊明《桃花源记》中塑造的那个“不知有汉，无论魏晋”的山中佳境就体现了这种追求。其次，道教中“有无相生”的思想，经玄学家的发挥，形成了中国文学艺术理论中“言不尽意”的独特传统。写诗也好，作画也好，一方面讲究着墨处简练含蓄，一方面讲究画面上要留有空白，“一字不著，尽得风流”。再次，道教的神异传说，为文学创作提供了丰富的素材。六朝时期出现了许多志怪小说，其中不少与道教有关，如《搜神记》《洞冥记》等。六朝后以神仙、道教为题材的传奇和小说代有其书，如唐代的《枕中记》、宋代汇编成书的《太平广记》、明代的《四游记》等。最后，道教也成为绘画艺术的表现题材，例如东晋明帝司马绍曾画《瀛洲神仙图》，大画家顾恺之曾画《列仙图》，南朝张僧繇画的《五星二十八宿真形图》虽然久已亡佚，但从名目上不难看出其与道教的关系。

### （四）道教与古代民俗

更值得一提的是道教对中国古代民俗的影响。在岁时节令上，至今盛行的许多民间节日最初都来自道教信仰，如每年农历正月十五的元宵节就起源于道教对“天官”的崇拜。每年农历五月初五的端午节，最早是道教驱鬼避灾的日子。当时每逢端午节，家家户户用黄纸画上张天师或符咒，并盖上降魔红印章，将其贴在大门上，以防“闲神浪鬼”进门骚扰。后来，人们把战国时投江的楚国大夫屈原的故事与宗教联系起来，到了这一天制作粽子投入水中以示纪念。道教对于中国人最大的传统节日——春节的影响也是十分显著的。春节到来之前，很多人都忙着贴门神、灶马，画桃符、钟馗。此种习俗，自宋一直延续至今。其中的门神、灶马、桃符、钟馗等，均出自道教。在日常生活中，广大城镇农村的拜神活动随处可见，关帝庙、山神庙、土地庙、龙王庙、城隍庙几乎遍及全国各地，这些也都显示了对道教诸神的信仰已深入民间，成为民俗的一部分。

# 第三节
# 佛教的中国化与中国化佛教

佛教原是外来宗教，自西汉末期传入中国后，与中国原有的儒道两家思想相互渗透，逐步走上了中国化的道路。隋唐之后，佛教与中国传统文化相融合，进一步演化为中国化的佛教。

## 一、佛教的基本教义与佛法之东传

佛教诞生于公元前 6 世纪的古印度，由古印度迦毗罗卫国（今尼泊尔南部）净饭王的儿子悉达多·乔达摩（即释迦牟尼）创立。他又被称为“佛”或“佛陀”，佛陀是梵文 Buddha 的音译，意为“觉者”或“觉悟了真理的智者”。关于释迦牟尼的生卒年代有不同的说法。一般认为其生于公元前565年，卒于公元前485年，与我国孔子所处的时代大致相当。

释迦牟尼

## (一) 三业八苦

佛陀向社会宣说三业八苦、无明与空性等教义，解释人生和世界的问题。佛教的人生观或者生命观用一个字就可以概括，那就是“苦”。佛教认为一个生命体有身、口、意三业，身就是指我们的行为，口就是指我们的言论，意就是指我们的思想、观念。每个人都是通过自己的身、口、意来种下因，这个因就叫作业。待条件成熟因就会结出相应的果。释迦牟尼观察到在业力的支配下，人生充满了痛苦，除生、老、病、死四种痛苦以外，还有爱别离苦、怨憎会苦、求不得苦、五蕴炽盛苦。什么叫五蕴炽盛呢？佛教认为一切生命体都是由色、受、想、行、识五个方面聚集而成的，这就是五蕴。色就是指肉体方面的、物质性的一些东西，受、想、行、识是指生命体的感觉、思想等精神领域里的东西。五蕴不管是色身也好，还是感觉、精神，都有自己的一种欲求，欲求炽盛，得不到满足，就会有很多烦恼产生。

## (二) 无明与空性

佛教认为，八个方面的苦来源于个人的贪欲、嗔心和愚痴，即所谓的贪、嗔、痴三种心，或称“三毒”。贪、嗔、痴这三种心源于人没有认清楚现象世界的真实面貌，从而被现象世界迷惑，于是贪恋、执着于并不真实的现象世界，对事物产生了好恶喜怒，就会产生渴求、追求，乃至于求之不得的烦恼。人由于自己的颠倒妄想，不得不忍受各种各样虚妄的痛苦。这就是佛教讲的无明，无明也就是愚痴。

怎样才能从无明中解脱出来呢？佛教认为，最根本的办法就是纠正人的颠倒妄想，使之具备一种正确的认识，认识到这个现象世界其实是由种种因缘聚合而成的，因此并不具有恒常性。一切都是因缘聚了就有了，因缘散了就没有了，换句话说，它是无常的。对于某个事物来讲，无非就是因缘聚合而已，并不具备独立的主体性，用佛教的话说就是无我。一切现象世界真实的面貌就是无常和无我，就是佛教讲的“空”。“空”这个概念是在不真实的意义上来讲的，不是把现象世界的这种暂存的状态彻底地否定掉。大乘佛教发展起来以后，强调现象的假“有”跟它本性的真“空”是联系在一起的。这是一种中道的缘起法，既看到现象的幻有这一面，也看到本来的性空这一面。“空”也可以说是佛教的一种宇宙观、认识论。人生活在现象世界中，总会接触到许许多多的现象，那么应该怎样去处理这些相呢？《金刚经》提出“应无所住，而生其心”，相来了就应对，相去了就放下，这就叫“无住”，即不停留在暂存的现象世界，既不为外境所扰动，也不被内在心念所拘牵，恢复本性的清净无染。只有具备了这种认识，才能不被现象世界迷惑，才能够从现象世界中解脱出来。这是佛教最基本的教义和理论。

### （三）佛教的演变与传播

释迦牟尼住世时期和他入灭后100年间，历史上称为“原始佛教”。以后由于弟子们对佛陀的教义和戒律理解不同，佛教分为了上座部、大众部两大派别，其后又分成十八部或二十部，从此原始佛教发展为部派佛教，时当公元前4世纪至公元前1世纪。公元1世纪中期，从大众部中发展出大乘佛教。乘（yana），意为乘载、车辆。他们以普度众生为宗旨，认为他们的理论是运载无量众生到达彼岸涅槃境界的大舟、大车，故称大乘。此前的佛教诸派比较注重个人的修行和解脱，因而被称作小乘。初期大乘发展一段时间以后，龙树和他的弟子提婆创立“中观”学派，他们的思想以阐发般若类经典为主，核心是以“空”为解脱，故称“空宗”。公元5世纪初，世亲和无著创立大乘佛教的另一大派别——瑜伽行派，该派由于重视印度传统的瑜伽修炼术而得名。他们提出“万法唯识”的理论，亦即虽然世间诸法都是空无自性的，但作为诸法本原之“识”是真实的。相对于以前的“空宗”，此系佛教被称为“有宗”。印度佛教虽然典籍浩瀚、派别繁多，但是大而言之，不外乎大小二乘、空有二宗。

佛教创建以后，迅速向周边国家和地区传播，主要沿南北两路进行。南路首先传入斯里兰卡，再传入缅甸、泰国、柬埔寨、马来西亚、印度尼西亚等东南亚国家和我国云南边境地区，形成南传佛教系统。北路又可分两条：一条从印度北部的犍陀罗越过葱岭（今阿富汗的帕米尔高原），进入西域的大夏、安息、大月氏诸国，再由西域传入我国汉族地区，若干年后再由中国传往朝鲜、日本、越南。另一条是从中印度传入尼泊尔，然后翻越喜马拉雅山进入西藏。对佛教究竟于何时传入中国，佛教界、学术界众说纷纭，但比较一致的看法是汉明帝永平十年（公元67年）佛教已正式传入中国。

## 二、佛教的中国化及其在中国的传播

佛教自两汉之际进入中国以后，一直自觉不自觉地结合中国历史文化的特点，逐渐走上了中国化的道路，并在隋唐时代走完了中国化的历程。以后历代不过是在中国化的基础上继续前进，不断深化。

佛教东传之初，正值东汉谶纬神学和黄老思想盛行之际，因而它只是被当作神仙方术的一种，在皇室和上层权贵中流行，传播方式主要是翻译经典。当时佛经的翻译主要有安译和支译两大系统。所谓“安译”，即安世高系，属小乘佛教，是重视修炼精神的禅法；“支译”即支娄迦谶系，属大乘佛教，主要传性空般若学。早期佛经翻译遇到过两大障碍：一是语言文字的不同，二是思想观念的差异。译师们为了越过这两重障碍，援用道家、阴阳家的术语，并借助儒家伦理观念来调整译文。这样译经虽然于原意有损，却易于得到当时信奉神仙方术的上层权贵们的认同。可以说，在汉代，佛教中国化迈出的第一步是以佛教和道术相比附为主要特征的。

魏晋南北朝时，佛教乘政治、文化动荡之机，假玄学清谈的余韵，获得了长足的发展。在传播方面佛教仍以译经为重要手段，同时讲习也日益成为重要的传播方式。为了有助于一般人克服理解上的困难，一些佛教学者直接借用老庄哲学的名词概念来比附、解释佛教经文名相，以量度（格）经文义理，这种做法称为“格义”。晋代般若类经典流行，印度般若学的核心思想“空”并不容易理解，当时深受玄学影响的学者纷纷用玄学本末体用的观点去阐发佛教般若学“空”的思想，形成“六家七宗”。所谓“六家”是指本无、心无、即色、识含、幻化、缘会六个传扬般若学的佛学派别。“本无”一家后又分出“本无异”一宗，合称“七宗”。“格义”与“六家七宗”的出现意味着玄学与佛学合流，是魏晋六朝时期佛教中国化的重要标志。

隋唐是中国佛教的成熟和鼎盛时期，创立宗派是此时佛教最重要的活动。南北朝时虽然已经出现了众多的佛教学派，但由于还未能对佛教本身不同的观点加以系统的综合和会通，独立的寺院经济也还处于形成发展中，因而尚无佛教宗派出现。随着隋唐统一王朝的建立和寺院经济的壮大，佛教各家各派进一步融合发展，一些学派在统一南北学风和吸收大量传统思想与方法的基础上，通过“判教”形成了宗派。这些宗派根据立宗的思想渊源和中国化的程度大致可分为四类。

第一类是三论宗、律宗和净土宗，都是依据早已译出的各种印度佛典形成的。

三论宗是继承印度大乘佛教中观学派的《中论》《百论》《十二门论》的学说而创立的。律宗以研习和严持戒律为特征，它所依持的主要经典是《四分律》。净土宗属于重信仰、不重理论的佛教流派，因专修往生阿弥陀佛净土的法门而得名，其修持方法简便易行，故获得了广泛流传。第二类是依据新译经典建立的宗派，有法相唯识宗和密宗。法相唯识宗是依据玄奘从印度取回的大乘佛教瑜伽行派的著作，由玄奘及其弟子窥基创建。密宗是由印度密教学者带来的密教经典翻译后形成的宗派，后来在我国西藏地区与当地的“苯教”相结合，成为藏传佛教的主流。第三类是天台宗和华严宗，它们是分别依据佛教的《法华经》和《华严经》结合中国传统思想而创立的宗派。

第四类是禅宗，这是在中国佛教史上最有势力的一个宗派。禅宗以“明心见性”为宗旨，主张不立文字，教外别传，认为佛性本有，觉悟不假外求，坐卧行住、砍柴挑水都可以悟道。见性自悟，顿悟成佛。中国文化中，无论是道家还是儒家，都强调人格修养的自我提升，禅宗的这种内求精神与中国文化是完全契合的。禅宗的创立，标志着佛教中国化的最终完成。至此，印度佛教的中国化已发展为中国化的佛教。

禅宗六祖慧能

## 三、佛教对中国文化的影响

佛教自传入之日起，就以自身的文化优势呈现出对中国文化强大的渗透力，对汉以来的中国文化各层面产生了极其广泛而深刻的影响，中国文化形态的面貌由此而发生了显著的改变。

### （一）佛教与哲学思想

自魏晋以后，中国古代哲学就与佛教结下了不解之缘。如魏晋玄学家探讨有无、言意和动静等问题，各执一端，相持不下。佛教学者僧肇撰文，阐述非有非无、不知即知、动静相即的观点，客观上对玄学的基本问题做了总结，把玄学理论推向了一个新的阶段。至于宋明理学，在思维方式和学说取向上受到佛教的影响也十分明显。宋明理学和以往的儒学风格不同，它不是侧重社会政治伦理，而是重视修心、养性的性命之学，显然是大讲心性之学的隋唐佛教促成了这种转向。佛教心性学说着重讲人的本性与欲念的对立，本性清净、觉悟，欲念污浊、迷惑，应当去掉情欲妄念，恢复本性。这种本性与欲念对立的思维方式为理学家所吸取，并被转化为天理与人欲对立的观念，“存天理，灭人欲”成为理学家的核心思想。可以说，理学是儒、佛、道三教融合而成的思想文化成果。

## (二) 佛教与古代科技

佛教与自然科学有对立的一面，也有统一的一面。佛教徒的物质生活、宗教实践和宗教宣传，使佛教在医学、天文和印刷术方面做出了卓越的贡献。佛教讲乐善好施、普度众生，济世治病也是寺院的一大功能。中国佛教寺院有的设专科，有诊堂、药室，为患者治病。现在有的藏传佛教寺庙中还设有专门学习医学的学院。我国敦煌石窟壁画和藏经洞遗书中保存了大量的医学史料，遗书中有近百件医药文书。我国古代非常重视对日、月、星等天体现象的观察，佛教僧人对此也做出了积极的贡献。如唐代高僧一行大师就是一位精通历法和天文的天文学家。他与人同制黄道游仪，用以测定恒星的位置，研究月球的运行，又与人根据实例在世界上第一次测量出子午线一度的长度。他还修订了《大衍历》，这在当时是一部先进的历法，施行了二十九年，并对后来历法家的编历产生了很大的影响。印刷术被称为“文明之母”，雕版印刷和活字印刷都为我国首创。佛教不仅推动了印刷术的进步，而且它保存的大量古代印刷品为研究印刷术的演变提供了宝贵的实物例征。例如，保存至今的世界第一部标有年代的雕版印刷品，就是唐懿宗咸通九年（公元868年）王介为父母祈福所刻的《金刚经》，经卷完整无缺，雕刻精美，印刷清晰，展现了当时雕版印刷的水平。

## (三) 佛教与文学艺术

佛教对中国文学的影响是全面的、长期的，它给中国文学带来了内容和形式两方面的巨大推动和变化。佛教典籍如《维摩经》《法华经》《楞严经》《百喻经》等，本身也是瑰丽多彩的文学作品。这些佛典的译出，不但创造了融汇华梵的新体裁——翻译文学，而且为中国文学创作带来了新的意境、新的文体和新的命意遣词的方法。以诗为例，中国诗歌受到佛教的浸润是显而易见的。作为两晋山水诗的集大成者，谢灵运本身就是一个对佛理颇有造诣的佛教徒。唐代的几位大诗人也多涉足佛教，王维、柳宗元、白居易的虔诚奉佛已为世人所熟知。李白以耽道著称，但从其自号“青莲居士”和“金粟如来是后身”之句可以窥见其精神世界的佛光禅影。杜甫虽然学儒，却也有“身许双峰寺，门求七祖禅”之句。就连坚决反佛的韩愈也未能避开佛教的影响，他在《原道》中列出的脉络分明的儒家道统，其实是模仿禅宗的；他的诗歌中极富表现力的较特别的句式也与佛教经典的惯用修辞方法有关。

至于书画、建筑、雕塑等，在佛教的影响之下也都大放异彩。中国古代的许多书画名作，或出自释门大德，或以佛教为题材。东晋大画家顾恺之是佛画高手，相传他在建业瓦棺寺壁上绘维摩诘居士图，光彩照人，轰动一时，达官贵人捐十万钱以求一睹。佛教的建筑主要是寺塔，这都是根据印度佛教的造型艺术，糅合中国民族形式建造的，如留存至今的登封少林寺、苏州寒山寺、扬州大明寺、韶关南华寺等。这些具有上千年历史的名刹古寺在中国建筑史上留下了光辉的一页。

### （四）佛教与古代民俗

佛教文化对中国民俗活动有着重要的影响，一些节日、斋戒、饮食等民俗活动与佛教文化密切相关，甚至有的直接来源于佛教文化。如因果报应、轮回转生、修行成佛等一套说教，对人们的心理造成了巨大冲击，并逐渐形成了庙神膜拜和超度亡灵的信仰民俗。由于相信灵魂不灭、崇信佛的法力以及对鬼神的敬畏等，人们逢年过节或有诸如迁宅、开业等大事，都要到佛寺去烧香拜佛、供奉果品、许愿还愿、祈祷祈福。由于受轮回转世观念的支配，民间还广泛存在人死后请僧人念经、祈求超度的习俗，有的还举行水陆法会（又称水陆道场或水陆斋仪），以追悼亡灵。

关于佛教对中国古代文化的广泛影响，必须指出的是，中国古代佛教除了汉地佛教外，还有流传于我国内蒙古、西藏等地的藏传佛教和流传于西南地区的南传小乘佛教，这两种佛教流派对于该地区的古代文化和社会生活也曾产生过极其广泛而深刻的影响，此处则限于篇幅从略。

## 第四节
## 三教交融与儒学的宗教功能

在中国历史上，儒家思想始终占中国社会意识形态的主导地位，研究中国古代宗教，很难回避儒学与宗教的关系问题。儒家思想是不是一种宗教，对于这个问题学术界一直存在着不同的看法。多数学者认为历史上有过的“儒教”之教，是教化之教、名教之教、学说之教，而非宗教之教。宗教是一种信仰的学说体系，有教主、教义、教规、经典，随其发展会有教派，而这些儒学都不具备。儒学不讲出世，不主张有尘世之外的天国，它是一种具有强烈的入世精神和深厚的人文传统的理性主义学说。应该明确肯定，儒学不是宗教，但这并不意味着儒学不具有任何宗教色彩和某种意义上的宗教功能。

魏晋南北朝开始，中国古代三大思想潮流的儒、释、道一直处于既相互斗争又相互融摄的局面。在此过程中，儒家为了弥补自身在与佛、道交涉中显出的缺陷，保持其在思想文化领域的正统地位，自觉不自觉地大量吸收佛、道二教的有关思维方法和思想内容，建立起融合儒、释、道三教的宋明理学。这种新儒学把佛、道二教的许多思想内在化了，从而使自己的学说具有一定的宗教功能。

宋明理学融摄道家思想首先表现在对道家以道为宇宙本体思想的吸收。周敦颐在《太极图说》中提出的“无极而太极”即来源于《道德经》的“天下万物生于有，有生于无”。二程不仅吸取了道家的“道生万物”，还把道本体等同于太极，认为道是万物共同的本原，说：“太极者，道也；两仪者，阴阳也。阴阳，一道也；太极，无极也。万物之生，负阴而抱阳，莫不有太极。”（《易序》）其次，在道与气的关系问题上，张载提出以气为道，道就是气，说：“由太虚，有天之名。由气化，有道之名。”（《正蒙·太和》）又说：“天之气也，亦可谓道。”（《张子语录》）张载的这种气本论，从根本上说是与道家的以道为气思想相通的。二程则认为，气从属于道，道气不离，但以道为本，说：“离了阴阳更无道，所以阴阳者是道也。阴阳，气也。气是形而下者，道是形而上者。”（《二程遗书》卷十五）这显然又与道家以元气为本的思想相通。

宋明理学之融摄佛家思想则明显表现在作为其理论钢骨的“心性”学说上。“心性”问题本是传统儒家最看重的，但隋唐佛教使儒家的心性学说佛性化、本体化了。这种佛性化、本体化了的心性理论为宋明理学的援佛入儒提供了极大的方便，使得作为宋明理学最高范畴的“天理”“天道”具有隋唐佛教的“佛性论”的思想内涵。此外，理学家提出“存天理，灭人欲”的主张，认为天理是善的，而人欲是恶的，人如果一味追求物质欲望的满足则会丢弃礼、义、廉、耻，因此要革尽人欲，复尽天理。此“灭欲说”显然吸取了佛教的禁欲主义思想。

在修行方法上，理学家借鉴了道家的“主静说”。周敦颐在《太极图说》中把无欲虚静作为立圣人之道的修养前提。程朱继承和发扬了这一修养方法，提倡“定性”，讲究“惩忿窒欲”，以习静去欲达到“居敬”“穷理”的目的。这种“主静”“居敬”作为收敛执持的功夫，已经近似于宗教徒敬事神灵的精神状态。

关于宋明理学对佛、道二教的吸收容纳，宋明以后的许多思想家早已说得十分明确。如明儒黄绾说：“宋代之学，其入门皆由于禅也。”全祖望也认为：“两宋诸儒，门庭径路半出于佛老。”（《鲒埼亭集外编》卷三十一）而王夫之则直接指斥宋儒是“阳儒阴释”。这都表明宋明理学虽不是宗教，却是一种具有浓厚宗教色彩和一定宗教功能的政治伦理哲学。

综上可知，宗教与所在社会相适应是宗教生存发展的趋势和规律，无论本土宗教还是外来宗教都要不断适应我国社会发展进步，充实时代内涵，促进宗教和顺、社会和谐、民族和睦。只有与社会主义社会相适应、实现了中国化的宗教，才能有利于我国社会稳定、有利于人民生活改善，才能在推动我国经济社会发展中发挥积极作用。①

## 思考题

1. 论宗教的本质及其社会作用的两重性。
2. 试述道教对中国古代文化的影响。
3. 试述佛教对中国古代文化的影响。
4. 谈谈宋明理学对佛道二教的吸收和融摄。
5. 试述如何最大限度发挥宗教的积极作用，最大限度抑制宗教的消极作用。
6. 佛道二家思想对人格修养的自我提升有怎样的作用？试加以引据阐述。
7. 如何理解“坚持我国宗教中国化方向，积极引导宗教与社会主义社会相适应”这一重要表述。

## 扩展阅读

1. 朱天顺．中国古代宗教初探．上海：上海人民出版社，1982.
2. 任继愈．中国道教史．上海：上海人民出版社，1990.
3. 赖永海．中国佛教文化论．北京：中国青年出版社，1999.
4. 楼宇烈．中国的品格．成都：四川人民出版社，2015.
5. 陈来．宋明理学．北京：三联书店，2011.

① 习近平著作选读：第2卷．北京：人民出版社，2023：566.

# 第四章

# 中国传统伦理道德

**【本章要点】**

1. 中国传统文化的伦理本位。
2. 中国传统伦理思想的历史演变。
3. 中国传统伦理思想的主要内容和基本特征。
4. 中华民族的传统美德。
5. 中国传统家风文化。

在日常生活乃至学术界，“伦理”和“道德”是两个经常被视为同一的且可交替使用的概念，从词源入手，有助于对这两个概念内涵的正确理解。

英语中“ethic”（伦理）源于希腊文“ethos”，意思是风俗、习惯、气质和性格。亚里士多德最早从气质、性格的意义上使用这个概念，赋予它“伦理的”“德行的”意义。在中国，“伦”“理”起初是分开的，“伦”有类别、辈分、顺序等含义，可以引申为不同辈分、人与人之间的关系。“理”最早指玉石上的条纹，《说文解字》云：“理，治玉也。”从而具有治玉、条理、道理的含义。“伦理”合在一起用最早出现在《礼记・乐记》中：“凡音者，生于人心者也；乐者，通伦理者也。”19世纪，中国学者在翻译西方著作时，就用中国传统文献中的“伦理”来表达西方的“ethic”。

英语中“moral”（道德）来源于拉丁文“mos”，为意志、愿望、生活方式和惯例之义。其复数形式“mores”为作风、风格和品格之义。在中国，“道”为道路。《说文解字》云：“道，所行道也。”“道”被引申为规律和规则。所谓“天道”，指自然事物的内在变化规律。《左传・昭公十七年》载：“天道远，人道迩，非所及也。”“人道”指社会行为应当如何规范。如“亲亲，尊尊，长长，男女有别”为“人道之大者也”（《礼记・丧服小记》）。“德”本义为“得”，所谓“德者，得也”，“德”字从直，从心，即心得正直为“德”。至此，“德”被引申为“品德”“道德品质”。

由此观之，西方的“伦理”与“道德”的含义具有同一性，但在中国传统文化中，两者却存在差别。当代有些伦理学者借此将“伦理”界定为人与人之间的事实如何的关系，而道德则是人在处理一定的伦理关系时所应当具备的品质，是人与人之间应当如何的规范。

# 第一节
# 中国传统文化的伦理本位

中国传统社会政治结构中宗法与专制的结合，在政治上表现为儒法合流，在文化上的反映则是伦理政治化和政治伦理化。由家族伦理演绎到国家伦理，君权与父权互为表里。在家国同构的社会政治结构中，整个社会的组织系统是家族—村落—

国家，文化精神的生长路向是家族—宗族—民族。家族的中心地位使得建基于这一社会结构的文化必然是以人伦为导向、以调整伦理关系为核心的价值系统。中国传统文化由哲学、宗教、文学艺术、科学、技术等元素构成，文化的伦理本位便由这些文化元素深刻、具体地体现出来。

## 一、伦理与哲学

中国哲学有两种发展路径：一种是从“天道”及“人道”。先秦的老庄、魏晋时的玄学派都属于这种类型。其伦理观固然是对社会存在的反映，但从思维的逻辑过程来说，则是从宇宙观推导出伦理政治原则。由于他们都把精神性的“道”作为宇宙的本体和事物发展的根本规律，因此也就从这个“无名”“无为”的“道”推论出了他们的伦理准则。这样的伦理准则，由于缺乏具体的规定性，在现实的伦理实践过程中难以成为人们行为的准则。

另一种发展路径是由“人道”而及“天道”，即按照伦理政治原则构建其宇宙观。儒家基本都属于这一种类型。这样做，一方面不可避免地会忽视对自然的研究；另一方面，他们所说的人事之中，固然包含了客观的物质关系，但也包含了伦理关系。唯物主义者很注重“行”，其中也包括道德实践，这就使他们的唯物主义命题中掺杂了一些道德的因素。至于唯心主义者，则是把宗法的伦理原则夸大为适用于宇宙万物的普遍规律，进而构建出一个宗法伦理属性的宇宙本体。这种本体，因时代不同而有所区别，但有一点是相同的，即都是仁、义、礼、智的集中体现。他们由“人道”构建出“天道”之后，又反过来把“天道”为根据，来证明“人道”的合理性和永恒性。

因此，认识论的内容也主要强调的是伦理责任的自觉意识，从孔子的“未知，焉得仁”到理学的“格物致知”，都是如此。中国古代哲学把人们的思维定向在人生的范畴内，注重个人道德境界的提升和对现实政治伦理的维系。“五伦”的伦常关系的形成，同时又处于整个社会家国一体的宗法政治关系网络之中，于是就有了一套与之相适应的道德规范。为政治服务是中国哲学的显著特点，政治观念成为伦理道德观念的引申，政事归结为善恶之别、正邪之争、君子小人之辨。

可以说，在儒学那里，哲学完全为道德服务，并以道德为中介，反作用于经济基础。这种把哲学道德化，又把道德哲学化的伦理型哲学，为中国宗法社会占统治地位的意识形态。这种形态一方面规定了中国人“重理性，轻知性”的思维方式，限制了思辨的发展，以对“人伦”的关注代替对“自然”的研究；另一方面使中国传统伦理学建立了一个相当精致和完备的体系。

## 二、伦理与宗教

本质上来看，宗教为人类试图超越有限达致无限的一种表达。基督教通过向上帝、天国的回归运动突破肉身的局限，获得永恒，实现不朽。但是在传统的中国社会，这一终极关怀的功能由伦理承担。儒家的不朽通过三个途径实现：立德、立言、立功，这是一种自我精神上的超越和永垂不朽。个体生命的不朽则是通过血缘的延续完成的，这是一种现实的不朽。个体的生命是短暂的，但子孙却能够成为个体生命的延续，只要子女这一血缘脉络生生不息，不断延续，生命也就达到了永恒。正因为如此，一个传统的中国人只要看见自己的祖先、自己的子孙，就有一种生命之流永恒不息之感，一想到自己就是这生命之流中的一环，就不再感觉自己是孤独的，而是有所来、有所归的，因为不管血缘多遥远，总是发自血缘的根，每一代的生命中，都流淌着祖先的血液。几千年来中国人都把“天伦之乐”“含饴弄孙”作为人生的终极关怀。它既表达着一种情感的快乐，同时又寄托着人类对实现不朽的希冀与期待。一个人可以终生不得志，终生无法达致君子圣人的理想境界，可是到了晚年，能够拥有满堂的儿孙，就获得了最大的满足。家族血缘是人们安身立命的牢固基础，而天伦之乐可以使人超脱现实的荣辱成毁。

同时，传统中国社会的每一家人在社会中的地位都可能有很大的升降，这给了家庭伦理一种极大的鼓励作用。一家人总是为了家庭的前途而共同努力，以此找到人生的意义，生活从此有了努力的目标。他们在共同努力中忘记此时的艰难处境。努力的人，不是为个人的事，而是为了先人后代。或者光大门庭，显扬父母；或者继志述事，无坠家声；或者积德积财，以遗子孙。这一目标和过程充满严肃、隆重、崇高和正大。参与其中的每一个人都有一种神圣的义务感。在尽了他们的义务时，他们的灵魂是安稳和无愧的。所以，中国的家庭伦理成为宗教的替代品，使人从伦理中寻找人生意义和目标。

传统中国人在伦理中寻找终极的关怀，在如何向善和靠善时，其他宗教体现出对于自我的不信任而需要一种外在力量，传统中国人则可以依赖对于人性的自信和自身的力量而完成成人、成圣的过程。儒家教人反省自求、信赖自己的理性而无须信赖其他。这种信赖实则为人的自觉自律，即道德。因此，中国自从孔子以来，便走上了以道德代宗教的路。这与宗教教人舍弃自信而信他，舍弃自力而靠他力相反。所谓“可欲谓之善”“礼义之悦我心”“仁义礼智，非由外铄我也，我固有之也”，把向善、靠善的人生行为准则建基于人类的感情要求；而“我欲仁，斯仁至矣”则充分表达了对于行为主体求善意志力的信任。

两千年来，以儒学为中心的中国文化中虽然有种种宗教并存，如沿袭自古的祭天祭祖（后来变质而构成孔子教化内涵的主要部分），如佛教、基督教等外来宗教，但这些宗教不仅没有动摇儒学的中心地位，而且差不多都表示彼此在精神上是一致的。中国文化以伦理承担了宗教的功能，为人们提供一种终极的关怀；以道德理性取代了信仰，使人确信，只需将天赋的善端“扩之”“充之”，就可以获得善的品格，甚至获得幸福的人间生活。所以，中国人从伦理生活中，就已经深深尝得了人生的一切趣味。

## 三、伦理与文学

中国古代文学深受儒家思想的影响。伦理与文学的关系，可以从以下两个方面加以考察。

其一，从中国文学的基本价值取向来看，不管是代表古代文学辉煌成就的《诗经》《楚辞》，还是后世的散文汉赋、唐宋诗词、明清之际的杂剧小说，本质上皆以“善”为价值取向。孔子称赞《诗经》：“诗三百，一言以蔽之，思无邪。”（《论语·为政》）这种无邪之诗“以言志”，而文则“以载道”“以贯道”，这成为中国古代文学艺术的基本精神。先秦诸子的“文”都是为其“道”服务的，“文”只是手段，“道”才是目的。只有完全、完美表达了“道”的“文”，以满腔热情拥抱现实人生，体现了“先天下之忧而忧”“民胞物与”的忧患意识和仁爱众生等理念的“文”，才是“善文”，继而才能被称为“美文”。这是文学家在创作中所追求的最高境界，体现了古代以“美善合一”“以善统美”为旨归的文学创作目的。由此，“文如其人”被当作中国文学艺术家的思想美、价值美的集中体现。“文”与作者的情感、品格相合，只有做到“慎独”且心怀“知其不可为而为之”的深沉使命感的人才能通过充实善而完美表达人性、人生之美，才能“留取丹心照汗青”。是以纵观中国传统文学史，儒家的修身、齐家、治国、平天下和仁义孝悌、忠君报国、扬善惩恶等价值追求往往成为中国古代文学中最普遍的题材。

其二，从文学与社会教化的关系方面来看，中国古代的文学家不仅通过文学艺术来表达自己对“美善合一”道德审美境界的价值追求，更以其为“厚人伦，美教化”的工具。深受儒家思想濡染的文学家以“修齐治平”的积极入世思想为共同的人生目标，而将“兼济天下”“独善其身”的互补的人生价值取向作为他们共同的心态表达，从而形成以诗文为教化工具的文学观念。自孔子、思孟学派以来，儒家始终积极推动诗教，孔子慨叹《诗经》的“乐而不淫，哀而不伤”（《诗经·八佾》），这种观点后来发展为以“温柔敦厚”为美德的“诗教”说。同时，他们还著书立说以宣扬儒家的政治理念和道德规范，“孔子成《春秋》，乱臣贼子惧”（《孟子·滕文公下》）体现的“春秋大义”，即寓“理”或“礼”于历史的叙事中，表达了孔子褒善贬恶的政治理性。

“文以载道”和“文以教化”的思想对中国古代文学的影响是双重的：一方面，文学教化功能使作家时刻关注国家的兴亡和人民的苦乐，重视群体的利益，自觉担负历史重任，忧国忧民，在对国家和人民的关注中实现自己的人生价值。另一方面，文学艺术是社会生活的反映，文学艺术有其独特的发展规律，过分注重道德教化，就会使文学的发展打上政治的烙印，在一定程度上使其沦为政治的附庸，从而遏制个体意识和创造自由，最终阻碍文学自身的多元及纵深发展。

## 四、伦理与科技

基于“天道自然”的自然观以及“轻自然之理而重人文之道”的认知方式，形成了中国传统科技的基本导向：以“正德”为价值取向，即以有利于德性的提升为第一目标，然后才考虑其“利用”“厚生”的问题，将科技视为实现人事的工具。

虽然先秦儒家大都承认生产技术与工艺对国家经济和民生发展的重要作用，但是与人伦之事这一“大道”相比，作为“小道”的科技仅被视为实现“大道”的工具。孔子教育理念的目的在于培养君子、圣人，所教的内容都是与政治哲学、道德修养相关的“大道”，将自然之理视为达到“修齐治平”的途径。在他看来，自然万物之理无一不是伦理道德的显现，天地人间的一切事物无不显示着“仁”德，从自然科学现象与规律中引申出社会人伦之微言大义。孟子则从理论上提出“圣”与“智”之别，注重人事的“圣道”居第一位，而着力于自然的“智巧”则为第二位，智巧为圣道服务。所以，儒家认为“君子不为小道”，将从事“小道”之人列为被管理、被统治的底层阶级。后世王朝以文官制度为核心建立了庞大、完备的行政官僚体系，这正是儒家科技价值观在政治层面的表现。

同时，“利用”“厚生”的科技活动不能违背“正德”的宗旨。所以，“毋作淫巧”成为古代科技实践的重要伦理规范。天文学的目的在于编订历法，工匠制作的器物都要经过技术官员的严格检查，如果违反了这条规范，工匠要受到法律的制裁。因为奇技淫巧会动摇君王治理国家的心志，会使人民重于利而导致农业生产凋敝，民众衣食无安，国家经济严重削弱。

这种“正德”“功致为上”的科技价值观制约了中国传统科技的发展。在自然科学方面，重视宏观规律的探求，重视事物总体特征、事物与环境关系的探求，而轻视一事一物具体性质的研究。中国古代科学理论与伦理思想紧密联系，带有直观、思辨的特点和技术化的倾向，因而缺乏理论、纯粹的科学。

# 第二节
# 中国传统伦理思想的历史演变

中国伦理思想的历史发展，经历了孕育形成、一统化、综合完备和批判总结的过程，它与中国社会历史发展的四个阶段（先秦、汉唐、宋元和明清）大致符合，体现了逻辑发展与历史发展的一致性。

## 一、先秦——孕育形成阶段

### （一）上古：伦理精神的基因

从上古神话和《周易》等著述中，可以窥见中国伦理精神的基因。其中，《周易》建构了中国伦理精神的原初哲学模式："天人合一"的宇宙论体系，"自强不息""厚德载物"的精神，善恶报应的信念，阴阳二分的思维方式。这些思想反映了中国人精神世界最初的价值取向，对中国伦理思想的形成和发展产生了普遍和恒久的影响。

### （二）夏商西周：伦理道德的萌芽

从夏到西周是中国传统伦理道德的萌芽阶段。古代的伦理道德规范、宗教习俗与帝王治世相联系。夏代神巫祭天神、地神、社稷的活动，已经形成了等级名分，规定了不同等级的行为方式，即"礼"的雏形。这时的"德"主要指帝王和贵族之德，而非国民之德和社会伦理道德。

公元前 11 世纪，周公（姬旦）从维护宗法等级秩序出发，以天命论为思想前提，提出"以德配天""敬德保民""明德慎罚"的伦理道德原则和"孝""友""恭""信""惠"的伦理道德内容。《尚书》以"五教"（父义、母慈、兄友、弟恭、子孝）为西周伦理道德规范。这些伦理道德思想把伦理道德与政治紧密结合，体现出宗法伦理的特点，是中国传统伦理道德之滥觞。

### （三）春秋战国：伦理道德的形成

春秋战国时期，中国社会由奴隶制向封建制转变，值此乱世，思想领域异常活跃，出现百家争鸣的局面。这一时期成为中华民族传统伦理道德的形成、奠基阶段。

儒家伦理道德思想由孔子创立，孟子和荀子做了进一步的发展和完善。孔子伦理道德思想体系的核心是“仁”，“仁”为众德之总。在“仁”的统摄下，孔子提出一系列伦理道德范畴，把血缘关系、宗法关系结合起来，形成了从修身到齐家，从治国到平天下的伦理政治化、政治伦理化的伦理道德特色。孟子以“人性善”论为理论基础，提出“四德”“五伦”的伦理道德思想，极大地丰富了孔子的伦理道德思想。荀子则以“人性恶”论为理论基础，发挥了孔子“礼”的思想，提出“化性起伪”“礼义教化”的伦理思想。

《无轻民事图》，出自《尚书·商书·太甲下》

除儒家外，影响较大的还有墨、道、法等学派。由墨子所创立的墨家伦理道德思想代表了小手工业者的利益，提倡“兼相爱，交相利”，既“贵义”，又“尚利”，提出“合其志功而观焉”的道德评价思想。墨子的伦理道德思想具有功利主义特色。道家以老、庄为代表。他们以“道”为核心，主张“无为”“绝仁弃义”，追求一种“无知无欲”的“素朴”的“至德”境界。道家的伦理道德思想具有一种自然主义的超世俗的特点。法家以管仲、商鞅、韩非为代表，主张“不务德而务法”，提出“以法为教”“以吏为师”。

先秦诸子伦理道德思想的对立和争论，反映了他们各自对西周以来的伦理道德传统（周礼）的不同立场和态度。道、法两家虽有本质之别，但对“传统”都持批判和否定态度。墨家也讲仁义，形式上似在继承“传统”，内容上却与“传统”相异。唯独儒家从形式到内容对“传统”都持因革态度，继承了“周礼”的传统，创造了内容广泛、形式完备的伦理道德体系。在奴隶社会向封建社会转变时期，儒家在一定程度上适应了各种势力的需要，从而缓和了当时复杂、尖锐、激烈的社会矛盾，为大一统的新秩序的建立和安定局面的形成奠定了伦理道德基础。

## 二、汉唐——一统化的阶段

先秦时期，中国伦理思想体系的基本要素虽已形成，但诸子百家都没有占主导或统治地位。汉唐时期，特别是西汉时期就成为中华民族传统伦理道德发展的关键阶段。

### (一) 汉初：黄老之学

汉初，统治者吸取秦亡的教训，适应现实政治的需要，取黄老之学作为“治国安民”的方针，取得了“文景之治”的实际效果。黄老学派摒弃了先秦道家“绝仁弃义”的观点，将儒家的德治思想和伦理道德思想与道家“无为而治”的思想结合；力图把儒家和法家纳入道学体系，提出“德以法辅”“抱道推诚”的思想；倡导社会教化，主张“惠民”“宁民”“利民”。黄老学派还吸收了儒家的宗法观念，提出“主惠臣忠”“父慈子孝”的伦理道德规范。随着西汉后期统治阶级和被统治阶级之间、统治阶级内部的中央政权与地方势力之间矛盾的不断加剧，汉初推行的“黄老之学”失去了它继续作为治国之策的根据。

### (二) 汉武帝：独尊儒术

公元前134年，汉武帝采纳董仲舒的建议，提出“罢黜百家，独尊儒术”的文教政策。从此，儒家被奉为封建统治思想的正统，定为一尊。“独尊儒术”对中华民族传统伦理道德的发展起到了划时代的作用，具有深远的历史意义。儒家的德治论核心是“为政以德”“道之以德，齐之以礼”。董仲舒发挥了孔子的思想，提出“教，政之本也；狱，政之末也”（《春秋繁露·精华》），主张伦理道德是“为政之首”，进而把儒家的伦理规范概括为“三纲五常”。“三纲五常”是对封建宗法等级体制下人伦关系的高度概括，是处理人际关系的伦理道德规范。“三纲五常”的提出，使封建社会的伦理道德系统化、定型化，适应了巩固封建“大一统”的需要，从而确立了以家族为本位，把家族血缘的情理上升扩充为社会伦理和国家政治的原理，建构起身、家、国、天下四位一体的伦理关系系统和以反本回报为原型的互惠互动的双向伦理关系，并成为贯穿整个中国伦理思想发展的一条主线。与此相适应，两汉时期，大量家训开始出现，如汉高祖刘邦的《手敕太子文》、经学家郑玄的《戒子益恩书》、史学家班昭的《女诫》，初步形成了帝王家教、士大夫家教以及女子家教的基本框架，为后世的家风家教奠定了基础。南北朝时期《颜氏家训》的问世意味着我国拥有了第一部系统成熟的家风教育文献，自此，历代的家规家训读本都以此为蓝本，直接推动了我国家风文化在民间的大发展大繁荣。

### （三）唐中叶：儒学复兴

魏晋南北朝时期，由于玄学、佛教和道教相继兴起，玄、佛、道、儒彼此争斗，儒学一度衰微。隋朝统一中国后，重新重视儒学，儒学开始复兴。隋朝将儒学经典加以整理、分类，分为经、史、子、集四类，成为后来史籍分类的正统方法。唐初，唐太宗诏孔颖达等撰《五经正义》，推动了儒学的传播。唐朝前期经济发展和文化繁荣的局面使玄学的悲观主义、佛学的出世思想渐渐失去赖以存在的现实基础，中唐以后儒学在比较和鉴别之中地位回升。而担此重任者当首推韩愈，他主张罢黜佛老之学，独尊孔孟之道，以简明的语言叙述了儒家的道统。

## 三、宋元——综合完备阶段

宋朝统一的中央集权制度的建立结束了唐朝以后五代十国的割据分裂局面。宋初思想家继承韩愈批判释道，以复兴儒学为职志，提倡重整伦理纲常、伦理道德名教。于是，理学应运而生。理学把本体论与伦理学相统一，实现了哲学的伦理化和伦理的哲学化。其体系“致广大，尽精微，综罗百代”，形成博大繁杂的逻辑结构，是前人所无法比拟的。

### (一)理学对传统伦理道德的建构

北宋初期理学兴起,相继出现了以周敦颐为代表的“濂学”、以张载为代表的“关学”、以王安石为代表的“新学”、以二程为代表的“洛学”和以二苏为代表的“蜀学”,形成学派聚奎、相得益彰的局面。后来,各派渐衰,二程之“洛学”独盛而跃为理学的正统。到了南宋时期,朱熹继承并发展了二程的学说,集理学之大成。

为了论证宗法伦理道德的合理性和永恒性,朱熹在继承儒家传统思想的基础上,吸收、融合了佛道思想,构成了一套系统的、严密的、哲理化的伦理道德思想,把中华民族传统伦理道德推向一个新的阶段。在朱熹那里,“理”或“天理”是其客观唯心主义哲学体系的最高范畴,也是伦理道德的哲学基础。朱熹把“理”视为世界万事万物的本原。他认为君臣、父子等伦理关系都是“理”的体现,“三纲五常”来源于永恒不变的先天地而存在的“天理”。因此,他把“明天理,灭人欲”作为伦理道德的总目标,把“父子有亲,君臣有义,夫妇有别,长幼有序,朋友有信”作为“五教之目”,把“博学之,审问之,慎思之,明辨之,笃行之”作为“为学之序”,并以“言忠信,行笃敬,惩忿窒欲,迁善改过”为“修身之要”,以“己所不欲,勿施于人,行有不得,反求诸己”为“接物之要”。

### (二)家风文化发展成熟

这一时期,由于统治者的重视和推崇,以儒家伦理为基础的家风文化得到了极大的发展并走向成熟。出现了大量的家训读本,如司马光《家范》、苏轼《与侄书》、欧阳修《与十二侄》、陆游《放翁家训》等,内容涉及忠君爱国、读书学习、修身立世、礼仪规范、勤俭节约、齐家守业等,集中体现了当时士大夫阶层家风的主要内容。另外,由于商品经济的发展、商人地位的提高,商人的家风家教开始兴起,理财、治生、治用成为家庭教育中的重要内容,如叶梦得所撰写的《石林治生家训要略》就是我国第一部论述“治生”问题的家训读本。袁采所写的《袁氏世范》鼓励子孙自主择业,除了耕读之外,“凡可以养生而不至于辱先者,皆可为也”,这从侧面反映了当时人们思想观念的转变,是社会进步的重要表现。

## 四、明清——批判总结阶段

明清时期中国宗法社会步入晚期,传统伦理思想也演进到了批判总结阶段。

颜元像

明中叶以后，资本主义生产关系开始萌芽，在城市形成了市民阶层。在这种特定的历史条件下，专制社会“自我批判”意识萌生，一批进步的思想家从明王朝的危机和最终衰亡的历史教训中，并在商品经济发展的刺激下，认识到了宋明理学对社会和民族造成的祸害，从而对宋明理学进行了批判总结。

明末清初启蒙思想家对宋明理学的批判，虽各有侧重，但基本上都从地主阶级改革派的立场出发，以“经世致用”的“实学”风格，或多或少地反映了市民阶层的利益要求。有些人的言论已开始针对封建专制主义的反动本质，带有一定程度的早期民主主义色彩，具有反专制的启蒙主义色彩，这正是他们不同于以往进步思想家的地方，体现了明末清初反理学思想的根本特点。李贽、黄宗羲、王夫之、颜元、戴震等人的伦理思想是这一时期道德启蒙思潮的杰出代表。

在价值观上，他们以具有时代新意的功利主义否定传统的“正义不谋利”“存天理，灭人欲”的道义论和禁欲主义。这是明末清初反理学伦理思想的中心议题，它集中反映了这一时期由于商品经济发展和社会骤变而造成的道德领域的深刻变化，是明末清初反理学伦理思想之具有启蒙特点的基本标志。

商品经济的发展和市民阶层的崛起，不仅促成了价值观的深刻变化，而且激发了人们对个人利益认识的觉醒，反映在伦理思想上，就是对人性的来源、内容和本质做了新的理论概括，把“利欲”纳入人性范畴，并对其自然合理性做了明确的肯定，为新的功利主义价值观提供了理论根据，成为明末清初反理学伦理思想之具有启蒙意义的又一重要标志。

在理想人格上，明末清初的进步思想家也对理学进行了批判，无情地揭露了道学家的虚伪本质，批判了理学在培养人才问题上给社会造成的危害。同时，在道德修养论上，他们反对理学“主静”“持敬”的方法和“复其初”（即“复性”）的路线，提出了具有唯物主义性质的修养理论。

清为巩固政权，实行严酷的文化专制政策，大兴“文字狱”，将程朱理学钦定为永恒不变的绝对真理和统治思想，程朱理学由此更趋腐朽和僵化。

所以，明清时期的反理学伦理思想有对中国古代传统伦理思想进行总结的意义，其具有启蒙意义的价值观、人性论等主张，不仅在当时有着批判封建统治思想（程朱理学）和专制礼教的进步作用，而且对近代资产阶级的道德革命也产生了积极的影响，不过，由于清朝封建统治迅速稳固，加之受文化专制主义的重压，自戴震以后，具有早期民主精神的启蒙思想被压抑而转向沉寂，僵化的程朱理学仍统摄着思想领域。

# 第三节
# 中国传统伦理思想的主要内容和基本特征

在中国几千年的历史发展过程中，思想家给后世留下了卷帙浩繁的伦理思想遗产。这里仅以历史与逻辑相统一的方法，将这些思想内容概括为四个方面：一是作为传统伦理道德理论出发点的人伦之争；二是围绕如何处己、处人和处世而建构的“礼”的人伦秩序；三是古代伦理道德理论与实践之归宿的“成人”之道，亦即理想人格的塑造；四是传统伦理思想史上一以贯之的关于义-利、欲-理（道）、公-私之辨的价值问题。这四部分内容构成了中国伦理思想体系的基本结构要素。

## 一、人伦起点

人性论是中国伦理思想体系的基础。中国传统伦理植根于血缘亲情，血缘亲情出于人的本性，要论证伦理的合理性与道德的可能性，首先就必须到人性中去寻找根据。

孔子像

荀子像

## （一）人性理论

关于伦理道德规范的必要性问题，从根本上讲可以归结为人性是否需要规范的问题。对于人性之本质的探讨，在中国古代最早一批伦理思想家那里成为一个极为重要的理论问题。这里主要介绍三种人性观。

### 1. 人性善论

在伦理思想史上，孔子最早开始探讨人性问题，他认为“性相近也，习相远也”（《论语·阳货》）。因而，他是把先天的“性”与后天的“学”相对应而提出来的，认为人的天性是相近的，但孔子并未明确回答相近之性的“善”“恶”问题。之后，孟子提出了性善说，“恻隐之心，人皆有之；羞恶之心，人皆有之；恭敬之心，人皆有之；是非之心，人皆有之。恻隐之心，仁也；羞恶之心，义也；恭敬之心，礼也；是非之心，智也。仁义礼智，非由外铄我也，我固有之也”（《孟子·告子上》），发端了儒学的性善论。后世多数儒学继承了孟子的理论，如宋明时期的陆九渊认为，“本心无有不善”（《陆九渊集·与顺伯》），仁、义、礼、智、信都是此心的流行发展；王守仁还把此心称为“良知”。在此基础上，精细化出更为复杂的“天命之性”“气质之性”的善恶二重说，如程朱理学，其中“天命之性”是善的渊源，而“气质之性”是恶的本原。天命之性是形而上之性，而气质之性是形而下之性。人性就是形而上之性和形而下之性的合一。一言以蔽之，这些人性理论认为人性中具备了道德的一切因素，全部道德生活的实质就是如何“反身而诚”，克己修身，成己成人，修己治人，由此形成中国伦理思想中理想的人格理论、博大精深的修养传统等。

### 2. 人性恶论

孟子以心为性，而荀子则以生为性——“生之所以然者谓之性”（《正名》），性是人们的生理本能。他认为如果让人的生理本能自然发展而不加以节制，那就必然要走到“犯分乱理”，即走到与封建道德相违背的地步，这就是恶。人性的自然发展要导致恶，而善则是后天培养加工的结果，也就是圣人以礼义法度加以教化和陶铸的结果。故性为恶，而伪为善。唯有“化性起伪”，才能成就“圣”。荀子的性恶论被韩非推向极端，韩非将人的生理本能本身视为恶，生理本能出于求生，故而人人唯利是图，只要有利，就什么都顾不得了。在韩非看来，恶固然导致社会秩序的混乱，但也起了推动社会发展的作用。性恶论成为法家“法治”的本体依据。荀、韩以后，性恶论受到正统儒家的激烈批评。

### 3. 人性自由论

人性自由论认为人天生是自然的，不应当受到任何束缚。这是道家人生修养的理论基础，始于庄子而成于魏晋玄学。庄子认为，人和物都有其恒常的自然之性，即“常然之性”，就人来说，自然放任，这是其真性。人类社会出现，“礼”问世，人们才开始失去了恒常的自然之性。所以，庄子激烈反对仁义和兼爱，追求至德之世的社会理想和逍遥之游的人生理想。魏晋玄学极大地发展了庄子的人性自由说，将其人生修养和社会道德理想都建立在人性自由论的基础上。如嵇康认为，人性是以纵欲为欢、以自然为乐的，仁、义、礼、乐都是违逆人性的。人之真性在自然无为，儒家的礼学是与人性格格不入的。故要修自然，就要摒弃六经；要全其性，就要废弃礼律，从而把人性自由与名教对立起来。道家的自然无为的道德境界和人生修养的方式方法，独与天地精神相往来的逍遥游境界，以及圣人、至人、真人的人格理想，都和这一人性自由论紧密相连。在人性论的发展史上，道家的人性自由论有着特殊的价值，但是这种人性论也有导向非道德主义、纵欲主义的逻辑可能。

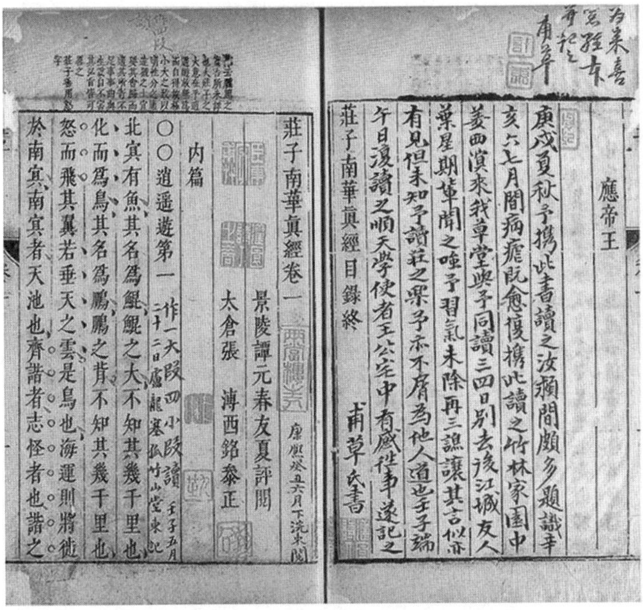
應帝王

莊子南華眞經目錄終

莊子南華眞經卷一

景陵譚元春友夏評閱

太倉張溥西銘泰正

內篇

○○逍遥遊第一

北冥有魚其名爲鯤鯤之大不知其幾千里也化而爲鳥其名爲鵬鵬之背不知其幾千里也怒而飛其翼若垂天之雲是鳥也海運則將徙於南冥南冥者天池也齊諧者志怪者也諧之

庄子《南华经》书影

## （二）天赋德性

在中国伦理思想发展史上，还没有一个问题像人性善恶问题那样引起思想家们如此广泛的讨论和争议。无论是性善论、性恶论，还是性不善不恶论、性有善有恶论，抑或是人性自由论，都构成了伦理思想家们建构伦理道德理论的出发点，他们进而从中引申出道德对人性规范的必要性。古代思想家正是通过对人性问题的审视和探究，推演出人性是由天性走向德性的结论。在这些人性理论中，儒家的性善论、天赋德性论始终是中国人性论的主流。

儒家关于人性本质的规定之前提在于强调人禽之分。在人禽之分的意义上定义人性，把人性看成人之异于、贵于禽兽者，把道德作为人性的主要内容，从而凸显人的尊严，解释道德的本源，将人类社会超越自然的状态提升到异于“野人”的文明层面，体现了儒家人文主义的价值取向，作为文明社会基本规范的仁、义、礼、智等便成为人“异于禽兽者”的天赋内在情感。而且在大部分的儒者那里，这种情感是“圣人与我同类者”（《孟子·告子上》）的人类共性，他们主张人性平等。人性论的这一特点成为中国古代伦理思想关于“人皆可以为尧舜”的心理根据。儒学天赋德性的理论为其天人合一的修养境界说，为修以仁义的必要性，为去欲存理、废私立公的修养命题，为存心养性、责己成善、顿悟成善的修养方式方法和中国发达的道德教育理论，提供了本体论的依据。

同时，儒家这种天赋德性论也为中国传统德治主义治国实践提供了人性论的依据。周公在总结人心向背决定历史发展这个规律的基础上，敏锐地从意识形态的层面提出“敬德保民”“以德配天”的治国方略，开传统德治主义之滥觞。孔子进一步主张“为政以德”，孟子提出以“仁政”得民心，继而得出“仁者无敌”的结论。从本质上来说，儒家对政治的仁政或德政的理解都落实在国君和官吏的德性及德行品质上，期望他们能成为尧、舜、文、武、周公那样的圣人和君子。

此外，由于善根植于人性，因而每一个人无须任何外在的强力作用，就有达到“天人合一”至善境界的可能性。这一方面从根本上使人们轻视法的作用，导致中国传统文化中缺乏法制观念；另一方面，则造成传统中国人的宗教信仰淡薄。这一点前面已有阐述，故不再赘述。

## 二、人伦秩序

在中国传统社会中，为处理宗法等级关系形成的伦理观，据《大学》的“正心、诚意、修身、齐家、治国、平天下”的逻辑，依次为处己、处人和处世的层层递进顺序。

### （一）礼的精神

思想家根据“天道”秩序和人性的“天命”原则构建了“礼”制。“礼”是中国文化人伦秩序与人伦原理最集中的体现和概括，可以说，中国伦理的秩序就是“礼”的秩序，中国伦理思想体系的建构过程，从某种意义上说就是“礼”的创造性转化过程。

### 1. “礼”的起源

“礼”根源于原始宗教的祭祀活动，《说文解字》中有“礼，履也，所以祀神致福也”，后逐渐发展成为典章制度、一切社会规范，以及相应的仪式节文的总称。作为传统社会的伦理典章制度，礼有其孕育、发展和完备的历史过程。殷礼因于夏礼，有所损益。周礼因于殷礼，又加损益。周礼的内容很广泛，晏子总结道：“君令臣共，父慈子孝，兄爱弟敬，夫和妻柔，姑慈妇听，礼也。君令而不违，臣共而不贰，父慈而教，子孝而箴，兄爱而友，弟敬而顺，夫和而义，妻柔而正，姑慈而从，妇听而婉，礼之善物也。”（《左传・昭公二十八年》）可见周礼所倡导的是宗法等级关系上的彼此关照，是有差别的义务。

### 2. 整体至上

春秋时期，孔子对“礼”进行了伦理道德化的提升；两汉时期，董仲舒把“礼”转化为“三纲五常”；宋明时期的新儒学又将之转化为绝对的“天理”。不管是礼还是五伦，其本质都在强调整体秩序，表达一种整体至上的精神。五伦精神的根本原理是血缘-宗法-等级三位一体、血缘-五伦-政治直接同一，把家庭关系中的长幼之序上升为一般伦理法则，成为社会上尊卑等级之别，在“亲亲，尊尊”的基础上形成所谓“君君，臣臣，父父，子子”的礼治秩序。于是，伦理和政治相互交融，伦理政治化，政治也伦理化。一方面，政治的等级尊卑从血缘亲疏中引申出来，具有神圣的、天经地义的性质；另一方面，又十分强调政治的道德价值与伦理机制。家国一体的社会结构成为伦理政治的基础，使传统伦理在中国社会中起到了准宗教的作用。

### 3. “公忠”原则

在这种基于家族精神和维护家族制度形成的礼的精神的统摄下，中国传统道德始终贯穿着一种整体至上的“公忠”道德原则。从《诗经》的“夙夜在公”到贾谊的“国而忘家，公而忘私”等都是如此。而且，它对中国传统社会伦理的影响也是深远的，礼的要求遍及社会生活的各个方面，社会成员从衣食住行到交际往来，都必须按照各自的等级身份，遵循一定的礼仪，否则就会受到法律制裁和道德谴责。从而从中化育出中华民族的爱国主义精神。

## （二）爱有差等

由仁道（爱人）精神屈从于宗法等级关系而产生的“亲亲有术，尊贤有等”，即爱有差等，是中国传统伦理思想所提倡的道德规范的基本特点。它集中表现为以家族为本位、强调等级秩序的整体意识。

在中国传统伦理思想史上，虽然有墨家以“爱无差等”为特征的“兼爱”原则，但是自秦汉之后它就成了“绝唱”。“孔子贵仁”（《吕氏春秋·不二》），他一方面提出“推己及人”的“忠恕”之道，以之作为实行“仁爱”原则的基本途径，要求将“仁”由“爱亲”最终推至“爱人”“泛爱众”，体现了人与人应该互爱互尊的人道精神。另一方面他又主张“复礼”，所复之礼即为周公所制定的宗法等级制度和行为规范，孔子认为这是迄今为止最好的制度，它“辨君臣上下长幼之位”“别男女父子兄弟之亲”（《礼记·哀公问》），是维系社会秩序的根本大法。但是“礼”必须以人的道德感性和道德理性（仁）为心理基础。而要实行“爱人”原则，成为仁者，又必须节之以“礼”，也就是按照“君君，臣臣，父父，子子”的宗法等级秩序（即尊卑、贵贱、亲疏的顺序）去爱人，从而为后世构建了一个“仁”“礼”统一的社会伦理模式。

孔子构建的这一社会伦理模式，既有严格的尊卑、亲疏的宗法等级秩序，又有和谐、温情脉脉的人道关系。由于宗法等级制度的进一步巩固和完善，它因被统治者奉为“正统”而得到大力倡导，显示出其持久不竭的生命活力。后世韩愈主张“博爱之谓仁”，要求不仅把爱施于中国，还应及于“夷狄禽兽”（《原人》），但是他又明确指出“圣人一视而同仁，笃近而举远”，也就是说，“博爱”必须以“亲亲而尊尊”为基本原则。北宋张载提出具有泛爱主义色彩的“民胞物与”理念，主张爱一切人，爱一切物。然而他同样没有脱离宗法等级原则，甚至把“宗子之法”提到了“天理”的高度，认为它是永恒不变的。这样，从本质上来说，其博爱、泛爱思想就具体地表现为不可错位的差等之爱。

所以，强调“礼”为儒家“仁”道精神的行为节度，“仁爱”原则就必然体现为君仁臣忠、父慈子孝、兄友弟恭、夫唱妇随等既温情又等级森严的道德规范体系。人道精神完全屈从于上下、尊卑、亲疏的宗法关系，虽然有利于社会秩序的稳定，却也遏制了个体利益和个性自由的张扬。

## 三、人格塑造

中国伦理的“人道”，就是要求按照人伦之理为人、待人，树立道德主体，这种“人道”的核心是“仁”。

### （一）成人之道

无论处己、处人，还是处世，其逻辑归宿都是“成人之道”或理想人格的塑造，这也是中国古代伦理思想家对道德进行探讨时的核心问题。从先秦时代起，几乎所有的思想家都建构了自己关于“成人”之道的学说。对“人道”理论的归纳有以下几个方面。

### 1.“仁义”为内核的理想人格

仁义的理想人格是儒家推崇的人生至道的理想，这一道德理想由孔子最先确立基本内涵，后经过孟子、董仲舒、朱熹等人的阐发，最后形成一套完整的理论。在这一理想人格理论中，虽然有“圣人、君子、士人”的等级划分，但是其内容大致皆以“仁”和“义”为根本。对于“仁”，孔子界定为：“夫仁者，己欲立而立人，己欲达而达人。能近取譬，可谓仁之方也矣。”（《论语·雍也》）而孟子继承了孔子的仁学思想，强调仁的同时，也更注重从仁、义并举的角度理解理想人格。孟学之后，许多思想家都对“仁义”的理想人格做过探讨。如董仲舒基于孔孟的思想，提出了一些精辟独到的观点。在他看来，道德上的理想人格的造就需要解决一个“人与我”的关系问题：“春秋之所治，人与我也。所以治人与我者，仁与义也。以仁安人，以义正我。故仁之为言人也，义之为言我也。”（《春秋繁露·必仁且智》）因此，仁为爱，而仅爱自我不是仁，唯有同时也爱人方为仁；义为正，而仅正人不是义，只有同时也能正己方为义。这样，孔子“己欲立而立人，己欲达而达人”的人道和理性原则在这里被进一步具体化了。总之，儒家关于“仁”的主要内涵是以“修己安人”为模式，以“内圣外王”为目标，不但追求道德人格的建立和提升，而且追求圣贤人格的实现。

### 2.“兼爱”的理想人格

兼爱的理想人格是墨家的人生理想。他们把“兼爱”视为道德上最高的善。这一思想为墨子所创立，后经后期墨家发扬光大，形成了在当时极有影响的人生至道理论。作为一种人生追求，墨子并不否认义，所谓“万事莫贵于义”（《墨子·兼爱》）。但他认为“义”之内涵为“兼爱”。墨子的伦理学说非常强调兼爱是道德之本和人生至道的思想。正是在这个意义上，孔、墨的理想人格都被视为人道主义的。

### 3.“无为”的理想人格

除“仁义”与“兼爱”的理想人格理论之外，还有一种极有影响的道德理想学说，这就是道家的“无为”说。作为道家学派的创始人，老子建立了一个以“道”为基础的博大精深的思想体系，由此出发，他反对儒墨在道德上注重人道、强调教化的观点。因为在老子看来，道德无非是对天道的一种顺从，“人法地，地法天，天法道，道法自然。”（《道德经》第二十五章）自然本身是无为的，但这种无为却又是“天网恢恢，疏而不漏”（《道德经》第七十四章），因而这其实又是一种无为中的有为。

道家的这一理想人格至庄子而集大成。庄子明确提出善、恶皆“有为”，故皆有所累。“为善无近名，为恶无近刑；缘督以为经，可以保身，可以全生，可以养亲，可以尽年。”（《庄子·养生主》）他认为为善与为恶皆为“名”“刑”所累，唯有“无为”才构成道德上的最高理想境界。而“至人无己，神人无功，圣人无名”（《庄子·逍遥游》）。这种无己、无功、无名的理想人格是庄子身体力行的最高准则。

## （二）精神自由

根据“天人合一”——“天道”与“人道”合一的宇宙伦理模式，由“人道”的需要推演出“天道”，由“天道”直接引出“人道”。于是，天的超验化便表现为命，其特征在于“必然性”，与天相对的人便蕴含着主体力量或能动作用等规定。由此，在“天命”与“主体力量”（力命）的关系上，“人道”既是人们行为的道德法则，更是不可违逆的“天命”或“天理”之必然，从而陷入了道德的宿命论，在道德选择上重自觉而忽视自愿、重必然而漠视意志自由。

在成人（仁）的过程中，孔子所谓的“为仁由己”“三军可夺帅也，匹夫不可夺志也”，表现出对主体的选择和意志力量的肯定，认为这是达到“仁”这一道德境界的前提。对于他来说，人能制定社会理想，并通过自己的努力使之化为现实。“任重而道远”的使命感便是以主体的选择、主体的使命感和主体的决定为前提的。可以看出，孔子肯定了人的道德自由。在孟子看来，主体的活动不仅影响着历史的进程，而且构成了社会赖以存在的基础，即所谓“欲平治天下，当今之世，舍我其谁与”（《孟子·公孙丑下》）。

尽管孔孟儒学都承认主体的选择自由和意志力的重要性，但是他们同时进一步指出人的这种自由和力量根源于天。“天生德于予”（《论语·述而》），确定“我”的行为要体现天命的要求，“我”的创造要合乎天命的趋向。这样，“天命”成为主体力量形而上的根据。不仅如此，“道之将行也与？命也。道之将废也与？命也”（《论语·宪问》）。“天命”还构成了道德主体活动的限制，人能否实现道也取决于“天命”，因而人要“畏天命”，否则就要受到天命的无情制裁。当孔子要求“畏天命”，并将其置于君子三畏之首时，他就确定了儒学宿命论的第一步也是最重大的一步，从此，天命就被规定为一种凌驾于人之上的至上力量，对此人们只能敬畏，无法抗拒。孟子虽有“舍我其谁与”的气概，但这一过程的完成，却是以“五百年必有王者兴”（《孟子·公孙丑下》）为前提的，主体的作用处处受到天命的主宰。后世随着世俗权威的绝对化和儒学的独断化，儒者更是将“天命”绝对化，将“天理”权威化，认为人们唯有俯首信奉，不能有任何偏离。

中国传统文化中的主体选择和主体创造的自由，尽管在理论与现实中受制于天命之必然性，但是不管是在儒学还是在道家思想中，主体价值的实现最终仍然是以“自由”为旨归的。当然，这种“自由”与西方的政治、经济层面的实体自由不同，它更多地指向一种精神和道德层面的自由。在道德修养中，主体通过“尽心，知性，知天”或“居敬穷理”，在内心中达到“天人合一”，就能“从心所欲，不逾矩”，就能“止于至善”，即实现儒家所理解的“自由”，不过这种实现与内心的“自得”是排斥个体的感性情欲和个性自由的。为儒者所称道的“孔颜之乐”就表达了这种超越感性欲求、达到精神上满足的自由境界。在道家那里，“天人合一”的境界是通过“无己”、“丧我”来实现的；“悬解”世俗伦理及一切矛盾达到的“逍遥游”，则是一种想象中的个体“绝对自由”。儒、道的这种“自由”观对传统知识分子产生了重大的影响。

## 四、价值取向

义和利涉及道德原则和物质利益的关系问题，与“义利”问题紧密联系的是“理欲”问题，在中国传统文化中，义利、理欲问题相互关联，从某种意义上说，理欲论是义利论在道德主体身上的具体体现。

### (一) 义利关系

“义”一般指合乎正义和公益的或公正合宜的道理或举动，即宗族、国家的利益；“利”指物质利益，即个人的私利。

#### 1. 义利之辨

义利之辨贯穿中国古代思想史之始终，主要有三种基本观点。

第一种是重义轻利观，主要代表是儒家学派。这一观点由孔子肇始，其云：“君子喻于义，小人喻于利”(《论语・里仁》)，“义以为上”(《论语・问宪》)。这一义利观被孟子和后世儒学发展并确定了下来。

第二种是重利轻义观，主要有以管仲、商鞅、韩非为代表的法家学派。管子说：“仓廪实，则知礼节；衣食足，则知荣辱。”(《管子・牧民》) 韩非子认为“好利恶害，人之情也”(《韩非子・二难》)，意思是说仁慈不仅无用，而且有害。

第三种是义利并重观，主要代表是墨家学派。墨子把爱私利、道德和利益结合了起来。他说：“兼相爱，交相利。”(《墨子・兼爱下》) 在义利关系上，墨子强调义利并重。荀子从人的自然属性出发，承认人的物质利益，主张义利两有，二者都不能否定，但主张“以义制利”(《荀子・正论》)。

### 2. 理欲之辨

理欲关系为人的感性需求、物质欲望与道德理性、社会道德准则的关系问题，中国传统伦理思想在理欲关系方面主要有三种观点。

第一种是以道家为代表的无欲禁欲论。道家否定欲求的合理性，持无欲论。老子认为声色犬马有害于人的身心。所以对个人来说，“罪莫大于可欲，祸莫大于不知足，咎莫大于欲得”（《道德经》第四十六章）；对国家社稷来说，“不欲以静，天下将自定”（《道德经》第三十七章）。因此，应当使民众“无知无欲”。庄子也认为，欲不仅是德性之害，而且也是性命之害，虚静恬淡、无欲无为才是“天地之本”和“道德之至”。但是道家所反对的只是人们贪得无厌的追求，以及过于享乐奢华的生活。所以道家的无欲说实则是一种寡欲说，并非绝欲说。佛教提倡的则是禁欲主义，对于“饮食男女”一类人的基本欲求也主张限禁。

第二种是与寡欲、无欲论相对的纵欲享乐论。享乐论或纵欲论主张放纵情欲而不加节制。先秦的魏牟为其最初代表，他主张“纵情性，安恣睢，禽兽行”。成书于魏晋时期的《列子·杨朱》篇则宣扬生当行乐的人生理想和纵欲主义的养生论，表现了门阀士族在西晋王朝灭亡前所持的醉生梦死、极端淫逸的生活方式和人生态度。它认为人生的唯一目的是“为美厚尔，为声色尔”，“尽一生之欢，穷当年之乐”，不必担心死后留下恶名。人生就是纵欲，不能纵欲，如同死亡；为了纵欲，可以不顾一切。因此，纵欲论者必然是非道德论者。

第三种是儒学的以理制欲论，它在中国传统伦理思想史上占据主导地位。首倡者孔子基本肯定个体的物质欲望，这是人性中的一种自然取向，因此“富而可求也，虽执鞭之士，吾亦为之”（《论语·述而》）。对于“士”“君子”而言，对“道”的追求应该比对物质享受的追求更为重要。所以，孔子强调“君子谋道不谋食”“君子忧道不忧贫”。可见孔子所肯定的“欲”是合于“道”的欲。孟子继承并深化了孔子的上述思想，将制民之产视作驱使人民向善的前提。但是孟子进而指出，有修养的君子要自觉地将欲纳入道德理性的支配之下，使其符合社会道德规范的要求。

董仲舒提出“极理以尽情性之宜”（《春秋繁露·符瑞》）的理欲观，认为人性中的贪与仁不可或缺，中和则是二者应达到的合理状态。中和需要通过“极理”来实现，即食、色等情欲必须用“礼”或“理”来节制，使之保持在一个适当的限度之内，所以人必须“循理”生活。

宋明时期，理欲观发展成“存天理，灭人欲”的比较极端的形式。但理学所否定的乃是“人欲”，即私欲或贪欲。对此朱熹曾做了明确说明，他认为，人之一心总是表现为两种倾向：“人心”与“道心”。他主张以道心支配人心，“使道心常为一身之主”（《四书章句集注·中庸章句序》）。这表明理学家并非绝欲论者，其理欲观就整体而言也属于节欲或导欲说。明清之际的思想家虽然更加强调欲的价值优先性，但仍然强调欲必须以理为指导。

总体而言，传统儒家的“以义制利”的义利观和节欲、导欲的理欲观是比较健全的伦理学说。因为它们既承认利的合理性，承认欲为人的自然本能，不可禁绝，同时又揭示了利与社会发展的矛盾，欲与社会道德准则的矛盾，人的自然属性与社会属性的矛盾，并主张通过道德准则和人的道德理性来调节这些矛盾。从主体修养的角度来说，通过义对利的制衡、理对欲的节制，社会能够良性有序地发展，主体可逐渐形成一种自我控制的能力，达到心身和谐、人格完善，从而提升人的尊严与价值。

朱熹像

## (二）重义轻利

在“义利之辨”即道义与功利的关系这一问题上，孔孟“重义轻利”的价值取向，“正其义不谋其利，明其道不计其功”（董仲舒）的道义论，是中国传统伦理思想关于道德价值观的主要倾向。针对“义利”的论争，中国古代虽有如墨子、陈亮、叶适等人的功利主义思想，但始终没有占据主导地位。

作为伦理思想的一个基本问题，“义利之辨”贯穿于中国伦理思想史之始终。尤其是在社会变革的历史条件下，这一问题显得尤为突出，但总体上始终没有突破“重义轻利”的价值模式。相反，自先秦儒家提出这一观点之后，汉儒董仲舒将其发展、概括，把义利绝对地对立起来，只承认义的可贵，而不承认利的合理，这就把孔孟以义制利的思想向绝对化的方向推进了一步。到了宋明理学时期，这一思想得到了进一步的强化，理学家明确主张“不论利害，惟看义当为不当为”，强调凡事只问当为不当为，而不应问其结果如何，顾及结果，就是利心。这样，程朱就把历史上义利之辨的范围扩大了。他们还认为，利只在义中，而不是义在利中，故而以义去做便有利，计较利则必害义，到头来也必无利，企图把义利统一在义上。其实，他们所说的“利在义中”之“利”，是指地主阶级的整体利益，即公利。他们所说的“义之利”，则是指地主阶级中个体成员的一己私利。他们都主张克服一己私利，去维护地主阶级的整体利益和长远利益。

继而，程朱理学由“义利之辨”深化出“理欲之辨”，将其极端化为“存天理，灭人欲”的主张。明清之际的进步思想家对此做了批判，他们或出于天理“必寓于人欲以见”的理欲观，或出于“血气心知”的人性论，主张“正义以谋利”（颜元），但不久即被扼制。直到近代，传统的“重义轻利”的道义论价值观才因受到猛烈的打击而式微。

本质来看，“重义轻利”的道德价值观是中国古代宗法制和高度集中的君主专制主义的产物。在宗法制和君主专制的统治下，个人与群体利益的关系是既依附又对立：个人没有独立自主的经济权利，更不可能发展个人利益去超越家族和国家的利益，从而形成个人利益绝对服从和从属于家族和国家利益的关系。这种利益关系反映在价值观上即为道义至上，这种利益关系和要求反映在价值观上便是“正义不谋利”。“义”即宗族、国家整体利益，“利”即个人的私利。一切以“义当为不当为”为标准，不能强调个人利益的满足，走向极端就是“存理去利”“存理灭欲”。这一传统的价值观直接规定了道德的评价、理想人格的塑造和道德修养的目的等。它具有强大的历史惯性，从而对后世产生了巨大的影响。

此外，由于人性论具有德性主义和政治的德治主义取向，中国传统伦理思想的道德教育论和道德修养论非常发达。从本质上看，德教的关键在于启发人们内在的“良心”“良知”，因此，德教目的的实现，实则必须通过个人的道德修养这一途径。中国古代关于修养的理论，除了儒家一说，还有道教以追求长生不死、肉体成仙为目的的“修炼”，佛家以成佛为最高目标的“三学”“六度”的修行法。而儒家修养论汲取了道、佛的思想，形成儒、释、道修养理论融为一体的道德修养论，这一修养论强调直觉体验、躬身实践，使得以儒家修养论为核心的道德修养论具有诸多合情合理的成分，培养了中华民族践履道德的自觉性和能动性，造就了许多具有坚定节操的君子，成为中国传统文化中的宝贵精神财富，至今仍然有着积极的意义。

# 第四节 中华民族的传统美德

传统美德是中国传统道德中的精华，如“仁者爱人”的人文精神，“天下兴亡，匹夫有责”的爱国主义情怀，“天行健，君子以自强不息”的积极进取精神，“先天下之忧而忧，后天下之乐而乐”的忧患意识，“见利思义”“先义后利”的价值取向等。本节旨在通过审视传统道德规范体系与中华民族的传统美德之间的关系，明确传统美德的具体范畴。

## 一、传统道德规范与传统美德

道德规范是调节伦理关系和个人道德行为的规定和范式。作为道德体系的核心，道德规范还是维系社会伦理秩序和评价个人行为道德价值的准绳。中国传统伦理道德在几千年的发展过程中，形成了规模宏大、经世致用的道德规范体系和与之相应的德性要求——美德。本节仅介绍儒、道、释三派的道德规范和相关美德。

## （一）儒家道德规范与美德

中国传统道德规范是随着中国社会的发展而逐步形成和发展的。早在夏商时代，就已形成以家庭伦理为本的观念，提出父义、母慈、兄友、弟恭、子孝“五教”。在社会伦理上，形成忠敬观念。周礼提倡知、仁、圣、义、忠、和“六德”，旨在把伦理关系纳入尊卑贵贱的等级体系。

孔子崇尚周礼，同时推陈出新，建构起第一个完整的道德规范体系。他重视主体道德，提倡仁，强调仁爱、忠恕。在社会伦理方面，孔子重视父子、君臣、夫妇、兄弟、朋友；对个人品德则提倡“知、仁、勇”三“达德”，在此基础上提出恭、宽、信、惠、温、良、俭、让、中庸等一系列德目。孟子以仁、义、礼、智为四基德或母德，并将它们扩展为“五伦十教”，即君惠臣忠、父慈子孝、兄友弟恭、夫义妇顺、朋友存信。荀子综合孔孟之道，崇礼法，重仁义，强调“公义”和“正义”，从义理上阐发了中和、节制、刚毅、廉耻、智虑等德性，对后世道德传统影响深远。

秦亡之后，汉代为巩固宗法制度，经董仲舒立“三纲五常”，定儒家为一尊，推行忠、孝、仁、义、礼、智、信诸德，并按照修身、齐家、治国、平天下的实践步骤，阐发其道德规范体系，进一步使儒家道德规范理论化、系统化，使其成为不可动摇的金科玉律。宋明时期，强化皇权专制，以理学为本，从理论上论证了正、大、中、和、仁、义、诚、敬等德性。在实际生活中推行忠、孝、节、义；对个人行为则强调“持节”“敬忠”，以致把两者推到痴节、愚忠的极端。当清朝取代明朝时，伦理关系也渐趋转型。社会道德规范一方面继续强化宗法道统，推行忠孝仁义，宣扬正大仁和，但另一方面又由于功利主义倾向的出现，为了使礼教道德规范适应时势而改良以求革除积弊。但是这些改良并未从根本上超出儒学道统的范畴。

总之，在中国传统伦理道德的发展成为主流的过程中，儒家伦理文化所强调的道德自觉、群体本位的理论原则和以“三纲五常”为核心的伦理价值系统，作为一种具有普遍性的信条，长久地积淀于中华民族的文化心理结构之中，成为民族美德的形成的文化价值根源。

## （二）道教道德戒律与美德

初始流行于民间的道教经由葛洪、寇谦之、陶弘景等人的改造，逐渐演变成服务于统治阶级的宗教。其教义、戒律逐渐向正统思想——儒家的社会政治、伦理思想靠拢。

追求长生不死、肉体成仙，并要求对长生之道和仙人的存在坚信不疑，是道教教义的根本宗旨。而要长生成仙，必须积善立德。“欲求仙者，要当以忠孝和顺仁信为本。若德行不修，而但务方术，皆不得长生也”（《抱朴子·内篇·对俗》）。于是，道教就把长生成仙的教义同儒家的名教纲常结合起来，并糅合佛教神秘主义的因果报应思想，形成了一套宗教道德戒律。道教的戒律分为两类。一类是人道戒律，即道教徒的行为规范，如仙道忌十败：“勿好淫，勿阴贼凶恶，勿醉酒，勿秽慢不净，勿食父之本命肉，勿食自己之本命肉，勿食一切之肉，勿食五辛，勿杀一切之昆虫，勿向北大小便和仰视三光。”（《云笈七谶》卷三十三）另一类是积善立功，以忠孝、和顺、仁信为本，将仁慈之心、恕己及人之德推向社会，使之达到“君仁、臣忠、父慈、子孝、夫信、妇贞、兄敬、弟顺，天下安静”（《道藏》），这是想要长生成仙的人所绝不可违背的戒律，也是封建名教纲常所要求的。

## （三）佛教道德戒律与美德

东汉时期，佛教传入中国，魏晋南北朝时期开始兴盛。隋唐两代，在统治者的扶植下，佛教得到了空前的发展，佛教各大宗派，如天台宗、华严宗、唯识宗、禅宗等相继建立，并发展到了鼎盛时期。佛教的道德规范与德性要求主要体现在它的善恶观与业报轮回的理论中。

在何为善恶的价值判断上，从信仰主义出发，佛教以“顺益”为善。围绕善恶的基本判断，佛教关于善恶行为的具体表现形成了“四善四恶”或“五善五恶”等多种说法。这里以大乘佛教唯识学派为例，它将善分为自性善、相应善、等起善、胜义善四类。其中自性善十一种，唯识学派从心理上对善的活动做了详细的区分，它们分别是信、惭、愧、无贪（不贪求）、无嗔（不仇恨）、无痴（不愚昧）、精进（努力修行）、轻安（心情舒适）、不放逸（不断努力）、行舍（心情放松）、不害（不杀、非暴力）。

其中，信就是信念，即对佛教的教义学说坚信不疑、绝对信仰，从而对它产生喜悦和追求的欲望，只有这种信才是善的。这是一切宗教对其教徒的基本要求，是宗教伦理思想的基本特点之一。贪、嗔、痴被佛教称为“三毒”，它们被看作诸烦恼中最能毒害人们身心的，又是产生其他烦恼的根本。无贪、无嗔、无痴就是针对这“三毒”提出来的，因此无贪、无嗔、无痴被称为“三善根”，是产生各种善法的根本。佛教认为具有高尚品格的人应是无贪、无嗔、无痴的，只有这样才能得到来世的幸福。“三善根”是佛教所说的“善”的重要内容，为佛教重要的道德规范。

佛教的善恶观与另一个重要的学说——“业报轮回”紧密结合：行善业，得善报，可获“人天福果”；行不善业，得恶报，来世堕入畜生、饿鬼道，下地狱受尽煎敖。“业”不但决定今生，同时也决定来世，从而在信徒的心理上形成了一种无形的威慑力。因此，它对人们思想言行的约束作用，在某种程度上远远超过了世俗的道德说教。

## 二、中华民族的主要传统美德

“中华民族在长期实践中培育和形成了独特的思想理念和道德规范，有崇仁爱、重民本、守诚信、讲辩证、尚和合、求大同等思想，有自强不息、敬业乐群、扶正扬善、扶危济困、见义勇为、孝老爱亲等传统美德。中华优秀传统文化中很多思想理念和道德规范，不论过去还是现在，都有其永不褪色的价值”①，对其完整的、有机的认同，可视为继承和发扬优良的民族伦理道德传统之关键，也可为现代中国道德文明建设提供重要的源头活水。这里，从人与自身、人与人、人与群体的关系三个方面进行把握，将中华民族的传统美德主要概括为六个方面。

### （一）仁爱孝悌

“仁、爱、孝、悌”是中华民族传统美德中最具特色的内容。关于“仁”的定义，孔子曾说：“克己复礼为仁”，“夫仁者，己欲立而立人，己欲达而达人”。凡此种种，其核心思想是爱人。关怀人，帮助别人排忧解难，而且将“为仁”作为终生修养的人就是仁人。孔子认为人生有三戒——色、名、利，因此人在一生中的各个阶段都要避免错误，不断以仁德为奋斗目标，只有这样才能成为高尚仁德的人。

“仁”德的核心是爱人，而其根本则是“孝悌”。“孝悌也者，其为仁之本欤”（《论语·学而》），孝是人伦之始，是中国人的传统美德和中国传统文化中最突出的特色。孝悌之德的基本内容是父慈子孝、兄友弟恭。它在道德生活中具有崇高的地位，得到了普遍的奉行。曾子说：“孝始于事亲，中于事君，终于立身。”而《礼记·中庸》云：“敬其所尊，爱其所亲，事死如事生，事亡如事存，孝之至也……治国其如示诸掌乎。”可见孝作为伦理道德的起点，作为“众善之始”，存在一个由内及外、由亲及疏、由近及远、由小及大的推行过程，推行到最后，几乎无所不包、无所不在。

由于居住方式的差别，“孝”在不同的等级中有不尽相同的德性内涵。《孝经》《吕氏春秋·孝行》和《礼记·祭义》等元典，都对孝在不同等级的人之德性中的具体表现做了论述：天子之孝为“不敢恶于人”，“爱敬尽于事亲，德教加于百姓，刑

① 习近平总书记在文艺工作座谈会上的重要讲话学习读本．北京：学习出版社，2015：28－29.

于四海”；诸侯之孝为“在上不骄，高而不危，制节谨度，满而不溢”，“能保其社稷，而和其民人”；卿大夫之孝为“非法不言，非道不行”，“言满天下无口过，行满天下无怨恶”，“能守其宗庙”；士之孝为“以孝事君则忠，以敬事长则顺。忠顺不失，以事其上”，“能保其禄位，而守其祭祀”；庶人之孝为“用天之道，分地之利，谨身节用，以养父母”。所以，“居处不庄，非孝也；事君不忠，非孝也；莅官不敬，非孝也；朋友不信，非孝也；战阵无勇，非孝也”（《礼记·曾子》），“夫孝，置之而塞乎天地，溥之而横乎四海，施诸后世而无朝夕”。

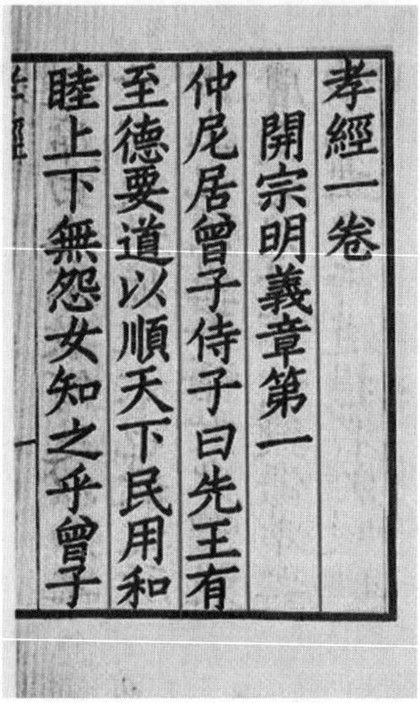

《孝经》书影

孝悌之情的扩展，有赖于忠恕之德的运作。“忠恕”是由“仁”派生出来的，是“仁”由家族之爱走向泛爱的中间环节。孔子把“恕”作为“一言以终身行之”的道德准则，认为“忠恕之道”是“为仁之方”。忠恕之德的基本要求是以诚待人，推己及人。墨子提出“孝，利亲也，以亲相爱”，“父子不慈孝，天下之害也”。孟子提出国家要“申之以孝悌之义”。在忠恕之德的基础上，中国人形成了“四海之内皆兄弟”“老吾老以及人之老，幼吾幼以及人之幼”“不独亲其亲，不独子其子”的情怀和安老怀少的社会风尚，形成了中华民族大家庭社会生活中浓烈的人情味和生活情趣。爱人、孝悌、忠恕是仁德的基本内容，也是中华民族传统美德的集中体现。

尽管传统文化中的仁爱孝悌是以维护封建等级制度为根本目的的，但是，这种由重视人伦关系，如和睦团结、互助友爱、父子有亲、长幼有序、朋友有信，到“明人伦”、崇尚人伦和谐的思想，对于维护社会秩序和改善人伦关系具有积极的作用。中华民族之所以形成坚韧的伦理实体并经久不衰，与这种孝悌之德的弘扬及其所形成的稳固的家庭关系有着不可分割的关系。

## （二）礼让谦和

礼让即孔子所讲的“温、良、恭、俭、让”，待人彬彬有礼、温和良善、朴素大方、谦虚谨慎、不卑不亢。“礼之用，和为贵。先王之道，斯为美”（《论语·学而》）。既维护有等级的社会制度，又使之和谐，矛盾不激烈，这就是美好的政治。“丘也闻有国有家者，不患贫而患不均，不患寡而患不安。盖均无贫，和无寡，安无倾”（《论语·季氏》）。其中最主要的是“和”，有了和就会安定，有了安定，社会就会向前发展。致“和”的途径在于不同等级的双方都能履行相应的道德义务，“君使臣以礼，臣事君以忠”（《论语·八佾》）。而孟子则鲜明地指出：“君之视臣如手足，则臣视君如腹心；君之视臣如犬马，则臣视君如国人；君之视臣如土芥，则臣视君如寇仇。”（《孟子·离娄下》）这些都指出不同等级间要互相尽心尽力，互相关心，互相体谅。它强调不能苛求一方而放纵另一方，达到“己所不欲，勿施于人”，“己欲立而立人，己欲达而达人”，“老吾老以及人之老，幼吾幼以及人之幼”，而这些都构成了中华民族人与人之间的道德规范。

礼之运作，又需要有“谦和”的美德。谦者，谦虚、谦让也。中国人自古就懂得“满招损，谦受益”的道理。谦德亦根源于人的辞让之心，其集中体现就是在荣誉、利益面前的谦让不争以及人际关系中的互相尊重。“和”被认为是君子的重要品质，所谓“君子和而不同，小人同而不和”（《论语·子路》）。由此致家族、邻里和睦，最终协和万邦。所以，“礼”“谦”“和”都是体现中华民族美好情操的美德。

## （三）诚信知报

由于坚持性善的信念，强调自主自律的精神，所以中国传统伦理特别强调“诚”与“信”的德性。《说文解字》云：“信，诚也。”意思是诚实不欺为信。《论语·子张》云：“君子信而后劳其民；未信，则以为厉己也。信而后谏；未信，则以为谤己也。”要想发动民众，齐心协力去成就大事，管理者必须讲信誉，如果不讲信誉，即使为上级提出了好的建议，也不会令人相信。而《论语·子路》中，孔子云：“上好礼，则民莫敢不敬；上好义，则民莫敢不服；上好信，则民莫敢不用情。夫如是，则四方之民襁负其子而至矣。”在孔子看来，“人而无信，不知其可也。大车无輗，小车无軏，其何以行之哉”，人无信誉，就没有安身立命的关键。“诚”即真实无妄，其最基本的含义是诚于己，诚于自己的本性。中国人形成了许多相关的美德，如为人的“诚实”，待人的“诚恳”，对事业的“忠诚”，正所谓“不诚无物”。

“信”与“诚”是相通的品德概念。“朋友有信”历来是中国人交友的准则，孔子就把“老者安之，朋友信之，少者怀之”（《论语·公冶长》）作为自己的志向。中国道德更是把“信”列为“五常”之一。守信用、讲信义是中国公认的价值标准和美德。

中华民族不仅有诚与信的德目，还有“报”的德性。“报”即知恩思报。回报既是中国人的传统美德，也是道德生活的重要原理与机制。在主体心理、人伦间和社会国家中所起到的修复、杠杆和制衡的作用，早在《诗经》之中就有“投我以桃，报之以李”的德教诗句。孔子把“孝”的准则诉诸回报的情理。“滴水之恩，当涌泉相报”是民间价值信念中公认的美德，被视为“义”的重要内容。在漫长的文化积淀历史过程中，“报”内嵌于中国古代社会的机制中，发挥了独特而巨大的作用。就宏观而言，报机制为社会公正提供了结构性保障。就中观而言，报机制是主体在实践中落实道德规范的伦理运行机制。对报机制的存在的信念给民众道德实践提供了心理动因，“报”即意味着有施即有报、有劳即有获、有恶即有惩，意味着“德”与“得”的内在关联，这对于百姓来说就是基本的“公道”。就微观而言，报机制不仅规范着人们的行为，也塑造着人们的道德心理和人格取向，使得“知报”沉淀为中国人道德良知的重要组成部分，为中国人德性质朴的表征。

## （四）笃实宽厚

“地势坤，君子以厚德载物”（《周易·坤·象传》）是渗透在中华传统文化中的基本精神，是民族得以发展的内动力。古人认为，人生天地间，应当“与天地合其德”。天的德性是生生不已，运行不息，它生成着万物；地的德性是博大宽厚，它负载着万物，养育着万物。人也应该效仿天地，培养一种勤劳勇敢、自强不息和宽厚仁爱的德性。孔子认为，“信言不美，美言不信”，“巧言令色，鲜矣仁”，要求君子“讷于言而敏于行”，“耻其言而过其行”。道家更是主张“见素抱朴”，以“返璞归真”为境界。张载将这种主张概括为“民，吾同胞；物，吾与也”（《乾称》卷三十七）。

中华民族正是从这样一个独特的伦理视角来看待人和自然（天地）的关系，形成了自己民族特有的勤劳勇敢的品德。中国是一个以农业为主要生产方式的国家，长期的农耕生产形成了中华民族质朴的品格和务实的精神。中国道德崇尚质朴、朴素，儒家虽然强调“礼”的节文，但也要求以质朴为基础，在为人处世方面，以“实”为标准。在待人上，中华民族一向以宽厚为美德，严于律己，宽以待人，“躬自厚而薄责于人”，在人与人发生矛盾时“报怨以德”，推己及人，设身处地为他人着想。在人际关系中，中国人以“将心比心”“以心换心”为原则，在互动中达到人伦的和谐与人格的实现。笃实宽厚的美德形成中华民族精神的崇实性和包容性，使得中华民族这个大家庭能够和睦相处，形成连绵不断的民族历史和民族活力。

## （五）俭以养德

中华民族自古以来就以勤劳节俭、吃苦耐劳著称。先民以劳动自立自强，形成了吃苦耐劳、诚实劳动、勤俭节约的优秀品质。盘古开天辟地、女娲炼石补天、后羿指天射日、精卫衔木填海等神话传说，就反映了中华民族的祖先顽强劳动、改造世界的创造精神。墨子崇尚劳动者的勤劳苦作，强调人人自食其力，反对“不与其劳获其食”。

与勤劳相联系的是“尚俭”的传统。对劳动者来说，“俭”是对自己劳动成果的珍惜和尊重。传统文化更是把“俭”作为重要的道德规范加以提倡。《周易》云：“节以制度，不伤财，不害民。”而孔子把“俭”作为重要德目，他虽然重礼，但也强调“礼，与其奢也宁俭……奢则不孙……君子惠而不费”（《论语·八佾》）。老子把“俭”作为为人处世的“三宝”之一。墨子主张“节用”，认为“节俭则昌，淫佚则亡”（《墨子·过辞》）。诸葛亮提出“俭以养德”的思想，把“俭”与“养德”联系起来，要求人们淡泊明志、宁静致远。勤劳节俭、俭以养德这一传统美德对后世产生了深远的影响。

总之，从传说中的尧、舜起，各个时代的人民，乃至统治阶级中的有识之士均以勤俭为做人的美德、持家的要诀、治国的法宝，并身体力行。正所谓“俭以兴邦”“奢以亡国”，俭与奢直接影响甚至决定国家、天下的兴亡。

### （六）义以至上

一般意义上讲，“义”是“善”“美”的同义语，义通过“礼容得宜”表现出符合善的价值。《释名·释言语》云：“义，宜也。裁制事务使合宜也。”义的道德意蕴从“礼容得宜”中得到了诠释。因此，“合适”“合宜”是义字的最一般含义。

“义”德初成于西周，当时主要为一种政治德性。孔子赋予义德以普遍的伦理意蕴，确定了“义”作为一个具体德目的历史地位。孟子尤其强调“义”德，主张“义以为上”。通过道德理想人格意蕴的变化，义由西周时期的“君主之德”转化为春秋时期的“大众之德”，具备了普遍的道德价值。在义利关系、义与道德理想人格、义与社会伦理秩序、义与伦理义务、义与道德价值标准等问题上，孔子的态度奠定了后儒义德思想的基本价值取向和道德精神。孟子在性善论的基础上，把义内化为道德良知，高扬人的道德主体性和自觉性，突出义作为主体品质的一面，从而卓然挺立人格尊严，彰显道德的内在价值。秦后董仲舒、贾谊、韩愈、朱熹、王阳明等对义德的内涵做了不同的界定。

从传统伦理文化的整体发展看，秦后儒家义德思想的道义、仁义精神与墨家的侠义精神逐渐合流，形成了独具特色的中国义德文化。从总体上说，义德的内容包括等级秩序、天下公义、角色责任、义务自觉四个方面，所以说，通常所谓的义德既是一种德性，更是一种原则和规范，是一个囊括知、情、意、行，超越主客观二元对立的综合性范畴。如前所述，儒家“以义制利”“以理制欲”的价值观使得中华民族精神逐渐沉淀出“义以至上”的美德。这种美德不仅培养了国民敦厚重德、知足自得的品格，而且培育了他们求善厚德的精神、尚公的整体主义精神和重义的大无畏精神，塑造了民族超阶级的“天下为公”意识，形成了“以天下为己任”的深沉责任感和使命感。

除了上述美德，还有精忠爱国、克己奉公、勤俭廉政等美德。鉴于中国传统家国同构的社会政治结构，诚如《大学》所说的“正心、诚意、修身、齐家、治国、平天下”的成己、成人演绎理路，这些美德的培育、养成都与家庭教育紧密联系在一起，家庭教育在塑造个体德性、民族的道德精神，形成民族强大凝聚力和认同感的过程中发挥着至关重要的作用。随着时代的发展，中华传统美德也在不断地发展。今天中国的伦理道德建设、文化谋求发展，一方面必须珍视历史传统，“重视家庭建设，注重家庭、注重家教、注重家风，紧密结合培育和弘扬社会主义核心价值观，发扬光大中华民族传统家庭美德”①，才能从源头上保证美德的养成；另一方面，必须用历史唯物主义观点，以追求真理的实事求是态度进行科学的分析，要在去粗取精、去伪存真的基础上，采取兼收并蓄的态度，坚持创造性转化、创新性发展的原则，使其在当今时代发挥更大的作用。

## 思考题

1. 为什么说中国传统文化是一种伦理型的文化？

2. 中国传统伦理思想的内涵主要包括哪几个方面的内容？

3. 简述儒家人性善理论对于中国传统社会的利弊。

4. 结合当今的社会道德现状，谈谈中华民族传统美德对于今天精神文明建设的意义。

5. 为什么中国可以发展出博大精深的家风家教传统？对于今天的家庭教育有什么启示意义？

6. 传承中华传统美德与社会主义核心价值观的培育、弘扬之间应该是什么关系？请结合个人生活实践举例说明。

7. 如何认识当前重视家庭建设，注重家庭、注重家教、注重家风，发扬光大中华民族传统家庭美德的时代意义。

## 扩展阅读

1. 朱贻庭．中国传统伦理思想史．5 版．上海：华东师范大学出版社，2021.

2. 梁漱溟．中国文化要义．上海：学林出版社，1987.

3. 张祥浩．中国古代道德修养论．南京：南京大学出版社，1993.

4. 肖群忠．孝与中国文化．北京：人民出版社，2001.

5. 葛兆光．中国思想史．上海：复旦大学出版社，2000.

6. 郝大维，安乐哲．孔子哲学思微．蒋弋为，李志林，译．南京：江苏人民出版社，2012.

7. 颜氏家训．2 版．檀作文，译注．北京：中华书局，2022.

---

① 习近平．在 2015 年春节团拜会上的讲话．人民日报，2015-02-18（2）.

# 第五章

# 中国古代史学

**【本章要点】**

1. 我国史学发展的各阶段及其特点。
2. 中国古代史学的优良传统。
3. 中国古代的史籍类型。

中华民族是一个富有历史传统的民族，崇古重史是公认的中国文化特点之一。“以史为鉴，以古为镜”几乎成了历代统治阶级经邦治民的共识。因此，修史之业世代承传，踵事增华，备受关注，而相应的修史制度渐趋完备，内涵深广的史学典籍汇为渊海，记录和保存了中国传统文化的丰硕成果。在中国古代传统学术中，史学可谓显学。梁启超在《中国历史研究法》中指出：“中国于各种学问中，唯史学为最发达。史学在世界各国中，唯中国为最发达。”[①] 历史学在中国可说是源远流长，包罗万象。我们要了解我国古代的史学，首先需要了解历史和历史学这两个概念。广义地说，历史是指一切事物以往的运动发展过程，它可以分为自然发展史和人类社会发展史。我们通常所讲的历史一般是指人类社会发生、发展的历史，即与自然界互相依赖、互相制约的人类社会以往的运动发展过程。其中包括社会、政治、经济、外交、军事、宗教各方面的事情以及各种学术成果和一切制度、风俗等。史学是对历史的专门性研究，这种研究不仅包括历史本身，而且包括在历史事实基础上对历史经验和规律的总结与研究，还包括对研究历史的方法与理论的总结。

中国古代史学大约起源于记事，再就是靠口耳相传。文字产生以后，严格意义上的历史学才从原始、质朴的神话传说中发展起来。先秦时期是中国有文字记载的史学的起源和初步发展时期。到了汉代，司马迁首创了“纪传体”史书——《史记》，班固首创了断代体史书——《汉书》，成为我国史学的重要里程碑。魏晋南北朝，史学脱离了经学的羁绊，各类书籍获得全面发展，为后世史学的发展开辟了广阔的道路。到了隋唐，刘知几总结了初唐以前的各个历史学家和他们著作的优缺点，使以后的史著趋于遵循一定的形式。巨型史著《资治通鉴》的撰修，史料搜集面的广泛以及史料考订的精密，都使得两宋时期成为我国史学史上一个光辉灿烂的时代。到了元明时期，官方的史学研究式微，以谈迁的《国榷》为代表的私修史书则大规模兴起。清代史学有着多方面的成就：“浙东史学派”的贡献不可忽视；这一时期撰修了一部很有价值的正史——《明史》；对史书的考证取得了突出的成绩；另外，在史学理论方面也较前人有显著的进步。

---

① 梁启超．中国历史研究法．北京：东方出版社，1996：10.

# 第一节
# 中国古代史学的发展进程

## 一、从史官的出现到史书的诞生

中国是个史学的国度。早在远古时期，我们的祖先就注意积累和保存以往的经验。在文字产生前，早期的人类历史是通过口耳相传的方式流传下来的，其内容往往是对他们的生存发展带来严重影响的事件，并且在长期流传过程中被日益神化，留下了盘古开天、女娲补天、精卫填海、后羿射日、大禹治水等传说。口耳相传难以保证信息的完整和准确，因而产生了结绳记事、刻木记事等记载历史的方法，产生了图画符号、遗迹遗物、神话传说、民间故事等历史信息的载体，它们包含着丰富的史学因素，构成了中国史学的滥觞。

在我国古代历史中，史官这种特定身份的人起初被称为“史”。他职掌沟通人神之间的事，直接参与卜筮、星占、圆梦、望气等活动，所以古代常把祝史、卜史、巫史连称，其职务范围既繁且广，不限于一般的掌书记事。据《太平御览》引《世本》说，远在黄帝时代就出现了像仓颉、沮诵这样担任史官的人。夏商时期，随着文字的出现和历法的不断成熟，史学开始萌芽，有意识地进行历史保存和记载逐渐成为国家政权经常性的活动和民族生活中的大事，史官亦不会少。到了周朝，史学有了进一步的发展，史官因职责分工趋细，名目自然增多，故有大史、小史、内史、外史、侍史、御史、女史、柱下史等名称。其中大史、内史地位很高，前者负责记述各国及本国大事，保存档案，兼管祭祀、整理或发明文字、编写国史等工作；后者是君王最高级的秘书，掌握朝廷内部文书档案，草拟王命，还可奉王命出使异邦。出于古制，二者有批评、监督国王之责，他们常在国王的左右，也有“大史记事，内史记言”之说。至于外史“掌三皇五帝之书”，系指档案史料，小史掌邦国之志，女史掌王后的礼书内令，柱下史掌图书档案，侍史则为贵族家的私人秘书。御史在战国时期国内与国际的重大会议上扮演着记录官的角色。

就总体趋势而言，史官职权范围愈古愈广，时代愈后则愈小，但其作为神职的性质一直到春秋时期仍没有改变。司马迁曾说：“仆之先人非有剖符丹书之功，文史星历近乎卜祝之间，固主上所戏弄，倡优蓄之，流俗之所轻也。”（司马迁《报任少卿书》）我们在汉太史公的牢骚里清楚地察觉到了史官神职性质久而未泯的踪迹。由此推知，现存我国古代最早的官方文书——卜辞与金文，必出自史臣之手，它们载有祭祀、农事、戎事、王命、庆赏、功德等诸多内容。虽说卜辞、金文所记的内容大都是当时的事情，然而它们含有记事文的基本要求，成为后来史事记载的先导。商代甲骨文中关于国王祭祀、战争、狩猎等活动的记载，已具有典籍的雏形，而西周金文中的颂辞、册命、誓约则比甲骨文更完整地记录了王室的活动及行政。与卜辞、金文相比，具有明显官书性质的《尚书》更加完备地呈现了商、周时期的政治活动。《尚书》中保留了周史官搜集整理的商、周时期重要的政治文件，是我国现存最古的历史文献。这部以记言为主的历史文献中，如《金縢》《顾命》这样的篇章，表述一事情已具首尾及细节，后世撰述史作便从中引发出不少的创意。刘知几《史通》将它标为六家之一体，而章学诚论《书教》则说："后来纪事本末一体，实出于《尚书》，《尚书》之中如《金縢》《顾命》，皆具一人一事之本末，实为古史之具体而微者。"

春秋战国时期，各国皆有史，出现了编年体史学体裁和私人修史，这就是当时通常被称为"春秋"的史册。《国语·晋语七》记载叔向因"习于春秋"，悼公乃让他"傅太子彪"。《国语·楚语上》又有申叔时建议教太子学习"春秋"的事情。《墨子·明鬼下》指出"有周之春秋，燕之春秋，宋之春秋，齐之春秋"，"吾见百国春秋"。孟子认为"春秋"国史的问世不是偶然的社会现象，而是"王者之迹熄而《诗》亡，《诗》亡然后《春秋》作。晋之《乘》、楚之《梼杌》、鲁之《春秋》，一也"。显而易见，周王朝和各诸侯国正是为了适应社会政治文化的发展走向，才撰述名曰"春秋"之类的国史。至此，严格意义上的史书应运而生。

## 二、史学进入官书与私人著述并存的时代

春秋末期，孔子在参考各国史书的基础上，将鲁国史官所撰的《春秋》依据自己的见解删削成有着独立思想体系的历史著作，书名仍沿其旧称。孔子首创私人著史之举，从此中国史学跨进了官修私著并存的新时代。孔子之后，私人撰史之风渐盛，战国时期史学园地私人撰述再添硕果，其中成就较著者当推《左传》《国语》等史作。《左传》又称《左氏春秋》或《春秋左氏传》，旧传作者为春秋时代的左丘明，司马迁、班固、桓谭等皆持此说。全书采用鲁国纪年，记事基本上以《春秋》鲁十二公为次序，起于隐公元年（公元前 722 年），止于鲁哀公二十七年（公元前 468 年），实际记事到鲁悼公十四年（公元前 453 年），比《春秋》多 13 年。《左传》叙事比《春秋》详赡，较《国语》连贯，涉及诸侯之间的聘问、会盟、征伐、蒐狩、婚丧、篡弑等内容。其间对民族交往、民族组合进程的记载最为丰富，对战争、辞令的描写最具特色，远非先秦诸史所能比。

相传左丘明除作《左传》外，还有外传一书，即《国语》。它和记事周详的编年

春秋左传注疏正义

体史书《左传》不同，是分国记言的文献汇编，属于国别体史书，按周、鲁、齐、晋、郑、楚、吴、越编次，共21卷。书载春秋各国的“训诫谏说之辞”，常有精辟之论，比同为记言的《尚书》更富政治见解和历史意识。在对天人关系的认识上，它发展了《春秋》重人事的进步思想，几乎达到了《左传》的高度。《尚书》写历史人物能相对地集中于其言行，体现了向纪传体史书过渡的倾向。《战国策》亦是国别体史书，为战国之史存世者中的重要著作。相传原系战国时期各国史官或策士辑录，编者不是一人，成书不是一时，其私撰与官修的成分究竟各占多大比例，也很难证实。经西汉刘向整理之后，编订为33篇，最后加以定名。书内主要记载谋臣辩士的活动及其权变，也记有一些军国大事和社会情况。因是纵横家之言，变春秋时代凝练委婉的行人辞令和谏说之辞为剧谈雄辩、繁富恣肆的策士说辞，于先秦史书中风采独标。1973年长沙汉墓出土的帛书《战国纵横家书》27章，有11章内容见于今本《战国策》和《史记》。

这个时期还有《竹书纪年》《世本》《逸周书》等。第一本为官修魏国史书，原本记事，历夏、商、周三代，约两千年，是萌芽形态的通史作品。原著已佚，今本为明人杂采各书补成，纪年非同原书。后两书皆为《史记》所采用者，《世本》记古邑、制器、姓氏流变、古帝王故事及各侯国贵族世系。《逸周书》是战国时拟周代诰誓辞命之作，为别于《尚书》之“周书”，故称。此外，《晏子春秋》《吕氏春秋》《山海经》《仪礼》等著作均从不同方面影响着后来史书的撰述。由上文可知，孔子冲破官修史书的格局，具有划时代的意义，它开创了中国史学官修私撰长期并存的新局面。

## 三、史学从自立门户到多途发展的阶段

中国古代史学的确立是在两汉时期。在前人记史的基础上，以汉代的司马迁和

班固为代表的史学家们开创了中国古代史学主要的表述形式——纪传体。这种体例容量大，既可以记载历代帝王的大事，也可以记载将相大臣及宗室外戚的活动，还可以把复杂的时事、政治制度、经济状况、天文地理、文化学术等记录下来，从各个不同的角度反映社会生活。因此，这一体例得到了历代封建帝王的垂青，自唐代以后还被钦定为"正史"的固定模式。司马迁以其具有百科全书式的通史——《史记》而成为中国历史上的文化巨匠；班固的《汉书》作为一部断代史则丰富发展了史学的表述形式，为后来的史学家所仿效；东汉末年荀悦写的《汉纪》是我国第一部编年体断代史，在史书发展体裁上有很重要的贡献。

中国古代史学萌芽于春秋及之前，确立于两汉时期，到了魏晋南北朝时期呈现出蓬勃发展的势头。魏晋南北朝是中国封建社会的发展时期，也是封建社会最为分裂、动荡的时期，各朝君王将相为了宣扬父祖以及自己创业开国的功勋，为了吸取前代兴亡得失的教训，大力提倡撰修前朝、本朝史书。官方还设置了史学机构和官职，史学取得了独立的地位，成为统治者和社会广泛承认的显学。同时，在《史记》与《汉书》的影响下，文人们也涉足史学领域，著史与注史十分盛行，官方修史与私人修史相得益彰。这一时期的史学著作数量多，门类多，共有 113 种。这些史学著作分为断代史、人物传记、谱学、地方史志、史注等五大类。其中断代史又分为纪传体断代史和编年体断代史两种。纪传体断代史以陈寿的《三国志》和范晔的《后汉书》为代表，此外还有沈约的《宋书》、萧子显的《南齐书》、魏收的《魏书》等。

编年体断代史以袁宏的《后汉纪》为代表，崔鸿所著的《十六国春秋》奠定了少数民族史学的地位。

人物传记以西晋皇甫谧的《高士传》、梁慧皎的《高僧传》为代表。《高僧传》还是研究佛教史的重要著作。

谱学是记录氏族家谱的史书，当时有 41 种之多。

地方史志在这一时期也为人们所重视，东晋常璩的《华阳国志》为地方史志奠定了基本格局，北魏杨衒之的《洛阳伽蓝记》是有关城市地理的专著。

史注以裴松之对《三国志》进行补缺、备异、论辩、惩妄和郦道元对《水经》进行注释并称于世。

## 四、我国古代史学发展的黄金时代

《隋书·经籍志》以经、史、子、集的顺序四部分书，反映了史学卓然成家之后，摆脱了经学附庸的地位，逐步发展壮大为与哲学、文学势成鼎足的学术门类。从唐到明，史学迎来了自身发展的黄金时期，而每朝别具一格的阶段性成果又令黄金时代的史学大放异彩。

就纪传体正史而言，仅唐太宗时就编撰了八部。这八部是《晋书》《梁书》《陈书》《北齐书》《周书》《南史》《北史》《隋书》。这八部书都是我国纪传体正史的名著。这一时期的正史共编撰了十五部，占“二十四史”的二分之一强，这在封建社会是罕见的。唐宋元时期，史书品种繁多，时有创新。这一时期出现了第一部史学理论著作——刘知己的《史通》，第一部典志体政书——杜佑的《通典》，继《史记》之后的又一部纪传体通史——郑樵的《通志》，继《左传》之后的又一部编年体史学名著——司马光的《资治通鉴》，第一部纪事本末体史书——袁枢的《通鉴纪事本末》等。如此多个第一，在中国古代史学发展史上也是空前绝后的，并且这一时期还出现了少数民族正史。

史学范围的扩大，大量优秀史学著作的相继出现，官修史书取得的显著成绩，把中国古代史学推向了繁荣的阶段。

## 五、我国史学的总结和转化期

经过数百年的发展繁荣和不断拓展，到了明清时期，中国史学进入全盛期，史学名家不断涌现，优秀史著不断问世。对于中国史学这种延绵不绝、不断发展的状况，19 世纪德国哲学巨匠黑格尔曾经感慨道：“中国‘历史作家’的层出不穷、继续不断，实在是任何民族所比不上的。”①

往昔已有的各种著史体裁在这个时期都有后继回响，这使得古代史学的终结尚能余晖闪耀。诸如编年体中的“实录”，现存《清实录》是卷帙最大、有着极高文献价值的实录。纪传体的“正史”系列，尽管《明史》修撰时兴时辍，几近百年，学术价值罩有浓重的政治阴影，但是比起“《宋史》繁芜、辽金二史又多缺略”②，比起《元史》草率致误③，显得完善得多了。典制体的“会要”形式，清有《春秋会要》《三国会要》《宋会要辑稿》等，而清乾隆时踵美“三通”，官修《续通典》《清通典》《续通志》《清通志》《续文献通考》《清文献通考》六书，合称为“九通”。纪事本末体史书清有《辽史》《金史》《西夏》《明史》等纪事本末专著。学术史、地理史和史学评论更是力作不少。黄宗羲《明儒学案》是我国史学第一部系统的学术史著作，他与黄百家、全祖望撰成的《宋元学案》也是史书中的杰作。《读史方舆纪要》是明清交替时关于历史地理的第一巨制，当时被誉为天下奇书之一。《大清一统

① 黑格尔．历史哲学．北京：三联书店，1956.

② 赵翼．廿二史札记：光绪甲午中春版：第 10 册．广州：广雅书局，1894：3.

③ 赵翼．廿二史札记：光绪甲午中春版：第 13 册．广州：广雅书局，1894：4.

志》经乾嘉两朝三修而成，促进了全国范围编修地方志高潮的形成，据统计清代方志达5800多种，远超以前历代的总数。顾炎武的《日知录》《天下郡国利病书》，王夫之的《读通鉴论》《宋论》，王鸣盛的《十七史商榷》，钱大昕的《廿二史考异》，对中国史学与学术皆做出了巨大贡献。章学诚的《文史通义》是继《史通》之后又一部不朽的史学评论著作，全书多方面地梳理和总结了清代以前的史学理论与方法，虽渊源于刘知几却自有创见，对后世的影响重大而深远。

# 第二节 中国古代史学的优良传统

## 一、秉笔直书、书法不隐的治史态度

秉笔直书、书法不隐是我国古代史家治史的一个最基本的态度，是古代史学的一个优良传统。在古代，记载历史是一项十分神圣的事业，史家历来把史事记录视为坚持大义、区别善恶的“神事”，要求具有神圣的使命感和崇高的美德，力图在自己的著作中反映历史的本来面目，不虚美，不隐恶，以直书为荣，以曲笔为耻。为了达到实录的目的，他们秉以公心，不为利诱，不畏权势，不避风险，甚至不怕坐牢，忍受羞辱，抛却生命，坚决维护历史的真相和人格的尊严。不少史家的高风亮节成为后世楷模。

在中国历史上，那些刚正不阿的史家代不乏人，受到人们的颂扬和爱戴。

据《左传·宣公二年》记载，晋灵公因荒淫暴虐而引起国乱，自己在内乱中为将军赵穿所杀，当时赵盾任正卿。内乱平息后，晋太史董狐记下“赵盾弑其君”，赵盾认为这不是事实，而董狐反驳道：“子为正卿，亡不越境，反不讨贼，非子而谁？”赵盾对此也无可奈何。孔子听到此事称赞董狐“古之良史也，书法不隐”。《左传·襄公二十五年》记载，齐庄公因与权臣崔杼的妻子私通而被崔杼指使手下杀死，另立景公为君。事后，齐太史据实直书“崔杼弑其君”，被崔杼杀害。太史的两个弟弟又先后继任太史，他们继续如实记录，也先后被杀害。他的第三个弟弟不畏死亡的威胁，仍秉笔直书。崔杼为太史兄弟的正义行为所慑服，不敢再行凶。而南史氏听说三个太史尽死，担心齐国的历史中断，携简册前往，准备继续如实记载。半路上得知此事已如实记入史册，才放心返回。齐太史的正直品格和无畏精神为后来的史家所继承和发扬。民族英雄文天祥所作的《正气歌》中就有“在齐太史简，在晋董狐笔”一句。

著名史家司马迁生活在汉武帝时期，其在《史记》中仍如实记载了汉高祖刘邦和武帝刘彻的种种劣迹。北魏崔浩奉诏编写北魏国史，成《国书》三十卷，并在京城东郊的交通要道立石刊载其书，“以彰直笔”。由于直书无讳，遭到权贵的忌恨而被杀害，夷三族，受牵连而死者达一百二十八人，造成震栗千古的崔浩史案，这就是著名的“国史之狱”（参见浦起龙《史通通释·古今正史》）。按照中国的历史传统，即使皇帝本人，也无权阅读当朝的起居注。唐贞观年间，褚遂良负责记载唐太宗的起居事，唐太宗想看看都记了些什么，被褚遂良一口回绝。唐太宗还不死心，问是不是自己做了错事坏事也会被记下来，褚遂良回答：“臣职当载笔，君举必记。”他明白无误地告诉了唐太宗自己的职守与责任。唐代史学家吴兢在武后年间被召入史馆，撰修国史，著名的《贞观政要》即为其所撰。当时正值佞臣武三思、张昌宗、张易之弄权之时，有些史官惧怕权势，曲笔掩饰，吴兢对此非常鄙视，于是在公事之暇，私撰《唐书》《唐春秋》。吴兢治学严谨，敢于秉笔直书。他与刘知几一起撰写的《武后实录》中记载了佞臣张昌宗、张易之兄弟诱使张说诬证魏元忠之事，张说后来当了宰相，对此深为介意，明知此为吴兢所为，却故意推到已故的刘知几身上，而吴兢却说：“是兢书之，非刘公所述，草本犹在。其人已亡，不可诬枉于幽魂。”同僚皆惊愕失色。后张说屡请吴兢改写，吴兢终不允，说：“徇公之情，何名实录?”吴兢深为世人赞许，被誉为唐代的良史（参见《新唐书·列传》）。纪传本末体的首创者南宋史学家袁枢治史严谨，后人称其“枢临民则以直辨闻，立朝则以启沃谏，克尽乃职，为世师表”。在负责修编宋史传记部分时，原宰相章惇的后人“以其同里”，希望能对章惇的传记加以“文饰”，被袁枢一口拒绝，说：“子厚（章惇字子厚）为相，负国欺君，吾为史官，书法不隐，宁负乡人，不可负天下后世公议。”当时宰相赵雄“总史事”，听到后即称赞他“无愧古良史”（《宋史·袁枢传》）。清代全祖望著有《经史答问》《汉地志稽疑》《古今通志年表》等史作，尝谓“史臣不立节烈传，所当立传者何人”。后人也称他“直笔昭垂，争光日月”（《全祖望传》）。

相反，如果缺乏对历史的尊重，趋炎附势，任意抑扬，曲笔阿谀，则会遭到世人的非议和鄙视。《史通》是中国古代史学史上第一部系统的史学批评著作，它从史书体裁体例、史料择取、史家修养、史学功用等角度对史学工作做了规范和阐述，多有创见。其中，在史书撰述的原则上，提出了“直书”“曲笔”两个理论范畴，并立专篇加以论述，认为“良史以实录直书为贵”（《史通·惑经》），并且从理论上探讨了直书的学术与社会价值，分析了曲笔产生的社会、个人原因及其带来的社会危害。在《史通》中，刘知几对直书精神与直述史事的史家给予了极高的评价，认为这种“烈士徇名，壮夫重气，宁为兰摧玉折，不作瓦砾长存”的精神，“虽周身之防有所不足，而遗芳余烈，人到于今称之”（《史通·直书》）。与此相对应，对那些“持谄媚以偷荣”者，刘知几则给予了无情的鞭笞，认为此乃“记言之奸贼，载笔之凶人，虽肆诸市朝，投畀豺虎可也”（《史通·曲笔》）。可见他赞成实录、主张直笔的态度之明确与坚定。魏收撰写的《魏书》是人们谈论最多的一个反面例子。据《北齐书·魏收传》记载，魏收撰写《魏书》时，“夙有怨者，多没其善。每言‘何物小子，敢共魏收作色，举之则使上天，按之当使入地’”。因此被当时的人们攻击为借修史酬恩报怨，其书被贬为“秽史”。当然也有人考证，北齐距北魏不远，勋贵子孙想让其父祖入史，不能一一得到满足，便群起而攻之。魏收可能未必真要肆意歪曲历史，但可以肯定的是，他在撰写过程中掺杂了过多的个人感情和好恶，以致影响了记载历史的客观性。

我国古代的史学家大多是怀着一种历史使命感来完成史书的编撰工作的。东汉时期的蔡邕因董卓对其有知遇之恩，在董卓被王允诛杀后伏尸痛哭，鲁迅因此将其誉为中国历史上少有的敢于“抚哭叛徒的吊客”（《华盖集·这个与那个》）。蔡邕后来被王允视为董卓同党，要被处死。刑前，蔡邕恳请以黥首刖足的肉刑替代死刑，以便完成已付出二十余年心血的《汉史》的撰写，很多人也纷纷劝说王允不要杀他，因为史书的撰写专业性太强，一般人难以胜任，杀了他，汉朝的历史就要中断了，但王允固执己见，造成了文化史上难以挽回的损失。

正是因为有了这样一代代秉笔直书、刚直不阿、舍生取义的史学家，我们才有了大量的“信史”和“实录”。也正因为有了他们，拥有无上权力的君主们才不得不有所顾忌。司马光《涑水纪闻》载，宋太祖赵匡胤一次在后花园以弹弓打鸟玩乐，有大臣称有急事禀奏，汇报的却都是些平常琐事，太祖不悦，认为该大臣因小事扫了他的雅兴，大臣争辩说即使是小事也比打鸟重要。宋太祖恼羞成怒，随手用棍打落了大臣两颗门牙，大臣捡起门牙揣进怀里，宋太祖更加生气，问：“汝怀齿欲讼我也?”大臣答：“臣不能讼陛下，自当有史官书之。”太祖听后自觉失当，马上好言抚慰，并赐以金帛表示歉意。

## 二、以史为鉴、经世致用的优良学风

中国古代史家治史，往往都怀着经世致用的目的，把回答和解决现实问题或者为将来提供借鉴作为史学的首要任务。章学诚在《文史通义》中讲“六经皆史也”，暗含着我国史学的这种学风。

北宋元丰七年（公元1084年）十一月，经过近19年的努力，司马光和他的助手们终于完成了长达354卷的历史巨著。在呈报给皇帝的表文中，司马光希望这部书能使皇帝“鉴前世之兴衰，考当今之得失，嘉善矜恶，取是舍非，足以懋稽古之盛德，跻无前之至治，俾四海群生，咸蒙其福”。宋神宗以其“鉴于往事，有资于治道”，将其命名为《资治通鉴》。它紧紧围绕“资治”这一中心进行取材，“专取关国家盛衰，系生民休戚，善可为法，恶可为戒者，为编年一书”，突出历史对政治的作用。

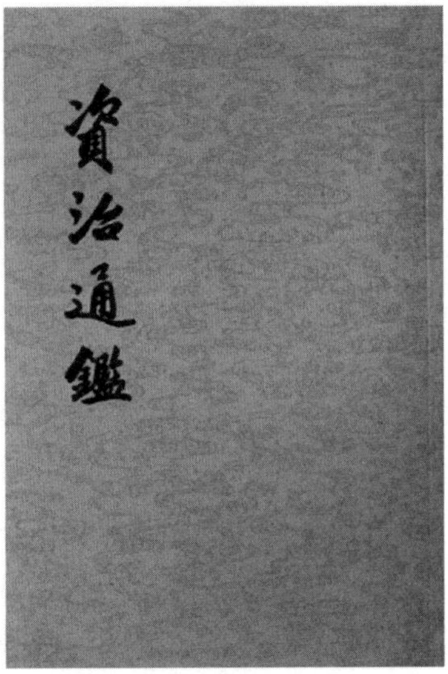


《资治通鉴》

中国古代史学的这种借古鉴今、经世致用的学风，首先表现为史学家们往往把治史视为个人济世安邦、治国平天下、实现政治理想的重要途径。古代史家治史时往往都怀着强烈的使命感。孔子“为《春秋》，笔则笔，削则削，子夏之徒不能赞一辞”（《史记·孔子世家》），这就是《春秋》的“微言大义”，借以表达孔子对社会现实问题的见解，寄托他的社会理想，后人称“以绳当世”，“立天下仪法”，“为后王制法”。比如说，鲁僖公二十八年（公元前632年）的践土之盟，本是周王应晋文公之命而前往参加的。孔子反对这种以臣召君的做法，主张维护天下共主的地位，因而采取隐讳的书法，记载为：“天王狩于河阳”，用这种蕴含褒贬的手法，寄托了他希望恢复西周时代“礼乐征伐自天子出”的政治理想。孔子曾深沉地感慨：“知我者，其惟《春秋》乎！罪我者，其惟《春秋》乎！”孟子则认为，孔子这样做是针砭世事以垂法后人，虽无天子之位，而行“天子之事”，并说“孔子成《春秋》，而乱臣贼子惧”。司马迁也十分尊敬、理解孔子，称“拨乱世，反之正，莫近于《春秋》”，并且他以“继《春秋》”自任（参见《史记·太史公自序》），其理想是“究天人之际，通古今之变，成一家之言”，探寻“成败兴坏”之理，以前事为“后世之师”。这样，孔子开创、司马迁继承，中国史学直面社会、同现实生活紧密相关的优良传统就此奠定。近代梁启超也曾深刻地指出：中国史学经世致用的“根本观点，传自孔孟”（《清代学术概论》）。唐代史学家杜佑生活在安史之乱后大唐王朝由强盛的巅峰跌入谷底的危机时代，在这种背景下，他以一个具有政治远见的史学家的社会责任感，呕心沥血，历经36年完成了《通典》，并坦言其宗旨是“实采群言，征诸人事，将施有政”，说明《通典》就是为当时的“经邦”和“理道”服务的。北宋的曾巩说：“史者，所以明夫治天下之道也。”（《南齐书·序》）再比如明清递嬗之际的顾祖禹感到“战争攻守、废兴成败、利钝得失之迹，以迄耕屯、盐铁、经国、阜民诸大政，有一不本之方舆耶”（《读史方舆纪要·凡例四》），因而精研覃思《读史方舆纪要》。像他这样的人很多，这才使得该书获得了广泛的赞誉。

其次，中国古代史学的这种借古鉴今、经世致用的学风，表现为历代史家十分重视史学教化的功能。从《尚书·召诰》讲“我不可不鉴于有夏，亦不可不鉴于有殷”，到《周易·大畜·象传》的“君子以多识前言往行以畜其德”，都蕴含着“明是非，别善恶”和“观成败”的意义。刘知几曾道：“向使世无竹帛，时阙史官，虽尧、舜之与桀、纣，伊、周之与莽、卓，夷、惠之与跖、蹻，商、冒之与曾、闵，但一从物化。坟土未干，则善恶不分，妍媸永灭者矣。苟史官不绝，竹帛长存，则其人已亡，杳成空寂，而其事如在，皎同星汉。用使后之学者，坐披囊箧，而神交万古，不出户庭，而穷览千载，见贤而思齐，见不贤而内自省。若乃《春秋》成而逆子惧，南史至而贼臣书，其记事载言也则如彼，其劝善惩恶也又如此。由斯而言，则史之为用，其利甚博，乃生人之急务，国家之要道。有国有家者，其可缺之哉!”（《史通·史官建置》）在他看来，史学不仅可以帮助我们认识历史，而且可以通过史学进行“思齐”和“内自省”。清人王夫之认为，史学包含的“君道”“臣谊”“国是”“民情”“为官之本”“治学之途”“个人修养”等鉴戒、垂训、蓄德、修身、明道、通变和明智等方面的内容，具有广泛深刻的社会价值。与王夫之同时代的钱谦益及其后的龚自珍等也都有与此相似的看法。遍览历代史书，那些明君贤相、忠臣义士、英雄豪杰等各种人物对历史进步所做出的贡献，无不令人景仰，而那些昏君庸相、贪官污吏、奸佞小人等祸国殃民者的种种劣迹，则不断为后人所鄙弃，史学对锤炼人格、立志修身、凝聚精神所起的作用无疑是十分巨大而明显的。

中国古代史学的借古鉴今、经世致用的学风，还表现在史学家们对其以史为鉴、鉴古察今作用的高度重视。宋神宗在为《资治通鉴》一书命名并作序时写道：“其所载明君、良臣，切摩治道，议论之精语，德刑之善制，天人相与之际，休咎庶证之原，威福盛衰之本，规模利害之效，良将之方略，循吏之条教，断之以邪正，要之于治忽，辞令渊厚之体，箴谏深切之义，良谓备焉……荒坠颠危，可见前车之失；乱贼奸宄，厥有履霜之渐。《诗》云：‘商鉴不远，在夏后之世。’故赐其书名曰《资治通鉴》。”（《资治通鉴·序》）这段话将史学的借鉴作用表述得十分清楚。《易传·系辞下》中“彰往而知来”，意思是使过去的事情显明彰著起来，可以作为借鉴，用以察知未来。战国时赵襄子与张孟谈有过一段对话。襄子恨然曰：“何哉？吾闻辅主者名显，功大者身尊，任国者权重，信忠在己而众服焉。此先圣之所以集国家、安社稷乎！子何为然?”张孟谈对曰：“君之所言，成功之美也。臣之所谓，持国之道也。臣观成事，闻往古，天下之美同，臣主之权均之能美，未之有也。前事不忘，后事之师。君若弗图，则臣力不足。”（《战国策·赵策》）这里的“前事不忘，后事之师”，说明人们认识历史是为了现实和未来。王夫之提出：“所贵乎史者，述往以为来者师也。为史者，记载徒繁，而经世之大略不善，后人欲得其得失之枢机以效法之无由也，而恶用史为?”（《读通鉴论》卷六）他认为，史学最重要的价值就在于通过认识历史进而为现实和未来提供借鉴。清代顾炎武也说：“夫史书之作，鉴往所以训今”（《亭林文集》卷六），“引古酬今亦吾儒经世之用”（《亭林文集》卷四）。在他看来，他研经治史绝非远离世事，徒发思古之幽情，而是要通过认识历史为当今现实社会提供匡时济世的治国方略或趋利避害的经验教训。

## 三、推重信史、关注人事的撰史原则

中国古代史学有一个优良传统，就是推重信史。在对历史兴亡和社会发展的记述中，要关注人的作用，极力摆脱天命论历史观的困扰。在西方，史学始于神话，在中世纪又一度沦为神学的婢女。在中国，古代史学家虽然也不可能完全摆脱天命鬼神的观念束缚，但他们在利用史料复原和解释历史时，总是把关注的重点放在人本身的因素上，力求历史的真实。

推重信史，从史家对文献的处理是否得当、对史实的辨别和取舍是否正确来评判史著的优劣，是中国古代史学的一个重要传统。宋代的吴缜说："夫为史之要有三：一曰事实，二曰褒贬，三曰文采。有是事而作如是书，斯谓事实。因事实而寓惩劝，斯谓褒贬。事实、褒贬既得矣，必资文采以行之，夫然后成史。至于事得其实矣，而褒贬、文采则阙焉，虽未能成书，犹不失为史之意。若乃事实未明，而徒以褒贬、文采为事，则是既不成书，而又失为史之意矣。"（《新唐书纠谬》）在这里，吴缜把"事实""褒贬""文采"三者的关系讲得再清楚不过，其中"事实"是基础，"为史之意"的根本在于"事得其实"，也就是说只有在"事得其实"的前提下，史家的价值判断和文字表述才有意义，所以尊重历史事实是史学家的根本行为准则。

对史实的尊重和对人事的关注是一致的。春秋时郑国的子产说："天道远，人道迩，非所及也，何以知之……是亦多言矣，岂不或信?"（《左传・昭公十八年》）孔子虽然也讲天命，但在著史时"不语怪力乱神"，主张"敬鬼神而远之"。司马迁在《史记》中更是强调历史中人的因素和真实，比如说他对项羽英雄一世但从不自察，临死之前还一再说"此天之亡我，非战之罪也"，持严厉批判的态度，说："岂不谬哉!"古代史家这种对历史事实的尊重，不仅表现在反对天命论、不讲鬼神作用上，更表现在对历史事实的不断求证上，尤其是对一些失真疏漏之处所做的辨伪存真、纠谬正讹、拾遗补缺上。

另外，人类历史包罗万象、纷繁复杂，不可能将方方面面都毫无遗漏地记载下来。如何使容量有限的史书尽可能多地容纳丰富深刻的内容，也一直是史家关注和思考的问题。刘知几认为应该以"事关军国，理涉兴亡"（《诗通・书事》）的大事为重。朱熹认为应当以为现实社会提供借鉴与启迪的"大伦理、大机会、大治乱得失"（《朱子语类》卷十一）为主要着力点，这几乎成为古代史家共同遵守的撰史原则。在这一原则指导下，中国古代史学往往表现出一种广阔的时空背景和历史视野。比如，刘知几就称赞《史记》"纪以包举大端，传以委曲细事，表以谱列年爵，志以总括遗漏。逮于天文、地理、国典、朝章，显隐必该，洪纤靡失。此其所以为长也"（《史通・二体》）。再如以穷历代得失治乱为旨的《日知录》，不仅"综贯百家，上下千载，详考其得失之故，而断之于心，笔之于书，朝章、国典、民风、土俗，元元本本，无不洞悉。其术足以匡时，其言足以救世，是谓通儒之学"，而且"至于赋税、田亩、职官、选举、钱币、权量、水利、河渠、漕运、盐铁、人材、军旅，凡关家国之制，皆洞悉其所由盛衰利弊，而慨然著其化裁通变之道，词尤切至明白"（《日知录·序》）。

## 四、德才学识，史家四长

史家是史学活动的主体，史学的传统与史家的自身修养休戚相关。国人历来对"良史"寄予厚望，而"良史"有赖于治史者具有相应的人格和基本素养。孔子赞扬董狐因"书法不隐"而为"良史"，就是对史学家人格的基本看法。司马迁的史家素养更是被当作典范，受到史家们的普遍推崇，即使是对《史记》颇有微词的班彪、班固父子，对司马迁所表现出来的史家素养和人格也给予了高度评价。班彪说："然善述序事理，辩而不华，质而不野，文质相称，盖良史之才也。"（《后汉书·班彪传》）班固则进一步讲："然自刘向、扬雄，博极群书，皆称迁有良史之材。服其善序事理，辩而不华，质而不俚，其文直，其事核，不虚美，不隐恶，故谓之实录。"（《汉书·司马迁传》）

较早专门对史学家素养进行阐发的是刘勰，他说："史肇轩黄，体备周孔。世历斯编，善恶偕总。腾褒裁贬，万古魂动。辞宗丘明，直归南董。"（《文心雕龙·史传》）这里所谓"体备周孔""辞宗丘明""直归南董"谈的是史家在史书体裁的创制、文字的表述、作史的态度等方面所应学习的楷模和所应追求的素养目标，其着眼点是从驾驭文字的能力和品德素养方面对史家提出要求。《隋书·经籍志》史部后序则从史家知识储备、知识结构和见识等角度对史家素养提出了新的要求和目标："夫史官者，必求博闻强识，疏通知远之士，使居其位，百官众职，咸所贰焉。是故前言往行，无不识也；天文地理，无不察也；人事之纪，无不达也。内掌八柄，以诏王治，外执六典，以逆官政。书美以彰善，记恶以垂戒，范围神化，昭明令德，穷圣人之至赜，详一代之亹亹。"这里的"前言往行""天文地理""人事之纪"主要是从知识储备和结构方面说的，而"识""察""达"主要是就见识而言。由此亦可推论"博闻强识"是指知识上的素养，"疏通知远"是指见识上的素养，亦即要求史家知识储备要丰富，知识结构要合理，见识要深远。

到了唐代，著名史学批评家刘知几对史家素养提出了全面的要求。《唐书·刘子玄传》载，郑惟忠问："自古以来，文士多而史才少，何也?"刘知几"对曰：'史才须有三长，世无其人，故史才少也。三长，谓才也，学也，识也。夫有学而无才，亦犹良田百顷，黄金满籯，而使愚者营生，终不能致于货殖者矣。如有才而无学，亦犹思兼匠石，巧若公输，而家无楩楠斧斤，终不能成其宫室者矣。犹须好是正直，善恶必书，使骄主贼臣所以知惧，此则如虎傅翼，善无可加，所向无敌者矣。脱苟非其才，不可叨居此任。自迴古以来，能应斯目者，罕见其人。’时人以为知言”(《史通·辨职》)。这里讲的“史学”指的是史家的知识储备和结构，不仅包含各方面的文献知识，也包含了某些社会知识和自然知识。“史识”当指史家的见识，但刘知几格外强调了“好是正直，善恶必书”的直书精神，而这种精神恰好是史识的重要表现形式之一。至于“史才”则是指史家的能力，主要是指驾驭文献的能力，运用史书体裁、体例的能力和文字表述的能力。刘知几在系统总结和吸收前人对史家素养认识成果的基础上所提出的史家须有“三长”的论点，非常明确、自觉地提出了对史家素养的全面认识，这在中国古代史学发展史上具有划时代的意义。

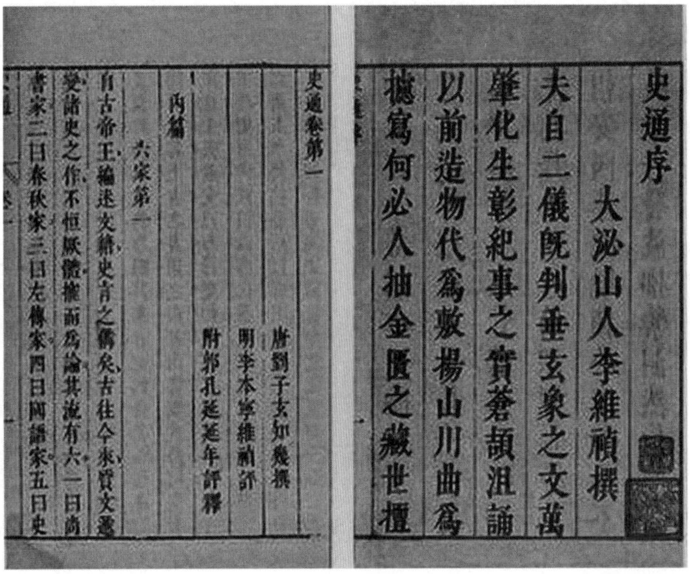
史通序
大泌山人李維禎撰
夫自二儀既判垂玄象之文萬
彙化生彰紀事之實蒼頡沮誦
以前造物代爲敷揚山川曲爲
摭寫何必人抽金匱之藏世擅

史通卷第一
唐劉子玄知幾撰
明李本寧維禎評
附郭孔延延年評釋
内篇
六家第一
自古帝王編述文籍史言之備矣古往今來質文遞
變諸史之作不恒厥體權而爲論其流有六一曰尚
書家二曰春秋家三曰左傳家四曰國語家五曰史

**《史通》书影**

到了清代，中国古代史学理论的集大成者章学诚在继承发展刘知几“史家三长”论的基础上，提出了“史德”说，以补充“史家三长”论之不足。在章学诚看来，优秀的史家不仅应该具备才、学、识“三长”，而且应该具备史德，只有同时具备德、才、学、识，方称得上良史，否则就不是。何谓“史德”？章学诚解释说：“能具史识者，必具史德。德者何？谓著书者之心术也。”章学诚进而对“心术”做了阐发：“盖欲为良史者，当慎辨于天人之际，尽其天而不益以人也。尽其天而不益以人，虽未能至，苟允知之，亦足以称著书者之心术矣。”(《文史通义》卷三）章学诚认为：学，反映史家的功力；才与识，反映史家的思想和创造性；德，反映史家的治史态度。这样，对史家素养的认识不仅更加丰富系统，而且更加深化，更具理论色彩。

# 第三节
# 中国古代史学典籍概览

习近平总书记2020年9月28日在中央政治局第二十三次集体学习时强调："我国是世界四大文明古国之一，中华民族有着悠久的历史和灿烂的文化，为人类文明进步作出了巨大贡献。纵观历史，中华文明具有独特文化基因和自身发展历程，植根于中华大地，同世界其他文明相互交流，与时代共进步，有着旺盛生命力。

"我国浩如烟海的文献典籍记录了中国3 000多年的历史，同时在甲骨文发明以前在中华大地还有1 000多年的文明发展史、超过百万年的人类发展史并没有文字记载。考古学者将埋藏于地下的古代遗存发掘出土，将尘封的历史揭示出来，将对它们的解读和认识转化为新的历史知识。"

## 一、典籍概述

"典籍"一词最早见于《孟子》。《孟子·告子下》曰："诸侯之地方百里。不百里，不足以守宗庙之典籍。"赵岐为"典籍"作注曰："谓先祖常籍法度之文也。"可见那时典籍的概念还泛指文献。《尚书·伪孔序》则讲："秦始皇灭先代典籍，焚书坑儒。"《后汉书·崔寔传》说崔寔"少沈静，好典籍"，大概这时候典籍的概念泛指典册书籍。

中国典籍起于何时，实难考证。《尚书·伪孔序》称，"古者伏羲氏之王天下也，始画八卦，造书契，以代结绳之政，由是文籍生焉"，并讲到"伏羲、神农、黄帝之书谓《三坟》，言大道也；少昊、颛顼、高辛、唐、虞之书谓之《五典》，言常道也……八卦之说谓之《八索》，求其义也；九州之志谓之《九丘》"。意思是说，早在三皇五帝时期，就已经有了《三坟》《五典》《八索》《九丘》之类的典籍。为了使这种说法可信，进而又说："先君孔子，生于周末，睹史籍之烦文，惧览之者不一，遂乃定《礼》《乐》，明旧章，删《诗》为三百篇，约史记而修《春秋》，赞《易》道以黜《八索》，述职方以除《九丘》，讨论《坟》《典》，断自唐、虞以下，迄于周。"这些话虽令人难以置信，但孔子确实整理了古籍而成六艺，用以收徒授课。所以，中国文化典籍的起源应该是这样的：春秋末期之前已经产生了典籍，但这些典籍乃长期蓄积而成，内容重复，文辞繁杂，不成体系。孔子"举其弘纲，撮其机要"，整理成《易》《书》《诗》《礼》《乐》《春秋》。

伴随着百家争鸣，产生了大量的私人著作，出现了我国历史上第一次典籍产生的高潮，不仅有各思想家的著作，而且科技方面也出现了医学书籍《黄帝内经》、药学书籍《神农本草经》，文学方面出现了屈原的不朽名著《离骚》。此后尽管有焚书坑儒、三武灭佛、元人毁道、清廷禁书以及兵燹回禄之灾，屡遭厄运，但自两汉以来，中经盛唐、两宋，旁及辽、金、西夏，直至元、明、清，特别是由于造纸、印刷技术的发展，古代典籍旧有新传，代有新作，多如丘山，浩如烟海，将中华民族的睿智物化凝结成灿烂的华夏文化。

典籍是一种特殊的社会产品。凡是典籍，无论人文社会科学，还是科学技术，都是对人们意识的反映。真正的典籍，只能是学术发展的结果。我国先秦萌生的史学、文学、天文、地理、医药、农桑种植以及儒、道、法、名诸子学，汉武以降的经学，直至宋明理学、清代汉学，都同时伴随着大量文化典籍的出现。自东汉佛教东传，道教崛起，其各自的教义学术千年不衰，各种典籍层出不穷。再比如文学，无论诗词歌赋、辞曲小令，还是戏剧小说，都不断为我国古代文化典籍的宝库增添新的光彩。

## 二、史学典籍

我国的史学典籍卷帙浩繁。南朝梁人阮孝绪在《七录》中根据史学典籍的题材内容进行过分类，史书自成部类。唐初完成的《隋书·经籍志》在此基础上将史部典籍分为十三类，即正史、古史、杂史、霸史、起居注、旧事、职官、仪注、刑法、杂传、地理、谱系、簿录。《四库全书总目》将史学典籍分为正史、编年、纪事本末、别史、杂史、诏令奏议、传记（圣贤、名人、总录、杂录、别录）、史钞、载记、时令、地理（总志、都会郡县、河渠、边防、山川、古迹、杂记、游记、外记）、职官（官制、官箴）、政书（通制、典礼、邦计、军政、法令、考工）、目录（经籍、金石）、史评十五类，共三千二百四十九卷。下面将对主要部分简单加以介绍。《隋志》史部的分类原则是内容和体裁的结合。正史指纪传体。古史，多依《春秋》之体，《新唐书·艺文志》，即称编年类。杂史，据《四库全书总目》所释，“义取乎兼包众体，宏括殊名”，体例杂；内容所述大抵皆帝王之事，但不像正史那样完整，且颇涉琐事遗文入史，内容杂。《宋史·艺文志》称别史。霸史，特指十六国的记注。起居注，指“录纪人君言行动止之事”之书；《新唐书·艺文志》把历朝实录、诏令，都放在起居注类。旧事、职官、仪法、刑法大都是有关制度之书。杂传是关于世俗、佛、道各种人物之传记。地理记州郡、山川、物产、风俗，谱系记姓氏，簿录著文献目录。

## （一）以人为纲——纪传体

纪传体是以人物为记载中心的另一种历史表述方式，是继编年体之后出现的另一种重要的史书体裁，覆盖面广，内容丰富，特别符合“大一统”思想的要求，被尊为“正史”，在史学中处于主导地位。

纪传体是由西汉史学家司马迁在《史记》中创造的。《史记》原称《太史公》，又称《太史公书》《太史公记》，记载了上起黄帝下至汉武帝共三千年左右的历史。由十二本纪、三十世家、七十列传、十表、八书构成，共一百三十卷，五十二万六千五百余字。十二本纪本着《春秋》《左传》的精神，反映“正统”和“大一统”的思想，说明古代特别是西汉统一国家的重要性。三十世家写春秋、战国十七诸侯的国别史，其余大都记述汉代功臣名将事迹。司马迁为孔子立世家，以其有整理、保存古籍和传播古代文化的功绩。至于为陈涉立世家，则突破了正统思想，歌颂了农民起义的领袖，为后世史家所不及。七十列传写春秋战国以来各阶级、阶层的代表人物，有政治家、军事家、文学家、科学家、思想家，以及鸡鸣狗盗之徒、市井屠夫等下层群众。司马迁将这些人物安放在同等地位，实属难能可贵。他还为匈奴和西南夷立传，体现了对少数民族的重视。十表中有世表、年表、月表，记事省简，查阅便利。八书中有天文、历算、地理、生产、商业等，总结了从古代到西汉的有关知识，反映了西汉统一国家的兴旺气象。

《史记》

《史记》在史学上的主要成就，首先是开创了纪传体的史学体例，为纪传体在史学中的权威地位打下了基础。其次，这是一部信史，其编撰者为写此书，除搜罗大量古史经传、诸子杂著外，还周游各地亲自考察，“网罗天下放失旧闻”，并对丰富的材料进行认真的考订。不能审定，也绝不虚构滥加。后世称“其文直，其事核，不虚美，不隐恶，故谓之实录”（《汉书·司马迁传》）。再次，它还坚持详近略远的记史原则，三千年的重点是汉代，一百三十卷有六十二卷专记汉史，十一卷秦汉兼有。另外，《史记》的魅力还在于其动人的文采，大如攻城略地、金戈铁马，小如一颦一笑、举杯投箸，都得以生动再现。《史记》的编撰，贯穿着“究天人之际，通古今之变，成一家之言”的史学价值观。

班固的《汉书》是《史记》之后又一部纪传体史学巨著。《汉书》又名《前汉书》，专记汉代历史，是我国第一部纪传体断代史，它完成了纪传体的正统化和规范化。《汉书》共一百卷，它沿用《史记》的体例而略有变更，改书为志，改世家为传，分为十二纪、七十列传、十志、八表，始于刘邦，终于新莽政权灭亡。《汉书》是《史记》以后正史中最优秀的作品。它史料翔实，文辞典雅，颇有恢宏之气，无论在史学上还是文学上都堪称上乘之作。但班固严守尊君思想，缺乏批判精神，所以晋人傅玄评论他“论国事则饰朝阙而折忠臣，叙世教则贵取容而贱直质”（《史通·书事》），思想性比《史记》逊色。东汉自明帝始，到桓、灵时，连续修撰本朝纪传体史书，因著史的地方在洛阳宫中东观殿内，书成故称为《东观汉记》，这是官修纪传体本朝史的先例。自《汉书》以后，纪传体便获得了正史地位，历代仿照它的体例，相继纂修了纪传体的断代史。

晋代陈寿（公元 233—297 年，今四川南充人）撰写的《三国志》共六十五卷，包括《魏志》三十卷，《蜀志》十五卷，《吴志》二十卷，以总揽三国全局的观点和简洁的笔法阐述了自公元 184 年黄巾军起义到公元 280 年晋灭吴这 97 年的历史，叙事井然有序，成为我国纪传体史书中的杰作。但该书文字过于疏略，实为美中不足。宋代的裴松之为之作注和补缺，征引汉、魏、晋、南北朝的著述一百数十种，引文首尾完具，并考订异同，以补陈寿书的不足。有了裴注，《三国志》才得以与《史记》《汉书》《后汉书》并称为“前四史”。《后汉书》包括纪、传九十卷，志三十卷，由范晔（公元 398—445 年，今河南淅川人）利用当时已经成书的许多家后汉史著作写成。他的史学观点较班固大为进步，在体例上也较《汉书》有所发展。范晔在纪传体史书的基础上，创立了《列女传》《文苑传》。《列女传》记载了才行优异的妇女的事迹，把历史上的载笔扩展到占人口半数的妇女方面，这是他眼界高于一般人之处。除此之外，他还为“遗民”“独行”“党锢”“宦者”“孝子”立传，使纪传体史书更加完备。因此，刘知几说他“博采众书，裁成汉典，观其所取，颇有奇工”（《史通·书事》）。

从唐代开始，官修断代史成为改朝换代后的一件大事，历朝相续，最终形成了一套系列纪传体丛书——“二十四史”，它被认为是记载古代历史最权威的史著。具体而言，“二十四史”包括从《史记》到《明史》共二十四部纪传体史籍。它上起传说中的黄帝（公元前 2550 年），止于明朝崇祯十七年（公元 1644 年），计三千二百一十三卷，约四千万字，它们的体例虽不尽相同，但基本一致，即以人物记载为中心。其中记载帝王事迹的“本纪”被视为骨架，位于内容之首。“世家”是记载诸侯历史的。“书”或“志”是记载典章制度的，记载了包括典礼仪式、音乐艺术、天文历法、祭祀、水利、农工商业、法律制度、自然科学、地理沿革、行政制度等在内的广泛内容。“列传”主要是人物传记，包括专传（一人）、合传（二人）、类传（同类多人）、附传四种方式。“表”包括以人为主的世系表、以群为主的部族国家表和以制度为主的表。除本纪、列传、世家、书志、表外，还有一种独特的重要内容，即“论赞”，与整个史籍形成一个整体，不仅能使读者加深对事件和人物的认识，而且也有利于研究作者的史学观和史学方法。1921 年，中华民国大总统徐世昌下令将《新元史》列入正史，与“二十四史”合称为“二十五史”，而多数地方不将《新元史》列入，改将《清史稿》列为“二十五史”之一，或者将两书都列入正史，形成“二十六史”。

正史类典籍的主体就是所谓的“二十五史”。这“二十五史”分别是：《史记》，西汉司马迁著；《汉书》，东汉班固著；《后汉书》，南朝宋范晔、司马彪著；《三国志》（裴松之注），西晋陈寿著；《晋书》，唐房玄龄等著；《宋书》，南朝梁沈约著；《南齐书》，南朝梁萧子显著；《梁书》，唐姚思廉著；《陈书》，唐姚思廉著；《魏书》，北齐魏收著；《北齐书》，唐李百药著；《周书》，唐令狐德棻等著；《隋书》，唐魏徵等著；《南史》，唐李延寿著；《北史》，唐李延寿著；《旧唐书》，后晋刘昫等著；《新唐书》，宋欧阳修、宋祁著；《旧五代史》，宋薛居正等著；《新五代史》，宋欧阳修著；《宋史》《辽史》《金史》，元脱脱等著；《元史》，明宋濂等著；《明史》，清张廷玉等著；《清史稿》，民国赵尔巽著。

## （二）以时为纲——编年体

中国古代史学的主要特点是丰富的历史内容和多样的表述形式相结合。在众多的表述形式中，按年月编排史事、按时间顺序记载史实的编年体，既开风气之先，又成为编写历史的最基本手段。

《春秋》是我国现存最早的编年体史书，也是我国第一部史学著作。《春秋》是由孔子在春秋末期依据鲁国国史《鲁春秋》写成的，它兼采列国史料，以鲁国十二位君主世系为序，记录了当时的政治、军事、外交、礼仪等大事，记录完整，语言简约，具备了历史著作的雏形。它“以事系日，以日系月，以月系时，以时系年”（《春秋左传集解・序》），通过人物、地点、时间等的有机结合，反映历史发展的过程，初步创立了编年体方式。《春秋》带有鲜明的政治色彩和倾向，其编写人孔子通过所谓的“春秋笔法”来宣扬自己的思想主张，讲求“属辞比事”①，“微言大义”，褒贬臧否。这一史学方法影响了其后两千年的史家。一些学者仿其编年体例，阐释它的“微言大义”，著成《春秋公羊传》《春秋穀梁传》《春秋左氏传》，史家称作“春秋三传”。

《左传》，全称《春秋左氏传》，是《春秋》之后的又一部重要的编年体史书，记载了从鲁隐公元年（公元前 722 年）至鲁悼公十四年（公元前 453 年）两百多年间的历史。与《春秋》相比，《左传》无论是在形式上，还是在内容上，都是对编年体完善的一次飞跃。从方法上来看，它改变了《春秋》记事简略的做法，对历史活动

---

① 《礼记・经解》有“属辞比事而不乱，则深于春秋者也”之说。

和事件的前因后果都有交代；在叙述事件的同时，还重视记述人物的言行，“言事相兼，繁省合理”(《史通・二体》)；在内容上，《左传》比《春秋》取材广博，涉及政治、军事、外交、经济、学术文化、社会生活、自然现象等众多方面。另外，《左传》还创造了“君子曰”的史评方式，表明对历史事件和人物的看法，为后世所继承。

东汉荀悦所著《汉纪》是我国最早的编年体皇朝史。东汉末年，汉献帝喜读典籍，颇感《汉书》“文烦难省”，便令荀悦依照《左传》体制，删为《汉纪》三十篇，共十八万字，综合采用类叙、赘叙、补叙的方式，记事相对集中，并介绍了与之有关的政事、人物、典制等，弥补了编年体流水记事的缺陷，可读性增强。

宋代编年体达到了一个新的高潮，其代表性成果就是司马光编撰的《资治通鉴》(简称《通鉴》)。《通鉴》共有二百九十四卷，记载了周威烈王二十三年（公元前403年）至五代时期周世宗显德六年（公元959年）的历史，是一部成熟完备的编年体通史，可与纪传体通史《史记》相媲美。《通鉴》的编撰主要是为了“便览资治”。司马光讲“《春秋》之后，迄今千余年。《史记》至《五代史》，一千五百卷，诸生历年不能竟其篇第，毕世不暇举其大略”，因而“常欲删取其要，为编年一书”(《资治通鉴表》)。《通鉴》的编修工作长达十九年，其间步骤明确，组织细密，集体合作与个人负责相结合。《通鉴》保存了丰富的史料，取材严谨，考证精详，以系年为主，兼取诸体之长，有很高的史学成就和文学价值，比如对赤壁、淝水之战的场面描写，虽为记史，亦为名篇佳作。《通鉴》还对后世产生了重要影响，治史者群起效法，补作续作，形成了所谓的“通鉴学”。

此外编年类典籍还有《竹书纪年》《前汉纪》《后汉纪》《续资治通鉴》《国榷》《明纪》《明通鉴》等。

### (三) 以事为纲——纪事本末体

纪事本末体是一种以记事为主、一事一篇、各自独立的历史叙述方法。这种方法始于南宋袁枢的《通鉴纪事本末》。《通鉴纪事本末》将二百九十四卷的《通鉴》剪裁为四十二卷，将其所载历史总括为二百三十九个题目，一题一事，一事一篇，详记始末，使“根干枝叶，绳绳相生，不待反复它卷，而了然在目中”(《通鉴纪事本末・序》)，比如他将秦以前历史分为“三家分晋”“秦并六国”“豪杰亡秦”三目，史料不及《通鉴》一半，却未遗漏任何重要史实，从而以简练的文字克服了编年、纪传体的不足，将整个历史事件完整集中地反映了出来，在普及历史知识方面发挥了重要作用。清代学者章学诚称誉袁枢的创造是“化臭腐为神奇”，赞扬纪传本末体“文省于纪传，事豁于编年”(《文史通义・书教下》)。

纪事本末体史书在产生之后，随着形式的发展，逐渐有了提供更多史料、考辨史实、改革体裁等日益丰富的内容和作用，为我国传统史学发展的多样性、连续性增加了新内容，成为史学的又一大流派。

此外，纪事本末类典籍还有《左传纪事本末》《宋史纪事本末》《辽史纪事本末》《金史纪事本末》《西夏纪事本末》《元史纪事本末》《明史纪事本末》《清史纪事本末》等。

## (四) 各具功能的其他史学杰作

《通典》

典制体也是一种自成系统的史学著作，它专记数代或一代的典章制度。这种史籍始于唐代杜佑所著的《通典》。《通典》共二十卷，分实货、选举、官职、礼、乐、兵、刑、州郡、边防九门，每门又分若干目，目下以朝代先后为序依次记述了上起黄帝、尧舜，下至唐玄宗天宝末年的典章制度。每一朝代，又以时间为序记述各种制度的沿革兴废和历代评价。除《通典》外，这类史书还包括南宋郑樵的《通志》、元代马端临的《文献通考》等。受《通典》影响，还产生了"会要"这种专记断代典章制度的史书体裁，与《通典》一起形成了一套贯穿古今的典章制度史系列，为研究历史提供了很大方便。此外制度史类还有《续通典》《续文献通考》《唐六典》《元典章》《明会典》《清会典》等。

在我国，地理志是史学的一部分。正史中有"地理志"，典制史中有"州郡"或"舆地"。作为专门记载地理沿革变迁的史籍，地理类史书发展于魏晋时期。这一时期的地理著作有三百种之多，但现在大多已亡佚，仅有《水经注》流传。另外，地理方志类典籍还有《禹贡》《元和郡县志》《太平寰宇记》《舆地纪胜》《大元大一统志》《大明一统志》《读史方舆纪要》等。

记载人物生平事迹的人物传记在中国传统史学中也很重要，著名的有汉代刘向所编的《烈女传》等。到明清时期，由传记体中分离出一支专门以记载学术思想史为内容的学案体，著名的有明末清初黄宗羲的《明儒学案》《宋元学案》，梁启超的《清代学术概论》《中国近三百年学术史》等。

在史学著作中，还有不少独成体裁的，如与地志相关的专记一地史实的方志书，专记一家一族生衍的谱牒，反映历代官职沿革的专史，专记帝王言行举止的起居注、实录，专门记载各代典籍著述的目录书，等等。

别史是对不属于"正史""杂史"的史书的统称。明人黄虞稷的《千顷堂书目》，在编年体、纪传体以外，另设"别史"，收录杂记历代或一代史实的史书。如《东观汉记》《续后汉书》《古今纪要》等。

杂史名始于《隋书·经籍志》，一般将只记一事始末、一时见闻或只记一家的私记、带有掌故性质的史书都列于杂史类。有的推而广之，将稗官野史、小说笔记统统列入此类。如《贞观政要》《甲申传信录》《越绝书》《吴越春秋》《楚汉春秋》《风俗通义》《十六国春秋》《佛国记》《贞观政要》《蒙古秘史》《中西纪事》等。

诏令奏议，帝王命令为诏令，大臣奏章为奏议。如《西汉诏令》《孝肃包公奏议》等。

传记是指记一人、一代、一时之事的史籍。如《春秋列传》《晏子春秋》《列女传》《高僧传》《元朝名臣事略》《碑传集》等。

史钞是指摘抄一史或合抄众史的书籍。这类史书"博取约存"，为读者提供了一定的方便。如《汉书钞》《新旧唐书合钞》等。

载记又称伪史、霸史，用来记述所谓非正统者的事迹。这类史书体裁始于班固，主要记载历史上割据政权和农民起义建立政权的史事。如《华阳国志》《南唐书》《安南志略》等。

时令是关于天文气候、农事政令之类的史书。如《夏小正》《岁时广记》等。

实录类有《大唐创业起居注》《太宗实录》《明实录》《清实录》等。

另外，值得一提的是专门对史学家和史籍进行评论的史评体专著，其中有代表性的是唐代刘知几的《史通》和清代章学诚的《文史通义》。《史通》是我国第一部系统性的史论专著，兼有史学理论和史学批评两方面的内容，共二十卷，分为内篇和外篇两部分。内篇三十九篇，阐述史书的源流、体例和编写方法；外篇十三篇，论述史官建置的沿革和得失。原有五十二篇，现仅存四十九篇。

能与《史通》匹敌的史学理论巨著《文史通义》共八卷，包括内篇和外篇两部分，是一部纵论文史、品评古今学术的著作。它不仅是史学园地里的奇葩，也是文学批评园地里不可多得的佳作。

## 思考题

1. 论述我国史学发展的各阶段及其特点。
2. 举例分析史学典籍的各种类型。
3. 谈谈你对刘知几"史家三才"论的理解。后人对此理论有何补充?
4. 围绕中国古代史学的优良传统，谈谈你对"史德"的理解。
5. 谈谈"以史为鉴、经世致用"对新时代社会主义文化建设的指导意义。

## 扩展阅读

1. 司马迁．史记：评注本．韩兆琦，评注．长沙：岳麓书社，2004.

2. 刘知几．史通．黄寿成，校点．沈阳：辽宁教育出版社，1997.
3. 李宗侗．中国史学史．北京：中华书局，2010.
4. 施建雄．十至十三世纪中国史学发展史．北京：人民出版社，2010.
5. 蒙文通．中国史学史．上海：上海人民出版社，2006.

# 第六章

# 中国语言文字

**【本章要点】**

1. 汉语的历史及特点。
2. 汉字的历史及特点。
3. 汉语汉字的文化功能。

语言是人类进行思考和表达思想感情的重要手段，也是人类最为重要的交际工具。它是人类所独有的一种机能；是一种以语音为物质外壳，以词汇为建筑材料，以语法为结构条理而构成的符号体系与信息载体；也是一种特殊的社会现象。全世界的语言大约有 5 000 种，这些语言可分为四种类型：孤立语、黏着语、屈折语、复综语。按照语言的亲属关系，语言又可分为九个语系：汉藏语系、印欧语系、乌拉尔语系、阿尔泰语系、闪-含语系、高加索语系、达罗毗荼语系、马来-波利尼西亚语系、南亚语系以及其他一些语群和语言。汉语属于汉藏语系。

每一种语言都与文化密切相关。可以说，语言既是文化的有机组成部分，又是文化的重要载体。英国语言学家帕默尔说过："语言忠实地反映了一个民族的全部历史、文化，忠实地反映了它的各种游戏和娱乐，各种信仰和偏见。"语言作为文化的载体，对民族文化的建构和传承具有举足轻重的作用。而文字作为语言的书面形式，更对文化的传承起着非同一般的作用。就汉语来讲，它独特的面貌、独有的文字形式，不仅是记录语言的符号系统，也是一种负载着民族文化的特殊的符号系统。

# 第一节 中国语言系统

## 一、中国语言系统与汉语

### （一）中国语言的组成

中国语言为全国 56 个民族及遍布世界各地的华侨、华人、华裔所共用，分属五大语系：汉藏语系、阿尔泰语系、南亚语系、印欧语系、南岛语系（马来-波利尼西亚语系）。其中使用人口最多、分布区域最广的是汉藏语系。使用汉语的人数在 14 亿以上，广泛分布在世界各大洲。

### (二)中国语言的分布

#### 1. 汉藏语系

汉藏语系广泛分布于沿海各省及内地各省。世界上但凡有华人分布的国家和地区都使用着汉语。汉藏语系包括汉语族、壮侗语族(包括壮傣语、侗水语、黎语等三个语支九个语种)、藏缅语族(含藏语、彝语、缅甸语、景颇语及一些未定语支,共有约二十个语种)、苗瑶语族(含苗语、瑶语及未定语支,约六个语种)等。

#### 2. 阿尔泰语系

阿尔泰语系主要分布在西北边疆,包括突厥语族(含西匈语支和东匈语支约七个语种)、蒙古语族(含蒙古语、达斡尔语等六个语种)、满-通古斯语族(含满语、通古斯两个语支及暂归本语系的朝鲜语)。北部各省区均有分布。

#### 3. 南亚语系

南亚语系,或称澳亚语系,主要为孟高棉语族德昂语支,含三个语种,主要分布在云南等地。

#### 4. 印欧语系

印欧语系分布在西部边疆,包括斯拉夫语族的东斯拉夫语支中的俄罗斯语、伊朗语族中的塔吉克语。

#### 5. 南岛语系

台湾地区的高山族所使用的语言属于南岛语系(马来-波利尼西亚语系)。

## 二、汉语方言区

汉语方言俗称地方话,是语言的一种地方变体。方言虽然通常只在一定的地域通行,但本身有一个完整的系统——具有语音结构系统、词汇结构系统和语法结构系统,而且能满足本地域人们社会交际的需要。同一个民族的各地方方言是本民族的共同语,一般总是表现出“同中有异、异中有同”的语言特点。民族共同语总是在一个方言的基础上发展起来的。

方言可根据性质进一步划分为地域方言和社会方言。地域方言是语言因地域方面的差别而形成的变体，是全民语言的不同地域上的分支，是语言发展的不平衡在地域上的反映。社会方言是同一地域的社会成员因为在职业、阶层、年龄、性别、文化教养等方面具有社会差异而形成的不同的社会变体。汉语方言分布区域十分辽阔，使用人口大约在 9 亿以上。

我们说方言是文化的活化石，是因为方言作为地方文化的一种，是民族文化的有机组成部分。它既是民族文化的显著特征，又是当地传统文化传承和发扬的重要载体。

对于汉语方言的划分，虽然目前学术界观点不尽一致，但大致有三种分类方法：七大方言、八大方言及九大方言。七大方言包括北方官话、吴语、粤语、闽语、客语、湘语、赣语。七大方言加上徽语，即为八大方言。八大方言加上晋语，即为九大方言。

## （一）北方官话

汉语方言中，北方官话使用的人数最多，分布地域也最广。除黄河流域各省市外，四川、新疆、东北三省、内蒙古、云南、贵州也大都使用北方官话。北方官话为什么叫官话呢？原因是，历代以来，北方多为京都所在地，这里人口稠密，地位重要，具有权威性。元代以后，以北方官话为代表的北方方言一直是官场交际的通用语言。宋元以后的许多小说话本也是以北方官话写成的。今天汉族人口中，讲北方官话的约占 70%。在北方官话中，又有北京官话、冀鲁官话、兰银官话、中原官话、西南官话、江淮官话之分。东北话、山东话、河南话、四川话、陕西话虽有差别，但相互之间不会听不懂，只是稍有区别罢了。北方官话的特点是：（1）声调只有四个。（2）辅音韵尾只有两个，[n] 和 [ŋ]，如北京话的 in（音）、ing（英），没有入声。（3）古代的全浊声母全部念清音。

## （二）吴语

吴语流行于古吴越之地，包括浙江省和苏南地区。晋永嘉之乱后，北人南迁，士族鄙薄吴语，仍用北方话，后来逐渐形成江淮官话，使吴语区缩小。

吴语的主要特点是轻柔婉转，柔和悦耳，自古有“吴侬软语”之称。其主要特点为：（1）清浊声母有别。（2）有 z、c、s，没 zh、ch、sh，故多舌尖音。（3）声调较多，一般有五六个。（4）有入声，韵尾是短短的喉塞音，鼻辅音韵尾只有一个，是 [n] 或 [ŋ]，所以吴语中“今”与“精”、“亲”与“轻”分不清楚。吴语的代表原是苏州话，近年由于上海经济中心的形成，上海方言逐渐成为吴语中的优势方言。

## (三) 粤语

粤语就是广东话，以广州方言为代表，广西东南部人、港澳同胞及海外侨胞也讲粤语。广东省也有人讲客家话和闽南话。粤语的特点是：(1) 普通话 j 广州话读舌音 g。(2) 声调有九个之多。(3) 辅音韵尾多达六个，[m]、[n]、[ŋ]、[p]、[t]、[k]，后三者为不爆破的塞音尾，念起来像英语的 p、t、k，听起来有不断阻断之感，好像一个字一个字地单念。另外，粤语有些特殊词语，如“饭煲”“靓女”“克力架”“生猛海鲜”等，有时还混有一些外来词，形成中西合璧的粤语词。

## (四) 闽语

闽语分布在闽南、闽北，方言特色显著。广东潮汕及台湾地区也多用闽语。由于吴人南下，闽语中保留着不少古吴语痕迹。“知之为知之，不知为不知”，闽语读为“滴滴为滴滴，不滴为不滴”，就是保留了上古的舌音。其特点为：(1) 没有 f，s 与 sh 不分。(2) 声调有七个。(3) 古“知”组字读为“端”组字。另外，闽语保留了较多的单音词，如目、行、曝等。

## (五) 客语

客语俗称客家话，在南方各省作方言岛分布，尤以广东、福建为多。客家话是由移民造成的，往往在一个地区形成一个独立的生活集团。其语言特点是：(1) s 与 sh 不分。(2) 没有撮口呼。(3) 有六个声调。(4) 上声与去声不分。

## (六) 湘语

湘语分布于湖南省东南部，以长沙话为代表。湘语源于古楚语，但变化快。其特点是：(1) n 与 l 不分，长沙人说 lánde，很难听出是“男的”还是“蓝的”。(2) f 和 h 不分。(3) 保留入声。“伢子”“堂客”也是湘语词。

## (七) 赣语

赣语分布在江西省、湖北省东南部及皖南闽西地区，江西古为吴头楚尾之区，为吴语楚语交汇处。赣语的特点是：(1) 古浊塞音读送气清音。(2) 没有 n 声母。(3) 有 [p]、[t]、[k] 三个入声尾。整体来看，赣语的特色不十分鲜明。

### （八）徽语

徽语过去归入江淮官语，现在方言学家认为其应该独立出来。徽语主要分布在安徽南部、浙江西北部和江西东北部地区。其特点是：（1）古全浊塞音声母读送气清音。（2）鼻韵尾消失或变为鼻化音。（3）有入声，但多数无入声塞音尾，仅有入声调类。

### （九）晋语

晋语是山西话，分布区域除山西外，还包括陕北、豫北及其与河北、内蒙古交界处。晋语的最大特点是晋语的入声，有的话听起来带鼻音。有些词较有特色，如叫“丈夫”为“老汉”，“一棵树”叫“一扒树”等。

除了上述九大方言外，还有南平官话、平话、军话等，来源于兵丁远戍（即“八一话”），形成相对独立的社会集团。这些语言既有原来的特色，又受到当地语言的影响，久而久之，就在当地形成了相对独立的方言岛。

另外，四川话也有一定的区域特色，主要分布在四川、湖北西部。但听起来并不难懂，也有许多别具一格的词，如叫“辣椒”为“海椒”，叫“谈天”为“摆龙门阵”等。

# 第二节
# 汉语的历史与特点

## 一、汉语的历史

自古而今，中国就是一个多民族、多语种的国家，而汉语是跨民族、跨地区的国家通用语。汉语有悠久的历史，作为民族文化的载体，汉语深深打上了汉民族的文化烙印。了解汉语的历史，对于我们了解汉民族的历史无疑是有益的。

语言伴随着人类社会的产生而产生，也随着时代的发展而演变。在词汇、语音、语法这三大要素中，变化最快的是词汇，其次是语音，而语法的变化最慢。

## （一）汉语词汇的发展

与其他语言一样，汉语词汇发展属于积累型。汉语在历史发展的过程中不断吸收外来词丰富自己的词汇系统。早在汉代，汉语就吸收了不少外来词，有些词由于一直流传至今，使用年代久远，人们已经感觉不到它们是外来词了。例如，来自匈奴的“骆驼”“琵琶”，来自西域的“葡萄”“石榴”“苜蓿”“菠萝”，来自梵语的“罗汉”“阎罗”“袈裟”“菩萨”。20世纪以来，尤其是五四运动以来，汉语吸收的外来词更多了，如“沙发”“扑克”“咖喱”“尼龙”“幽默”“法兰绒”“歇斯底里”等。“新事物的出现、旧事物的消亡和认识的深化，都必然会在词汇和词义中打上自己的印记。”①

旧词的消亡，有一些是由于旧事物的消亡，如“马褂”“顶戴”等。有一些则是由于人们思维的发展及社会生活的变化，淘汰了那些概括性太差的词，而代之以短语。如纯黑色的马叫“骊”，红黄色的马叫“骍”，白毛黑鬃的马叫“骆”。那是因为上古时候畜牧业发达，因而产生了“骊”“骍”“骆”等单音词。当人类进入农业社会以后，这些词就不再需要了，代之以短语。尽管词汇系统在不断变化，但历史上的基本词汇却保存至今，如“天”“地”“雷”“电”“湖”“海”“眼”“耳”“手”“牛”“羊”“前”“后”“三”“百”“刀”“斧”“生”“死”“跑”“跳”“大”“小”等都是有千百年历史的基本词语，它们与人们世代的日常生活紧密相关，它们的稳固性使新词的出现有了坚实的基础。

汉语词汇在语音形式上的发展也有自己的规律，那就是由起初的以单音节为主，逐渐变为以双音合成为主。上古汉语里，单音词居多，这些单音词有些传承至今，成为现代汉语中的单音节词语。而现代汉语中的复音词（两个音节或两个音节以上的词）则是由古汉语中存留的单音节语素凝结而成的。它们的组成方式有些是原来的一部分单音节词向双音节词演变，如“天-天空”“月-月亮”“山-山脉”“海-大海”等；有些是把两个意义相关的单音节词合起来，组成新词，如“司令”“抢夺”“道路”；有些是把多音节词组或词省减为双音节词，如“落花生-花生”“彩色信息-彩信”。现代汉语以复音词居多，其中双音节词占绝大多数。双音合成词在先秦时期就已经出现，例如“驾崩”“丘陵”“小人”“诸侯”等，汉唐以后，双音合成词一直在持续增长。此外，汉语中还有一种联绵词，例如“徘徊”“犹豫”“淋漓”“沐浴”“窈窕”等，这些双音词，或双声，或叠韵，带有音乐美，一般用来描写各种情状，常见于诗词和韵文中，汉语特色浓厚。

① 叶蜚声，徐通锵．语言学纲要．3版．北京：北京大学出版社，1997：244.

## （二）汉语语音的发展

汉语语音的变化在不同的方言区表现是不同的，这里只介绍古今标准语（主流方言）的语音演变。汉语语音由声母、韵母和声调三方面组成。这三个方面各有各的变化。

声母方面，最主要的变化是浊音清化。发音时声带颤动的是浊音，声带不颤动的是清音，唐宋以前的浊音声母到元代变成了清音。

韵母方面，最主要的变化是入声韵尾的消失。古代入声有［p］、［t］、［k］三种韵尾，今天的闽语、粤语方言还保留着这三种入声韵尾。在北京话里，韵尾逐渐脱落，大约到元代时，入声韵尾已经彻底消失了。因此，现代汉语共同语中是没有入声韵的。

声调方面，最大的变化是入声的消失。对于先秦时代的声调，有人认为有四声，只是与后来的四声不同；有人认为只有平、上、入三声，而无去声；也有人认为只有平、入两声。齐梁间有了平、上、去、入四声的运用。普通话阴、阳、上、去四声的调类，在元代已经形成。

汉语声母、韵母系统发展的主要趋势是经过一段繁化丰富时期后逐步简化。据音韵学研究，先秦两汉时期声母有 33 个，隋唐时期 33 个，宋代 21 个，元代 25 个，明代 21 个，现代汉语普通话有声母 21 个。据研究发现，在先秦时期韵母有 151 个，隋唐时期 113 个，宋代 107 个，元代 48 个，明清时期 40 个，现代普通话中，韵母只有 39 个。可以看出，汉语的声母、韵母，随着历史的发展，都大大简化了。

汉语语音的变化是有系统性的。一方面，声、韵、调的变化互相影响，互相制约，例如声母的变化常常源于韵母的不同，韵母的变化也常常影响着声母的发音部位的变化。另一方面，语音的变化往往是整个系统中符合某一个条件的一律发生变化，例如原来的韵尾［m］在北京话中全部变成了韵尾［n］，又如“兰”由［lam］变成了［lan］，“三”由［sam］变成了［san］，“前”由［tɕ$^{h}$iem］变成了［tɕ$^{h}$iæn］等。

## （三）汉语语法的发展

在语言的三要素中，语法具有很大的稳定性。在整个汉语史上，汉语句子的基本词序变化不大。从古至今词序基本保持了这样的格局：主语在谓语之前，修饰语在被修饰语之前。只有动词与宾语的语序情况稍显复杂，有过宾语前置这一语言现象，但从先秦开始，动词在宾语之前的格局也已经基本形成。汉语语法是逐步发展的，总的发展趋势是日渐严密。

虚词是汉语非常重要的语法手段，也是语法发展过程中变动较大的部分。在汉语历史的发展中，虚词数量不断丰富，每个虚词的功能分工渐渐明确，进而增强了汉语语法的严密性。汉语虚词中表示关系的连词、介词和一部分助词，大多是由实词虚化形成的。例如，介词“以”就是由动词演化而来的。《战国策・齐策一》“皆以美于徐公”句中的“以”是“认为”“以为”的意思，屈原《九章・涉江》“忠不必用兮，贤不必以”句中的“以”是“用”的意思，两个义项都是动词。后来虚化为介词，如《史记・孙子吴起列传》“孙膑以此名显天下”句中的“以”表“因为”义。再进一步虚化为连词，如《论语・述而》“发愤忘食，乐以忘忧”中的“以”就是虚词，不表实义。有些虚词在发展过程中复音化，如“所”“以”组合为“所以”，“然”“则”组合成“然则”等。

句式逐渐丰富、句子结构日益严密是汉语语法发展的又一趋势。这种趋势的形成一方面是因为虚词增多，句法手段多样化，同一意思可以采取不同的手段表述，以达到不同的表意效果；另一方面也与外来语的影响有关。如“把”字句的产生就丰富了汉语的表达手段。“把”字句是在谓语动词前用介词“把”引出受事，表示对受事进行处置。如：“一定要把环境污染治理好！”“他的真诚把在场的所有人都感动了。”这种句式强调宾语被“处置”的作用，是普通的句式所不能达到的。

## 二、汉语的特点及其在世界语言中的定位

世界语言虽然有 5 000 多种，但使用人口超过 100 万的语言只有 140 种，其中汉语的使用人口最多，约占世界人口的 1/5。与世界上其他语言相比，汉语有着自己显著的特点。

### （一）汉语的特点

#### 1. 汉语没有词形变化，词序比较严格

从词的构造特点来看，汉语的词进入使用后，没有表示语法关系的词形变化。不像英语中的词，有时态、数、格等的形态变化。由于汉语不通过词的形态变化表示语法关系，所以虚词和词序就比较重要，用来表示语法关系。所以，对于文句中每个词的语法功能、它所显示出来的词义以及整个文句的含义，词序都有一定的甚至是很重要的决定意义。例如“不完全懂”与“完全不懂”，“不很好”与“很不

好”，“我看他”与“他看我”，“房子比树高”与“树比房子高”，意思就大不相同。汉语的词序是说汉语的人约定俗成的，它既反映了一定的逻辑事理，又反映了一定的语言习惯。词序问题是汉语语法中一个重要的问题，一方面，它受逻辑事理和语言习惯的制约，带有一定的强制性；另一方面，从局部来看，强制性之中又有一定的选择性。在学习和使用汉语时，要特别注意词序的这些特点。汉语的这一特点与英语等通过词的形态变化来表示词与词之间的语法关系是不同的。

#### 2. 声调是汉语的一种构词手段

在屈折语（如英语）中，声调没有很大的区别词语的作用。如“please”读升调和降调对它的意思影响不大。而汉语是有声调的语言，古代汉语有“平、上、去、入”四声，现代汉语普通话有“阴平、阳平、上声、去声”四个声调。声调是汉语构词的一种手段，如：“数”读第三声表示“查点数目”，为动词；读第四声表示“数目”，为名词。“好”读第三声是“美好”的意思，是形容词；读第四声表示“爱好”，是动词。“买花”和“卖画”，“技巧”和“讥诮”，“简洁”和“间接”等都是声调不同构成的不同词语。因而，对于汉语而言，声调的不同可以构成不同的词，当然也就表达不同的意思。

#### 3. 汉语中的音节和词可以是一对多的关系

从音义对应的角度来看，汉语的特点是一个音节对应多个词（语素）。汉语中总共有416个字音，但汉字却达数万，因此一音多字是个很普遍的现象。

因为多词同音，所以单凭语音在理解上会产生歧义，在某些特殊的情况下，单凭听到的语音无法领会语义。如赵元任在《语言问题》中曾举过一则“漪姨的故事”：“漪姨倚椅，悒悒，疑异疫，宜诣医，医以宜以蚁胰医姨。医以亿弋弋亿蚁。亿蚁殪，蚁胰溢。医以亿蚁溢胰医姨，姨疫以医。姨怡怡，以夷衣贻医。医衣夷衣，亦怡怡。噫！医以蚁胰医姨疫，亦异矣；姨以夷衣贻医，亦益异已矣！”这则故事全篇只用了一个音节“yi”，如果不写成书面形式，只靠口语表达是无法让人理解的。利用同音字词，人民群众灵活巧妙地创造出许多幽默风趣的歇后语。如外甥打灯笼——照旧（舅），打破砂锅——问（纹）到底，梁山的军师——无（吴）用，孔夫子搬家——净输（书），嗑瓜子嗑出臭虫来——啥人（仁）都有，等等。

### （二）汉语在世界语言中的定位

汉语被联合国指定为七种工作语言之一（另外六种语言分别是英语、俄语、德语、法语、西班牙语和阿拉伯语），具有重要的地位。

我们可以从两方面为汉语定位。按照语法结构，世界上的语言可以分成四种类型：孤立语、黏着语、屈折语、复综语。汉语是孤立语的一个代表。按照语言的亲属关系，世界上的语言可以大致分为九大类，以及其他一些语群和语言，汉语属于汉藏语系。

**1. 按照语法结构来看**

（1）孤立语。

汉语、彝语、壮语、苗语、越南语都是孤立语。孤立语又称分析语或词根语。这类语言的特点在于，它一般不是通过词的内部形态变化（又称作屈折变化）来表达语法的作用，而是通过独立的虚词和固定的词序来表达语法意义，而且一般而言，孤立语缺乏多数的格的变化。

（2）黏着语。

黏着语也叫“胶着语”，是类型分类法中以词的结构为主要标准而划分出来的语言类型之一。黏着语的主要特点是没有内部屈折，每一个变词语素只表示一种语法意义，而每种语法意义也总是由一个变词语素来表示。此外，黏着语的词根和变词语素之间的结合并不紧密。两者都有相当大的独立性，变词语素好像是黏附在词根上似的。土耳其语、日语、韩语、蒙古语都是比较典型的黏着语。

（3）屈折语。

屈折语是以词形变化作为表示语法关系的主要手段的语言，特点是有丰富的词形变化，以此来表示词与词之间的关系，以俄语、英语为代表。屈折语为综合语的一种，黏着语亦为有词形变化的综合语，但屈折语和黏着语之间的区别在于屈折语的词素趋向于连在一起，较难分割，意即屈折语的一个词缀经常同时表达多种意思，而黏着语的一个词缀一般只表达一种意思。拉丁语、德语及荷兰语等也是颇为典型的屈折语，而大多数的印欧语系语言在一定程度上都算是屈折语。

（4）复综语。

复综语又叫编插语、多式综合语，其突出特点是分不出词和句子。词和句子合二为一，一个词的构成部分同时又是另一个词的组成部分，许多个成分互相编插组合在一起，难分你我，比如因纽特人的语言可以只用一个词表示“他希望得到一条新木船”。美洲印第安人的语言多为此种结构，非洲也有这样的语言。

**2. 按照语言的亲属关系来看**

世界上的语言从亲属关系来看可以大致分为汉藏语系、印欧语系、乌拉尔语系、阿尔泰语系、闪-含语系、高加索语系、达罗毗荼语系、马来-波利尼西亚语系、南亚语系以及其他一些语群和语言。汉语是汉藏语系中最古老的一种语言，历史悠久，具有极其丰富的文化内涵。

# 第三节 汉字的历史与特点

文字是记录语言的符号，汉字是记录汉语的符号。汉字是中华民族的通用文字。作为中华文明的重要标志之一，汉字是独立产生的，它和埃及圣书字、古代苏美尔文字、原始埃兰文字和克里特文字等，都是世界上最古老的文字。

2014 年 5 月，在北京市海淀区民族小学的墨韵堂里，习近平总书记对正练毛笔字的孩子们说道："中国字是中国文化传承的标志。殷墟甲骨文距离现在 3 000 多年，3 000 多年来，汉字结构没有变，这种传承是真正的中华基因。"2022 年 10 月，总书记又在河南殷墟遗址考察时强调："中国的汉文字非常了不起，中华民族的形成和发展离不开汉文字的维系。"在漫长的历史发展进程中，汉字始终与国家的命运风雨同舟，逐渐沉淀为中华民族的精神基因，成为民族"会说话"文化符号。

## 一、从原始记事到文字产生

上古先民所采用的原始记事方法主要有结绳、木刻、图画以及在器物上划刻。随着一些符号的反复使用以及先民们的记事方法的进步，文字终于孕育而生。

结绳在文字中的痕迹

根据考古发现，山东大汶口文化遗址中出土的陶器上面有一些符号，专家认定这些符号可以按照古文字的规律释读，因此，这些符号就是文字。这些文字出现于公元前 2500 年到前 2000 年之间。这个时期只是文字的创制时期。比较成熟的文字是殷商时期的甲骨文，迄今为止，商朝刻有文字的甲骨已发现了 15 万片，共计有单字约 4 600 个。在今天可识读的汉字中，以甲骨文为最古。

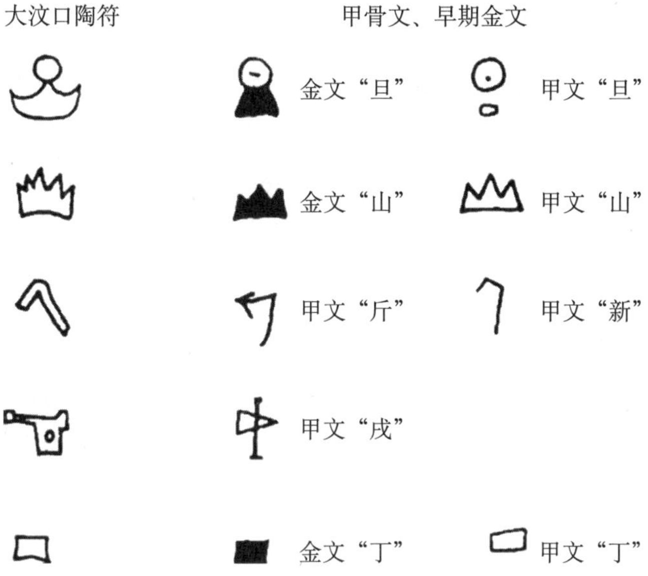


**大汶口陶符与甲骨文、早期金文对比**

## (一)“六书”说

从甲骨文里，大致可以看出汉字的组字方法及规律。汉字的组字方法，也就是人们常说的“六书”，最早是由汉代许慎总结出来的，他著有《说文解字》一书。

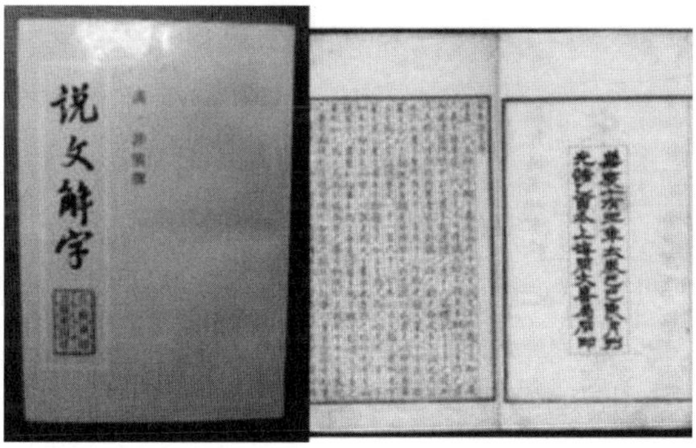

**许慎《说文解字》**

“六书”分别是指象形、指事、会意、形声、转注和假借。下面一一予以介绍。

象形，描摹实物形状的造字法。如“大”就是一个象形字。甲骨文为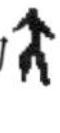，是一

个男人正面站立、伸臂叉腿的形状：两臂伸展，双腿叉立，显得人是那么高大，所占空间亦大。

指事，以象征性的符号来表达意义的造字法。有的是纯符号的，如："上"，古作"二"；"下"，古作"一"。有的则是在一个汉字的基础上增加指事符，如"木上"曰"末"，"木下"曰"本"，"一"是指事符。

会意，集合两个以上的字以表示一个意义的造字法。如"小土"为"尘"，"日月"为"明"，一个人靠着树为"休"，"羊大"为"美"。

形声，意符和声符并用的造字法，一部分表示读音，一部分表示字意。《说文解字》举例："论"，从言，仑声；"秧"，从禾，央声。其中"言"和"禾"是意符，表示"论"同说话有关，"秧"同禾有关；"仑"和"央"是声符，表示"论"和"秧"的读音。又如"河""洋""园"。形声字在甲骨文中占20%，但在现代汉语中却占80%以上。

转注，《说文解字》解释："转注者，建类一首，同意相受，考老是也。"就是说，一类意义相同的字，应属于"一首"之下。后来各家解释不同。有形转说，以"一首"指字形上同一部首（"考"和"老"同属"老"部）；有音转说，以"一首"指词源上同韵或同声（"考"和"老"同属一韵，"颠"和"顶"同属一声）；有义转说，以"一首"指具有同一主要意义（"考"和"老"两字的主要意义相同，都有"长寿"之意，可以互调）。因此关于转注的解释，大致上有形转、音转、义转三说。

"假借者，本无其字，依声托事"，大意是语言中某些词有音无字，借用同音字来表示。如"来"本义是"小麦"，借作"来往"的"来"；"求"（裘）的本义是"皮衣"，借作请求的"求"，原来表示皮衣的"求"则用"裘"来表示。有人写"别字"就是假借。

大体来说，象形、指事、会意、形声是文字构造的条例，转注、假借是文字运用的条例。后两种作为造字法，尚有不够严密之处。

## （二）少数民族文字

在中华民族语言文字系统内，与汉字构造发展并行的是少数民族文字的创造与语言学的研究。历史较悠久、影响较大的少数民族文字有藏文、西夏文、女真文、满文等。

藏文是历史悠久的拼音文字。据藏族史书记载，藏文是7世纪时通密散布喇创立的，有30个辅音字母和4个元音符号。在国外说藏语的人也使用这种文字。藏族比较完整地把本民族文化保留了下来。

西夏文字是由宋代西夏人野利仁荣所创，共约6 000字。体式仿汉字，笔画繁多。

女真文是金代女真人参照汉字创制的文字，有"大字""小字"两种。

满文是我国满族使用的文字，是明代万历年间额尔德尼和噶盖奉清太祖努尔哈赤之命在蒙古文字母的基础上创制的。满文有6个元音字母，18个辅音字母。清朝的铜钱上铸有满文。现有杂志《满文研究》。

少数民族的语言也很受重视，古代已有少数民族语言研究者，如公元前11世纪，维吾尔族突厥语言学家马赫穆德·喀什噶尔编纂的《突厥大辞典》即维吾尔语大辞典。

## 二、汉字形态的转变

汉字是方块字，又是表意文字，而不是纯粹的表音符号，这是汉字与其他文字最大的不同点。汉字形态的演变大致经历了以下几个阶段。

### （一）图画文字（表形文字）

图画文字是描写物体形象的文字，距今大约6 000年至4 000年，先人的木刻、图画以及陶器上的符号，都是表形文字。

### （二）甲骨文

殷商时期，人们常利用龟甲、兽骨刻写文字，谓之甲骨文。甲骨文不是最古老的汉字，但却是现存最早的可识的文字。现用汉字是从甲骨文演变来的。甲骨文是比较成熟的汉字，汉字的几种造字法已能从甲骨文中看出来。一篇甲骨文在结构上包括前辞、命辞、占辞、验辞。甲骨文的特点是：笔画上平直、利索、朴实；结构上以方折为主；章法上强调对称，追求对称美。如，《说文解字》："天，颠也，至高无上。从一、大……颠者，人之顶也。"从《说文解字》中的意义来看，"天"是一个象形字，象头顶之形。"天"在甲骨文中的写法像一个正面站立的人形，头部被夸大，这是会意"天"即"人的头顶"。天的本义为头顶。，甲骨文中的"人"是一个侧身躬耕的人的形象，用分工明确的胳膊和腿表示人的本质，又用侧立之形反映出人们终日劳作的状态。

### （三）金文

金文是周代的代表文字，旧称钟鼎文，是铸刻在周代青铜器上的文字。它在结构上和点画上与甲骨文稍有不同：甲骨文笔画细，而金文粗；甲骨文结构以方折为主，而金文以圆转为主。这可能与书写材料不同有关：金文是浇铸而成的。如，《说文解字》云："地，元气初分，轻清阳为天；重浊阴为地，万物所陈列也。从土，也声。”“地”为会意兼形声字。，金文“道”，从行从首，会意，为首者带领众人行走，表示引导，是“导”的古字。

## （四）篆书

篆书起源于周代末年，流行于秦国，到秦始皇时达到鼎盛，习惯上，人们把篆书分为大篆和小篆。

大篆指周代末年和秦国通行的字体，因笔画拖长而得名。大篆由金文演变而来，字形上比金文整齐匀称，结构工整，但笔画繁多。

小篆指秦始皇统一六国后通行于全国的文字，是由大篆发展而来的，为李斯所创。小篆是汉字的一次改革，这次改革结束了汉字形体不一的局面。在小篆里，象形性更加减弱，符号性更加明显；字形更加匀称整齐；笔画有所减少，形体也固定下来了，异体字少了许多。小篆最大的特点是每一笔转折的地方都要写成形。篆书作为书法流行至今，篆刻也一直流行到今天。

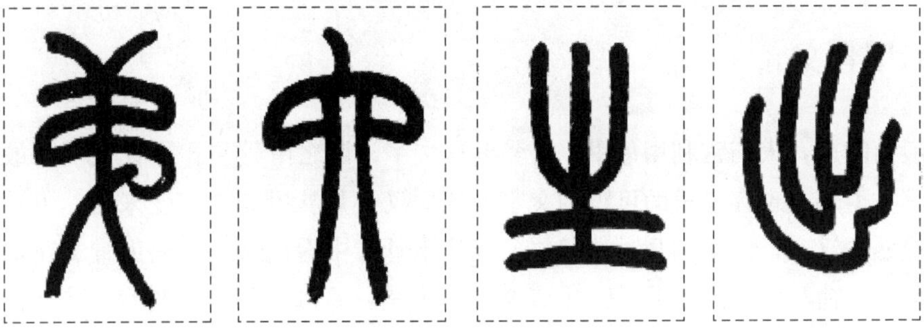

弟　　六　　生　　出

**小篆**

小篆的基本笔画只有竖、横、弯三种。如，“口”不是方的，而是人嘴的象形体。“雨”没有钩画，钩画以竖和弯竖表现。“木”撇捺多以斜竖和弯竖表现。如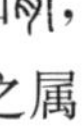，《说文解字》：“有，不宜有也。《春秋传》曰：日月有食之。从月，又声。凡有之属皆从有。”“有”是象形兼会意字。金文的上部是一个“又”字，下面的“月”就是“肉”形，整体是以右手持肉的样子，表示“有”了。小篆基本上同金文，只是“肉”的形体更艺术化了。，《说文解字・龠部》：“龢，调也。从龠，禾声。读与和同。”“和”是形声兼会意字。小篆“从龠，禾声”，禾也兼表如禾一致之意。

## （五）隶书

隶书在秦代是民间创造的一种篆书的简化体（传说为秦始皇时期的程邈发明）。

秦代篆隶并用，小篆是正体，隶书是俗体。隶书又分为古隶和今隶，古隶指秦隶，今隶指汉隶。汉隶又叫“八分”，汉代隶书取代小篆成为书写体。汉隶是由秦隶改造而成的，笔形由秦隶的方折平直变为有波势的挑法，特征是笔势舒展飞扬，字形方扁。由篆书变为隶书是汉字发展史上最深刻的一次变革，被称为隶变，它打破了古文字象形的传统，使汉字完全成为符号。

### （六）楷书

楷书是一种在当时的人们看来可以作为楷模的字体。兴于汉末，盛于魏晋南北朝，唐代达到登峰造极的程度，是由隶书演变而来的。楷书的特点是形体方正，结构匀称，横平竖直，笔画清楚。楷书产生后，汉字就定型了，一直沿用到今天。

除了楷书外，还有草书及介于楷书和草书之间的行书。楷书快写是草书。楷书、草书、行书均属于楷书系统。

根据以上对汉字演变过程的介绍，我们可以得出以下结论：汉字由图画发展而来，汉字的发展史又是图画文字的象形、表意特征逐渐退化的历史。这种退化不是要将汉字发展为一堆纯粹假定性的符号，而是要使汉字的表意功能更好地适应语言与思维的发展，使汉字的书写更简便。汉字数千年的发展过程是其与生俱来的象形表意功能不断完善的过程，在漫长的汉字形态演变过程中，汉字以形示意的文化形态被发展并被保存下来。世界上许多民族的文字起初都是以形示意的，但后来走向了符号化，成为假定性的表音符号，唯独汉字比较完整地保留了以形示意的特色。

## 三、汉字的特点及其优越性

### （一）汉字的特点

作为表意文字的代表，汉字的形体和意义之间关系十分密切。就记录语言的单位而言，汉字属于音节-语素文字。就形体的特点而言，汉字是在一个二维平面上构形的。

汉字具有以下几个特点。

（1）汉字是代表音节的表意文字。

（2）汉字是方块形的形声文字。

（3）汉字是至今通行的最古老的文字。

世界上古老的文字还有古美索不达米亚的楔形文字。这种文字多刻写在砖石泥板上，笔画呈楔形，所以叫“楔形文字”“箭头文字”或“钉头文字”。古埃及的圣书字是一种图形文字，另有僧书字和民书字。美洲玛雅人的图形文字写在树皮或鹿皮上，现仅存残本，经破译，它也是表音文字。它们均已成为历史陈迹，只有汉字至今仍广为使用，这在世界上是独一无二的。

## （二）汉字在世界文字中的定位

世界上的文字大体上可分为两类：一种是表记语音的，叫表音文字；另一种是表意文字。这种分类是根据文字形体显示的信息是语义还是语音来确定的。例如，英语 fire 直接拼出了意义为“火”这个词的读音而成为这个词的载体。汉字“火”则用火焰或火星意会这个词的意义，成为这个词的载体。

表音文字也称为拼音文字，分为两种类型：一种是音节文字，是用一个字母表示一个完整的音节（语音结构的基本单位），日本的假名是这种文字的代表；另一种是音素文字，也叫音位文字，用一个字母表示一个音素（组成音节的最小语音单位），英、法、德、俄文就是这种表音文字。

表意文字也有两种类型：一种是表形文字，或称形意文字，其突出特点是图画性强，我国小篆以前的古文字（如大篆、钟鼎文、甲骨文）就具有这种特点。另一种是形声字，或叫意音文字，这种文字兼有表示词或词素的意义和读音，我国通用的方块汉字就是这种意音文字的代表。

文字是记录语言的书写符号系统，意义和声音是语言的两个属性。世界文字大都起源于图画文字，表音和表意是图画文字发展的两大趋势。与其他古老的文字一样，汉字也经过了由图画文字到表意文字的阶段。不同的是，那些古文字在演变中有的因不再使用而丧失了生命力，有的变成了拼音文字，只有汉字从未间断地被使用至今，并在数千年的历史发展中顽强地维护着自己的表意文字特点，成为世界上最古老并且具有严密系统的表意文字，代表着世界文字的重要发展方向。

## （三）汉字在使用电脑时的优越性

在使用电脑的过程中，我们发现汉字具有以下优越性。

### 1. 与英文相比，汉字更加简洁

内容长度相同的文本，英文所占篇幅比中文大得多。在电脑上，一个汉字占用两个字节，一个英文字母就需要占用一个字节，而一般的英文单词都在四个字母以上。也就是说，英文所用的空间至少是汉字所用空间的两倍。有人将联合国运用各国文字起草形成的文件进行比较，发现用汉字翻译的文件占用文件柜最少。这也就不难理解外国学者为何会把汉字比喻为“集成电路”。由此可见，汉字的信息量比其他文字大，利用汉字存储信息确实是最佳的方式之一。

**2. 与英文相比，汉字输入更加快捷**

随着科技的快速发展，汉字的输入也日趋完善。根据实际测试，以同样的熟练程度输入文字，汉字的输入速度比英文快一倍左右。五笔字型输入法是比较流行的汉字输入法，这种输入法速度快得惊人：熟练者可以达到“阅读输入”的速度，即一个人在阅读完一篇文章的同时，打字员也可以将文章输入完毕。目前的汉语语音输入系统还不够完善，输入专业性较强的文章时出错率还比较高，但是，随着科技的进一步发展，我们相信这种输入系统会得到进一步的改进和完善，“阅读输入”会得到普及。比较而言，英文很难实现“阅读输入”，因为人们读出的是单词，而不是字母。

**3. 与拼音文字相比，汉字具有形象性**

汉字的象形表意功能是汉字的又一优势。日本学者认为，“汉字是唯一一种只需要眼睛看就能思考的文字”。“望文生义”这个词就很能证明汉字的形象性。古人运用象形、指事、会意、形声四种造字方法创造了汉字（严格讲，假借和转注不是汉字造字法，而是文字运用的条例），使得汉字具有与生俱来的形象性。而拼音文字（包括英文在内）是很难望文生义或望文知义的。如，sheep、goat、ram、ewe、lamb，这几个单词的意思依次是羊、山羊、公羊、母羊、小羊，虽然都是羊，但在英文单词中无论如何也看不出来。这主要是因为英文是记音符号，而非象形表意的文字。从语言的发展史来看，世界上许多文字都曾经历过图画文字的阶段，但后来大都走上了用字母记音的发展阶段，成为记音的符号，而汉字却把它的以形示意的文化形态发展并保存了下来，成为独具一格的文字样式。随着科技的发展，汉字将会不断地发挥其象形表意的优势，为人类对文字形态的理解提供特有的途径。与此同时，电脑科技也会把汉字的象形表意潜能充分地发掘出来。

**4. 认读汉字，能促使大脑左右半球的协调**

汉字方块字的“形”能够传递丰富的理性信息，既有猜读的可能性，又有联想的余地，认读汉字能够充分均匀地使用大脑的两个半球，因此有助于促进大脑左右的协调和思维能力的发展。中国人、日本人使用汉字，大脑的左半球记认字音、字意，右半球记认字形，左右半球相互协作，所以得失读症的患者很少。随着“汉语热”逐步升温，世界上越来越多的人会通过电脑或书刊从汉字中得到益处，汉字会在提高人们的智能和健康水平方面做出新的贡献。

通过以上比较可以看出，汉字与电脑的结合可谓相得益彰，汉字在电脑使用上有诸多长处。年轻人应当掌握电脑、学好英文，与此同时，更要学好和用好汉字，使汉字在电脑上的优势被充分发挥出来。

# 第四节 汉语汉字的文化功能

## 一、汉语汉字和中国文化的关系

### （一）汉语汉字是中国文化的主要载体，对中国文化的传承和发扬起到了很大的促进作用

每一个民族都有自己独特的文化，这些文化的传承、发扬，最好的媒介就是文字。中国文化连绵五千载，博大精深，其精华主要是靠着汉语汉字来承传弘扬的。打开汉语汉字这扇门，你才能看到中国文化的奥妙。我们说中国文化灿烂辉煌，通过流传下来的浩如烟海的古代文化典籍上就完全可以证明。汉语汉字不只是对语言的记录，它还承载着中华民族的存亡与荣辱，承载着人民的血泪和欢乐。中国文化只有通过汉语汉字这样的载体才能得以丰富，它的积淀和发展才成为可能。中国文化行为的发生大都建立在汉语汉字的基础上，汉语汉字的发展对人的思维和各种社会生活、文学艺术产生了重要的影响。例如，汉语方言众多，因而它为以方言为基础的地方曲艺的形成、发展和极大丰富提供了条件。

汉字因承载中国文化而丰富，中国文化也借由汉字而得以弘扬。如日本、韩国、越南等国都使用汉字，深受中国文化熏染。

### （二）汉语汉字是中国文化重要的组成部分

汉语是中国文化的重要内容。首先，汉语的诞生标志着中国文化的诞生。语言是人类脱离动物界的主要特征，凭借语言，人类可以相互交流，有可能进入有组织的社会生活，成为所谓“有文化”的人。因此，汉语在中国文化中有着相当重要的地位，汉语悠久的历史证明了中国文化的源远流长。其次，汉语是汉民族智慧的结晶，是汉民族创造的珍贵的文化财富。不同民族有不同的语言，不同的语言中包含着不同的语言习俗。汉语以其自身特有的文化形式构成了中国文化的重要特征。例如，汉语同音词众多，由此形成了谐音吉利、谐音避讳等语言习俗，这些语言习俗蕴含着汉民族独特的文化心理，成为中国文化的重要内容。

汉字也是中国文化的重要组成部分。首先，汉字的出现是中国文化从“史前时

期”走向“有史时期”的里程碑。在汉字产生以前的很长一段时期，汉民族仅用口语进行交流，后来，随着思想交流的日益复杂，人们感到迫切需要有一种东西能够将语言记录下来，经过刻木为信、结绳记事等的探索后，人们最终找到了最适合记录汉语的工具——汉字。有了汉字，汉民族才有了书面的历史记录，从此进入了有文字证明的“有史时期”。其次，汉字本身就是中国文化的一部分。每个民族的文字都具有自己的特点，不同的文字构造反映着不同的文化内涵。汉民族根据汉字可以随意拆合的形体特点，造成特有的字谜游戏和姓氏避讳中的缺笔避讳；根据汉字二维构形的特点，形成了特有的汉字书法艺术和玺印艺术。这些由汉字直接衍生出的文化现象，使汉字成为整个中国文化系统中不可缺少的重要成分。何九盈先生在《汉字文化学》中指出：“文字是文化的产物，又服务于文化，促进文化的发展，它自身又是文化的一部分。”

### （三）中国文化对汉语汉字的发展演变产生了很大的影响

中国文化对汉语的影响是多方面的。例如，唐代的“古文运动”就是韩愈、柳宗元有感于当时骈体文的盛行而发起的一次文体改革运动。该运动的主要目的是复兴儒学，提倡“古文”，反对骈文。魏晋六朝以后，文坛上盛行骈文，讲究对仗、声律、典故、辞藻等形式。古文是相对于骈文而言的，是先秦两汉的散文，特点是质朴自由，以散行单句为主，不受格式拘束，有利于反映现实生活、表达思想。这是文化影响汉语的一个鲜明的例子。再如，把北京语音作为普通话的标准语音，与北京作为中华人民共和国的首都、作为中国的政治文化中心的地位分不开，这是文化对语音的影响。随着近代中国文化对西方文化的吸收，汉语语法出现了一些欧化倾向，例如状语后置，长定语的使用等，这也是文化对语法的影响。在语言的各要素中，文化对词汇的影响最明显，词汇常常会因社会生活和社会思想的变化而变化，如“皇上”“复辟”“红卫兵”“老三届”等词语，随着那个时代的逝去而不再出现在人们的日常生活中；但伴随社会的发展，许多新词语又会在社会上流传开来，像“雷人”“宅男”“剩女”等。这些都体现出文化对汉语的影响。

中国文化对汉字的影响也十分显著。社会和文化的发展不断对汉字提出新的要求，并促进汉字不断向前发展。文字是为记录语言服务的，汉字是为记录汉语服务的，周秦时期汉语词汇大量派生，原有的汉语单音字不够用，于是引起了汉语双音节乃至多音节词语的大量产生。现代社会的进步和科技的发展，使得汉字中加入了不少科技和外语因素。汉字的每一次重大变革都是在一定的文化背景下产生的。秦朝统一天下以后，为了实现文化上的统一，实行“书同文”政策，废除了六国文字中与秦国小篆不合的形体，对汉字形体进行了一次严格的规范。新中国成立后，为了解决繁体汉字难学、难记、难认、难读的问题，推行了《简化汉字方案》，对汉字进行了一次全面的改革和调整，这种改革对汉字发展和使用的影响都是巨大的。

## 二、汉语汉字所承载的文化信息

汉语汉字不仅是中国文化的记录工具，其本身也承载着丰富的文化信息。汉语汉字所承载的文化信息并非指它们所记录的文化内容，而是指汉语语音、词汇、语法和汉字形体所承载的文化信息。如，甲骨文的“”字除了记录“王”这个词以外，还以其象斧头之形的构形告诉人们，古代统治者是靠武力统治天下的，这些信息，由于远古文献的缺乏，我们无法从“王”的词义本身获得。

### （一）汉语承载的文化信息

在语言的各要素中，词汇与文化的关系最为密切，词语的发源与词汇的发展、词义的系统以及汉语的地域差异等都包含着丰厚的文化内涵。

汉语词源意义包含了中国古人的传统观念。例如，《说文解字·心部》曰“憭，慧也”，意思是指人的聪慧。《尔雅·释器》曰“白金谓之银，其美者谓之镣”。《说文解字·玉部》曰“璙，玉也”，段玉裁注“谓玉名也”。《广韵·小韵》曰“璙，好貌”。以上几个字都从“尞”得声，因而其义相同或相通。清代钱绎《方言笺疏》曰“人之美者谓之僚，金之美者谓之镣，玉之美者谓之璙，其义一也”。

文化的发展变化直接体现在各个时代的词汇中。某一时代某一领域词汇的密度反映了该领域与文化核心的密切程度，也反映出人类对这一领域的认识深度。各类词的密度又是不断发生变化的，每类词的密度的变化都反映了文化的变化。在畜牧业时代，表示“马”“牛”“羊”的词语很多，如《说文解字·马部》有一系列为不同毛色的马而造的词：公马叫“骘”，母马叫“騇”，后左脚白的叫“馵”，四条腿膝下都白的叫“驓”，四只蹄子都白的叫“騚”，前两脚都白的叫“騱”，后右脚白的叫“骧”，身子黑而胯下白的叫“驈”，纯黑色的叫“骊”，红黄色的叫“骍”，白毛黑鬃的叫“骆”。古代为不同毛色的马专门造词，一方面是由于放牧和役使的需要，另一方面也说明了马这种动物在人类生活中的重要地位。此外，其他动物如牛、羊也有这样的区分。如“物”字从“牛”从“勿”（“勿”是旗）。祭祀时太牢（牛、羊、豕三牲俱备的祭仪叫太牢）用牛则必须为纯色。《说文解字·牛部》：“牲，牛完全。”“牷，牛纯色。”这些文化现象使牛的毛色格外重要，以至于需用不同的命名来分辨。今天那些不同毛色的牛依然存在，但随着畜牧时代的逝去，畜牧业逐渐远离了文化核心，人们对动物的关注程度降低，也就失去了区分动物之间的细微差别的必要，这些专名不再被需要，多数成了“死词”。即使偶尔需要对这些事物进行区分，只要用一个词组就可以表达了，不需要专门设词。

汉语的地域差异，往往是地域文化差异的反映。如，北方说“洗澡、抹澡”，“澡”的本义只是洗手而已。以吴语而言，说“洗浴、洗身、洗汤”，“浴”的本义是洗身。到了广东云南一带就说“冲凉”了。与此相关，南方不见冰雪，把冰叫霜（厦门）或雪（广州），哪怕是后起的新词也要按原来的套路去创造，广州话还说雪条（冰棍儿）、雪糕（冰激淋）、雪柜（冰箱）、雪藏（冰镇）、雪茸（刨冰）；而在哈尔滨，各种不同形状的冰雪的名称有数十种：冰碴儿、冰脑子、冰流子、冰层，鹅毛雪、冒烟儿雪、大片雪、小清雪等。同是表示“粉末”这一类物质，北方多用本义为“麦面”的“面”这个词来派生其他词，如“胡椒面儿”“药面儿”“白面儿（海洛因）”等，而南方则用本义为“米粉”的“粉”这个词来派生其他词，如“胡椒粉”“药粉”“白粉”等。我国南方以种植水稻为主，北方以种植小麦为主，“粉”和“面”在构词上的差别是两地农业文化差别的反映。

## （二）汉字承载的文化信息

汉字是由它所记录的词的意义而构形的，构形时，选择什么对象，采用哪些物件来组合，都要受到造字者和用字者文化环境和文化心理的影响。因而，汉字的原始构形理据中必然带有一定的文化信息。例如，许多表示美好的词，在造字时都用“王（即斜玉旁）”作义符，这就反映了汉民族特有的文化习俗。自古以来，玉在中国人心中就是美好、高洁品质的象征，许多以玉为形旁的字也都含有褒奖的意思。如《说文解字·玉部》：“瑾瑜，美玉也。”“琼，赤玉也。”“璐，玉也。”“琳，美玉也。”“瑗，大孔璧。”“璜，半璧也。”“琮，瑞玉。”“琰，璧上起美色也。”“珩，佩上玉也。所以节行止也。”“玦，玉佩也。”“瑞，以玉为信也。”“琢，治玉也。”“理，治玉也。”“珍，宝也。”“玲，玉声。”“瑶，玉之美者。”“玎，玉声也。”“瑲，玉声也。”

汉语中表示思想的器官和表示思想、感情的汉字多从心旁（或心的变形），如想、忘、忠、恕、怨、愁、忆、恼、悦、惮、愠、恭、慕。这是古人对客观事物认识的一种观念的反映，我们的先人认为心这个器官是专管思考的，心是思维的器官。《孟子·告子上》曰：“心之官则思。”这就是明证。鉴于先人们这种文化认识，在造字时，留下了一批从心旁的表示思想、感情的汉字。

另外，我们从新字的产生和旧字的消亡中，也可看出某些文化因素的变动。新字的出现和社会生产、社会生活、文化科学各方面的发展是分不开的。从“金”旁的字，两周以后才大量出现，“铁”字不见于两周金文，所以从“金”的字的大量出现，只有在青铜器高度发达以后才有可能。而“铁”字也只有在能够生产“铁”的条件下才能够被创造出来。再如从竹的“箴”到金属的“鍼（针）”，也有一个从竹针发展到金属制针的历史过程。就是到了现当代也是如此，由于化学的突飞猛进的发展，若干新的化学元素被发现，为此，表示新的化学元素的新造汉字共计有 56 个，如氧、氯、氟、氖、碳等。

除了这些反映人类认识进化的明显信息外，有些构件的构造意图还能反映出一些较深层次的文化信息。例如，《说文解字》："有，不宜有也。《春秋传》曰：日月有食之。从月，又声。凡有之属皆从有。"有，象形兼会意字。"有"字在甲骨文中多用"又"来代替，字形如。金文的上部是一"又"字，下面的"月"就是"肉"形，整体是以右手持肉的样子，这就表示"有"了，字形如。小篆基本上同于金文，只是"肉"的形体更艺术化了，字形如。在上古人看来，很可能是有了肉就有了一切，所以"以手持肉"就叫作"有"。《左传》中，"肉食者"成了统治者的代称。古代私塾的学生要向先生主动送上"束脩"作为见面礼。"脩"是干肉，一束是十条。后来"有"的词义扩大了，不管有什么东西都是"有"，与"无"是相对的。

## 三、汉语汉字与文化交流和传播

中国的文化体系在漫长的历史发展中，是世界上唯一延续发展而从未中断过的，汉语汉字对中国文化的传播和发展起着重要作用。

中国语言文字的对外传播历史久远。汉代张骞开辟的丝绸之路，把汉字文化与中国的丝绸、瓷器一起带到遥远的西亚，直至欧洲。盛唐时期，长安成为世界经济文化交流的中心，各国商旅、学人云集，把中国的汉字文化散播到中国以远地区。明代郑和的船队七下西洋，至今还可以在非洲的海域找到刻有汉字的陶器。元、明、清时期著名的"东学西渐"，使西方人深深为东方文化的睿智所折服。

### （一）汉语与中国文化的传播和交流

中国是四大文明古国之一，汉语作为汉民族的共同语，它的发展和形成经历了相当长的历史时期。在中国古代就有各地通用的语言。夏商周和春秋时期的民族共同语叫"雅言"，主要流行于黄河流域，《诗经》的语言就属于雅言。据《论语》记载："子所雅言，《诗》《书》。执礼，皆雅言也。"孔子读经讲学时都用雅言而不用鲁国方言，可以说孔子是推广民族共同语的先驱。从中也可看出当时中原地区的雅言已经成为受推崇的标准语，并且应用广泛。到汉代有"通语"之说，又称"凡语""凡通语""通名"。"通语"按后来音韵学家的解释是："天下通语，则天下尽通，后世易晓。若为市语方言，则虽便捷一时，称快一地，而无以明天下后世。"元代称为"天下通语"，明清称为"官话"，辛亥革命以后称为"国语"，现在称为"普通话"。

共同语的书面语在近代以前一直以先秦作品为典范，“官话”历时700余年，一直流行到20世纪初期。在这一漫长的历史时期，中国读书人读的是用先秦语言写成的经典，接受的主要是“四书”“五经”中的儒家思想，语言的继承为文化的继承奠定了基础。汉语使用区域的逐渐扩大以及共同语的存在，对汉民族共同思想、文化的形成起着重要的作用。

汉语也为各民族语言和文化的发展做出了贡献。春秋战国时期，中原华夏民族与北部少数民族进行了广泛的语言接触。战国以后，北方及西域各民族被统称为“胡人”，胡人在与汉人交往时学说汉话，他们的汉语生硬拗口，故有“胡言汉语”之说。“五胡乱华”以后，汉人受害不浅，“胡言汉语”便改为“胡言乱语”，这是汉语对少数民族语言的影响的例子。东汉以后，北方少数民族接连入主中原，先后建立了北朝、金、元、清，统治近800年，他们的阿尔泰语和阿尔泰文化跟汉语以及汉文化的接触交流是不可避免的。如今，汉语基本上已成为民族间相互交流的语言。汉语作为民族交际语言的运用过程，也就是汉民族思想文化传播的过程。在此过程中，汉语对其他民族语言进行了同化，同时也对其他文化进行了同化，这一切促进了统一的中华民族的形成。可以说，在中华民族大一统的进程中，汉语一直发挥着非常重要的统一工具的作用。

## （二）汉字与中国文化的传播和交流

汉字是世界上唯一独立发展又连续至今的方块字，对周边民族和地区的文化发展起着重要作用，它负载着中国悠久的文化，蕴藏着强大的生命力，散发着迷人的文化魅力。汉字是汉族文化的主要载体，随着汉民族的迁徙，汉字承载着汉文化向四周传播的重任。汉族居住地域广阔，方言众多，对文化的交流有所阻碍。而汉字表意文字的特点使它在共同的地域传播中能够超越方言的局限，使各方言区的人顺利进行交流，这对促进民族文化的发展、促进统一的汉族文化的形成起着重要作用。自古至今，汉语的语音有了很大变化，而汉字表意的特点也使它在历时传承中超越语言的历史音变，使得我们现在依旧能够读懂上古的典籍，这对民族文化的传承有着非常重要的意义。

汉字在少数民族地区的传播，为少数民族文化的传播和发展做出了贡献。在我国悠久的文化史上，不少少数民族在创制本民族的文字之前，都曾借用汉字作为工具同汉族及其他民族进行交际，如古代的匈奴、鲜卑等民族都曾长期借用汉字作为交际工具。由于借用汉字会受到汉字原来音义的干扰，不太方便，于是许多少数民族在汉字影响下进行了仿造，创制了本民族文字。仿造汉字，大部分是仿照进入楷书阶段以后的汉字。仿造汉字的少数民族文字可分为两类：（1）借用汉字不太多，字形结构虽受汉字影响，但有自己的特点。如西夏文、女真文、契丹大字等。（2）大量使用音读汉字和训读汉字，也用形声或其他方法创制本民族语词的新字。如方块壮字、方块白字和方块瑶字等。少数民族借用汉字作为自己语言的书写形式或仿照汉字创造本民族文字，对汉族文化的传播，对中华文化的统一和中华民族凝聚力的形成都起着极为重要的作用。

汉语汉字在境外的传播是中国文化向境外传播的重要纽带，同时汉语汉字也以自己的方式不断吸收其他语言的营养来丰富自己。

汉民族创造了灿烂领先的古代文化，周边国家通过学习汉语来学习中华文明是非常自然的事情。在公元1世纪左右，汉字逐渐向境外传播，北至朝鲜半岛，南至越南，东至日本。这些国家此前都没有自己的文字，他们就用汉字作为记录语言的工具。例如，汉字在汉代传入越南后，被确定为越南的官方文字长达一千余年。对文字的借用同时带来对语言的吸收，朝鲜语、日本语、越南语这三种语言，曾受汉语的极大影响，至今其语言中都有大量的汉语借词。越南语从汉语借去的词，至少占整个越语词汇的一半以上。朝鲜人直接学习用汉字写成的“四书”“五经”，朝鲜语中的汉语借词约占朝鲜语词汇的60%。尽管三个国家的语言不同，但长期的汉字、汉语借用，势必会对其文化内涵、思想观念、道德风尚、艺术趣味、文化习尚等产生重要影响，从而形成东方文化的许多共同特点。

近代，由于中国政治科技落后，西方文化在全球传播，汉语汉字在海外的影响受到很大冲击。21世纪以来，随着中国经济、政治地位的提高，世界上又掀起了一股学习研究汉语汉字和汉文化的热潮，汉语汉字必将再现昔日的辉煌。

## 思考题

1. 简述汉语汉字的特点及其在世界语言文字中的定位。
2. 举例说明汉语汉字所承载的文化信息。
3. 简述汉语汉字对中国文化发展和传播的贡献。
4. 习近平总书记在2014年5月曾指出：“中国字是中国文化传承的标志。殷墟甲骨文距离现在3 000多年，3 000多年来，汉字结构没有变，这种传承是真正的中华基因。”结合汉字的历史和特点，谈谈汉字在当代国际文化交流中的作用。
5. 结合汉语演进史的特点，谈谈汉语在世界语言中的独特地位。

## 扩展阅读

1. 王力文集：第9卷. 济南：山东教育出版社，1988.
2. 罗常培. 语言与文化. 北京：语文出版社，1989.
3. 王宁. 汉字学概要. 北京：北京师范大学出版社，2001.
4. 王宁. 汉语词源的探求与阐释. 中国社会科学，1995 (2).

# 第七章

# 中国古代文学

**【本章要点】**

1. 中国古代诗、文、词曲、小说、戏曲、文论的辉煌成就。

2. 中国古代文学的主要艺术特征：神似论、抒情性与意境说。

3. 中国古代文学的核心文化精神：以道自任，忧患进取，人生思索，仁爱恤民。

文学起源于人类的思维活动，它以语言文字为工具，通过各种不同的题材与体裁，借助各种修辞和表现手法形象化地表现社会现实，抒发内心情感，并以审美的方式发挥社会作用。文学是人类艺术地掌握世界的一种方式，是显现在话语中的审美意识形态。文学的演进本身和文化的变迁与时代的递嬗息息相关，文学作品渗透着丰厚的文化内涵，是人类文化宝库中的瑰宝。中国古代文学源远流长，成就辉煌，富有鲜明的民族特色，成为中国传统文化最有活力的重要组成部分，生动而深刻地体现了中国传统文化的基本精神。习近平总书记2014年9月考察北京师范大学时指出："古诗文经典已融入中华民族的血脉，成了我们的基因。我们现在一说话就蹦出来的那些东西都是小时候记下的。""应该把这些经典嵌在学生的脑子里，成为中华民族的文化基因。"总书记阐明幽隐，抉发精微，指出了中国古代文学的成就、价值及对民族复兴的巨大意义。[①]

"文学"一词在中国古代典籍中早已存在，《论语·先进》论及"孔门四科"，"文学"即"四科"之一，《论语·雍也》云："君子博学于文，约之以礼，亦可以弗畔矣夫！"这里的"文"有学问、文化、典籍等意义。两汉时有"文笔"之称，用以泛指一切文章。魏晋六朝时，人们开始自觉探求"文""笔"之分及"文"的内涵与规律，曹丕提出"诗赋欲丽"（《典论·论文》），陆机提出"诗缘情而绮靡，赋体物而浏亮"（《文赋》），宋文帝刘义隆将"文学"从玄、儒、史学中分离出来成为独立观照对象，刘勰以"有韵之文""无韵之笔"建构自己的文体论并且概括出典雅、远奥、繁缛、壮丽、轻靡等文风"八体"，萧绎将"文"的特点概括为"绮縠纷披，宫徵靡曼，唇吻适会，情灵摇荡"（《金楼子·立言》），锺嵘力主"风力""丹采"相结合，六朝方家对"文"的认识，是比较接近现代意义上的以语言文字为基础、注重审美艺术形式的"文学"概念的。此后唐宋文学家们提出"明道""贯道""载道"说，作为独立语言艺术的"纯文学"概念变得复杂。清代朴学兴起，考据之风大炽，"文"与"学"的关系、"文学"与"学问"的区别更加模糊，"辞章"之学更接近现代意义的"文学"[②]。直至晚清西学东渐，"中国古典'文学'被迫按照现代文学的观点，被全新地创造出来"[③]，虽然此时的古典"文学"仍重"学"轻"文"，但已

① 文秀．习近平的文学情怀．(2016-11-03)[2024-03-23]. http: //theory. people. com. cn/n1/2017/0801/c40531-29442608. html.

② 曾国藩将学问分为义理、考据、词章、经济四门，并指出："辞章者，在孔门为言语之科，从古艺文及今世制艺诗赋皆是也。"曾国藩．劝学篇示直隶士子//曾国藩全集：诗文．长沙：岳麓书社，2011：486.

③ 刘禾．跨语际实践：文学、民族文化与被译介的现代性．宋伟杰，等译．北京：三联书店，2002：49.

与“literature”概念互鉴融合，向现代意义的文学演进。本书所说的“中国古代文学”，指中国古代的，具有想象力的，与艺术、审美和创造相关的语言文字作品。

中国古代文学以广阔而丰富的社会现实为反映对象，凡农事稼穑、情爱婚恋、送别思归、山水田园、行旅边塞、宫廷市井、咏史怀古、才子佳人、神魔道化、英雄传奇、世情公案等，无不鼓舞于笔端，反映社会生活的深刻和广博、挖掘心灵的精细和深邃，在世界文学史上是少见的。体裁方面，中国古代文学在诗、文、词、赋、小说、戏剧等方面都有创举，众体齐备，并且具有契合我们民族审美心理的形式特点。从历时性角度看，古代文学的发展是不平衡的，“文变染乎世情，兴废系乎时序”(《文心雕龙·时序》)，每一个朝代的文学发展都是受到具体的社会政治和文化思潮影响的。王国维在《宋元戏曲考·序》中说：“凡一代有一代之文学，楚之骚，汉之赋，六代之骈语，唐之诗，宋之词，元之曲，皆所谓一代之文学，而后世莫能继焉者也”，形象地指出了中国古代文学发展在纵轴上“代有偏胜”的特点，而正是这个特点使得古代文学的琅苑如四时流转，在不同的季节都有特出卓荦的良辰美景。另外，从孔子的“《诗》教”开始，中国人对文学的思考就着眼于“文学能做什么”“文学的社会功用是什么”，“诗言志”“兴观群怨”“文以载道”等观点都表现出古人对文学政治教化功能的重视，这与西方着力探究文学“本体”有所区别，体现出鲜明的民族特色。

## 第一节
## 中国古代文学的辉煌成就

追溯中国文学的滥觞，我们要沿波溯源到文字产生之前的上古时期。彼时，华夏先民在劳动生活实践中创造出了动人的歌谣和神话故事，并且代代相传。最早的文学是与音乐、舞蹈结合在一起的歌谣，这些作品大多已散佚，古代典籍中保存了一些。早期文学的另一重要体裁是神话。神话是原初人类的综合意识形态，是他们对世界的认识和解释，包含着先民想象中的世界起源、宇宙模式、万物关系、民族历史、宗教观念，乃至各类日常生活知识。神话本是以口头形式流传的，经过记录、整理，因不同需要而被加以改造，发生了多种多样的变化。现存的中国古代神话主要保存在《山海经》《淮南子》《楚辞》《庄子》等几部不同类型的著作中，其中有大量神祇的名称和零散的事迹，例如女娲补天、共工触山、后羿射日、嫦娥奔月、鲧禹治水、黄帝战蚩尤、夸父追日等，其中前四者被称为中国古代“四大神话”。可以推想，中国古代可能也曾产生过大量的神话传说，但由于先秦时期文化重视理性、重视政治教化，所以原始神话材料既未经过系统整理，也未经过“文学化”的过程，未能形成完整的神话系统，而且各种神话故事、神话人物之间只有相当松散的关系，基本都以片段的形态被记载下来。现存上古歌谣和神话虽然不系统，但简质朴素，矢口成言，宛如天籁，神话想象丰富，浪漫奇幻，颇能动人，或歌颂劳动创造，或弘扬坚韧品格，或颂美厚生爱民，或旨在劝善惩恶，表现出鲜明的民族风格和民族气派！

## 一、中国古代诗歌

诗歌是中国最早的文学形式，也是发展得最为充分的文学体裁。可以说，中国是诗的国度！诗歌不仅创作历史悠久，名家璨若星汉，而且体裁齐备，数量众多。清代康熙年间编纂的《全唐诗》收录唐代 2 873 位诗人的诗作 49 403 首；北京大学古文献研究所编纂的《全宋诗》收录 9 000 余位诗人的作品 27 万余首，诗人和诗作远迈唐代，而清诗的存量又超迈两宋。除此之外，词作为合乐歌唱的新诗体，在两宋时达到高峰，唐圭璋编纂的《全宋词》收录宋代 1 330 多位词人的词作近 2 万首，而清词的数量又超过两宋。

上古歌谣是古代诗歌的雏形，这些先于《诗经》的作品在古代典籍中有很多记载，如《庄子》中的《有炎氏颂》、《帝王世纪》中的《击壤歌》、《列子》中的《康衢谣》、《礼记》中的《伊耆蜡辞》、《尚书》中的《赓歌》、《孔子家语》中的《南风操》、《尚书大传》中的《卿云歌》等，其中大部分是后人伪托之作，可信的只是一小部分。如《吴越春秋》中记载的《弹歌》：

断竹，续竹；飞土，逐肉。

据说范蠡向越王勾践引荐善射者陈音，陈音讲述“弹”的起源时，就吟诵了这首歌。这首歌内容质朴、形式古拙，被刘勰称为“黄歌《断竹》，质之至也”（《文心雕龙·通变》）。又如《吕氏春秋·音初》：

禹行功，见涂山之女，禹未之遇，而巡省南土。涂山氏之女乃令其妾候禹于涂山之阳。女乃作歌。歌曰：“候人兮猗！”实始为南音。

禹离家治水，其妻涂山氏女望穿秋水，盼夫归家，深情吟唱“候人兮猗”。从形式上看，这首《候人歌》简古真挚，似可信是上古歌谣的遗存，被称为中国最早的“恋歌”。另外，《尚书·益稷》记载的舜与皋陶赓续作歌、《周易》卦爻辞中的一些韵文，都可能是先周的古谣谚。

《诗经》是我国第一部诗歌总集，收录了自西周初年（公元前 11 世纪）至春秋中叶（公元前 6 世纪）500 余年间的诗歌 305 篇（《小雅》中另有 6 篇“笙诗”，有目无辞，不计在内），最初称《诗》或《诗三百》，汉代儒者奉其为经典，始称《诗经》。

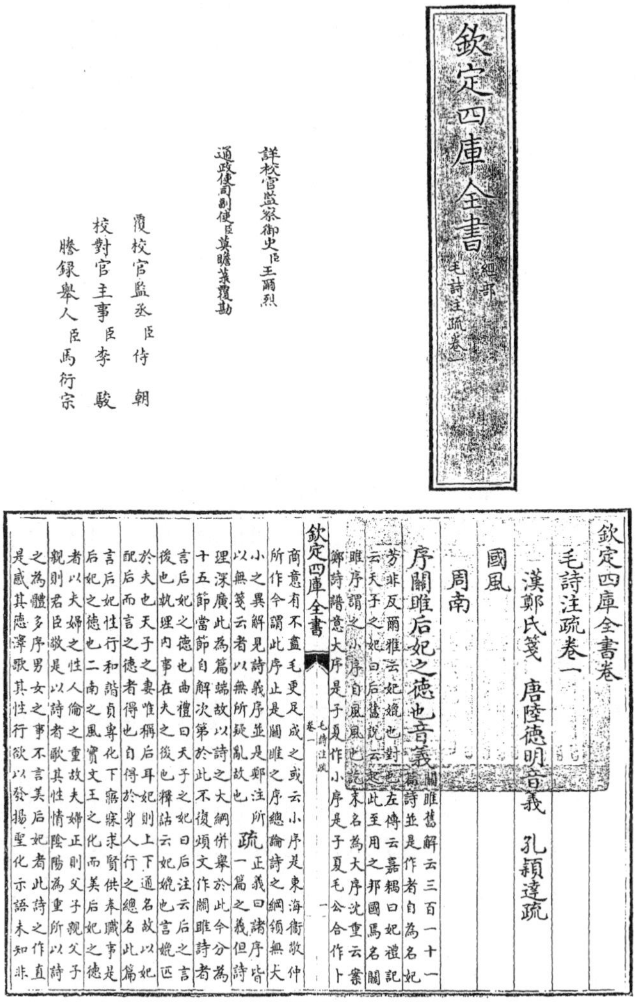
欽定四庫全書 經部 毛詩注疏卷一

詳校官監察御史臣王爾烈
通政使司副使臣莫瞻菉覆勘
覆校官監丞臣侍朝
校對官主事臣李駿
謄録舉人臣馬衍宗

欽定四庫全書卷
毛詩注疏卷一
漢鄭氏箋　唐陸德明音義　孔穎達疏
國風
周南
序關雎后妃之德也音義關雎舊解云三百一十一篇詩並是作者自爲名妃
芳非反爾雅云妃媲也對也左傳云嘉耦曰妃禮記
云天子之妃曰后舊說云起此至用之邦國焉名關
雎序謂之小序自風風也訖末名爲大序沈重云案
鄭詩譜意大序是子夏作小序是子夏毛公合作卜
欽定四庫全書　毛詩注疏　卷一　一
商意有不盡毛更足成之或云小序是東海衛敬仲
所作今謂此序止是關雎之序總論詩之綱領無大
小之異解見詩義序並是鄭注所
以無箋云者以無所疑亂故也 疏正義曰諸序皆
一篇之義但詩
理深廣此爲篇端故以詩之大綱併舉於此今分爲
十五節當節自解次第於此不復煩文作關雎詩者
言后妃之德也曲禮曰天子之妃曰后注云后之言
後也執理內事在夫之後也釋詁云妃媲也言媲匹
於夫也天子之妻唯稱后耳妃則上下通名故以妃
配后而言之德者得也自得於身人行之總名此篇
言后妃性行和諧貞專化下寤寐求賢供奉職事是
后妃之德也二南之風實文王之化而美后妃之德
者以夫婦之性人倫之重故夫婦正則父子親父子
親則君臣敬是以詩者歌其性情陰陽爲重所以詩
之爲體多序男女之事不言美后妃者此詩之作直
是感其德澤歌其性行欲以發揚聖化示語未知非

69-115

**四库全书《毛诗注疏》书影**

依据音乐的不同，《诗经》分为“风”“雅”“颂”三部分。“风”是西周春秋时期各国的土乐，共160篇，大多是民间歌谣，包括周南、召南、邶风、鄘风、卫风、王风、郑风、齐风、魏风、唐风、秦风、陈风、桧风、曹风、豳风，共十五国风，这些作品多是普通百姓的口头创作，“饥者歌其食，劳者歌其事”（何休《公羊传解诂》），深刻反映了当时的社会现实，其中一些爱情诗如《关雎》《蒹葭》《静女》等脍炙人口。“风”诗是《诗经》的精华。“雅”包括大雅31篇、小雅74篇，“雅”是“正”的意思，即中原之正声，多是朝廷官吏及公卿大夫的作品，也有少数民间歌谣。“颂”包括周颂31篇、商颂5篇、鲁颂4篇，是祭祀鬼神、颂美祖先功德的乐歌，具有较浓厚的意识形态功能。十五国风中的讽刺性民歌与大、小雅中的讽喻怨刺诗构成了《诗经》中政治讽刺诗的主要内容，这些作品暴露了当时尖锐的阶级对立、悬殊的贫富差距及统治者的丑恶本质，如《伐檀》《硕鼠》《新台》《株林》《墙有茨》等。《诗经》以四言为主，节奏简约明快，常用重章复沓，情致回环往复。在表现手法上采用了“赋”“比”“兴”的技巧，与“风”“雅”“颂”合称“六义”。《诗经》对现实生活的关注和反映使其成为中国现实主义文学的源头，而其首创的“兴”是具有中国民族风格与民族气派的诗歌创作手法，沾溉后世百代诗歌，孤标秀出寰宇诗坛。

中国古代另一部著名的诗歌总集是《楚辞》。“楚辞”本为战国时期兴起于楚地的诗歌样式，汉代有一些作家模仿这种文学样式创作，经过刘向、王逸等人的搜集整理，编成《楚辞》，“楚辞”因此得名，成为此类作品的通称。《楚辞》的主要作者屈原（约公元前 340 年—公元前 278 年）为楚国贵族，官居要职，多次参与楚国的内政外交等重要政治活动，后因楚王听信谗言而被放逐，报国无门，郁愤中自投汨罗江而死。《楚辞》是第一部由个人创作的诗汇编而成的诗集，其代表作为屈原的《离骚》《九歌》《九章》《天问》等，尤为著名的是长达 2 400 余字的政治抒情诗《离骚》，其独创“香草美人”的比兴手法，在修辞学上是一次革命。楚辞体诗歌具有浓厚的楚地色彩，句法参差，长短错落，辞藻华美，对偶整饬，大量使用“兮”字及楚地方言，具有强烈的浪漫主义风格。《诗经》的反映现实和《楚辞》的奇幻瑰丽，成为中国文学现实主义与浪漫主义艺术传统的源头，成为后世作家创作之典范，合称“风骚”。

两汉文学最有价值的是乐府诗。“乐府”本为建于汉武帝时的主管音乐的官府采诗机构，其所采集的音乐多为新兴俗乐，其歌辞有的出自文人之手，有的本是民歌，汉时人们将这些歌辞称为“歌诗”，魏晋以后也称为“乐府”。同时，魏晋六朝文人用乐府旧题写作的诗，有合乐的，有不合乐的，也一概称为“乐府”。随后在唐代出现了不用乐府旧题而只是仿照乐府诗的风格意态写作的诗，被称为“新乐府”或“系乐府”。宋元以后，“乐府”又被用作词、曲的别称。乐府民歌多“感于哀乐，缘事而发”（《汉书·艺文志》），广泛而深刻地反映了当时的社会现实，具体而深入地抒发了社会下层民众日常生活的艰难与痛苦，体现了当时劳动人民的心态、愿望和要求，不少作品表现了人们对生命短促、人生无常的悲哀之感。如《东门行》《艳歌行》《十五从军征》《薤露》和《蒿里》等，最为知名的有《陌上桑》和《孔雀东南飞》。汉乐府长于叙事铺陈，这在以抒情为主的中国古代诗歌中可谓独树一帜。在叙事技巧上长于剪裁诗材，善于采用传神的对话，特色鲜明，如《孤儿行》《上山采蘼芜》《东门行》等。汉乐府语言以五言为主，体现了诗歌艺术的新发展。在汉乐府的影响下，汉代文人五言诗逐渐发展成熟。东汉末年的《古诗十九首》就是一组由无名文人创作的抒情诗，抒发了游子的羁旅情怀和思妇闺愁等，蕴积着乱世中下层士子的牢骚困苦，情调感伤。《古诗十九首》与汉乐府多为叙事诗不同，它长于抒情，委婉含蓄，质朴精练，被后人誉颂为“五言之冠冕”（《文心雕龙·明诗》）。

魏晋六朝时期是中国古代诗歌向盛唐巅峰过渡的“津梁”。建安时期曹氏父子、“建安七子”及蔡琰等开创了一个“五言腾踊”（《文心雕龙·明诗》）的时代，他们的作品慷慨悲壮、志深笔长，被后人称颂为“建安风骨”，“风骨”后来成为我国诗论和文论一个重要的概念和评价标准。更为重要的是，建安诗人开始探讨诗歌创作的规律问题，曹丕在《典论·论文》中提出的“文以气为主”“诗赋欲丽”等已拉开了诗歌“自觉”的帷幕。建安诗人创立的“尚情”和“唯美”两条线索贯穿了整个魏晋六朝时期。西晋时世风奢靡浇漓，诗歌也流于繁缛绮靡，陆机、潘岳、左思是代表性的诗人，其中左思的《咏史》组诗抒寒士不遇的慷慨不平，被称为“创成一体，垂式千秋”（《采菽堂古诗选》）。生活在晋宋之交的大诗人陶渊明早年有济世之志，但现实的黑暗和自己独特的个性使他不愿“为五斗米折腰向乡里小人”，归隐田园，创作了大量平淡自然的田园诗，《归园田居》《饮酒》等为中国古代士人营造了一个精神之“巢”。刘宋元嘉间的谢灵运开山水诗一宗，他因当时政治斗争的复杂和仕途不得意而逍遥山水，用“巧似”（《诗品》）之笔描摹江南山水美景，创作了大量清新妍丽的山水诗，使诗歌摆脱了枯燥乏味的玄言诗窠臼，其中《登池上楼》《入彭蠡湖口》等都是佳作。南朝诗人多宫廷文士，在好文之主的率领下沉溺于诗酒娱乐，开始探讨诗歌的声律问题，齐武帝永明年间，沈约、王融和谢朓等人提出“四声”“八病”之说，并且在自己的作品中进行实践，这在中国近体诗律凝定进程中具有划时代的意义。南朝梁时庾信早年为宫廷诗人，出使西魏被质留，后虽身居高位，但乡关之思挥之不去，后期作品浓郁悲凉，凄怆动人，《拟咏怀》组诗是其代表作，被誉为“穷南北之胜”（《注释庾集题辞》），杜甫也赞其“庾信平生最萧瑟，暮年诗赋动江关”（《咏怀古迹五首》其一）。北朝诗整体成就不高，且多模仿南朝。总体上说，六朝诗歌“唯美”的成分居多，而“尚情”的“情”也多为儿女情，而非建安的志士情。但六朝诗歌在技巧、声律和诗歌理论研究等方面的成就，为诗歌进入盛唐全盛期奠定了基础。

唐朝是中国古代封建社会的鼎盛期，也是古代诗歌史上的巅峰期，诗歌创作步入黄金时代，据陈尚君《全唐诗补编》统计，目前存世唐诗 55 730 首，诗人 3 700 余位。诗坛群星璀璨，佳作络绎，流派纷呈，众体大备。“初唐四杰”王勃、杨炯、卢照邻、骆宾王和稍后的陈子昂，上承汉魏风骨，力扫齐梁宫体诗的萎靡颓废之风，使诗歌开始走向社会，贴近社会现实，呈现出清新健康之气。高宗朝的上官仪及武后朝的沈佺期、宋之问为近体诗格律的最后定型做出了贡献。盛唐诗坛星汉灿烂，出现了山水田园诗派和边塞诗派两大诗歌流派。山水田园诗派以王维、孟浩然等人为代表，多写闲情逸致，格调高雅，意境优美。王维是虔诚的佛教徒，受佛教思想影响，其诗作多清空淡远，幽静明秀；王维又是南宗山水画的创始者，他将绘画的技巧和感悟融入诗中，其创作被誉为“诗中有画，画中有诗”（苏轼《书摩诘蓝田烟雨图》)。边塞诗派以高适、岑参、王昌龄等人为代表，多描绘雄奇壮阔的边塞风光、艰苦卓绝的军旅生活及边地少数民族的民俗风情，抒发乘时立功的英雄主义豪情，揭露军中苦乐不均和战争给人民带来的痛苦，具有鲜明的艺术特色。高适《燕歌行》、岑参《白雪歌送武判官归京》、王昌龄《从军行七首》是代表之作。开元年间，李白和杜甫先后登上诗坛，被称为中国诗歌史上的“双子星座”。李白诗歌多赞颂祖国的大好河山，表现个人理想与社会现实的矛盾冲突，情感奔放热烈，风格豪放飘逸，人称“诗仙”。李白性格中有强烈的“客寓意识”，一生漂泊寻找自我，既狂放又天真，长于歌行体和七言绝句，逸气纵恣，一片化机，《行路难》《将进酒》《早发白帝城》《望庐山瀑布水（二首）》等妇孺皆知。杜甫的诗歌集中反映了唐由盛而衰的重大历史事件，被称为“诗史”。杜甫一生恫瘝在抱，“穷年忧黎元，叹息肠内热”(《自京赴奉先县咏怀五百字》)，代表着一个文人的良心，晚年漂泊蜀中及两湖，在“亲朋无一字，老病有孤舟”时，仍然心系“戎马关山北”(《登岳阳楼》)，这种情怀和境界远超一般文人，这也是他被称为“诗圣”的原因之一。杜诗风格沉郁顿挫，《北征》《自京赴奉先县咏怀五百字》是其诗风的代表，尤长七律，大历间流寓夔州时的《秋兴八首》《登高》诸作堪称七律绝唱。杜诗中也有流宕清丽者，如《江畔独步寻花七绝句》《绝句二首》等，表现出诗人极高的诗才，正所谓“尽得古今之体势，而兼人人之所独专矣”(《杜工部墓系铭》)。安史之乱后，唐王朝由盛而衰，随着宪宗的“中兴”，诗坛再度繁荣，出现了以韩愈、孟郊等人为代表的“韩孟诗派”和以元稹、白居易为代表的“元白诗派”。“韩孟诗派”还有贾岛、卢仝、李贺、姚合等，风格奇崛险怪，其中李贺瑰诡迷离的“长吉体”独树一帜。“元白诗派”以浅切见长，白居易主张“文章合为时而著，歌诗合为事而作”，其“新乐府”诸作体恤民情，关注现实，继承了杜甫的现实主义传统，其中《观刈麦》《卖炭翁》等表现出一个古代知识分子的良知。白居易擅长长篇歌行，其《长恨歌》《琵琶行》至今仍为人所传唱。晚唐时期国运衰微，诗运也式微，但李商隐和杜牧以其精彩的作品为唐诗之歌谱写了华美尾声。杜牧诗雄姿英发，情怀旷达，擅长怀古咏史诗，《泊秦淮》《赤壁》等至今仍发人深省。李商隐诗深情绵邈，凄艳浑融，多用典故，采用类似于“意识流”的手法作诗，多隐喻、暗示和象征，七律深得杜甫精髓，《无题》《重过圣女祠》《安定城楼》《锦瑟》等是其代表作品。

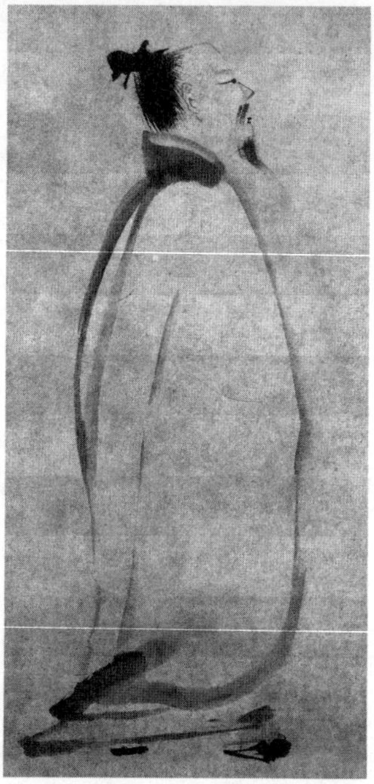

梁楷《李白吟诗图》

宋代实行“崇文抑武”政策，文士的处境是封建时代最好的。宋儒多以探讨天人之际、穷究性命之理为己任，加之理学盛行，文人喜欢在诗歌中说理，其诗多有“头巾气”。这表现出宋人在唐诗的成就面前另辟蹊径的开创精神，同时也使诗歌呈现出与唐诗不同的风貌。宋初诗人多学白居易、李商隐、贾岛、姚合，模拟之风盛行。王禹偁虽学白居易，但他关注现实，将人生感慨融入诗中，诗风平易清新，《感流亡》《村行》是其代表作。在欧阳修、梅尧臣、苏舜钦等人的努力下，宋诗风格逐渐确立。北宋诗坛影响最大的诗人是苏轼与黄庭坚。苏诗题材广泛，诗意至深渊博，风格多样，想象超凡，用典生动准确，代表了北宋诗歌革新运动的最高成就。特别是其被贬黄州后的作品，将对政治现实的忧患意识与对人生宇宙的感悟结合起来，出入儒、释、道诸家之间，旷达高妙，感人至深，《六月二十日夜渡海》《东坡》等是其代表作。以黄庭坚为首的“江西诗派”是宋代规模最大、影响时间最长的诗歌流派。黄庭坚主张“点铁成金”“夺胎换骨”和“无一字无来处”，要求从典籍及名家作品中寻找诗材，“以文字为诗，以议论为诗，以才学为诗”。其诗宗尚杜甫，瘦硬生新，代表作有《登快阁》《寄黄几复》等。南宋诗坛最为著名的诗人有陆游、杨万里和范成大。陆游是杰出的爱国诗人，创作诗歌近万首，其诗豪迈奔放，被称为“陆放翁体”。杨万里善于观察自然景物，用敏锐的诗心捕捉充满机趣的瞬间，幽默风趣，活泼清新，形成在南宋流行一时的“诚斋体”，《晓出净慈寺送林子方》《小池》等脍炙人口。范成大晚年居故乡时的《四时田园杂兴》等是继盛唐王孟诗派后又一个山水田园诗高峰。

苏轼像

金元时期的元好问“才雄学赡”，被称为“一代文宗”，其诗奇崛沉郁，遒劲质朴，有老杜之风，堪称大家。其《论诗绝句三十首》继承杜甫的《戏为六绝句》，以诗论诗，具有明显的诗歌史意识和真知灼见，其诗论观点对后世影响深远。元明时期诗歌成就不高，清代诗歌略有起色，有王士禛主张的“神韵说”、沈德潜主张的“格调说”、袁枚的“性灵说”及翁方纲的“肌理说”，诗歌作品繁多，但与唐宋时相比名家不多。乾隆间黄景仁诗学李白及唐宋诸家，运幽并豪侠气，抒婉转缱绻情，诗歌风格多样，怀古悲秋诗浓郁悲壮，恋情诗凄美幽约，有义山之风，时人誉其“乾隆六十年间，论诗者推为第一”，代表作有《绮怀》《都门秋思》等。

词的产生与音乐、近体诗格律成熟有密切的关系。从《诗经》开始，诗乐结合就是我国诗歌的传统，但唐以前诗乐本身的发展不足，诗乐结合处于勉强相就的阶段。唐时宴乐旋律节奏多变，演奏乐器丰富，在都市中盛行开来。教坊歌伎采用和声、泛声和散声等方法使诗歌与曲调相和以便于歌唱，同时接受了杂言诗句式长短不一的特点创作歌词。随着近体诗格律在初唐凝定，人们对声律的掌握渐趋深化和细化，这促成了词律的确立和成熟。中唐以后，一些诗人开始按照曲调的节奏来填词，时称“长短句”，如白居易、刘禹锡的《望江南》，温庭筠的《菩萨蛮》等。到五代时，《花间集》序文称词为“曲子词”。北宋时期，这种新的文学形式已完全脱离诗而独立，称为“长短句”“曲子词”或“乐府歌词”。南宋时它们被定名为“词”，从此成为新兴的文学形式的名称。

晚唐五代时出现了文人词创作的第一个高潮，形成了西蜀和南唐两个创作中心。温庭筠是“花间派”的代表词人，其词风格恻艳，含蓄谐律，但伤于柔弱，词境狭窄，《菩萨蛮》（小山重叠金明灭）是其代表作。南唐后主李煜成就较高，他用一颗绝无尘滓的“真”心写作，抒发了早年宫廷生活的优渥奢侈和被俘后的亡国之恨，语言简净、生动、鲜明，“问君能有几多愁，恰似一江春水向东流”（《虞美人》）、“流水落花春去也，天上人间”（《浪淘沙》）等句子人所共知。王国维《人间词话》称：“词至后主而眼界始大，感慨遂深。遂变伶工之词而为士大夫之词。”

宋初词人以晏殊、欧阳修、范仲淹、宋祁、晏几道、张先、柳永等成就较高，特别是柳永具有开创之功。他大力创作慢词，扩大了词的容量，多使用铺叙手法，提高了词的表现力。其词多写男女离别、羁旅愁思，是婉约词的代表作家，“杨柳岸、晓风残月”（《雨霖铃》）、“衣带渐宽终不悔，为伊消得人憔悴”（《蝶恋花》）等名句被争相传唱。苏轼一洗婉约词的绮罗香泽之态，用词来描绘社会现实，抒发人生感慨，表达生命体悟，极大地扩大了词的功能和境界，使词获得与诗同样的地位，开豪放一派，《水调歌头》（明月几时有）、《念奴娇·赤壁怀古》等作品疏宕雄恣，洵为佳作。南渡时期的词人李清照是婉约词的又一大家，她用女性的善感灵心体察外物，并以平淡朴素、清雅蕴藉的语言传达诗心，她也是中国词史上最早探究词创作理论的作家。辛弃疾在苏轼词的豪放基础上又有创新，为我们营造了一个英雄的词世界，其词豪迈不羁又风格多样，以散文的笔法写词，语言口语化，善用典故，创造出雄奇阔大、瑰丽宏肆的词境，《永遇乐·京口北固亭怀古》《贺新郎》（甚矣吾衰矣）等作品是其典型风格的体现。“苏辛派”的“诗化词”“豪气词”外，又有以周邦彦、姜夔等为代表的“风情词”“乐化词”，他们强调词的音乐性，主张节制情感，力避豪迈。总之，两宋是词的黄金时期，作家众多，佳作纷呈，其成就与唐诗双峰并峙，共同成为“一代之文学”。

元明时期是词的衰落期，清朝词复勃兴，作家和作品数量极为可观，流派纷呈，词学选本和词学理论著作众多，出现了彬彬大盛的景象，但清词的艺术成就是无法和两宋相比的。这一时期著名的词人有纳兰性德、黄景仁、顾贞观等。

散曲是元代兴起的一种新的诗歌样式，分为小令和套数。小令是单独的小曲，有独立的曲牌名，如《水仙子》《新水令》等；套数又叫套曲，是同一宫调的许多曲子的连缀，其标调方式是以宫调名和第一支曲子的曲牌命名，如《双调·夜行船》。元代是散曲的黄金时代，有散曲作家二百二十余人，作品三千八百余首，语言质朴通俗，情致直率爽利，总体风格“豪辣灏烂”，酣畅尖新。代表作家有关汉卿、马致远、王实甫、白朴、贯云石、张养浩、睢景臣、张可久等，其中马致远的小令集豪放与清丽于一体，感时叹世，成就颇高，“枯藤老树昏鸦，小桥流水人家，古道西风瘦马。夕阳西下，断肠人在天涯”，寥寥数语，用枯笔勾勒出一幅暮秋行旅图，王国维称其“深得唐人绝句妙境”（《人间词话》）。

## 二、中国古代文、赋与文论

散文在古代是概念宽泛而又非常发达的文体。从文学史的意义来看，作为中国最早的书面记载的甲骨卜辞，可以说是中国散文的雏形。《尚书》是中国古代散文的发端，它包括《虞书》《夏书》《商书》《周书》等，多是誓词、文诰、训诫之类的政治文献，叙述详略得当，感情充沛，语言简洁典要。《金縢》《盘庚》《顾命》等篇生动形象，说服力强。《无逸》通篇以“无逸”为发言纲领，开战国诸子论文“据题抒论”先声。春秋战国时期，诸侯争霸，百家争鸣，这种时代氛围使散文得以迅速成长。以《论语》《孟子》《荀子》《庄子》《韩非子》为代表的诸子散文语言或简练深刻，或汪洋恣肆，或透辟犀利。以《左传》《国语》《战国策》为代表的历史散文，叙事、写人、记言无不简洁流畅，形象生动。这一时期，散文在内容上融文、史、哲于一体，结构严谨，逻辑严密，语言精练，是中国散文史上的第一个黄金时代，对后代散文创作产生了极为深远的影响。

两汉时期在政论散文和史传散文方面取得了新的成就，成为散文发展史上的第二个黄金时代。这一时期的政论散文是在封建大一统的社会政治背景下出现的，文人抚今追昔，以强烈的历史责任感总结前朝兴亡之教训，为当朝统治者提供借鉴，总体上带有显著的政治色彩和实用性质，同时也讲究文采。西汉的政论散文最早可以追溯到陆贾的《新语》，此后相继出现一大批名家名作。贾谊是西汉第一位政论文大家，其文摛藻逞辞，夸张扬厉，《过秦论》《论积贮疏》《治安策》等最为著名。文、景时期晁错随之而起，其文严谨朴实，语词洗练准确，句式缜密，代表作有《言兵事疏》《论贵粟疏》等。贾谊和晁错的文章对秦汉之际的历史以及当时社会的政治、经济、军事、文化诸方面的问题提出了尖锐而深刻的看法，为巩固西汉王朝统治提出了一系列具体的建议，被鲁迅誉为“西汉鸿文，沾溉后人，其泽甚远”（《汉文学史纲要》）。西汉中期桓宽的《盐铁论》是汉代政论文中的奇葩，文章针对汉兴以来社会发展的重大问题进行讨论，采用对话体的方式，再现御史大夫和贤良文学两派的辩驳，文字简洁犀利，论证条分缕析。东汉政论文成就不如西汉，王符《潜夫论》、仲长统《昌言》较有现实意义。汉代以后，贾谊、晁错等人的散文成为人们模仿的典范，所谓“文必秦汉”“唐诗宋词汉文章”反映出汉代政论文在文学史上的重要位置。

两汉史传文学的典范是司马迁的《史记》。《史记》既是一部史学名著，又是一部文学名著。《史记》以“究天人之际，通古今之变，成一家之言”为写作目标，记述了上起黄帝时期，下讫汉武帝太初年间共三千年左右的政治、经济、文化等各方面的历史，成为我国第一部纪传体通史，共一百三十卷，五十二万余字。太史公为文笔端含情，慷慨逸纵，寓人生遭际于历史烟云，借他人杯酒浇自己块垒，正所谓“悲世之意多”（《艺概·文概》）。《史记》塑造了生动典型的人物形象，叙事跳脱生动，语言雄深雅健，被鲁迅誉为“史家之绝唱，无韵之《离骚》”，对后世的小说、戏剧、传记文学、散文产生了广泛而深远的影响。东汉班固的《汉书》结构整饬严密，语言华赡尚藻饰，风格尔雅深厚，典则儒正，也是杰出的史传文学佳作。

“赋”作为一种文学体裁起源于战国时的荀子，《赋篇》开后世赋主客对话、铺陈言事、韵散结合的先河。真正代表汉大赋“铺采摛文，体物写志”（《文心雕龙·诠赋》）风格的是西汉司马相如的《子虚赋》《上林赋》，扬雄的《甘泉赋》《羽猎赋》，东汉班固的《两都赋》，张衡的《二京赋》，这些作品极力描述宫苑都城的富丽奢华，夸耀帝王游猎宴飨的隆重盛大，歌颂祖先及统治者的丰功伟绩，劝诫当政者体恤民力、节制怵惕，多阿谀颂美之辞，“劝百而讽一”（《史记·司马相如列传》），劝谏的功能微乎其微。形式上铺张扬厉，格局板滞，文字艰深冷僻，有些作品和类书一般，没有扎实的小学功底无法卒读。但其夸饰瑰奇，语言奥博，结构阔大，描写细致，对后世文学影响较大。东汉后期出现了抒写个人情怀的抒情小赋，张衡的《归田赋》、赵壹的《刺世疾邪赋》、蔡邕的《述行赋》等篇幅短小，感情真挚，是对大赋内容空疏的反拨。另外，东汉咏物赋也很有特点，傅毅的《舞赋》、马融的《长笛赋》等文采富丽，状物生动，颇值一观。

六朝时期随着“文笔说”和“声律论”的产生，文章开始骈俪化，“用词”“用事”“对偶”和“声律”成为骈文的四要素，文章多采用四字句和六字句排比，或者间隔交错，故又称“四六文”。南朝齐梁时期，这种起源于两汉辞赋的骈文达到鼎盛，名家如林，佳作纷呈，具有代表性的有鲍照的《芜城赋》，江淹的《别赋》《恨赋》，庾信的《哀江南赋》《小园赋》《枯树赋》等，其中庾信融合南北文风，铸清丽、雄浑于一体，健笔凌云，一扫柔靡粗鄙，被誉为“独有千古”（《评选四六法海·总论》）。

骈文风气大炽后，除了抒情散文，论说、传记、书牍、奏疏等竞相采用骈四俪六的模式，几乎无文不骈，无语不偶，梁陈时受宫体文学影响，骈文末流畸形发展。初唐时王勃等曾“思革其弊，用光志业”（杨炯《王勃集序》），但收效甚微。进入中唐贞元、元和时期，韩愈、柳宗元发起“古文运动”，“古文”是针对“时文”即骈文而言，指先秦两汉时不重骈偶的散体文。后来唐宋“古文”成为狭义的专称，不泛指“古代文章”，其意义与这一派的理论观点密切相关，用意一在复兴儒学，二在解放文体。这种“古文”传统又为宋代欧阳修等人所继承，欧阳修利用文坛盟主的地位，对“文”“道”关系进行进一步的阐释，提倡平易畅达的文风，发起了反对颓靡文风的“古文运动”。唐宋“古文”在过去常被视为文章的典范，所谓“唐宋八大家”也成为最为人们所熟悉的合称。其中韩愈的散文雄奇刚健，《进学解》《送孟东野序》等脍炙人口；柳宗元的散文清幽秀澈，峻拔峭刻，谪永州后的《永州八记》是传诵至今的山水小品；至宋，欧阳修的平易晓畅，苏轼的恣肆浑涵，苏洵的纵横敷张，苏辙的平和纡徐，曾巩的谨严峻洁，王安石的劲健流畅，无不对后世的散文创作产生了极大的影响。很多传世佳作璨若贝珠，如《醉翁亭记》《秋声赋》《前赤壁赋》《记承天寺夜游》《游褒禅山记》《墨池记》等。

明成化到隆庆年间，李梦阳、何景明、李攀龙、王世贞等以“文必秦汉，诗必盛唐”为口号，发起了反对“台阁体”文章的文学复古运动，但矫枉过正，流于机械模仿。然而与之同时的“唐宋派”散文则文从字顺，情韵丰厚，代表人物归有光的《项脊轩志》《寒花葬志》优美动人。晚明时由袁宏道、袁宗道、袁中道为领军人物的“公安派”再度发起反拟古风潮，他们以“独抒性灵，不拘格套”为纲领，创作了很多清丽真诚的山水游记类小品，其中袁宏道的《初至西湖记》、张岱的《湖心亭看雪》都是难得的佳制。清初文坛出现了魏禧、侯方域、汪琬等人，合称“清初三大家”，其中侯方域的散文在人物刻画方面有小说特征，《李姬传》《马伶传》是其代表作。清代影响最大的散文流派是“桐城派”，因其代表人物方苞、刘大櫆、姚鼐都是安徽桐城人而得名。桐城派重“义法”“神气”“音节”，提出“义理”“考据”“辞章”三位一体等理论主张，文章结构严谨，层次清晰，文辞雅洁，声调抑扬，杂以说理考证，读来流宕铿锵，代表作有方苞的《狱中杂记》和姚鼐的《登泰山记》《游灵岩记》等。

古代文学理论简称古代文论，是作家在创作过程中从作品批评中提炼出来的一种独特的文学观念体系，多采用经验描述、形象表达、类比综合等方式来表现，并非以严格的科学定义和严密的逻辑推理来论证，由此形成了气、韵、意、比兴、风骨、格调、意境等独特的理论范畴和表达方式。古代文论的思想核心根植于中国古代哲学思想，中国古代哲学呈现出的儒、释、道互补等特点，也给古代文论以不同的影响：儒家理论奠定了古代文论的伦理学基础和功利意识，道家思想带给古代文论以崇尚自然及心灵观照的认识观，佛家哲学为古代文论提供了内省体验的认识世界的方法。

古代文论的萌芽期是先秦两汉。孔子以“兴观群怨”来说明诗歌的社会作用；孟子用“知人论世”来概括文学批评的方法；老庄的“清静无为”“得意忘言”“虚实相生”等道家哲学，在认识论、方法论方面也给予了文学创作和理论极为深刻的影响。《毛诗序》集中反映了汉代儒家的文学理论，其“情动于中而形于言”之说已触及艺术创作中的情感作用问题，“美刺”与“教化”之论强调了文学对社会政治的功用，对后世的影响极为深远。

古代文论的自觉期在魏晋南北朝。这一时期出现了不少文学理论家及相关著作，曹丕在《典论》中提出了“文气说”，陆机在《文赋》中提出了与“诗言志”相对应的“诗缘情”说，沈约在总结了前人的声律研究的基础上，提出了“四声八病”说。刘勰的《文心雕龙》更是一部体大思精之作，它总结了前人的创作经验，继承发展了以往的文学理论成果，从文学的基本原理、创作论、批评论、文体论、修辞学等各个方面提出了一系列重要的文艺观念，形成了完整的文学理论体系，对我国古代文学及文艺理论的发展产生了巨大影响。钟嵘的《诗品》对诗人的品评及对诗歌与社会关系、创作与批评的准则等问题的论述，在古代文论发展史上也具有重要意义。

**《文心雕龙》书影**

中唐至明中叶是古代文论的成熟期。其代表人物首先是韩愈、柳宗元。他们发起“古文运动”，倡导文体革新，形成了一系列的创作理论，如“文以载道”“不平则鸣”“气盛言宜”“旁推交通”等。“新乐府运动”代表人物白居易所作的《与元九书》是一篇著名的文艺理论著作，文中提出了“为时”“为事”的创作原则、“美刺比兴”的创作精神、“情义声言”的诗歌特性等理论主张，在文艺思想史上产生了深远的影响。晚唐诗论家司空图提出了诗歌审美的“三外说”（韵外、象外、味外），对中国美学的形成有重要的影响。宋代“诗话”大兴，其中严羽的《沧浪诗话》理论系统性较强，他提出了“兴趣说”和“妙悟说”，主张诗歌应当直抒性情，讲求空灵蕴藉。到明代中叶，“前后七子”主张“文必秦汉，诗必盛唐”，批评了宋元至明初的萎靡文风。后来李贽以“童心说”为理论基础，反对封建理学对人性人情的压抑和歪曲，强调具有童心才是真人，才能写出真文，主张创作要顺乎自然本性，要有为而发。

明末至清末是古代文论的延续期。在此时期，古代文论的主要任务转向对以往文艺理论主张的各取所需的继承和发挥，例如明代公安派倡导的“独抒性灵，不拘格套”，竟陵派主张的“幽情单绪”“孤怀”“孤诣”，清代沈德潜的“格调说”，王士禛的“神韵说”，袁枚的“性灵说”，翁方纲的“肌理说”等，皆属此类。清末刘熙载的《艺概》冲破了历来侧重于研究各种具体艺术种类的局限，将各门艺术作为一个整体来探讨，并提出了许多独到的艺术见解。该书分为《文概》《诗概》《赋概》《词曲概》《书概》《经义概》，以少总多，以简练语言做精要评论，在中国文学批评史上占有重要地位。

## 三、中国古代小说戏曲

中国古代小说分为文言小说与白话小说两大类，文言小说以记载异闻、琐语、杂事为主要内容，白话小说以演述史事及灵怪、烟粉、传奇、公案故事为内容。文言小说产生较早，魏晋时发展为“志人”和“志怪”两端。志人小说以刘义庆《世说新语》为代表，志怪小说以干宝《搜神记》为代表。这些作品都粗陈梗概，处于小说的童年阶段。唐传奇的出现标志着文言小说的成熟，唐传奇是一种以历史纪传体为主而辅以赋体某些特征的、具有完整故事情节的新小说样式，较为著名的有元稹的《莺莺传》、白行简的《李娃传》、蒋防的《霍小玉传》、李朝威的《柳毅传》等。宋明时期的文言小说在白话小说的冲击下相对式微，但仍有洪迈的《夷坚志》、元好问的《续夷坚志》、瞿佑的《剪灯新话》等文言小说集。清代文言小说有较大发展，蒲松龄的《聊斋志异》、纪昀的《阅微草堂笔记》、王士禛的《池北偶谈》、袁枚的《子不语》等作品的出现使文言小说一度复盛，其中蒲松龄的《聊斋志异》代表着文言小说的最高成就，是中国古代文言小说的巅峰。

白话小说的产生要晚于文言小说。大概在中唐时期，都市已流行一种“说话”的艺术形式，宋时城市经济繁荣，市民阶层壮大，出现了“说话四家”，即“小说”“讲史”“说经”“合生”，以讲述烟粉灵怪、传奇公案为主的“小说”和讲述历代兴废、战争权谋的“讲史”最受欢迎。“说话”艺人的脚本称为“话本”，是我国白话小说的初级形式。现存宋人话本小说保存在《京本通俗小说》《清平山堂话本》中。到了明代，鸿篇巨制陆续问世。罗贯中的《三国演义》是长篇章回小说的开山之作，它以宏阔的结构、曲折的情节、生动的人物刻画和雅俗共赏的语言描写了三国时期各统治集团之间复杂的权谋与战争，成功地塑造了刘备、关羽、张飞、曹操、诸葛亮等人物形象。与此同时，施耐庵的《水浒传》形象地反映了封建社会农民起义的原因及过程，成功地塑造出宋江、林冲、李逵等性格鲜明的农民起义英雄。明中叶，充满奋斗及乐观精神的神魔小说《西游记》问世，接着，中国文学史上第一部由文人独立创作的长篇小说《金瓶梅词话》成书，是“世情小说”的开山之作。这四部作品合称明代的“四大奇书”。同时，文人的拟话本创作也很繁荣，最为著名的是冯梦龙编辑的《喻世明言》《警世通言》《醒世恒言》和凌濛初编写的《初刻拍案惊奇》《二刻拍案惊奇》，合称“三言二拍”，其中有不少精彩篇章真实而生动地反映了市民的生活与思想感情。凌濛初的“二拍”也标志着古代白话短篇小说由集体创作向个人创作的转变。

清代，小说发展进入全盛期。曹雪芹的长篇小说《红楼梦》以贾宝玉和林黛玉的爱情悲剧故事为中心线索，反映了贾府这一世代富贵之家由盛而衰的必然过程，通过对贾宝玉、林黛玉、薛宝钗、王熙凤、史湘云、探春、晴雯、袭人等人物命运的勾勒，从文学、文化和哲学三个层面，既为读者展开了一幅穷形尽相的世情全景图，又寄寓着作者对人生、命运的哲理思考和参悟。这部小说在思想内容、人物塑造、结构安排、语言艺术等方面都达到了前所未有的高度，是中国古典小说的巅峰之作。此外，吴敬梓的《儒林外史》“机锋所向，尤在士林”（鲁迅《中国小说史略》），塑造了一批典型知识分子形象，揭露了科举制度的弊端，开“讽刺小说”先河。晚清另有李宝嘉的《官场现形记》、吴趼人的《二十年目睹之怪现状》、曾朴的《孽海花》、刘鹗的《老残游记》等作品，指摘时弊，抨击现实，合称“四大谴责小说”。另外，李汝珍的《镜花缘》、钱彩的《说岳全传》、石玉昆的《三侠五义》等也值得关注。

中国戏曲是集歌、舞、科（动作）、白（念白）于一身的综合艺术，极富民族特色和艺术表现力。元杂剧是完整、成熟的戏剧形式，是元代文学的代表，成为与小说、诗歌、散文平分天下的古代文学体裁。现有名可考的剧作家有 80 余人，所存剧目 737 种，剧本 160 余种，主要代表作品有白朴的《墙头马上》、马致远的《汉宫秋》、纪君祥的《赵氏孤儿》以及郑光祖的《倩女离魂》等。成就最高、最为著名的剧作家当属关汉卿和王实甫，关汉卿共创作了 63 个剧本，代表作有《窦娥冤》《救风尘》等。他在剧中成功地塑造了一系列普通妇女的形象，控诉了黑暗的社会现实，表达了对被压迫人民的深切同情。王实甫的《西厢记》文辞优美，诗意浓郁，人物性格丰满，是一部有着巨大艺术魅力的爱情喜剧。

关汉卿画像

元代另一种戏剧形式叫“南戏”。南戏始于北宋宣和年间，起初盛行于浙江温州一带，元代以后吸收杂剧的特点，逐渐成熟并向北方传播。现存南戏剧目共 238 本，完整剧本有 18 种，其中“四大南戏”——《荆钗记》《刘知远白兔记》《拜月亭记》《杀狗记》，合称“荆刘拜杀”，在民间长演不衰。高明的《琵琶记》标志着南戏在思想性和艺术性方面均达到成熟。南戏表演形式灵活多样，对明清戏曲影响很大。明清时以唱南曲为主的戏剧形式叫“传奇”，拥有剧作家 700 余人，剧目 2 000 多种，现存600余种。传奇较之宋元南戏，剧本用词文雅，格律谨严，情节更复杂，人物更丰满。明代最杰出的戏剧家是汤显祖，他的《紫钗记》《牡丹亭》《南柯记》《邯郸记》合称“临川四梦”，其中《牡丹亭》心理描写细腻，语言自然绚丽，表现了反对封建礼教、追求个性解放的主题，是中国戏剧史上的名作。明末清初，李玉的“一人永占”(《一捧雪》《人兽关》《永团圆》《占花魁》的合称)、《清忠谱》、《千忠戮》，李渔的《笠翁十种曲》影响较大。康熙年间，洪昇的《长生殿》和孔尚任的《桃花扇》相继问世，一时名满天下，有“南洪北孔”之称，代表着清代传奇的最高成就。清中叶后传奇剧创作逐渐衰落，地方戏开始蓬勃兴起。

# 第二节
# 中国古代文学的艺术特征

中国古代文学成就辉煌，诗、文、词、曲、小说各体大备，每一部类的作品风格迥异，千汇万状，使人如入山阴道中，应接不暇。中华民族有着自己独特的文化传统，自然也有着自己独特的审美意识，文学作品的艺术特征是一种文化的表现，必然会打上民族文化的鲜明烙印，深深积淀着民族的心理特质。

## 一、神似论

如何处理形神关系，是重在对对象的形貌做客观真实的描写，还是重在对形象的内在精神做深刻的发掘和展现？中西文学艺术有着明显的不同。如果说西方文学在古希腊时期崇尚的便是对现实的客观模仿，那么中国古典文学讲究的则是以形写神，注重神似。在我国古代诗词评论中，总是把艺术意象是否传神，是否做到了形神兼备，作为衡量作品成功与否的一个重要标准。

所谓“神似”是指作品要生动地表现出所描写对象内在的精神气质和精神旨趣。也就是说，艺术意象仅仅把现实中的物象表现出来是不够的，还要传达出物象的神韵来。相传东晋著名画家顾恺之曾经画人而数年不点睛，人问其故，他回答：“四体妍蚩，本无关于妙处，传神写照，正在阿堵之中。”(《历代名画记》卷五）这是我国古典文艺理论中首次出现“神似”的观点，虽然是就绘画而言的，但“神似”的艺术标准在古代文学创作中影响也颇大。

诗词是抒情的艺术，但同时也是形象的艺术，不过它写人物形象不求齐全，只求其神而不穷其貌，贵在表现出人物的精神。因此，诗词中写人物少有细致周到的肖像描写，往往只写一颦一笑、一个侧影，取其一点而不及其余，要以“以形写神”为宗旨。如《诗经・卫风・硕人》第二章：

手如柔荑，肤如凝脂，领如蝤蛴，齿如瓠犀，螓首蛾眉。巧笑倩兮，美目盼兮，素以为绚兮。

这章集中写卫庄公夫人姜氏之美，前五句用比喻，形象不可谓不生动，而六七句运用白描，“笑”如何“巧”？目如何“美”？“倩”之貌如何？“盼”之状又如何？诗人未明言，全在启发和指示，而读者“各以其情而自得”（王夫之《诗绎》），出奇制胜，使形象栩栩如生，达到了传神的境界。因此后人在评价时认为：“至如‘巧笑倩兮，美目盼兮’，则传神写照，正在阿堵，直把个绝世美人活脱脱地请出来，在书本上幌漾。千载而下，犹如亲其笑貌。”（孙联奎《诗品臆说》）又如李清照的《点绛唇》：

蹴罢秋千，起来慵整纤纤手。露浓花瘦，薄汗轻衣透。见有人来，袜刬金钗溜。和羞走，倚门回首，却把青梅嗅。

上片写少女青春活泼的娇美形象，还侧重于写形；下片则以形写神，少女看见有人来了，一阵慌乱，害羞地往屋里跑，显出一副狼狈的模样，但到了门边“倚门回首，却把青梅嗅”，是想乘机回头看看来者究竟是何等样人。词全写人物的形，但每个画面都传出一种“神”来，于是一个天真活泼、怕羞而又有些顽皮叛逆的少女神态跃然纸上。可见，只有做到了形神兼备，以形写神，才能够传神写照，将描写对象的精神特质和内在意蕴鲜明地表现出来。

写自然景物也要传神，就是强调要抓住其本质特征，表现出物的内在精神。如陶渊明《癸卯岁始春怀古田舍二首》其二：

先师有遗训，忧道不忧贫。瞻望邈难逮，转欲志长勤。秉耒欢时务，解颜劝农人。平畴交远风，良苗亦怀新。虽未量岁功，即事多所欣。耕种有时息，行者无问津。日入相与归，壶浆劳近邻。长吟掩柴门，聊为陇亩民。

“平畴交远风，良苗亦怀新”历来被称为佳句，但此句初看平平，仔细涵泳则知其三昧。“交”写活了初春和煦的春风如水般一浪浪从天地之交流淌而来；“新”未写禾苗嫩绿茁壮、婀娜起舞，但新苗的颜色、状态如在眼前，而且还写活了春日禾苗蓬勃的生命力，诗人的欣喜雀跃之状可知。诚如苏轼所言“质而实绮，癯而实腴”（《与苏辙书》）。清人陈祚明评此句云：“‘平畴’二语写景，神到之句，写物者摭实，写气者蹈虚，便已生动；若写神，谁能及之。”（《采菽堂古诗选》卷十三）指出了“写神”才是中国古代诗歌的最高境界。

“形神兼备”的形象构成原则，在中国古典戏曲、小说的创作中同样受到高度重视。戏曲是一门综合艺术，其形象塑造主要依靠演员的表演来完成。中国戏曲形成了一整套富有民族特色的表演体系，充分体现了“形神兼备”的美学效果，即通过程式化的虚拟动作准确生动地传神达意，使人物角色的形态美与神态美达到统一。程式动作来自对生活动作的提炼和升华，是演员在唱、念、做、打等“形”的表演中所应遵循的规则，但这些规则毕竟是“死”的。中国戏曲美学一贯强调演员要根据对角色内在精神的深入分析、体验，灵活自如地设计、运用“形”的表现动作，做到气韵生动，完成“形神兼备”的舞台形象塑造。在小说创作方面，中国小说美学是围绕“个性化”来论及人物形神统一的。所谓“个性化”，也就是人物身上内外两方面的独特性，将这两方面的独特性结合起来，达到“形神合一”的境界，这个人物才真正“立”了起来。李贽把“传神写照”说运用到对小说《水浒传》的评价上：“描写鲁智深，千古若活，真是传神写照妙手。”（《李卓吾先生批评忠义水浒传》第二回末总评）“传神写照”说指出人物形象要传达出人物的内在精神，只有写出“神”，人物塑造才生动，才活灵活现。显然，“形神兼备”的形象创造原则，要让人物的形神在充分个性化的基础上达到统一，即人物个性化的外在表现（表情、语言、行动）须以其个性化的精神内涵为依据，而个性化的精神内涵又须通过个性化的外在表现显现出来，同时这种个性化的统一还要反映形神的丰富性、复杂性和矛盾性。人物的整体形象在形、神两方面越是有个性，越是丰富、复杂，就越深刻饱满、鲜明生动，从而给人以“形神兼备”的审美享受。金圣叹赞叹“《水浒传》写一百八个人性格，真是一百八样”，“一样人，便还他一样说话”（《读第五才子书法》）；李渔认为戏曲中人物语言“说一人，肖一人，勿使雷同，弗使乏浮”（《闲情偶寄·语求肖似》）；孔尚任在《桃花扇·凡例》中说戏曲人物形象应“须眉毕现”，“其面目精神，跳跃纸上，勃勃欲生”；洪秋蕃在《红楼梦抉隐》中推崇“《红楼》妙处，又莫如描摹之肖。性情各以其人殊，声吻若自其口出，至隐揭奸诈胸藏，曲绘蝶亵情状，尤为传神阿堵”。以上诸论均表现出中国戏曲和小说对“形”“神”辩证关系的深刻体察和灵活运用。

## 二、抒情性

抒情性是中国古代文学最明显的民族特色，因为我国是诗的国度，且中国古代诗歌重抒情而轻叙事，作为古代最重要、影响最大的文学体裁，诗歌对其他文学体裁的影响是不言而喻的。由于“缘情”说的提出及其影响，我国古代文学创作更有意识地强化了情感因素，从而更富有审美性，因为文学的美感作用是作品本身的情感因素在读者心目中引起共鸣的特殊效果，文学史上的一些杰出美学家、艺术家都深刻地认识到了这一点。黑格尔在《美学》中说：“艺术应该通过什么来感动人呢？

一般来说，感动就是感情上的共鸣。”列夫·托尔斯泰在《艺术论》中也曾深刻地认识到文艺最主要的特征之一是“用艺术家所体验的感情感染人”。中国古代文学不论是诗歌、散文，还是小说、戏剧，无不体现出一个“情”字。汉乐府《上邪》“山无陵，江水为竭，冬雷震震，夏雨雪，天地合，乃敢与君绝”的生死恋情，杜甫“穷年忧黎元，叹息肠内热”的恫瘝在抱之情，李清照的“守着窗儿，独自怎生得黑”的凄惨之情，辛弃疾的“了却君王天下事，可怜白发生”的悲壮之情，晏殊“无可奈何花落去，似曾相识燕归来”的富贵闲愁，这种种内涵不同的情，将中国的古代文学装扮得色彩斑斓。

《礼记·乐记》谈到文艺的发生机制时指出：“凡音之起，由人心生也。人心之动，物使之然也。感于物而动，故形于声……其本在人心之感于物也。是故其哀心感者，其声噍以杀。其乐心感者，其声啴以缓。其喜心感者，其声发以散。其怒心感者，其声粗以厉。其敬心感者，其声直以廉。其爱心感者，其声和以柔。”文学作品的产生在于心“感”于物，而这种“感”是饱含“哀”“乐”“喜”“怒”“敬”“爱”等感情因素的。无独有偶，陆机在《文赋》中说：

> 遵四时以叹逝，瞻万物而思纷。悲落叶于劲秋，喜柔条于芳春，心懔懔以怀霜，志眇眇而临云。

审美主体因感受到节序流转、物候变迁而生创作冲动，这种冲动始终与“叹”“思”“悲”“喜”等感情活动绾结在一起。刘勰也指出“情以物兴，故义必明雅；物以情观，故词必巧丽”（《文心雕龙·诠赋》），“登山则情满于山，观海则意溢于海”（《文心雕龙·神思》），无不体现出古代文论家对“情”的高度重视。

从《诗经》和《楚辞》开始，中国古代诗歌以抒情言志为主的基本美学特征就已确立。在绵延数千年的发展历程中，诗歌一直以抒情为主，诗歌中的叙事成分始终很薄弱。正是由于中国古代文学很注重生命内在情态的表现，强调的是作品的抒情性特征，所以即使是客观性比较强的游记散文，在中国古代散文家笔下也绝不是对自然景物的刻板描写，而是借山水寄情怀，甚至形成了具有鲜明民族特色的“比德”的美学观念。被誉为“千古绝调”的柳宗元的《永州八记》，“写山水，幽冷奇峭；抒胸襟，旷逸高远；伤放逐，兴感慨，情甚凄楚”（徐善同《柳宗元永州游记校评》）。柳宗元笔下的永州山水胜景，大多是被别人遗弃甚至轻视的，他却因为自己的怀才不遇而同情这些山水胜景的遭遇，以山水暗喻自己，进而发不平之鸣。记游、叙事总是有感而发，写景、状物也总有一定的寓意，对山水草木、人物、事件的叙述描写，都是作者思想感情的外化。白居易也说“感人心者莫先乎情”（《与元九书》），文学史上那些具有强烈艺术魅力、历久常新、使读者百看不厌的作品也莫不是因为一个“情”字。李密的《陈情表》历数作者和祖母的骨肉深情，缠绵凄恻，哀婉动人，深深感动了晋武帝，也感动了每一个读者。流传后世的《出师表》虽然

“文采不艳”，但诸葛亮那种“鞠躬尽瘁，死而后已”的耿耿深情却让我们为之动容。

不单诗文如此，以叙事为主要特点的古典戏曲、小说亦极富情感性，叙事往往只是它们的表层属性，骨子里还是抒情。诚如有研究者指出的那样，“元杂剧虽然已经获得了以代言体的方式表演故事这个外在的戏剧形式，但是在精神实质上它仍然是抒情诗的”①。比如《聊斋志异》，人们通常认为它写人妖爱情，表现了强烈的反封建精神，另外还抨击了科举制度的腐败，揭露了现实政治的黑暗，反映了人民群众的反抗和斗争。其实，在《聊斋志异》跋文中即已有人指出：“观其寓意之言，十固八九，何其悲以深也。”蒲松龄在《聊斋自志》中也称：“浮白载笔，仅成孤愤之书，寄托如此，亦足悲矣。”

文学创作中情感因素应该深沉浓郁，而且要发自内心。情感越是深沉，就越有利于产生佳作。学术以理服人，文学则以情动人，能否动人是衡量文学作品是否成功的主要标志。要使作品的人和事能打动人，作者首先要被这些人和事强烈地感动过，感情的土壤越是肥沃，育出的文学果实就越是丰硕。古往今来，凡为佳作，无不凝聚着作家沉郁厚重的情感。脂砚斋这样记述《红楼梦》作者创作时的深情：“壬午除夕，书未成，芹为泪尽而逝。”曹雪芹本人也说：“满纸荒唐言，一把辛酸泪。都云作者痴，谁解其中味?”这倾注于字里行间的深情，可被看作中国古代文学抒情特色的最好注脚。

## 三、意境说

“意境”是中国传统美学的重要范畴，最早出现于古代文学创作与评论中。有关“意境”的探讨要追索到先秦时期，《易传·系辞上》云：“子曰：‘书不尽言，言不尽意。’”庄子提出“言者所以在意，得意而忘言”（《庄子·外物》），魏晋时期玄学家纷纷展开“言意之辨”，有“言不尽意”说（荀粲）、“言尽意”说（欧阳建）、“得意忘象”说（王弼），在上述方家对“言”“意”关系的思考中，言不尽意、意在言外对文学创作和批评的影响最大。也就是说，在“言”（文学语言）之外，有“意”存在，而这个“意”存在于“空间境象”中，需要读者通过想象和体悟去捕捉和感受，从而形成了“意境”说的雏形。唐代王昌龄提出“情境”“物境”“意境”理论，标志着古代意境论的基本成熟。盛唐张说以“滋味”说诗、中唐皎然的“不顾词彩，而风流自然”（《诗式》）、晚唐司空图的“诗家之景，如蓝田日暖，良玉生烟，可望而不可置于眉睫之前也”（《与极浦书》），均指出中国式意境论的特点。宋代梅尧臣“状难写之景，如在目前，含不尽之意，见于言外”（《六一诗话》）、严羽“言有尽而意无穷”

① 吕效平．试论元杂剧的抒情诗本质．戏剧艺术，1998（6）.

（《沧浪诗话》）等均是对唐人理论的进一步生发。清人叶燮在《原诗·内篇》中说：

> 诗之至处，妙在含蓄无垠，思致微渺，其寄托在可言不可言之间，其指归在可解不可解之会；言在此而意在彼，泯端倪而离形象，绝议论而穷思维，引人于冥漠恍惚之境，所以为至也……可言之理，人人能言之，又安在诗人之言之？可徵之事，人人能述之，又安在诗人之述之？必有不可言之理，不可述之事，遇之于默会意象之表，而理与事无不灿然于前者也。

在叶燮看来，意境具有无限性、指示性、个性、感性的特点，而且通过“意象”使读者处于“冥漠恍惚”的境界，从而感受到中国诗歌最精妙的“至处”。而这个“妙处难与君说”的境界，在作品中表现为情景交融、虚实相生、心天合一的特点，是最具有中国风格和气派的文学特征和文论范畴。

清人王夫之《姜斋诗话》云：“情景名为二，而实不可离。神于诗者，妙合无垠。”纪昀亦云：“诗家之妙，情景交融。”（《瀛奎律髓汇评》）中国古代文学家将情景交融作为重要的创作“法则”，而被诗论家誉为佳制的作品，也均为情景交融的经典范本。在抒情文学作品中，“昔我往矣，杨柳依依；今我来思，雨雪霏霏”（《诗·小雅·采薇》）借雨雪其雱抒戍卒的伤悲怅惘，“袅袅兮秋风，洞庭波兮木叶下”（屈原《九歌·湘夫人》）以西风落叶衬湘夫人的相思愁肠，“秋风发微凉，寒蝉鸣我侧。原野何萧条，白日忽西匿”（曹植《赠白马王彪》）写出诗人失去手足后的伤痛和对前路的迷茫，“池塘生春草，园柳变鸣禽”（谢灵运《登池上楼》）道出蛰居一冬的诗人面对春天时的喜悦和欢欣，“上有无花之古树，下有伤心之春草”（李白《灞陵行送别》）通过古树花凋、春草萋萋道离别之伤心，“无边落木萧萧下，不尽长江滚滚来”（杜甫《登高》）以山山黄叶、浩浩江水写客寓悲秋之感喟，“云散月明谁点缀？天容海色本澄清”（苏轼《六月二十日夜渡海》）以朗月碧海寄托清高自许，“谁翻乐府凄凉曲？风也萧萧，雨也萧萧，瘦尽灯花又一宵”（纳兰性德《采桑子·谁翻乐府凄凉曲》）以风雨萧萧、孤灯耿耿书写缱绻相思。而在叙事文学中，情景相生仍然是作家追求的艺术效果，如《水浒传》写林冲夜宿山神庙：“正是严冬天气，彤云密布，朔风渐起，却早纷纷扬扬卷下一天大雪来……雪地里踏着碎琼乱玉，迤逦背着北风而行，那雪正下得紧。”雪景的精彩描写很好地烘托了气氛，塑造了人物，推进了情节。情景交融是意境产生的重要途径，通过情与景的化合相生，产生富有意味的诗意空间。

虚实相生也是产生意境的手法之一。中国古代哲学家讲究“有无相生”“虚而不屈，动而愈出”，《道德经》第十一章云：“三十辐共一毂，当其无，有车之用。埏埴以为器，当其无，有器之用。凿户牖以为室，当其无，有室之用。故有之以为利，无之以为用”。形象地阐明了“虚”与“实”的辩证关系。庄子也提出“虚静”“虚己”“虚室”“虚无”等观念，强调“虚”的重要性。这一理论后来进入美学和文论领域，成为具有中国特色的艺术创作手法。虚实相生的典型文本是盛唐诗歌，“羚羊挂角，无迹可求”“空中之音，相中之色，水中之月，镜中之象”（严羽《沧浪诗话》）正是对盛唐诗歌“虚”中有“实”、以“虚”见“实”的生动描述。如王维著名的《汉江临泛》：

> 楚塞三湘接，荆门九派通。江流天地外，山色有无中。郡邑浮前浦，波澜动远空。襄阳好风日，留醉与山翁。

首联写自襄阳顺汉水至长江，南与湖湘之地相接，表面上是实写，实则为虚写，通过想象为诗歌构建了一个阔大的空间；颔联表面上通过“外”“无”等虚写，但实则化虚为实，将汉江流向天地外、两岸山色空濛的景象点染出来，如梦似幻又确在眼前，从而产生让人回味的诗意空间。王维《终南山》诗颔联“白云回望合，青霭入看无”、《终南别业》颈联“行到水穷处，坐看云起时”、《酬张少府》尾联“君问穷通理，渔歌入浦深”，都是化虚为实、虚实相生的典范诗例。通过虚实结合，诗人首先营造出一个阔远的空间，同时疏朗几笔，点到即止，富有指示性和召唤性，引导读者进入空间并展开想象，从而体味到亦真亦幻的空灵意境。

“天人合一”是中国文化对人类的最大贡献，钱穆先生曾指出：“中国文化精神在重此心天合一之人生共相，故文学艺术诸种造诣，亦同归于此一共相，而莫能自外。”天人合一是解读中国古代文学作品的“密钥”，也是中国古代文学家追求的最高艺术境界，诚如王夫之所言：“以追光蹑影之笔，写通天尽人之怀”（《古诗评选》）在古代文学作品中，“心天合一”意味着主体和客体界限消融，精神处于绝对自由的状态。李白“相看两不厌，只有敬亭山”（《独坐敬亭山》）、王维“深林人不知，明月来相照”（《竹里馆》）、苏轼“浩浩乎如冯虚御风，而不知其所止；飘飘乎如遗世独立，羽化而登仙”“自其不变者而观之，则物与我皆无尽也”（《赤壁赋》）、张孝祥“悠然心会，妙处难与君说”（《念奴娇·过洞庭》）、辛弃疾“我见青山多妩媚，料青山见我应如是”（《贺新郎·甚矣吾衰矣》）等之所以成为千古佳句，正在于消弭了主客界限，获得心灵的自由，营造出天人合一的无碍空间，这也正是中国式“意境说”所追求的最高境界。

# 第三节
# 中国古代文学的文化精神

任何文学文本都不只是一个知识系统，更是一个意义系统。中国古代文学经典作品中既有富于民族特色的审美体验和感情蕴蓄，更有古人对社会人生的思考，对人的价值的审视，对社会责任感的认同，对天地宇宙的探索等。挖掘中国古代文学内部所蕴含的深厚的思想文化资源，对于我们了解中国传统文化的基本架构和精神追求有着重要的意义。古代文学的发展和诸文体的演进，鲜明地体现了中国文化的人文色彩和理性精神，即以“人”为核心，追求人的完善，重视人的理性，渴望人与自然的和谐。

## 一、以道自任的崇高追求和人格尊严

中国传统的知识分子提倡“修身、齐家、治国、平天下”（《礼记·大学》），他们大多以道自任，以天下为己任，往往具有强烈的济世情怀。孔子为中国士人制定了最高的人格范型——“君子儒”，要求士人“不陨获于贫贱，不充诎于富贵，不慁君王，不累长上，不闵有司”（《礼记·儒行》）；曾子认为“士不可以不弘毅，任重而道远”（《论语·泰伯》）；墨子认为“仁人之所以为事者，必兴天下之利，除去天下之害”（《墨子·兼爱》）。正如余英时在《士与中国文化》中所言：“中国知识阶层刚刚出现在历史舞台上的时候，孔子便已努力给它贯注一种理想主义的精神，要求它的每一个分子——士——都能超越他自己个体和群体的利害得失，而发展对整个社会的深厚关怀。这是一种近乎宗教信仰的精神。”

既然古代士人都以天下为己任，那么建功立业自然就成为中国古代文学反复歌咏的一个主题。中国古代文学史上第一位爱国诗人屈原以革除弊政、强大楚国为己任，他在《离骚》中写道：“不抚壮而弃秽兮，何不改乎此度？乘骐骥以驰骋兮，来吾道夫先路。”“路漫漫其修远兮，吾将上下而求索”，表现出执着的担当意识和坚韧精神；曹植一生追求的就是“戮力上国，流惠下民，建永世之业，流金石之功”（《与杨德祖书》），歌颂“捐躯赴国难，视死忽如归”的许国壮志；陈子昂中进士后，上书议政，图谋大业，表现出“感时思报国，拔剑起蒿莱”（《感遇》）、“废书畅怀古，负剑许良图”（《答韩使同在边》）的责任和进取；李白在《代寿山答孟少府移文》中说：“申管晏之谈，谋帝王之术，奋其智能，愿为辅弼，使寰区大定，海县清一。”杜甫在《奉赠韦左丞丈二十二韵》中写道：“致君尧舜上，再使风俗淳。”陆游一生力主收复中原，“丈夫不虚生世间，本意灭敌收河山”（《楼上醉书》）、“僵卧孤村不自哀，尚思为国戍轮台”（《十一月四日风雨大作》）是对其许国不谋身的写照；辛弃疾力主抗金但不被重用，“倩何人、唤取红巾翠袖，揾英雄泪”（《水龙吟·登建康赏心亭》）、“凭谁问：廉颇老矣，尚能饭否”（《永遇乐·京口北固亭怀古》）等词句是其壮志难酬的悲叹；林则徐抗英销烟，却遭诬远谪伊犁，“苟利国家生死以，岂因祸福避趋之”（《赴戍登程口占示家人》）是其殒身报国的浩歌。中国古代文学经典作品中这种胸怀天下、兼济苍生的精神，是我们民族最为宝贵的精神财富。

除强调以道自任之外，中国文化积极入世的理性精神还表现在人们追求内在人格的圆满与尊严上，历代文人纷纷用如椽彩笔歌颂士人人格的尊严，“富贵不淫贫贱乐，男儿到此是豪雄”（程颢《秋日》）、“腹中贮书一万卷，不肯低头在草莽”（李颀《送陈章甫》）、“天子呼来不上船，自称臣是酒中仙”（杜甫《饮中八仙歌》）、“零落成泥碾作尘，只有香如故”（陆游《卜算子·咏梅》）、“宁可枝头抱香死，何曾吹落北风中”（郑思肖《寒菊》）、“粉骨碎身浑不怕，要留清白在人间”（于谦《石灰吟》）等，这样的诗句在文学史上不胜枚举。这种人生理念构成了古代文人士大夫主流的人生价值取向，并扩展为一种民族精神和民族性格。

## 二、愤世嫉时的忧患意识和进取精神

人类学家认为，人类之所以与普通动物有区别并不断拉开差距，是因为人类会因缺乏安全感而产生“忧患因子”，这种人类独具的忧患因子诱发基因“突变”，形成牢固的忧患意识，推进人们不断认识世界，认识并超越自我。中华民族历经上下五千年风雨，饱经磨难，民族“集体无意识”中的忧患情怀要更加深厚和强烈，不仅是我们民族的生存智慧，也承载着深厚的民族精神。

陈洪绶《屈子行吟图》

早在先秦时期，思想家们就意识到了居安思危的重要性，《易·乾卦》云：“君子终日乾乾，夕惕若，厉无咎”，《道德经》第五十八章云：“祸兮福之所倚，福兮祸之所伏”，孟子认为“生于忧患，死于安乐”（《孟子·告子下》），告诫人们要时刻警醒怵惕。后世政治家无不将忧患牢记于心，作为治国之铭，如唐代史学家吴兢《贞观政要》云：“天下稍安，尤须兢慎，若便骄逸，必至丧败”。忧患意识作为古代士人重要的思想构成，自然会在他们的作品中得到大量呈现。中国第一部诗歌总集《诗经》中有“行迈靡靡，中心摇摇。知我者，谓我心忧”（《诗·国风·黍离》）的诗句；屈原心系祖国，怀信却被放逐，其《离骚》正是充满忧思的爱国吟唱；王粲身处乱世，流离漂泊，其《七哀》诗是感时忧民的慨叹；左思出身寒门，怀才不遇，《咏史》是其对“上品无寒门，下品无士族”的社会现实的担忧和抨击；庾信质留西魏，身遇国破家亡，《哀江南赋》《拟咏怀》饱含沉郁的家国之思和乡关之思；安史之乱后杜甫漂泊西南和湖湘，《秋兴八首》《登高》《登楼》《登岳阳楼》诸作无不忧心忡忡，感时伤乱；范仲淹的《岳阳楼记》“先天下之忧而忧，后天下之乐而乐”已成醇儒的座右铭；陆游《书愤五首》以七律组诗的方式，表达了他无法效忠国家的郁愤之情和对国运的担忧；晚清积贫积弱，龚自珍《己亥杂诗》表达了诗人对“万马齐喑”现状的忧心，呼唤重振民族精神，“不拘一格降人才”。在中国古代文学的长河中，表达忧患意识的名句璨若珠贝、俯拾可见，沉郁的忧患意识始终闪烁在有良知的文人作品之中，烛照后世，感人至深。

忧患意识在当下仍然有着积极的意义。当今的“忧患意识”已超越了君臣言说，表现为在人类命运共同体和民族复兴语境下，个体的内心关注超越一己利害，将世界、国家、人民的前途命运系于心间，随时对危险抱有警惕，并保持战胜困难的坚定自信和无畏勇气。习近平总书记指出：“我们共产党人的忧患意识，就是忧党、忧国、忧民意识，这是一种责任，更是一种担当。”① 这种责任担当就是对古代忧患意识的发展的升华。

孔子对中国文化精神的形成最重要的影响之一就在于“他把原始文化纳入实践理性的统辖之下。所谓‘实践理性’，是说把理性引导和贯彻在日常现实世间生活、伦理感情和政治观念中，而不作抽象的玄思。继孔子之后，孟、荀完成了儒学的这条路线”（李泽厚《美的历程》）。这条以孔孟思想为核心和基础的路线在中国古代文学作品中打下了深刻的烙印，并体现为一种对现实生活积极进取的人生观。从“夸父逐日”“精卫填海”等神话到孔子的“知其不可而为之”（《论语》），从“天行健，君子以自强不息”（《周易·乾卦》）到司马迁“发愤著书”，从慷慨任气的“建安风骨”到乘时立功的盛唐文人精神，从韩愈的“不平则鸣”到欧阳修的“穷而后工”，从李白的“长风破浪会有时，直挂云帆济沧海”（《行路难》其一）到郑燮的“千磨万击还坚劲，任尔东西南北风”（《竹石》），古代文学作品中充溢着的自强不息和刚健坚韧，无不激励着后世文人，成为中华民族精神宝库中璀璨的珍宝。

## 三、深沉悠远的人生之思

抒情性是中国古代文学的重要特征，但这并不意味着古代文人只会进行感性情感的抒发，而不会通过逻辑推理和分析形成理性情感并在文学作品中呈现。中国古代从来不缺少思致深刻、思维缜密的思想家和文人，也从不缺少充满思力的文学作品。古代文人对人生价值的思索、对人与社会、人与宇宙关系的探求从未停止，作家们将其思考形诸文墨，佳制纷纭，引人深省。

---

① 习近平在中共中央政治局第十六次集体学习时强调 坚持从严治党落实管党治党责任 把作风建设要求融入党的制度建设．(2014-06-30)[2024-03-23]. http：//www. xinhuanet. com//politics/2014 - 06/30/c _ 1111389288. htm.

先秦时期，儒家的“未知生，焉知死”（《论语·先进》）、“死生有命，富贵在天”（《论语·颜渊》）、“天之将丧斯文也，后死者不得与于斯文也；天之未丧斯文也，匡人其如予何?”（《论语·子罕》）表现出对人生、对命运的深刻思索，而老子的“上善若水”“三宝”“宠辱若惊，贵大患若身”“知足之足”说、庄子的“在上为乌鸢食，在下为蝼蚁食”（《列御寇》）、“曳尾涂中”（《秋水》）、“鼓盆而歌”（《至乐》）、“白驹之过隙，忽然而已”（《知北游》）等，则代表着道家对人存在的方式、价值、状态等的诗意思考。

汉末板荡，文人多忧生之嗟，“良由世积乱离，风衰俗怨，并志深而笔长，故梗慨而多气也”（《文心雕龙·时序》），文人开始空前关注生命的长短，“人生”一词也频繁出现在文学作品中：“生年不满百，常怀千岁忧”（《生年不满百》）、“人生寄一世，奄忽若飘尘”（《今日良宴会》）、“人生非金石，岂能长寿考”（《回车驾言迈》）、“人生忽如寄，寿无金石固”（《驱车上东门》）、“对酒当歌，人生几何”（《短歌行》）、“人生处一世，去若朝露晞”（《赠白马王彪》）、“人生如寄，多忧何为”（《善哉行》其一）等，这些脍炙人口的诗句代表了彼时文人对人生的空前关注，字里行间洋溢着强烈的生命意识。既然生命短促，不以个体意识转移，不如增强生命的“浓度”，或及时行乐，如“不如饮美酒，被服纨与素”（《驱车上东门》）、“驱车策驽马，游戏宛与洛”（《青青陵上柏》）、“昼短苦夜长，何不秉烛游”（《生年不满百》）皆属此类；或惜时如金，建功立业，如“少壮真当努力”（曹丕《与吴质书》）、“贱尺璧而重寸阴”（曹丕《典论·论文》）等，主张在有限的时间将生命的价值发挥到极致，这种积极进取、自强不息的生命观至今仍是华夏民族的宝贵精神财富。

汉末建安文人的“生命之歌”在后世得到继承，迄于近代，表现生命意识一直是中华民族文学作品中经久不衰的主题，抒发感性情感的优秀作品浩如烟海，不胜枚举。而表达对人生的理性思考的作品，则主要集中于魏晋玄言诗与两宋理学诗中。

正始年间玄学兴起，东晋时玄佛合流，在佛教“偈子”的影响下，一些文人开始用五言诗的方式表达自己对玄、佛的理解，探寻人生的价值意义及其与宇宙的关系，于是玄言诗产生了，孙绰、许询是代表诗人。由于玄言诗“理过其辞，淡乎寡味”（锺嵘《诗品序》），缺少文学作品的情感、想象和美，很多作品都湮没无闻。宋代理学兴盛，理学是“心性之学”，最高目标在于成德、成圣、成大人，通过完善自身德行、修炼人格，将个体有限生命扩充至无限圆满。理学家的诗歌多表现生命哲理和人生智慧，“等闲识得东风面，万紫千红总是春”（朱熹《春日》）、“万物静观皆自得，四时佳兴与人同”（程颢《秋日偶成》）、“时人不识余心乐，将谓偷闲学少年”（程颢《春日偶成》）、“先能了尽世间事，然后方言出世间”（邵雍《极论》）等均能将对人生“形而上”的思考与诗歌艺术结合起来，引人入胜，发人深省。

中国古代最能以文学作品表现人生之思的作家莫过于苏轼。苏轼一生以黄州之贬为界，前期积极进取，后期旷达自适，在他人生的不同时期，都能用凌云健笔把人生的性状、本质、价值、意义艺术化地呈现出来：有“人生到处知何似，应似飞鸿踏雪泥”（《和子由渑池怀旧》）的无奈轻叹，有“何时逐汝去，与虏试周旋”（《和子由苦寒见寄》）的用事进取，有“小舟从此逝，江海寄余生”（《临江仙·夜归临皋》）的遁世无为，有“惊起却回头，有恨无人省”（《卜算子·黄州定慧院寓居作》）的孤独苦闷，有“飘飘乎如遗世独立，羽化而登仙”（《赤壁赋》）的逍遥无待，有“也无风雨也无晴”（《定风波·莫听穿林打叶声》）的达观放旷，也有“问汝平生功业，黄州惠州儋州”（《自题金山画像》）的随缘顺化，更有“九死南荒吾不恨，兹游奇绝冠平生”（《六月二十日夜渡海》）的豪迈超脱，对人生的理解、体悟和艺术表现达到了空前绝后的境界，诚如秦观所言：“苏氏之道，最深于性命自得之际。”（《答傅彬老简》）

## 四、以民为本的仁爱精神

杜甫画像

民本思想是儒家的核心思想之一。孔子退朝，马厩失火，孔子问：“伤人乎？”（《论语·乡党》）不问马。孟子认为“民为贵，社稷次之，君为轻”（《孟子·尽心下》）“亲亲而仁民，仁民而爱物”（《孟子·尽心上》），便是告诫统治者应重视人民的地位，体现了以民为本的仁爱精神。以仁爱之心处理伦理关系，要求“老吾老以及人之老，幼吾幼以及人之幼”（《孟子·梁惠王上》），并将这种仁爱精神从人际道德关系推衍到人与宇宙万物的关系，提出了“爱物”观念。《易传》把孟子“爱物”的思想概括成“君子以厚德载物”的命题，认为人类应该效法大地，把仁爱精神推广到大自然中，以宽厚仁德包容与爱护宇宙万物，使人类与自然之间建立起一种和谐的关系。宋儒张载进一步提出“天地万物一体”之说，指出“民吾同胞，物吾与也”（《西铭》），这种以民为本、民胞物与的仁爱精神，可以说广泛地反映在自诗、骚以来的中国古代文学作品中。

“诗圣”杜甫堪称仁爱精神的诗化代表，“穷年忧黎元，叹息肠内热”是其忧民情怀的写照。天宝十四载（公元755年），诗人由长安往奉先探望家人，在“入门闻号啕，幼子饥已卒”的惨状下，仍然“默思失业徒，因念远戍卒”（《自京赴奉先县咏怀五百字》）。漂泊蜀地时，秋雨灌屋，“床头屋漏无干处，雨脚如麻未断绝”，但他仍唱道：“安得广厦千万间，大庇天下寒士俱欢颜，风雨不动安如山。呜呼！何时眼前突兀见此屋？吾庐独破受冻死亦足！”（《茅屋为秋风所破歌》）他晚年贫病交加，孤身飘荡湖湘，在“亲朋无一字，老病有孤舟”的境况下，仍然“戎马关山北，凭轩涕泗流”（《登岳阳楼》），恫瘝在抱之情让人动容，代表着知识分子的良心。中唐白居易在其作品中也表现出了对百姓的体恤和关爱，特别是其“新乐府”诸作，揭露统治者奢靡贪腐、压榨平民的恶行，《卖炭翁》《红线毯》等是向特权阶层投去的匕首投枪。宋初王禹偁被贬谪商山时，看到因灾害而四处流亡的贫民，发出了“峩冠蠹黔首，旅进长素餐。文翰皆徒尔，放逐固宜然”（《感流亡》）的感慨，表现出自我反省的精神和对平民的同情。南宋陆游见到商人为争早市、农民为车水灌田而彻夜不眠的景象，发出“齐民一饱勤如许，望食官仓每惕然”（《露望》）的感叹。清人郑燮任潍县县令，夜宿县衙，听到风吹疏竹，写下“衙斋卧听萧萧竹，疑是民间疾苦声。些小吾曹州县吏，一枝一叶总关情”（《潍县署中画竹呈年伯包大中丞括》）的诗句，其对人民的关切和仁爱之情，至今仍然让人感动。

虽然中国古代文学体现了要求在现实中建功立业的积极进取精神，但个体融人社会生活的目的并不仅仅是封妻荫子，扬名立万，更是出于对国家、人民强烈的热爱之情。“小来思报国，不是爱封侯”（岑参《送人赴安西》），“男儿出门志，不独为身谋”（杜荀鹤《秋宿山馆》），“求田问舍，怕应羞见，刘郎才气”（辛弃疾《水龙吟·登建康赏心亭》），这些句子都表现出文人的品格。这种以天下苍生为念的思想是中国古代文学中最为宝贵的文化精神之一。

这种仁爱精神同样体现在伦理关系中。所谓的“伦理”，是指人与人之间的合理关系，既包括家庭关系，也包括社会关系。儒家所谓的“五伦”即指父子、兄弟、夫妇、君臣、朋友五种人际关系，中国古代文学从《诗经》开始就以爱情、友情、亲情在内的各种形式的人类情感作为主要题材。从“窈窕淑女，君子好逑”，到李商隐《无题》中的“春蚕到死丝方尽，蜡炬成灰泪始干”，从“四海之内皆兄弟”（《论语·颜渊》）到“劝君更尽一杯酒，西出阳关无故人”（王维《渭城曲》），从“弱子戏我侧，学语未成音”（陶潜《和郭主簿》）到“慈母手中线，游子身上衣”（孟郊《慈母吟》），中国文化与中国文学走过了一条漫长的情感之路，它展示出中国文化特有的感性世界，透露出中国文化博大精深的情怀，无疑是中国古代文学文化精神的重要组成部分。

## 思考题

1. 如何理解王国维的“一代有一代之文学”？
2. 何为“意境”？试述意境生成的方法和途径。
3. 试论古代文学作品中忧患意识和仁爱恤民精神的当下意义。
4. 试以《诗经》中当代青年耳熟能详的作品为例，谈谈为何中华文明是人类历史上唯一没有中断的文明。

5. 试述党的根本宗旨与中国古代文学作品中民本思想间的源流关系。

## 扩展阅读

1. 袁行霈．中国文学史．北京：高等教育出版社，1999.

2.《中国古代文学史》编写组．中国古代文学史．北京：高等教育出版社，2016.

3. 傅璇琮，蒋寅．中国古代文学通论．沈阳：辽宁人民出版社，2005.

4. 朱东润．中国历代文学作品选：简编本．上海：上海古籍出版社，2008.

5. 罗宗强，陈洪．中国古代文学作品选．北京：高等教育出版社，2004.

6. 程国赋，何志军．跨文化视野下的中国古典文学研究．北京：商务印书馆，2017.

# 第八章

# 中国传统艺术

**【本章要点】**

1. 中国传统艺术的起源和发展。
2. 中国传统艺术的主要成就。
3. 中国传统艺术的基本特征。
4. 中国传统艺术的文化内涵。

艺术是用语言、音响、色彩、动作、线条、构图等手段创造形象和反映社会生活，并表达艺术家思想感情的一种社会意识形态，包括音乐、绘画、书法、戏曲、舞蹈、雕塑、建筑等众多形式，体现着人类对美的追求。中国传统艺术主要包括书法、绘画、音乐、戏曲、舞蹈、雕塑、建筑等门类。研习中国传统艺术，首先应了解传统艺术是指从远古艺术起，直到封建社会解体，现代社会到来之前这段跨度非常大的历史时期内的艺术，并不包括五四运动以后的历史阶段。其次，了解了传统艺术的本质，才能更好地认知民族传统艺术的精神和精髓。

中国传统艺术的本质，可以从以下几个方面去理解：一是艺术是以语言、声音、色彩、线条、构图、动作等手法创造生动逼真的形象，来传达人的内心世界的情感和思想的。二是艺术是对现实世界的提炼加工的结果，是对现实生活的超越和象征性表现，属于精神和意识的范畴，不能和现实生活等而视之。三是中国传统艺术迥异于世界其他民族的艺术，特别是和西方艺术不同，中国艺术注重意境的创造，讲究气韵生动和虚实相生，而且讲究和谐、融会与相通，比如书画一体，歌、舞、诗交融，戏曲是融文学、音乐、美术、舞蹈为一体的综合艺术等，体现了中华民族文化中“和”的思想。四是中国传统艺术都具有浓厚的礼教思想和载道特征，比如诗歌和音乐就有非常突出的教化功能，《尚书·尧典》说：“帝（指舜）曰：夔！命女典乐，教胄子：直而温，宽而栗，刚而无虐，简而无傲。”孔子说：“小子！何莫学夫诗？诗可以兴，可以观，可以群，可以怨。迩之事父，远之事君；多识于鸟兽草木之名。”《毛诗序》说：“情发于声，声成文谓之音。治世之音安以乐，其政和；乱世之音怨以怒，其政乖；亡国之音哀以思，其民困。故正得失，动天地，感鬼神，莫近于诗。故先王以是经夫妇，成孝敬，厚人伦，美教化，移风俗。”这些都说明了传统艺术具有教化天下、承载传统文化与道德思想的功能，戏曲在民间被称为高台教化也说明了这一点。五是中国艺术与中国传统文化紧密联系在一起，艺术就是文化形象的阐释物，比如绘画、音乐、建筑、园林艺术、服装等，都体现了天人合一的文化观念，建筑的土木结构直接取自自然，天坛的上圆下方与天地自然息息相通，园林讲究风水，服装最早和最基本的形制上衣下裳，就是受天在上、地在下，上玄下纁色彩观的启示的结果。六是传统艺术的内容包含了更多的伦理学的思想观念，中国艺术在审美方面总是把美和善结合在一起，所以理解艺术美首先要从道德伦理方面入手，才不会发生偏差，比如孔子评音乐就是以善为准则的，他认为《韶》尽善尽美，是因为《韶》主要歌颂尧舜以德服天下，而《武》“尽美矣，未尽善也”，是因为《武》颂扬周武王伐纣，以武力夺得天下，没有以德服天下。由此可见，中国传统艺术向来是以追求尽善尽美的美育功能极致化为终极理想的。



# 第一节 中国传统艺术的起源和发展

艺术起源于劳动，在文字产生之前就已经出现了。中国传统艺术的起源可以追溯到远古时代，其民族特征和美学追求都可以从原始艺术中找到雏形。在距今100万年的旧石器时代，我们的祖先就已经在磨制作为劳动工具的石器中逐渐萌发最初的审美意识，那些粗糙的器具已经具备了质朴和谐的艺术美的萌芽，这可以从陕西蓝田人的遗物中看出端倪。进入新石器时代，中国古代艺术正式开启了自身的美的历程。距今1.8万年的北京周口店山顶洞人已开始用骨头、石块、贝壳等做装饰品。而从新石器时代的许多文化遗址中发现的各类精美的彩陶器具，更是中国传统艺术达到一定高度的明证。

中国各门类传统艺术的发展经历了各自漫长而又曲折的历程，它们形成的多样化、多层次的发展轨迹，形象地记录了我们祖先高超的审美能力、才华技艺以及非凡的创造力和想象力。它们以辉煌的审美形态占据一个时代的巅峰，而每个时代的艺术成就也都体现了那个特定时代的心理特征和精神风貌。

传说中的黄帝至尧舜时期，大致是我国原始社会的新石器时期，也是传统艺术的萌芽期。这时的原始歌舞、彩陶、黑陶、绘画以及图案等，均已有了相当高的成就。陶器的出现是人类审美意识的最早表现。距今五六千年的仰韶文化以其精美的彩色陶器为重要标志，这些手工制作的陶器，绘有极具生活气息的纹饰，有鱼纹、鸟纹、网纹、蛙纹等，反映了人们对美好生活的渴望，也表现出先民们强烈的审美观念和创造美的浓厚情趣。原始乐舞也是原始艺术的重要表现形式，在原始社会，歌、乐、舞三者不分，起源于生产劳动过程，是早期人类自娱身心、交流感情的特殊的活动方式。

夏、商、周是我国的奴隶制时代，这段历史可以视为我国传统艺术的诞生期。作为辉煌的工艺美术创作，青铜器成为夏、商、周三代文化和艺术的重要标志，而且一直处于社会意识形态的核心地位。考古发现的大量青铜器种类繁多，有礼器、食器、乐器、兵器等，这些青铜器造型以其狞厉威猛的特征充分体现了夏、商、周时代人们崇尚力量的审美取向。商周时期的甲骨文和金文蕴含着我国书法艺术的最初因素，而“八音”“五声”和“十二律”的出现，则标志着当时音乐艺术取得的初步成就。彩陶艺术、原始乐舞和三代青铜器等，代表了我国古代艺术的萌芽形态。

春秋战国时期，可以称为我国传统艺术的定型期和成熟期。首先，音乐有了重要的发展，文献记载这一时期有不少音乐作品流传，比如《韶》《武》《阳春》《白雪》《下里》《巴人》《高山》《流水》《九歌》等。春秋末年楚墓和战国曾乙侯墓出土的编钟说明我国音乐达到了很高的表演水平和比较宏大的规模。其次，战国时青铜工艺造型精巧，大型青铜器的纹饰内容丰富，线条优美。再次，由于毛笔的使用，绘画艺术也发展了起来。长沙楚墓出土的帛画是著名的艺术珍品。文献上还记载，这一时期的壁画曾令孔子流连徘徊，感叹不已。最后，随着漆器工艺的发展，漆器绘画题材丰富、技法多样，生动地反映了现实生活和历史传说等丰富的内容。

秦汉至宋元时期是中国古代艺术全面发展和繁荣的时期。秦汉时代，随着大一统帝国的建立，艺术上总的特征是对雄浑豪放、气势磅礴的风格的崇尚。秦代建筑雄浑高大，阿房宫“覆压三百余里，隔离天日”（杜牧《阿房宫赋》），雕梁画栋，飞彩流丹。秦皇陵兵马俑群威武雄奇，场面壮阔，令人震撼。数以千计的陶俑造型生动，形态逼真，个性鲜明，体现了秦代雕塑艺术的杰出成就，被称为“世界第八奇迹”。绘画方面，秦代动物瓦当以及画像砖构图生动，风格古朴，线条优美，装饰繁缛。书法方面，秦代是一个重要的统一和规范时期，秦篆（又称小篆）标志着古文字发展的最后阶段，而秦隶的创立则是今天文字的滥觞，为此后书法艺术的发展开辟了广阔的道路。

汉代艺术最有成就的是建筑、绘画、雕刻和音乐等。由于经济的发展，帝王、官僚、地主们的宫殿、宅邸和墓葬装饰豪华，这些使得壁画迅速发展起来，汉武帝时鲁灵光殿绘有当时最著名的大幅壁画。此外，各种生活用具和工艺品上的彩绘内容丰富，画艺高超。1972 年长沙马王堆汉墓出土的帛画代表了西汉绘画艺术的最高成就。数量众多、内容丰富的画像石和画像砖形成了一个独特的绘画艺术系列。汉代是我国古代书法艺术的全盛时期，不仅隶书达到顶峰，而且其他各种书体都日趋完善，章草、草书、行书、楷书等诸体皆备，为此后书法艺术的百花齐放奠定了雄厚的基础。汉代音乐的主要成就是乐府俗乐。汉承秦制，朝廷设“太乐”和“乐府”两个音乐机构，前者掌管雅乐，后者掌管俗音。乐府在搜集、整理和传播民间音乐方面起了非常重要的作用。乐府的乐歌分为鼓吹曲和相和歌两大类。前者用于郊庙、军队、仪仗、典礼中，是一种进行曲或节奏明朗的乐曲；后者是乐府中最有名的歌曲形式，它从最初的“一人唱，三人和”的“徒歌”（无伴奏）逐渐发展为有乐器伴奏的“相和大曲”，艺术形式趋于完备。

魏晋南北朝经历了近 400 年的大变动，成为中华各民族大融和、中外文化大交融的时代。原来受“独尊儒术”钳制的单一思想得到解放，艺术从附庸走向自觉自为状态，抒情达意的文人书法、绘画、音乐等开始占据艺术殿堂。东汉传入国内的佛教开始兴盛，使寺庙、佛塔建筑、石窟壁画和雕塑等佛教艺术获得了迅速发展。

隋唐是我国封建社会的鼎盛时期，艺术也具有刚健雄武、博大厚重的时代风采。

尤其是唐朝，疆域辽阔，经济发展，文化灿烂，与周边国家联系紧密，其艺术在继承传统的基础上，又将外来艺术大胆拿来，使之为我所用，呈现出空前繁荣的景象。尤其是吸收了异国情趣的歌舞，已不再用作礼仪或庆典活动，而是普遍地流行于社会的各个方面，表现了这个时代人们对世俗幸福生活的尽情歌颂和热烈追求，在宫廷和民间都很活跃。唐代书法、绘画各体俱备，名家迭出，精品不断问世，成就空前辉煌，足为后世楷模者不胜枚举，并且远播海外。

宋元之际，我国城市经济发达，汴京、余杭、大都等都市极度繁华，为当时世界所罕见。宋代历朝皇帝酷爱书画，民间书画风气也十分浓厚，而文人士大夫更以书画表达情志、自娱消遣。有宋一代，书画成就斐然，千姿百态，名家如云，尤以山水画为最。元代文人仕途坎坷，淡漠世事，借笔墨写愁寄恨，聊以娱情，使山水画风格为之一变，以书入画，简率尚意，影响后世数百年。元代宫廷乐舞承继宋金遗风，又糅合能歌善舞的蒙古族传统，独具特色。在宋金杂剧基础上发展起来的元杂剧，深受朝野万众的喜爱，领一代之风骚。

明清时期，我国进入封建社会末期，专制主义统治进一步加强，艺术的发展受到压抑，人们的思想受到禁锢，成就远不如前代。但中国艺术的生命力、创造力并未窒息，富有时代气息的书画、乐舞精品仍然时有产生，雕塑的气势虽不如汉唐时代雄奇、劲健，却仍然保持了精美的品质。值得大书一笔的是，宫廷建筑和园林艺术空前发达，前者辉煌壮丽，后者精巧素雅，追求自然与人文和谐统一的境界，享誉世界。这一时期，由于城市经济的持续发展，市民阶层更为壮大，以戏曲和说书为代表的世俗艺术广为流行，蔚为大观。此外，瓷器、漆器、织染、景泰蓝、泥塑等工艺美术品也颇具风采。

## 第二节 中国传统艺术各门类的风采与成就

### 一、绘画

中国最早的绘画大都是彩陶上的装饰绘画，有五千至七千年的历史。这些彩陶纹饰，多为并行线、之字纹、方格纹、锯齿纹、螺旋纹或由曲线和直线组成的几何纹，也有极少数的人面纹和动植物形象。陶器造型与花纹、色彩搭配协调，朴素大方，富有静态的旋律之美。

在甘肃秦安县大地湾新石器文化遗址的一处房址的白灰地面上，人们发现了一幅原始绘画，画面一米见方，上面画有两人两兽：一人双腿交叉，一手叉腰，一手执物，似乎在狩猎；另一人披着长发，双腿相靠，下有一方框，内有两兽。画料为黑色炭类。这幅画距今已有五千年，是中国最早的以立式出现的绘画作品，反映了原始社会父系氏族的家庭崇拜意识。

原始社会的绘画基本上是对物质产品本身的美化，岩洞或岩壁上的动物画、场面画则是从物质世界向精神世界的过渡。不过，从出土的原始时代的舞蹈纹盆与人面纹盆来看，虽然其构图简单，但线条流畅，形象生动，已初步具备了绘画的表现手法。到奴隶社会，用青铜器制作的各种工艺品，图案趋向细密富丽，已发展为一种很奇特的装饰画了。

春秋战国时期，从出土的帛画、壁画、漆画以及数量最多的青铜器物上的平雕装饰画来看，绘画艺术有了长足的发展，而且形式呈现多样化。

汉代，绘画题材比较广泛，表现手法也很丰富。无论是帛画、漆画还是壁画，气魄都深沉宏大，皇帝的宫室、殿堂，贵族的建筑物以及神庙、陵墓等，比比皆是。1991 年，人们在河南永城县（现为永城市）西汉梁王墓中发现了色彩鲜艳的壁画，其保存完好，是我国已发现时代最早的壁画。该墓为大型崖墓，由墓道、甬道、主室、祭台、耳室、过道及排水设施等组成。在其主室的顶部及两侧，都绘有以赤龙为主题，附有鱼龙、白虎、朱雀及云气内容的大型彩壁画，面积 20 多平方米，色彩艳丽，线条流畅，形象生动，栩栩如生。据文献记载，汉文帝十二年（公元前 168 年），刘恒封次子刘武为梁王，梁王在位 35 年（谥号梁孝王）。该墓壁画的发现，无论是在艺术史、文化史，还是在考古史等方面，都具有非常重要的价值。

魏晋南北朝时期，画坛上涌现出一大批专业画家，他们以艺术家的自觉意识，从内容到形式，对绘画艺术进行了多方面的探索。这一时期，第一流的画家和作品有顾恺之的《女史箴图》和《洛神赋图》以及宗炳、王微的山水画等。

阎立本《历代帝王图》
（局部，汉光武帝刘秀画像）

隋唐时，仅文人士大夫画家就有 200 多人，他们主要创作人物画，比如阎立本的《历代帝王图》和《步辇图》、周昉的《簪花仕女图》和《执扇仕女图》等，它们都是繁荣的唐代社会的缩影。诗人王维和画家张璪开始尝试用水墨画山水，清淡自然，是水墨山水画派的奠基者。张彦远、荆浩等人的山水画继承了魏晋南北朝的优秀品格，并对先辈们进行了艺术上的超越。五代两宋时期，山水画、花鸟画成就突出，画家们开始放弃唐人那种金碧辉煌、满壁风动的艺术效果，崇尚“刻画”的画风，追求清新的美感。黄筌的《写生珍禽图》以逼真传神的笔法见著于画史。

**黄筌《写生珍禽图》(局部)**

宋代张择端的长卷《清明上河图》高 24.8 厘米，长 528.7 厘米，为水墨淡彩绢本。画卷以全景式的构图和精细的笔法广阔、细致而真实地记录了宋代宣和年间汴京繁盛热闹的景象，展示了当时的经济面貌、城乡交流和民情风俗等内容，是中国古代规模最大的风俗画。郭若虚、郭熙、范宽等人不但在绘画创作方面成就显著，而且在绘画理论方面有突出的建树。此时的文人画也兴盛一时，并兼成传统，别具一格。欧阳修、苏轼、文同等人的画同文学创作相结合，以诗释画，以画阐诗，相得益彰。另外，由五代创立的花鸟虫鱼画在宋代取得了超越前代的极高的成就。

文人画在元代被推上了高峰，画家们多以枯笔翰墨作画，形成了赵孟頫的书画同法、黄公望的苍凉劲健、吴镇的旷逸缥缈、倪云林的天真幽淡、王冕的孤傲倔强等风格。赵孟頫的《鹊华秋色图》、倪瓒的《六君子图》、王蒙的《深林叠嶂图》、黄公望的《芝兰室图》、王冕的《墨梅》等，都是画中珍品，千古流芳。

到了明代，画家中虽有浙派、吴派之分，但大都追随南宋画的工整纤巧。倒是徐渭、陈道复等在花卉画上有所开拓，陈洪绶与崔子思对版画描图的发展也做出了一定的贡献。清代，名画家辈出。其中石涛的画于粗豪中见功力，八大山人的画则笔墨简括，形象夸张，郑板桥的墨竹劲节凌霄，黄慎的人物笔墨如飞，富于流动……他们的画风，较多地为我国近代画家所继承。

## 二、书法

书法主要以毛笔等软笔为工具，借助线条来表现汉字的艺术，是中国所特有的艺术形式。书法以其特殊的书写工具和独特的精神气韵在世界艺术史上独领风骚。中国书法最能表现东方文明的神韵、中国文人的精神世界和中国文化的博大精深。

中国书法艺术的形成与汉字的产生、发展及其特征密不可分。几千年前，我们的祖先就创造了世界上最古老的表意文字，距今三千多年的甲骨文已经是相当成熟的文字体系。为学术界所公认的我国最早的古汉字资料是商代中后期（约公元前14世纪至前11世纪）的甲骨文和金文。从书法的角度看，这些最早的汉字已经具有书法形式美的众多因素，如线条美、单字造型的对称美、变化美、章法美、风格美等。从商代后期到秦统一中国，汉字演变的总趋势是由繁到简，这种演变具体反映在字体和字形的演变之中，书法的艺术性也随着书法的演变而愈加丰富起来。

中国的文字在造字方式上具有其他民族文字所不具备的独特性，比如会意、形声、指事、象形这四种方式就决定了汉字组成的结构是丰富而形象的，再加上其外形方正端庄，笔画横平竖直、繁简结合、错落有致，便于以各种造型方式进行书写。

从秦代起，秦始皇出于大一统的考虑，指定李斯、胡毋敬等人进行文字改革，并规范了文字的书写方式，进而颁布于天下，书法艺术正式确立起来。小篆和隶书的形成，具有承前启后的作用，一直影响后世几千年。秦篆的笔画线条稳健清丽、秀逸肃穆、结构严谨、均衡对称；秦隶则讲究整齐秀逸，结构注重平衡工稳。因此，如果说秦篆的创立标志着古文字发展的最高阶段，那么，秦隶的创立则标志着今文字书写艺术的滥觞，也为后来书法艺术的发展奠定了基础。

汉代是我国书法艺术辉煌的全盛时期，这是因为不仅隶书由秦入汉已达到巅峰状态，而且其他各种书法的发展也日趋完善，隶书、草书、行书、楷书等各体皆备。所以，汉代以后的书法艺术基本上可以说已不再有书体创新的问题，而只是继承、发展与盛衰的问题了。

魏晋南北朝是一个战乱频仍的时代，但书法艺术没有因此而停滞不前，相反却取得了空前的成就。这一时期，楷、行、草、隶各体同步发展，风格多样而且精美超绝，被后人称颂为“唐诗晋字汉文章”。这一书法史上了不起的时代，造就了两位巍然卓立的大书法家——钟繇和王羲之，他们揭开了中国书法发展史新的一页，树立了楷书、行书、草书美的典范，此后历代学习书法者都以“钟”“王”为宗法。王羲之更是以“书圣”的称号彪炳史册，并和他的儿子“小圣”王献之并称为“二王”。

从整个书法艺术发展史上来看，唐代的书法美学价值与书学成就地位崇高。书法兴盛的社会原因除了国势强盛、文化发达以及对前代书艺积极继承外，另外一个不能忽视的关键就是“书学”的创立。“书学”是唐代最高学府国子学的一种，它专门培养书法高级人才，书法被列为取仕途径之一。这个时期书法成了一个人的文化象征，成了一个民族的文化标志。因此，如果把国势强盛、文化发展、师承前人看作唐代书法繁荣的外因的话，那么将书法视为一个人的文化素养、人格价值体现和

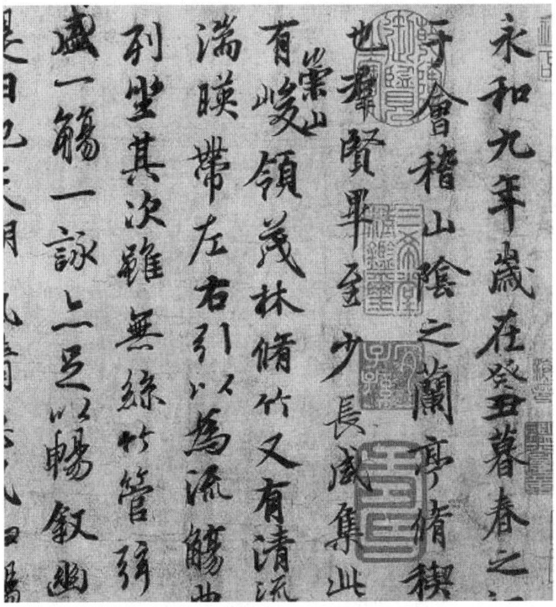

王羲之《兰亭集序》(局部)

未来发展的重要因素则是其内因。唐代墨迹流传至今者也比前代多，留下了大量宝贵的书法作品。总体来说，唐代书法格调古雅，隶书颇具气势，楷书韵味十足，行草等也都别具一格。“初唐四家”“颜柳”并称，成为中国书法史上的高峰，而张旭和怀素的狂草则代表了隋唐书法的另一座高峰。

宋代书法艺术风格为之一变。宋人书法大致有两个特点：一是打破了唐代后期以来日趋僵化的格式和笔法，突破唐人重法的束缚，以意代法，努力追求能表现自我的意志情趣，开创了以“意”取胜的宋代书风。二是有意将书法同其他文学艺术形式结合起来，如宋代书法大家常常同时也是文学家、艺术家。苏轼说：“诗不能尽，溢而为书，变而为画。”“退笔如山未足珍，读书万卷始通神。”他不仅认为书画和诗一样，都是表现自我的手段，而且强调文学修养对提高书法艺术的作用。宋代书法家代表是宋“四家”——苏轼、黄庭坚、米芾、蔡襄，而宋徽宗赵佶的瘦金体书法抛筋露骨，独具风格，对后世也产生了深远的影响。

元代由于统治者很重视汉民族文化，因此书法艺术得以继续发展。但元初书法仍被笼罩在宋人“尚意”书风的影响之下，没有突破。直到一代书坛巨匠赵孟頫出现，这一现象才有所改观。他恢复晋唐古法，以复古为革新，把北魏及隋唐的楷法融合在一起，又糅进了晋人的清趣，形成了一个既中规中矩又略带行书笔意的新体楷书。赵孟頫擅长各类书法，他是元代行草的集大成者，传世的作品也以行草为最多。此外，鲜于枢的行草在元代也很突出，与赵孟頫齐名。

明初，由于皇帝对书法十分爱好和推崇，帖学书法得到极大发展，并因宫廷撰写文字的特别需要，产生了颇为流行的台阁体书法。台阁体书法讲求书写端严，整齐如一，姿态雍容婉媚，在一定程度上束缚了书写者的个性发挥。明代擅写行书者众多，明初的刘基、陈修，中期的文徵明、董其昌等人都是突出的代表，而成就最高的则是文徵明和董其昌二位。中期以祝允明、文徵明为代表的吴门书家回归帖学正途，在继承传统的基础上形成了讲求畅神适意、注重抒发个人情怀的新书法，将帖学书法推向了新的高度。更晚一些的徐渭则以其别具一格的草书风格名重一时。

清代是中国古代书法的总结期，首先，出现了颇具绘画意趣的画家书法——以“扬州八怪”为代表的书家。他们的书法不趋时尚，个性鲜明，别裁新体，给书坛带来了新的气象。中后期书家崇尚古代金石碑版的文字，在书法中刻意效法，力追刀法的效果，强调金石味。他们上溯秦汉六朝碑版及金石文字，并将碑学的结体和笔意融入行草书体之中，创造出雄强的北碑书风，确立了碑学书法的典范。其中重要的书法家有邓石如、何绍基、赵之谦、沈增植、吴昌硕等。

## 三、音乐

中国是礼乐之乡，道德之邦，文明之域。中国音乐体现了东方民族文化别具一格的华夏之声。民歌的婉转，琴瑟的悠扬，钟磬的雄浑，无不凝聚着中华民族独特的文化品格。自文明形成，音乐在中国就有着无上崇高的地位，和“礼仪”相提并论。在古代的音乐典籍《乐记》里，就有“礼乐皆得，谓之有德”的说法。中国古代音乐还担负着移风易俗、熏陶民心的作用。另外，音乐在奠定礼制、稳定政局、平和人心方面有着一定的积极的政治作用。最早起源于古代的礼乐制度，继续在宫廷的祭祀、庆典活动和民间庙会礼仪中得到使用。

自古以来，中国音乐始终与世界各民族音乐并驾齐驱，许多方面都一直处于领先地位。但是，明清时期，在严酷的封建思想的摧残下，在列强帝国主义铁蹄的蹂躏下，中国音乐逐渐失去了往日的辉煌和光晕，处于低迷状态。同时，中国又是一个多民族的国家，各少数民族都有自己独特风格的音乐，在一定程度上保持了民族艺术的完整和纯洁。

中国音乐起源很早，大约在三千年前，欧洲音乐正在混沌初开的时候，在中国，由于先圣孔子将儒家礼乐定为正统音乐，而开始有了完备的音乐理论，出现了乐器。到了汉朝，由朝廷设立了乐府等机构，专门负责整编古曲、民谣；又因内地与西域有比较频繁的商业来往，因此胡乐，如琵琶、胡琴乐器等，开始传入中原，并且由当时的音乐家加以改良并演奏。与此同时，异域的歌舞艺术也渐次传入国内。唐玄宗在位时，朝廷更在都城长安组织了梨园子弟歌舞队，大量表演中外音乐歌舞作品，造就了许多音乐人才。文人以诗歌的形式聚集了更多的民间歌女，使文学与音乐完美结合，奠定了中国音乐坚实的基础。

宋元以后，世俗音乐在逐渐兴起的戏曲艺术中得到较大发展，以“度曲”为代表的宋代的词创作为流行音乐的问世奠定了基础，柳永是开创者。在姜夔等人的努力下，艺术歌曲得到了空前发展。元杂剧的兴盛使戏剧音乐迅速完善，并促使明清戏剧音乐向着更高的境界飞升。明清时期，随着市民阶层的日益扩大，音乐更加明显地显示出平民化和世俗化的特征。近代以后，民歌和民族器乐曲逐渐成为音乐主流。民歌是人民心声的表露，《月儿弯弯照九州》唱出了人民的心声，深受人民喜爱。器乐曲《十面埋伏》《夕阳箫鼓》《春江花月夜》等曲子成为明清时期最有代表性的经典名曲，在音乐史上颇负盛名。

中国民族音乐的主体，正是在自我发展、完善的过程中，在与各少数民族以及外国音乐的相互交流、学习和融合中形成并发展起来的。它在保持自我个性的基础上，吸收了少数民族的音乐养分，包容着众多异国情调，最终形成了中华民族的传统音乐艺术。总之，从形式到内容，从歌舞到乐器，无不体现着中国传统民族音乐的艺术魅力。

## 四、戏曲

关于戏曲的起源，历来有不同的说法。宋人洪迈、明人胡应麟等都认为戏曲源于俳优，自春秋时代楚国的优孟“为孙叔敖衣冠”始；近人王国维在《宋元戏曲考》中认为戏曲萌芽于祭祀神鬼时，由装扮神鬼的形貌动作而兴歌舞。其实，戏曲作为一门综合性艺术，源头显然不止一个，它综合了歌舞、说唱、表演艺术，这才塑造了丰富的舞台戏曲形象。“曲”者，就是乐曲，强调的是音乐因素。戏与曲的结合，说明戏剧要遵从音乐的节奏，伴随一定的旋律，讲究念、唱、做、打。所谓念，指人物的道白；唱，即唱词和音乐；做，指身段动作；打，就是武打。其中唱是第一位的，是戏曲表演的主要形式，说明无论演员的唱还是剧作家笔下的词，都以“曲子”为依据。

中国戏曲虽然可以上溯到原始歌舞，但成熟的戏曲却形成于宋以后，以温州杂剧和北杂剧为代表。温州杂剧是在宋杂剧和村坊小曲的基础上发展起来的，因流行于温州一带而得名，又称“南戏”。南戏最早的剧目有《张协状元》《赵贞女蔡二郎》《王魁》等。北杂剧又叫元杂剧，是在宋金杂剧特别是金院本的基础上形成的新剧种。元杂剧虽然晚于南戏，但成就比南戏高，而且名家辈出，佳作如云，不但成就了中国戏曲史上的第一个高峰，在世界戏曲史上也占据着辉煌的一页。

元杂剧的发展历程大致可以分为两个阶段：从金末到大德末年的70余年为前期，其间以北方作家为主，活动中心在大都，亦称大都时期；此后60余年为后期，这时的活动中心已南移到杭州，故称杭州时期。前期是元杂剧发展的最盛时期，关汉卿、王实甫、马致远、康进之、白朴、纪君祥等著名作家以质朴刚健的艺术形式塑造了许多个性鲜明的人物。他们的作品不但具有深刻的思想内涵和浓郁的生活气息，在艺术上也具有极高的造诣。后期由于科举的恢复，文人地位开始提高，但是致力于创作的作家大为减少，主要有郑光祖、宫天挺、沈和甫等人。此后，元杂剧逐渐被南戏压倒，到明代，南戏传奇已风靡全国了。

戏曲发展到明代，在体制、风格上更加完备，作家和作品数量大增。传奇成为戏曲的通称，演出传奇的声腔剧种非常繁多。明传奇区别于元杂剧的地方：杂剧一本四折，传奇多少不论；杂剧多用北曲，传奇主要用南曲；杂剧一人主唱，传奇中每个角色都可以唱；杂剧角色主要分旦、末、净、杂四大行，传奇有生、旦、外、贴、丑、净、末七大行。传奇题材广阔，情节曲折，篇幅宏大。南曲流传至各地后，与各地的语言和民间曲调结合，形成了不同的地方声调，其中主要有昆山腔、余姚腔、海盐腔、弋阳腔，并逐渐取代杂剧，成为明代戏剧的主流。但明传奇逐渐脱离现实，有贵族化、案头化的倾向，在内容上赶不上元杂剧强烈的斗争性和深刻的社会意义，艺术成就也远远逊色于元杂剧。

**山西洪洞明应王殿元杂剧壁画**

明嘉靖年间，魏良辅改进昆腔，使之成为古代戏曲史上最完整的一种舞台艺术体系。此后昆腔压倒了余姚、海盐两腔，取代北曲，又将弋阳腔排挤出城市。从明末到清初，昆腔占领城市、弋阳腔占领农村的局面一直维持不变。明代后期是传奇创作的繁荣时期，形成了强调格律的吴江派、重视内容辞采的临川派。吴江派以沈璟为代表，主张“合律依腔”“僻好本色”，强调场上之曲，反对案头之曲。临川派以汤显祖为代表，偏重于文学性，要求格律服从文辞和内容。他的“临川四梦”——《牡丹亭》《紫钗记》《南柯记》《邯郸记》，每部作品都有一个梦作为剧中关键情节。

清初，剧种已异彩纷呈。但在士大夫们的眼中，仍以昆腔为雅音，视昆曲为正统，根据昆腔编写新戏、翻改旧戏成为一种风气。康熙年间，剧坛上先后出现了洪昇和孔尚任两位杰出的戏剧家，他们创作的《长生殿》与《桃花扇》轰动了剧坛，时有“南洪北孔”之称。其中，《长生殿》是将白居易的《长恨歌》中所描写的安禄山之乱及唐玄宗与杨贵妃的爱情故事写入剧本；《桃花扇》则以明亡混乱之际的南京作为主要舞台，描写文人侯方域与名妓李香君的爱情故事。两部作品规模都很宏大，剧情分两条线索发展，抒情感人肺腑，写景如在眼前，表现了作者杰出的戏曲艺术才能。

乾隆年间，昆曲进入宫廷，形式日益僵化。而流行于民间的弋阳腔在流传的过程中，由于结合各地的语言和民间曲调，形成了各种地方剧种，表现出了强大的生命力。秦腔、襄阳调、二黄调、弦索调、罗罗腔等如雨后春笋般兴起，逐渐由乡村进入城市，形成了所谓的“雅部”（昆曲）和“花部”（地方剧）对立的局面。戏曲地方化使各种花部声腔技艺相互交融，剧种更加丰富和成熟，并逐渐打破了雅部昆曲的正统地位。尤其是在嘉庆年间，徽班进京，吸收了京腔、昆曲、秦腔等剧种的营养，逐渐形成了与北京地方语言和风俗习惯相结合的皮黄戏，又称京剧。京剧是一种具有高度艺术水平的新型剧种，它的出现成为中国戏剧发展史上一个重要的里程碑，标志着中国民族戏曲日益完善，并带动各种地方戏普遍繁荣。京剧实际上是地方戏的大融合，在某种程度上成为近代中华民族戏曲的代表和象征。在当时各地的剧种中，还广泛流传着以“南昆、北弋、东柳、西梆”为代表的四大声腔，雅俗共赏，广受欢迎。

光绪年间茶园演剧图

## 五、雕塑

雕塑与绘画一样，属于造型艺术。二者的区别是：绘画是平面形象，占据二维空间；雕塑是立体形象，占据三维空间。远古时代，原始人打磨石器，原始社会的“陶工”们制造陶器，可以说是最早的雕塑艺术。此后雕塑艺术往往与建筑艺术结合在一起。

中国古代雕塑在题材内容、形式风格、造型技法以及所使用的材质上都具有鲜明浓郁的民族特色和时代特色。它不是专注于雕塑作品的表面和细部，而是注重由外在形象所引发的感觉、意境等，从而使人产生一连串遐想，把人们引向一个特殊的艺术世界。

中国古代的雕塑艺术可以追溯至公元前4000年以前，这一时期石器和陶器的出现拉开了中国雕塑史的序幕。其时作品侧重于动物外形的器皿、饰物和人物的捏造，虽然表现手法简单、粗糙，却带有较为浓厚的人情味。作品大多是附加在实用器物上的装饰物，随意性很强，形象粗简、稚拙。

商周时期的雕塑作品以青铜器铸造为主，青铜器艺术代表了商周雕塑的最高水平。青铜器上的纹案主要有动物纹、几何纹等。此时的青铜作品虽然多具实用目的，但已经初具雕塑艺术的特征。商代青铜礼器造型奇特，充满威严而神秘、崇高而怪异的美感。一些夸张、变形、奇特的纹饰渲染了威严神秘的气氛，形成了端庄、华丽、气质伟岸、形象乖张的艺术特征，突出反映了商周时期人们的审美观和对自然环境的理解。鼎是这一时期典型的雕塑作品。河南安阳出土的司母戊大方鼎是迄今世界上发现的最大的青铜器，周身饰有精美的兽面纹，雄浑凝重，堪称殷商时期青铜器的代表作品。另外还有一件四羊方尊，精巧绝伦，具有极高的艺术水平。西周以后，青铜器风格趋于写实而富于理性。春秋战国时期则变得繁丽、华美。商、周时期的青铜器除礼器外，还有一些器物支架、底座等实用的青铜器和石、骨、玉等雕刻作品，或表现人物，或表现动物，造型巧妙，制作精细。

秦汉时期的雕刻空前繁盛，最具典型意义和宏大规模的是秦始皇陵兵马俑雕塑群。陕西临潼秦始皇陵兵马俑的发掘给世人展示了秦代雕塑艺术的辉煌成就。兵俑体态与真人相等，数量众多，形态各异，栩栩如生；马俑形象写实，身材矫健，活灵活现。此时的人物雕塑更注重面部的形象刻画，神态各异，精细逼真。秦俑坑发掘的铜车马更是雕塑史上的奇迹。与青铜器神秘怪异的风格相反，兵马俑充满崇高的阳刚之美。数以万计的兵马俑，显示出对人的力量的肯定。人物、战马都和真实的人马比例大小一样，毫无夸张之处，以体量的巨大、数量的众多、形象的真实，产生了震撼人心的艺术魅力，成为世界“第八大奇迹”。

汉代雕塑在继承秦代恢宏庄重风格的基础上，更突出了雄浑刚健的艺术个性。这一时期的墓葬雕塑特别发达，已从秦陵地下的雕塑形式发展到地上的陵墓标饰，在形式上突出了石雕作品的雄浑之势和整体之美。汉代雕塑以汉武帝时期的将军霍去病墓前的石雕为代表，那些气势宏伟的石人、石马、石虎、石牛等，造型生动，古拙雄浑，厚重质朴，其中马踏匈奴石像显示出强大帝国不可一世的气魄。马虽然粗糙笨拙，但身上洋溢着一股灵动之气，那浅浅雕刻的几笔就是马腿，与马的上身连成一体，成为一个完整的马的形象，具有突出的写意性效果。汉代厚葬之风使动物俑和人物俑的雕塑作品众多，其造型古朴、神态夸张而且充满动势。汉代世俗生活成为雕塑的素材，采芋、酿酒以及舞乐百戏等情景，在汉代的砖画像中以浮雕的形式大量存在，宴饮、驱车、习射等士大夫的生活也得到了表现。

随着佛教的盛行，佛像雕塑成为东汉至魏晋南北朝时期雕塑艺术的主流，著名的云冈、敦煌、龙门、麦积山四大石窟均开凿于这个时代。一般而言，北魏时期的造像在形式风格上受印度或西域样式的影响，庄严、浑朴，于静穆中显示着佛的神灵与伟力。南北朝的佛教雕刻融合了汉族知识分子的审美时尚，形成了褒衣博带和秀骨清奇的新风貌。

云冈石窟大佛雕像

隋唐时期是中国古代雕塑的鼎盛期。源于魏晋时期的佛像雕塑艺术在隋唐时得到了空前发展，其风格的多样化与技巧的纯熟达到了史无前例的水平。此时的佛雕作品既具有博大凝重之态，又不失典雅鲜活之美。位于河南洛阳的龙门石窟在经历魏晋唐多个朝代的开凿后，虽然历经千年风霜，仍不失其神秘华丽之彩。此时的佛像雕塑艺术已经逐步摆脱外来佛像样式的影响，走向了雕塑作品民族化的成熟期。

其成就首先表现在石窟雕塑上，如龙门石窟奉先寺石刻造像，其雕塑手法流畅而娴熟，创造了完全民族化的造型风格，不仅表现着唐帝国博大雄强的时代精神，同时也显示出唐人丰富的想象力和高超的雕刻技艺。如果说佛教传入中国之初在造像上还是模仿印度，那么到了唐代的龙门石窟奉先寺卢舍那大佛像，中国雕刻家的技巧已经完全圆熟，艺术家们对佛像雕刻艺术的精髓有了深刻、独到的理解，卢舍那大佛像已经是中国化的佛像了。

"昭陵六骏"是唐太宗陵墓前的浮雕，体现了中国古代雕塑的现实手法，没有失实的夸张，也没有虚化诡异的造型，这些雕塑同样显示出对自然和人的力量的肯定。此外，最能代表唐代雕塑艺术水平的还有那些真实生动的三彩俑和四川大足石窟。大足石窟里各种经变故事中的普通人物更为生活化、现实化和世俗化，不少作品也完全可以被视为普通人的肖像。

世俗题材的增多和写实风格的发展是宋、辽、金时期雕塑艺术的主要特点，此时宗教雕塑进入衰退期。山西晋祠、山东长清灵岩寺、江苏甪直保圣寺彩塑都生动传神地表现了世人情态，有很强的写实性。中晚唐之后的宋代雕塑进一步生活化、世俗化，创作手法上趋于写实，材料使用上则更加广泛。宋代的彩雕较为发达，在佛雕造像上较唐代有了较大变化，此时的佛雕造像以观音菩萨居多。宋代皇陵的表面装饰仿效唐代，但其表现手法以写实为主，石雕作品更具端庄温顺之态。宋代雕塑过分世俗化，严重削弱了雕塑艺术应有的纪念性、恒久性，其作品在空间布局、形体数量上的追求也不及前代。辽代大同下华严寺的菩萨造像形态优美，神情含蓄，衣饰华美，大有唐塑遗风。此外，小型泥塑在写实方面达到了相当高的水平。唐宋以前，雕塑艺术兴盛于中国西部和北部，而在晚唐以后，南方的四川因躲避战乱的雕塑艺术家的到来，兴起了宗教雕塑，四川的摩崖石刻代表了此地雕塑艺术的最高成就。摩崖石刻造像主要集中在四川中部的安岳和重庆的大足、合川一带。大足的宋代摩崖石刻以北山和宝顶山两地最为著名。

元代雕塑继承了中原传统，又吸收了外来技巧，体现了中外艺术融合的特点。元代历代帝王多崇尚佛教，而以藏传佛教的密宗为主流。江南地区最盛行禅宗。这一时期，佛教雕塑艺术的突出特点是梵式佛像的创造与风行，其中以飞来峰雕凿的摩崖造像群、北京普觉寺以及居庸关的过街塔大理石浮雕遗迹为典型代表。

明清雕塑有明显追随唐宋风格的痕迹，在名目繁多的寺庙里，供奉着各式各样的神像，从题材到表现手法日趋世俗化、民间化，形成了工巧繁缛、色彩亮丽的艺术风格。明清石雕佛像几乎绝迹，寺庙造像逐渐发达，且趋于程式化。明清帝陵的陵墓装饰较前代规模更大，布置讲究，技术娴熟，但既缺乏唐代的超然，也缺乏汉代的雄浑，此时的作品更能满足人们的赏心悦目之功能，失去了前代的创造活力。而统治者对佛教有限的扶植政策使禅宗、净土宗教盛行，禅净双修成为这时的时尚。

古代雕塑的题材主要是陵墓雕塑、宗教雕塑、建筑雕塑和民俗雕塑。艺术门类有圆雕、浮雕、纪念性雕塑、案头雕塑、装饰雕塑等。雕刻材料也多种多样，除了青铜、石、砖、泥、陶等材料外，还有玉、象牙、木、竹等。

## 六、建筑

建筑与衣食一样，是人类生存和发展的必要条件。建筑的发展和文化密切相关，不同的文化体系所产生的建筑风格不同。中国古代建筑艺术具有极其丰富的文化意蕴，在世界上独树一帜。仰韶及龙山文化的木骨涂泥建筑是中国古建筑的开端，确立了木结构建筑体系的基础地位。当时的村落，包括居民区、制陶作坊和基地，多为方形和圆形两种，采用框架的土木结构，形成独一无二的“土木文化”。

古代建筑具有朴素清雅的风格，主要以茅草、木材为建筑材料，以木架构为结构方式，按照结构需要的实际大小、形状和间距组合在一起。这种建筑结构方式反映了古代宗法社会结构清晰、有序和稳定的特点。由于木质材料制作的梁柱不易形成巨大的内部空间，古代建筑便巧妙利用外部自然空间，组成庭院。庭院是建筑的基本单位，它既是封闭的，又是开放的，既是人工的，又是自然的，可以俯视花草树木，仰观风云日月，成为古人“天人合一”观念的又一表现，也体现了中国人既含蓄内向又开拓进取的民族文化性格。古代稍大些的建筑都是由若干个庭院组成的建筑群，单个建筑物和庭院沿一定走向布置，有主有次，有高潮有过渡，成为有层次、有深度的空间，呈现出一种中国人所追求的整体美和深邃美的特征。其中宫殿、寺庙一类比较庄严的建筑，往往沿着中轴线一个接一个地纵向布置主要建筑物，两侧对称地布置次要的建筑物，形成有机的整体环境，布局平衡舒展，引人入胜。

古人很早就能运用平衡、和谐、对称、明暗、轴线等设计手法，达到美观的效果。古代建筑重视艺术装饰，但不复杂，只在重要部位做重点装饰，比如窗檐、门楣、屋脊等，布局多为横平方向发展，不重高层建筑。在佛教传入本土后，出现了楼阁佛塔，高层建筑才得以盛行。建筑的一切艺术加工是对结构体系和构件的加工，比如色彩、装饰与构件结合，构成了丰富绚丽的建筑立面和造型。古人还借用了绘画、雕塑、工艺、书法、文学等艺术门类的特色，雕梁画栋，形体优美而色彩斑斓，楹联匾额，力求激发意趣而使人遐想无穷。

古代建筑种类繁多，这里主要介绍宫廷建筑、宗教建筑和园林建筑。

我国宫殿建筑起始很早，以高大威严为突出特征。商、周时期，木结构技术已有很大发展，王宫中的“六宫六寝”秩序严整，等级分明，建筑艺术首次被注入了绝对君权的思想。春秋战国时期，各诸侯国的君主都修建了“美轮美奂”的建筑，以夸耀自己的权力和强盛。这些建筑都建在高高的夯土台上，被称为高台建筑。秦汉建筑以宫殿为代表，气势磅礴，雄伟壮观，达到了前所未有的高度。据《史记·秦始皇本纪》描述，秦始皇统一六国后修建的阿房宫，东西五百步，南北五十丈，“上可以坐万人，下可以建五丈旗；周驰为阁道，自殿下直抵南山；表南山之巅以为阙”，极其壮观。但“楚人一炬，可怜焦土”，没有留下一点痕迹。后来历代宫殿富丽堂皇，但也都和阿房宫一样，在战火中化为灰烬。从出土的汉末画像砖、壁画等遗物中可以看出，汉代宫廷建筑（包括富豪住宅）已经有了完整的廊院和多层楼阁，并出现了坞堡式的庄园。北京故宫是宫廷建筑的杰作，也是世界上现存最大、最完整的木结构建筑群。木结构技术至此，经过几千年的积淀已经达到完善，结构方法有梁柱式、穿斗式和井干式三种。故宫是明清两代的皇宫，布局严谨规则，主次有序，空间丰富多变。封建宗法的等级制度，帝王权威至高无上的观念，都在这里得到了充分的渲染和体现。

古代的宗教建筑，主要是佛教寺庙和道教宫观。“天下名山僧占多”，宗教建筑大都建在风景名胜之区，保存得比较完好。魏晋南北朝，佛塔建筑风行一时，著名的有嵩岳寺的砖砌佛塔等。隋代建筑现存的只有山东历城县的神通寺四门塔和河北赵县洨河上的安济桥（又称赵州桥）。到唐代，建筑艺术更为兴盛，宫殿、寺庙、塔楼等大量兴起，琉璃材料和石材雕饰较多使用，木结构走向定型，大建筑采用砖砌墙。山西五台山的佛光寺大雄宝殿是唐代作品，面开七间，进深四间，内柱采用偷心斗拱，上承小方格式天花，屋顶陡坡平缓，外檐出檐深远，衬以宏大的横拱，为唐代殿阁式木结构建筑的代表作。唐代鉴真和尚在日本奈良创建的唐招提寺金堂与之相似。苏州玄妙观三清殿，建于西晋，后毁于兵火，南宋绍兴十六年（公元 1146 年）至淳熙六年（公元 1179 年）陆续被修复，是江南一带现存最大的宋代木结构建筑。宋代建筑多以造型秀丽、装饰精美取胜，开始打破对称的单调格局，出现多样性平面和立面体式结构，以砖石构造的楼阁殿堂“无梁殿”也出现了。元代建筑出于实用和经济的考虑，对木建筑进行大胆简化，较之宋代建筑，风格由华丽走向简洁，无梁殿越来越多。明清时我国木结构建筑又出现了新变化，如简化梁架、运用斜梁等。木刻、石刻、砖刻、彩画、装修更是明清建筑的重大成就。

天坛俯视图

园林建筑是中国建筑艺术的瑰宝，为世界各国所赞赏。古代园林的绝妙之处正如明代造园专家计成所说：“虽由人作，宛自天开。”园林艺术出现于阶级社会，是适应统治阶级游览居住的需要而产生的。我国最早兴建园林始于殷商，汉代关中地区开辟的上林苑成为历史记载中规模最大的专为皇帝游乐服务的自然保护区。上林苑中有巧妙修建的人工湖，还有穿插其间的宫台楼榭，栽植了大量的奇花异果，聚纳了无数珍禽异兽。上林苑也因此成为后世帝王园林的典范。除上林苑之外，历史上著名的皇家园林还有曹魏的芳林苑、隋唐的西苑和芙蓉苑等。从中可以看出，这是重视利用纤巧清雅的风格创造秀美的意境，与秦汉时期对宏大规模的追求已有所不同。

魏晋南北朝时期形成了中国园林建筑的基本风格，一直延续到明清。清代以前的园林现在大都已经不复存在，现存的古代园林多为清代所建或在清代改建，大致可以分为两大类：一类是皇家园林，另一类是私家园林。皇家园林规模宏大，典雅端庄。有“万园之园”之称的圆明园，是一座聚集封建帝国文化与艺术精粹的宝库，园中景区或以开阔取胜，或以幽静见长，各景点、建筑群风格绝不雷同，又相互陪衬，是世界上最壮观的皇家园林。河北承德的避暑山庄则是现存规模最大的帝王宫苑，山庄的营建布局，光水景工程就有泉、瀑、河、池、湖等，动静交呈；又因山构势，顺势辟路，山水建筑浑然一体。还有风景秀美的颐和园，昆明湖、万寿山的山石花木与地形配合，形成一种富丽堂皇的艺术美。此外，还有北京的北海、陕西临潼的华清池等。从汉代起，贵族、富商纷纷营建私家园林，仅苏州一带就有古典园林近 200 处。以拙政园、网师园、留园、沧浪亭、狮子林为代表的苏州园林，被公认为我国江南古典园林的代表。此外，著名的还有扬州的个园、无锡的寄畅园、上海的豫园、顺德的清晖园等。古典园林中的建筑，如殿、阁、楼、厅、堂、馆、轩、斋、亭、廊、榭、桥等和山水异石、花卉树木、书画墨迹相映生辉，融为一体。这些园林多以风景为骨干，格局较小，精巧素雅，畅人心曲，妙不胜收。明清建筑的最大成就是园林。明末出现了一部总结造园经验的著作——《园冶》，留下许多优秀作品。江南由于经济文化水平较高，官僚地主聚集，园林特别兴盛。南京、杭州、苏州及太湖周围许多城镇都有私园。

## 第三节 中国传统艺术的基本特征

中国艺术的基本特征是由中国文化的基本特征所决定的。中国传统艺术虽然门类很多，各有特点，但也有一些共同的特征，这里主要从气韵、虚实、意境等几个方面来加以阐述。

## 一、追求气韵生动

中国文化的宇宙观认为，气是宇宙的根本，气生万物，气流贯穿于一切事物和生命之中。由此，“气”也被看成艺术的根本和艺术的生命力。古人论文谈艺都要谈论“气”，晋代画家谢赫主张的“气韵生动”既是对中国艺术的根本概括，也是中国艺术追求的最高标准。

“气韵”是客观存在于万事万物中的生命变化的节奏和韵律，气流顺则和谐、平衡、兴盛，气流逆则躁动、不宁、衰败。因此，建筑艺术中的“气韵生动”首先是环境气场要好，比如历代帝王修建宫殿、陵墓，都要找风水大师来“看风水”。环境气场是否和谐顺畅正是看风水的重要内容，那些背倚屏障似的山梁、前景开阔、坐南朝北的地形，均被视为能使子孙永昌、国运兴旺的大气场。另外，建筑设计也特别重视整体结构的规整对称、气脉的自然流畅和顺势贯通，以实现气象宏大雄阔的效果。中国画中追求的“气韵生动”就是要求画家所描绘的山水、人物、花鸟等都要有生命的律动感和画面形象之外的“韵味”，因而，中国画非常看重线条的运用和墨色的渲染，认为线的流转舒展和疏密轻重，墨的浓淡、干湿、润燥和虚实蓄放都由“气”来控制，运用得法则灵气顿现。书法艺术就更是如此了。传统戏曲也非常讲究气韵，场次音乐的连续、唱腔唱词的处理、动作程式的设计以及剧场的构建布局等，无不讲究“气”的贯通流宕，所谓“有韵味”“颇大气”云云。

“气韵”这个概念看似很虚，但可从传统艺术的具体作品及其形象中去充分地感知，这正反映了中国文化艺术神妙奇特的魅力和内在的生命韵律，这种特征不仅为中国的艺术家和欣赏者们所追求，也使西方的艺坛为之赞叹，称中国传统艺术是“在生命的运动中体现崇高精神的律动”，是“蕴含和谐与生命力的构思”。

## 二、讲究虚实相生

中国传统艺术的“虚实相生”来源于中国古代哲学的虚实观，而“尚虚”则是其主要方面。“尚虚”就是崇尚空灵之美，道家所提倡的“物我两忘”、佛家所主张的“四大皆空”以及儒家对“圣而不可知”精神之“质”的追求对中国古代艺术家都产生了巨大的影响，使之形成了“超旷、空灵、玄远”的美学理想。

文学艺术中，尚虚的表现是将“空灵”“象外之象”“不著一字，尽得风流”作为鉴赏的审美标准。书法绘画中，尚虚表现为讲究“布白”“用虚”的笔法：书法中有“枯笔飞白”和“分行布白”之说，绘画中有“意到笔不到”“知白守黑”的原则。清人戴熙所说的“画在有笔墨处，画之妙在无笔墨处”的空白之妙，正是中国艺术超越有形之象而进入无限之境界的大追求。传统音乐中，尚虚表现为对“大音希声”“无音之乐”的崇仰。音乐本身是声音的艺术，但“此时无声胜有声”“曲终戛然而止”和“余音绕梁，三日不绝”的音乐效果更令人神往。传统戏曲也“尚虚”，舞台布置的虚设、动作程式的虚拟都是中国戏曲所独有的。传统建筑中，表现为讲究房屋门窗和亭台廊榭“透风漏目”、园林造景“回归自然”，比如院墙讲究造空以借外景，以得自然之气，叠石讲究“漏、透、瘦、皱、空”等。

所谓虚与空，并非空无一物、毫无生气的虚空，而是追求一种始终弥漫于作品和形象之中的艺术家的情绪、观念。这种情绪和观念还要由具体的形象表现出来，这既是精神的，又非纯精神的，恰如庄子所说的“无迹之迹”。事实上，中国艺术也有尚实的一面，这是由中国文化里的“中和”的哲学思想所决定的，而且艺术家们也必须通过具体可感的艺术形象的塑造来传达精神的东西，只是更加强调以暗示、象征等手段来唤起欣赏者的想象力。因此，中国传统艺术中的“尚虚”不能走极端，而是要讲究虚实并用、以实为虚、借虚见实，这就是所谓的“虚实相生”的境界。

## 三、创设高妙意境

“意境”是中国传统美学的重要概念，也是评价艺术作品的重要标准。在我国传统艺术领域，意境美被看作最高的美。一件艺术作品无论怎样精巧细腻，如果缺少意境则全无生气和魅力。与西方传统艺术注重再现逼真、具象的“美”不同，中国传统艺术追求的是神韵之“妙”，这个“妙”就是“意境之美”。

“意”是艺术家在作品中寄寓的主观情思，“境”是艺术作品所表现的实景具象。艺术形象可以逼真、具体，但是艺术家倘若没有将丰富真实的情思意绪融入其中，没有那“景外之景”“象外之象”，那么此境也就缺乏情趣、韵致和意味了，也就没有美可言了。中国古代艺术家们深受道家哲学的影响，在创作时不仅着眼于有限的客观对象，更努力去突破它，关注整个人生和造化自然。因而在艺术家流露出的各种情致意趣中，那种富有哲理的人生感、历史感和宇宙感最为高妙动人。

古典诗文中富有意境美的作品很多，突出的有唐诗《春江花月夜》，它把春江月夜的实景、诗中人的梦境与对人生哲理、宇宙奥妙的探索结合起来，使情、景、理水乳交融，表现了意境的优美，营造出迷离曼妙的艺术氛围。绘画中最能表现意境美的莫过于山水画。中国山水画的意境在于表现“高远”，很多山水画近处是流水、小桥、渔舟、楼阁，远处有无数的高山幽谷，整个画面由近处一层一层推向远方。从有限的时空进入无限的时空，由此而引发人们对人生与历史的旷达感悟。音乐的意境美，可以借文人的描绘来说明：白居易的《琵琶行》用“别有幽情暗恨生，此时无声胜有声”来描绘音乐所带来的余音袅袅、余味无穷的艺术境界；苏东坡的《前赤壁赋》用“如怨如慕，如泣如诉”来传达箫声所包含的对人生沉浮和超脱的感悟。意境美也是中国园林建筑艺术的至美。比如常见的山巅亭子，它们造型简单而中空，其作用就在于能把外界大空间的景色吸纳到这个小空间中来，使游览者在其中仰观俯察，游目骋怀，然后从小空间进到大空间，突破有限，通向无限，感受丰富的人生况味。

中国传统艺术的“意境美”高妙而悠远，它往往给人带来一种超然的美感，仿佛游子在思念家乡，茫然若失中别有一番滋味。这种如美国心理学家马斯洛所说的“高峰体验”，会让人在精神愉悦和满足的同时，得到更加丰富的人生体验和感受。因此，可以说，意境美是艺术的最高之美。

# 第四节 中国传统艺术的文化内涵

中国传统艺术根植于中华民族生活的土壤里，是中华民族珍贵的精神财富，是我们悠久深远的文化和历史传统的缩影。

## 一、伦理性

中国古代艺术的重要功能是陶冶性情，于潜移默化之中实现理想人格的塑造。艺术的修养必须有助于道德的修养，通过艺术修养激发人的高尚情志，消除低俗和暴戾之气，培养温厚平和的性格。

历代儒家学者都视“礼乐”为道德感化和政治教化的重要手段，强调礼乐一体。整个封建社会可以说是一个有礼必有乐、无乐不成礼的社会。礼乐在艺术领域和社会中都占有极其重要的地位。古代人民的生活深受礼乐教化的影响，艺术也往往与生活中的礼乐教化相结合，古代的诗歌、音乐、戏剧和舞蹈都与礼仪文化分不开。先秦时期的艺术教育主要是“诗教”和“乐教”。

艺术是一种人格的自然表露形式。中国书法就体现了各种精神境界，反映了作者的人格风度。把艺术作为道德修养的手段，必然能产生美善相通的观念。中国古人就有关于“梅令人高，兰令人幽，莲令人淡，松令人逸”的说法，认为艺术题材可以体现人的品德。品德不高的人，其作品尽管艺术价值很高，也终究不为世人所接纳，甚至湮没不传。唐代书法家颜真卿由于人格坚贞高洁，书法备受当世与后人的推崇。元代的赵孟頫，书法作品成就极高，但因为他以宋宗室的身份在元世祖时受召，官至翰林学士承旨，因而其艺术上的高超成就在长时间内得不到应有的赞誉和承认。还有明代的严嵩，书法成就也很高，但由于他是个劣迹斑斑的大宦官，所以他的书法作品当时几乎没有人知道。

## 二、融合性

中国古代各种门类的艺术互相影响、融为一体，其艺术精神是相互渗透的，表现出了不同于西方的融合性特点。

中国古代艺术的融合性表现在各个门类的艺术有同源性和相通性。比如书法艺术和绘画艺术有“书画同源”之说。书法和绘画都是使用毛笔这一重要工具进行线条造型创造的，书法以象形写意的汉字为表现对象，绘画以自然客体为表现对象，两者有着天然的联系。书法和绘画都讲究笔墨情趣，讲求意境氛围，两者的审美境界是一致的。中国的书画均以神品、逸品为最高，中国书法之美就是体现各种精神境界的方式。

中国传统的园林艺术与诗文绘画等文学艺术紧密结合，园林中有诗情画意，绘画中有园林佳境。中国园林中叠石盆景的假山设计和构想也从山水画中受到启迪，造园史上留下了不少山水画家的叠石盆景作品。王维、倪瓒、计成、石涛等都是长于绘画而工于造园的艺术家。至于中国古代建筑的重要组成部分——牌匾和楹联，其中就包含了诗画书法，建筑也被称为“凝固的音乐，立体的绘画”。

中国古代的乐是音乐、舞蹈、诗歌的综合艺术，音乐和舞蹈在产生之初就是融合在一起的，在以后的发展过程中，几乎是无乐不成歌，无乐不成舞，而诗歌、舞蹈的不断发展和创新也促成了音乐的发展和创新。中国古代艺术有礼乐一体的传统，礼乐一体是中国艺术的一大特点。而在西方，音乐既不从属于礼，更不从属于法，而是一门独立的艺术。中国古代艺术的融合性体现得最为显著的莫过于古代戏曲了。中国古代戏曲中的道白、曲词是诗歌，唱腔、伴奏是音乐，举手、投足是舞蹈，亮相是雕塑，而脸谱、服饰是美术。它把已经独立发展了的各个艺术门类——音乐、舞蹈、杂技、绘画、雕塑（也包括文学）都融合为戏曲艺术的组成部分，按照戏曲规律进行艺术创作，减弱了它们独立存在的价值，完善了其综合性。这就是富有独创性的民族艺术特征的综合美。

有学者分析中国和西方文化的差异时指出，中国文化讲合，西方文化讲分，这种说法是不无道理的。中国传统文化中，礼、乐一体，书、画同源，诗、画一家，文、史、哲自古难分，绘画、书法、雕刻、园林等艺术精神也都有相同的地方，互相影响。而在西方文化中，乐、舞独立，诗、画无关，文、史、哲各自为独立的学科，甚至歌剧和话剧也各自分野。中国艺术之所以具有这种融合性和相同性，是因为中国各类艺术精神基本上是一致的，都讲究意境、情趣，而意境和情趣都来自艺术家和观赏者的内心，心只有一处，所以只能是相合，不能相分。各种门类的艺术寻求的意趣相近，艺术精神是相互渗透、相互影响的，不同宗旨的艺术因此可以相互涵摄、融为一体。而西方艺术精神讲理、讲形，并且尚实，理、形与实三者都属于物的范畴，物具万象，所以必然是分，互不联系。艺术风格颇为独特的中国古代园林，既融入了自然山水美的千姿百态，又凝结了社会艺术美的精华。当我们漫步于园林之中，眼前展现的是美丽的天然图画，所感受到的是鲜活的艺术形象，是大自然美的缩影。园林中借山借景的艺术手法可以使观赏者产生一种辽阔的视野，这种辽阔充分体现了人与自然的和谐统一。

## 思考题

1. 中国传统艺术是如何体现中国传统文化精神的？如何理解传统艺术的教化功能和载道功能？

2. 中国传统艺术有无自然观？它和自然是如何联系在一起的？

3. 中国传统艺术的评价标准是什么？

4. 中国传统艺术是如何表现气韵生动、虚实相生和意境美特征的？

5. 中国传统艺术和西方艺术的本质性区别在哪里？

6. 中国传统艺术追求的“和合”“教化”理念与西方艺术的“独立”与“个性张扬”理念有何不同？反映了怎样的价值观？对各自民族性格的形成有无影响？

7. 你如何看待中、西方艺术的不同特征及其理念？

## 扩展阅读

1. 徐复观．中国艺术精神．上海：华东师范大学出版社，2001.

2. 张法．中国艺术：历程与精神．北京：中国人民大学出版社，2003.

3. 李泽厚．美的历程．北京：文物出版社，1981.

4. 丹纳．艺术哲学．北京：人民文学出版社，1983.

# 第九章 中国古代科技文化

**【本章要点】**

1. 中国古代科技所取得的伟大成就。
2. 中国古代科技的整体观和方法论。
3. 中国古代科技在近代落后的原因。

中国古代科技文化根植于中国传统文化的深层土壤，是传统文化不可或缺的一个重要组成部分，其成就充分展现了中华民族的非凡智慧。一部中国古代科技文化的发展史，既凝聚着中国古老文明的辉煌，也对整个人类社会文明的发展产生过重大影响。在一个相当长的历史时期，中国科技一直居于世界前列。英国科学史家李约瑟曾指出："中国在公元三世纪到十三世纪之间保持着一个西方所望尘莫及的科学和知识水平。"① 世界历史进程中，中国古代科技的整体观和方法论对现代科技的发展有深刻的借鉴意义，但中国科技毕竟在近现代大大落伍了，总结中国科技在近现代发展迟滞的原因，迎头赶上时代发展的潮流，有利于中华民族的伟大复兴和造福全人类。

## 第一节 中国古代科技文化的发展

中国古代科技文化作为世界科技文化的重要组成部分，具有无可替代的作用。在原始社会的逐步积累之后，它的发展大致可分为三个时期：（1）奠基期；（2）鼎盛期；（3）衰落期。

中国古代科技早在春秋战国时期奠定基础，两汉、宋元两度达到了历史性的高潮，中经魏晋南北朝的充实提高和隋唐五代的持续发展，至明万历以后虽对比同时期的西方已成衰势，但仍有缓慢进展，也出现了一系列集大成的著作，此时，传统科学思想从高峰走向了终结。16 世纪前曾经领先于世界各国的中国科技，是中国一代代勤劳务实的科技先驱观察思索、探究整合、联系实际的产物，是世界文明的重要组成部分。

### 一、奠基期

以农学、医学、天文学和算术为主要内容的中国古代科技文化体系在秦汉、三

① 李约瑟．中国科学技术史：第 1 卷．《中国科学技术史》翻译小组，译．北京：科学出版社，1975：3.

国、两晋和南北朝期间得以建立和初步发展。东汉通晓天地之间事理的杰出科学家张衡（公元78—139年）完善了实质上是地球中心学说的浑天说（宇宙理论）。集战国秦汉数学之大成、成书于汉代的《九章算术》是中国数学体系形成的标志，它以理论与实际相结合的原则影响了独具特色的中国数学的发展。魏晋南北朝时期，刘徽注释《九章算术》时，创立了“割圆术”，祖冲之（公元429—500年）则用“割圆术”求出精确到小数点后七位有效数字的圆周率，成为世界上第一个准确推算出圆周率的科学家。北魏时期卓越的地理学家郦道元（公元470—527年）所著的《水经注》，不仅是北魏以前我国古代地理的总结，也是在“地理大交流”时代开创了中国古代写实地理学的无与伦比的地理学文献。北魏贾思勰的《齐民要术》是中国也是世界现存最早、最完整的农业科技名著。

## 二、鼎盛期

中国古代科学技术体系的成熟和发展的鼎盛时期，大约出现在公元9世纪至14世纪，即从唐宋至元代结束。隋唐文化规制宏伟、气氛宽松，创造力活跃，达到古典文化的全盛佳境。唐朝经济文化的发展，为宋元时期科学技术的发展高峰奠定了基础。宋代不仅完善了具有世界意义的火药、指南针、印刷术三大技术的发明及应用，且在古代科学分门别类研究的基础上，出现了对各门实用科学进行综合研究的趋势。宋代科技文化的辉煌发展是全方位的，地理学、地质学、医学、冶金学、造船术、纺织术、制瓷术都取得了令人目眩的成就。这也是一个科学家辈出的时代，产生了兼擅众长、创见迭出的百科全书式科学家沈括，出现了成就辉煌、名贯中西的数学四大家——秦九韶、李冶、杨辉和朱世杰，出现了把中国天文学发展推向高峰的著名科学家郭守敬等。正是经由他们的努力，宋代成为中国古代科技文化发展的巅峰时期，随后元代在科技文化发展史上也放射出夺目的光辉。

## 三、衰落期

明清之际，即15—17世纪，世界格局发生重大变化，萌芽于南欧地中海沿岸的资本主义在欧洲各国迅速发展。随后，中国也出现了资本主义生产关系的萌芽，僵化的封建社会濒于衰落。16、17世纪后，中国科技文化的发展呈现出两个新趋势：一个是古代传统科学技术体系中的一些领域纷纷进行较大规模的总结，预示着中国传统科学技术文化的发展已接近尾声；二是西方传教士竞相来华，给明清之际的中国带来了文艺复兴时期的科技成就，标志着中国近代科学技术文化发展一个特殊进程的开始。至明末相继出现的一批有成就的科学家，如经世致用、贯通中西的科学家徐光启，循踪名山大川间的地理学家徐霞客，科学启蒙思想先驱和技术的百科全书式人物宋应星、李时珍、朱载堉、方以智等人，他们或以巨著集百家之精华，或引新论抒独创之高见，给后来的科学探索留下了丰富的遗产和深刻的启示。特别是徐光启，他作为一位承上启下、继往开来的人物，在“会通以求超胜”思想的指导下，首倡引进、学习和吸收西方先进的科学思想，这对近代中国科学技术文化的发展影响至深至远。自五四运动前后，西方天文学、数学、化学、力学、地质学、生物学以及铁路、冶金、机械制造等主要科学技术大量传入中国。中国科学逐渐融入世界科学发展的洪流当中，只有中医药学和一些技术门类（如建筑、纺织等）仍保留着某些传统的特点。

# 第二节 别具一格的实用科学

中国先民的科学探索活动都是基于生产和生活的需要，经过长时间的积累和缓慢发展，到封建社会产生了质的飞跃，逐步形成了以农、医、天、算四大科学为代表的实用科学体系。

## 一、备受重视的农学

中国有着悠久的农业生产历史，根据考古挖掘证实，七千年前就已有了原始农业，长江流域以种植水稻为主，黄河流域以种植粟为主。古代的粮食作物有所谓“五谷”“六谷”之称，主要是指稷、稻、麦、豆、黍等，后来又先后从国外引进了玉米和番薯等。在长期的耕作实践中，古代农业形成了精耕细作的优良传统。春秋战国时就有人提出了“治田勤谨，则亩益三升”（《汉书·食货志》），这就是说要挖掘土地潜力，提高产量。战国末年写成的《吕氏春秋》中的《上农》《任地》《辩土》《审时》等篇称得上是这种农业科技的最早论文。在此传统下，历代对土壤施肥、耕作、田间管理等方面进行深入研究，取得了显著成果。如汉代推行的代田法，即在田间开沟作垄，沟垄相间，沟中播种，出苗后将垄上的土逐次推到沟里，培育植物根部，次年沟垄互易，这样以后“一岁之收，常过缦田亩一斛以上，善者倍之”。再如汉代施行的熬种法，用骨汁、雪汁、蚕粪、羊粪、附子等混合物处理种子。宋元时提出了“地力常新论”，认为合理施肥能使地力常新。

和农业发展紧密相连的还有农业机具的制造和水利工程的修建。中国古代农业机具制造技术是相当先进的，原始社会时出现了耒和锄，春秋时期发明了灌溉提水工具——辘轳，战国时出现了牛耕和铁制的犁，东汉时出现了相当先进的灌溉机具——龙骨水车。以后农具随着生产和技术的提高而不断完善，宋元时期农具的制造居于世界领先地位。但封建的自给自足的小农经济限制了古代农具的发展，故近代农业机具的制造最终落后于西方。

中国古代有很多水利工程，其宏大的规模、显著的收益在世界上是首屈一指的。公元前 597 年前后修建的芍陂水利工程是我国最早的一座大型筑堤蓄水灌溉工程。建于公元前 3 世纪的都江堰工程更是闻名世界。整个工程由“分水鱼嘴”“飞沙堰”“宝瓶口”三部分组成，具有防洪、灌溉、航运三种作用，建成后川西南地区被称为“水旱由人，不知饥饿”的“天府之国”。另外还有漳水十二渠、郑国渠等一些水利工程。秦汉以后，各地因地制宜，修建了多种多样的水利工程，对农业发展起到了促进作用。

农学是在对农业生产技术进行总结研究的基础上产生的。中国古代社会的经济基础是农业。从奴隶社会到封建社会，农业及其生产技术一向备受重视，对时令、土壤、施肥、耕作和田间管理等农业生产规律以及农具的结构和性能的研究一直是农学的主要课题。伴随着农业的发展，农学著作也日益丰富，其中《齐民要术》和《农政全书》尤为重要。农学研究的成就集中反映在众多的农学著作上。中国古代农学著作数量之多，堪称世界之最，已知的约有 370 种，其中最具代表性的有 5 部，史称“五大农书”。西汉时期的《氾胜之书》总结了中国北方的耕作制度，并介绍了黍、麦、大豆等 12 种作物的栽培技术。南北朝时期贾思勰所著的《齐民要术》共十卷，着重介绍了农、林、牧、副、渔各项技术知识，全面总结了公元 6 世纪以前的农业生产技术知识，包括多种农作物的栽培、农副产品与畜牧产品的加工保存以及一些农业、手工业技术等，有相当高的水平，书中一些关于农学和生物学的知识在世界上保持领先达 1 000 多年。宋代的《陈旉农书》是一部关于南方水稻栽种技术的专著。元代王祯的《农书》除了介绍农作物栽培与加工技术外，还对农业生产工具的发展做了生动的描述，有“农器图”306 幅。《农政全书》为明代徐光启所著，收集了有关农业政策和农业科学技术知识共 60 卷，包括农本、田制、水利、农器、农时、开垦、栽培、蚕桑、牧养、酿造以及备荒救荒多方面的内容，介绍了欧洲的水力学和水利工程知识，同时又吸收了西方一些先进的农学知识，还提倡种植外来作物，打破了风土不宜说。这些农学上的成果，既反映了中国古代农业的发展水平，也有力地促进了以后农业生产技术的提高。中国古代农学成就突出，但是传统农业局限于经验，少有创新，再加上小农经济的封闭性、地少人多等原因，最终落后于西方。

王祯《农书》连机碓图

## 二、体系完整的中医药学

医学是中国古代最早形成体系的学科之一。两千多年来，中医学以完整系统、博大精深的理论体系，以丰富的典籍和独特、高超的医疗技术一直屹立于世界科学之林。它建立在严密的理论体系之上，形成了一整套系统化的诊治经验和疗法体系。中国古代医学的成就主要表现在三个方面。

### （一）众多的医药学著作

中国古代医药学著作的数量居古代世界各学科之首，仅现存的医学著作就将近8 000部。其中《黄帝内经》和《伤寒杂病论》是中医学理论的两部奠基性著作。《黄帝内经》成书于春秋战国时期，是一部医学理论和临床实践相结合的巨著，书中强调的“整体观念”，成为传统医学以人体为一完整系统的整体诊治方法的指导思想。它汇集了前人的医学实践和理论知识，运用阴阳五行说研究人体生理和病理，形成了一套完整的脏腑学说和经络学说，全面奠定了中医学理论的基础。

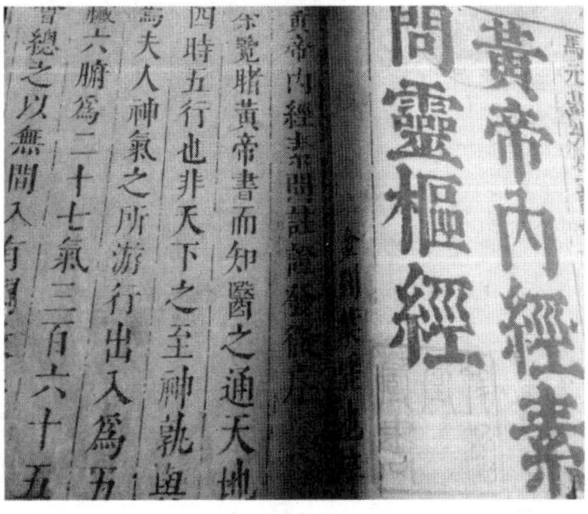


《黄帝内经·素问》图

东汉医圣张仲景所著的《伤寒杂病论》把《黄帝内经》的基本理论与临床实践紧密

结合起来，提出“四诊”“六经辨证”“八纲辨证”，总结出汗、吐、下、和、温、清、补、消等八法。张仲景的医学思想和治疗方法为中医临床医学理论“辨证施治”的基础，后代称他为“医圣”。

秦汉时期的《神农本草经》是我国现存最早的医药学专著，收录了 365 种药物。魏晋南北朝时期，中医研究主要集中于对前代的整理、总结，这一时期出现了王叔和的《脉经》，是我国现存最早的脉学专著。皇甫谧的《针灸甲乙经》是我国现存最早的针灸学专著。葛洪的《肘后救卒方》是一部急救手册，保存了许多民间验方，有很强的实用性。

隋唐时期的《新修本草》是我国历史上第一部由国家颁布的药典，收录了 800 多种药物，详细记载了对中药的选择、炮制、熬制、服用等。唐代孙思邈的《备急千金要方》及其续编《千金翼方》是一部临床实用百科全书。作者认为“人命至重，有贵千金”，《备急千金要方》载方 5 300 余个，对后世有很大影响，孙思邈被后人称为“药王”。王焘的《外台秘要》、明代吴有性的《瘟疫论》等，都是中国古代有重要影响的医学著作，其中的许多内容至今仍有实用价值。宋元时期药物学新著不断出现，北宋唐慎微所著的《经史证类备急本草》收录药物 1 700 多种，在《本草纲目》问世前是公认的本草学范本。这一时期出现了不同的医学流派，著名的有所谓“金元四大家”，即金代的刘完素、张从正，金元时的李杲和元代的朱震亨。这四家各有各的主张，对继承和发展中医学做出了贡献。

药学著作中汉代成书的《神农本草经》是中国最早的药学专著，所载的 365 种药物中已包含大部分现代常用中药。明清时代，药物学巨著《本草纲目》问世，此书由李时珍著，共 52 卷，190 万字，收录了药物 1 892 种，其中新增药物 300 种，并附有 1 162 幅药图，载方 11 096 个。书中对药物的名称、性能、用途、起效过程有详细的说明，而且纠正了前代的一些错误，出版后不久即被译成多种文字在世界流传，成为世界科学史上的名著。另外，在治疗传染病方面，明代出现了接种人痘以预防天花的方法。吴有性的《瘟疫论》首创温病学说，进一步丰富了中医药学体系。清代的温病学说形成完整的理论体系，其中有名的医学家有叶天士、王士雄等人。

## （二）独特的针灸疗法

中医还有一套独特的针疗体系，针灸就是针法和灸法，用针刺或用火的温热熏烤病人身体某一部位。中国的针灸疗法历史悠久，早在新石器时代就已出现了砭石疗法，周代出现了针灸用针。其适应症广泛，疗效迅速、显著，操作简便，几千年来一直为中国人民的医疗保健事业发挥着重大作用。

现存最早的系统的针灸学专著是近代皇甫谧的《针灸甲乙经》，里面共记有穴位 649 个。唐代时孙思邈用彩色针灸挂图明确地标出了人体十二经脉的位置。宋代王惟一监制了针灸铜人，并修编了《铜人腧学针灸图经》，还制成了模仿人体的铜人供学习、练习针灸使用，足以反映中国古代针灸疗法已达到相当高的水平。秦汉以后，针灸疗法传到朝鲜、日本、东南亚和中亚各国，宋元以后又被介绍到欧洲一些国家，目前仍为欧、亚许多国家所采用。

### （三）先进的外科学

外科学在中国古代已达到很高的水平。东汉末年的华佗是世界上最早用麻醉药做外科手术的人。他曾使用自己发明的麻醉剂——“麻沸散”成功地做过胃肠缝合一类的外科手术。他还提倡体育运动，首创了模仿五种动物动作的保健操——五禽戏。在对外科经验总结的基础上，产生了不少高水平的外科学著作，如唐代蔺道人的《仙授理伤续断秘方》、元代危亦林的《世医得效方》和明代陈实功的《外科正宗》等，许多内容至今仍不失其价值，其中一些治疗法现在还在继续使用。

中国中医药学绵延数千年，至今仍有顽强的生命力，并且影响越来越显著。近代，在西方科技的冲击下，中国古代科技几乎全部没落，而中医药学生命长青，这种现象值得我们认真思考。

## 三、成就卓著的天文学

由于农业生产的需要，中国古代人民很早就开始对天文现象进行观测和研究，促进了古代天文学的形成和发展。中国古代天文学起源很早。据甲骨文记载，殷商时期已经有了关于日食、月食的记录，并且出现了原始历法——阴阳历。

中国古代天文学的成就集中表现在以下四个方面。

### （一）较完整的天文观测记录

中国古代天文观测记录比西方国家都要系统完整，而且早得多。公元前 2137 年，中国就有了对日食的记录，而西方最早的记录始见于公元前 585 年的希腊。从春秋到清代，中国共记录日食约 1 000 次，月食约 900 次。中国对彗星的最早记录是公元前 1034 年，对哈雷彗星的最早记录是公元前 613 年。从春秋到清末，中国记录彗星不下 500 次，记录哈雷彗星 31 次。关于太阳黑子的记录，中国最早为公元前 28 年，而欧洲最早的一次是公元 807 年，从公元前 28 年到公元 1638 年，中国共有关于太阳黑子的文字记录 100 多条，比西方国家丰富得多。从公元前 14 世纪到公元 1700 年，中国共记录新星 90 颗，其中超新星 10 颗，而欧洲最早的记录始见于公元前 134 年。此外，中国还有世界上最早的星表（公元前 360 年）、目前发现的载星最多的星图（共 1 434 颗，欧洲 14 世纪以前没有载星超过 1 100 颗的星图）以及最早的天文观测著作——《甘石星经》（成书于战国时期）等。

## （二）高水平的天文观测仪器

浑天仪是中国古代观测天文的主要仪器，大约出现于战国时期，后经东汉张衡和宋代苏颂、沈括的改造，大大提高了准确性。隋唐时期著名学者僧一行和他人一起进行了人类历史上第一次对子午线长度的测定。他还发明了用于天体测量的仪器——黄道游仪。另外，他又在张衡水运浑象的基础上制成水运浑天仪，水运浑天仪不仅能演示天体的运动，还具有报时功能。僧一行还发现了恒星位置移动现象，比英国人哈雷提出恒星自行早了 1 000 多年。元代郭守敬于 1276 年对浑天仪进行了重大改革，制成准确度更高的简仪，领先世界 300 多年，直到 1598 年，丹麦天文学家第谷所发明的仪器才能与它相比。他组织了大规模的测地工作，编制的恒星表中的恒星多达 2 500 颗。

浑天仪

## （三）世界上最多、最准确的天文历法

中国古代历法之多为世界之冠，已知共有 104 种。殷代开始使用的四分历，岁实为 365.25 日，是当时世界上最精确的数值。随着历法的不断修订，其准确性在不断提高，如汉代的太初历、南北朝的元嘉历和大明历、唐代的大衍历、南宋的统天历、元代的授时历等，许多数据在世界上长期处于领先地位，有些数据与今测值相差无几。郭守敬在前人基础上，运用先进的数学成果，在公元 1280 年完成了中国古代登峰造极的历法——授时历，以 365.242 5 日为一年，和当今通用的格里高利历数值是一样的。

### （四）宇宙结构学说

随着天文学研究的深入，中国出现了系统的天文学理论。中国古代的宇宙结构学说主要有盖天说、浑天说和宣夜说。盖天说的代表是《周髀算经》，起初认为“天圆如张盖，地方如棋局”，后来发展为“天像盖笠，地法覆槃”，主张天为拱形的，日月星辰绕天穹中央的北极运动，其东升西降是由远近所致。浑天说的集大成者是张衡，他认为“浑天如鸡子，天体如弹丸，地如鸡中黄”。意思是说，天包地，浑圆如弹丸，天地乘气而立，载水而浮。宣夜说的代表人物是东汉时的郄萌，他认为“天无行质”“高远无极”，主张天体在广阔的空间分布，各有自己的运动规律。虽然这些学说只是一些猜想，从发展水平上看比不上西方的地心说，但毕竟已有某些理论上的探索，这对以经验性和实用性为主要特征的中国古代天文学的进一步发展具有特殊的意义。明清两际，古天文学开始走向没落，随着西方科技的传播，古天文学开始和近代天文学知识相结合。

## 四、高度发达的数学

由于实用上的需要，数学在中国古代社会一直受到重视，在几千年中取得了极其辉煌的成就。中国古代数学对世界文化的贡献，首推十进位值制。据史载，中国远在四五千年前就已使用了十进位值制，黄帝时期已有“十”的概念，尧舜时期的行政区划用十进制，商代甲骨文中所记录的自然数也是十进制。这种进制方法欧洲直到 12 世纪才开始学习使用。春秋时期还创造了一种重要的计算方法——筹算，即用一些小竹棍作为“算筹”来进行计算。除了一般的算术之外，算筹还可以进行各种代数运算。到了元代，算盘已在中国得到广泛使用。

中国古代数学研究的成就主要表现为大批数学著作的问世和大量杰出数学家的涌现。秦汉时期产生了十大数学名著，即《周髀算经》《九章算术》《海岛算经》《五曹算经》《孙子算经》《夏阳侯算经》《张丘建算经》《五经算术》《缉古算经》《缀术》。其中《周髀算经》是最早的天文数学著作，里面已有勾股定理和比较复杂的分数计算。而《九章算术》则是我国第一部极重要的数学专著，其内容涉及算术、代数、几何等方面，其中负数的概念和正负数加减法则的运用在世界上是最早的，一元二次方程的数值解法和一次联立方程组的解法，要比欧洲同类算法早 1 500 年左右。《九章算术》对中国古代数学的发展具有深远的影响，它的问世是中国古代数学体系形成的标志。

到了三国时期，刘徽对《九章算术》中的全部公式和定理给出了证明，并对一些重要概念做出了较为严格的定义，还在他所著的《〈九章算术〉注》中提出许多超出原著的新理论，其中最突出的贡献是创立了“割圆术”，他用这个方法算出 $\pi \approx 3.1416$。两百年后，南朝的祖冲之把 $\pi$ 值的精确度提高到 3.141 592 6 至 3.141 592 7 之间，直到 1 100 多年以后，这一数值才被阿拉伯和法国的数学家超过。宋元时期是中国古代数学发展的高潮，出现了一批著名数学家以及影响较大的数学著作，如北宋贾宪的《黄帝九章算法细草》、南宋秦九韶的《数书九章》、南宋李冶的《测圆海镜细草》、南宋杨辉的《算经十书》、元代朱世杰的《四元玉鉴》等，这些著作对求任意高次幂正根的方法、高次方程的列法和解法以及其他一些实用计算方法提出了精辟的见解，不少成果比欧洲人早几百年。古代数学注重计算和实际问题的解决，轻视逻辑推理，所以古代数学算术发达而几何学不发达。宋元以后，中国古代数学发展势头逐渐减弱。

### 五、中国古代科学的主要特点

中国古代科学的主要特点是重实用轻理论。由于中国传统文化具有重视经验、实用，侧重社会伦理的倾向，因而中国古代科学无论是思想还是研究方法都带有明显的经验性和实用性的色彩。诸多农学著作都是对农业生产经验的总结，少有深入因果联系和规律的理论性探索。中医学虽然建立了博大的理论体系，但它的“辨证施治”却离不了“验方”。一部《黄帝内经》常用不衰，两千年来难有突破。天文学中观测和历法发达，除了跟农业生产息息相关之外，还由于帝王们认为天象关乎皇家命运。反映理论研究水平的仅是带有猜测性的盖天说、浑天说和宣夜说，科学的宇宙结构理论一直未能建立起来。传统数学以计算见长，以解决实际问题见长，始终没有形成严密的演绎体系，因而无法发展为纯理论性的独立学科。总之，由于过分强调经验性和实用性，缺乏理论上的探讨，中国古代科学虽然曾经取得过辉煌的成就，但最终后继乏力，与重视逻辑实证、重视理论研究的西方近代科学相比，差距日益明显。到明代中期以后，中国古代科学已开始走向衰落。

## 第三节
## 世界领先的伟大技术成就

与科学上的成就相比，中国古代的技术成就更为突出，其中不少在世界上长期处于领先地位，对人类文明的历史进程产生了重大影响。

## 一、四大发明

造纸术、印刷术、火药和指南针是中国古代闻名世界的四大发明。

四大发明

### （一）造纸术

造纸术是中国古代劳动人民从漂絮和沤麻的经验中逐步总结出来的。1957 年在西安灞桥出土的西汉初期的麻纤维纸，是目前世界上发现的最早的用植物纤维制成的纸，这表明中国早在公元前 2 世纪就已经发明了造纸术。但这种纸质地粗糙，不便书写。近年在甘肃居延等地的考古挖掘中陆续发现了这种纸张。东汉的蔡伦完成了造纸技术的重大革新，在前代造纸技术的基础上，他和工匠们共同努力，“树肤、麻头及敝布、渔网以为纸”（《后汉书·蔡伦传》）。汉和帝元兴元年（公元 105 年），蔡伦制成了质地致密、造价便宜的纸张，同时造纸工艺比西汉时更为成熟，自此以后，纸张取代了竹帛。中国的造纸业在历代都有所改进和发展。西晋时以藤和竹子为原料生产藤纸和竹纸；唐宋时宣州府泾县所产的以檀树皮为原料的宣纸洁白细密，吸水力强，深受文人墨客的喜爱；清代宣纸的生产有了很大进步，所产宣纸久折不断，有“纸寿千年”的称誉。中国的造纸术大约在公元 7 世纪传到越南、朝鲜，公元610年传入日本，公元751年传入阿拉伯国家，12世纪传到欧洲，以后渐渐传遍世界各地。直到18世纪以前，世界各国都在沿用中国的造纸技术。

## （二）印刷术

纸的推广应用促进了印刷术的发展。中国古代的印刷术经历了雕版印刷和活字印刷两个阶段。雕版印刷产生于隋唐之际，刻板采用优质、细密的木材，上面刻出阳文反字，然后涂以墨汁复印纸上。这种方法优于手抄百倍，但是雕版印刷也存在着不足：雕刻需要很长时间，存放刻板又要占据大量空间，如果一部书不再重印的话，刻板便成了废物。大约在隋唐时期就出现了雕版印刷物。公元868年印刷的《金刚经》是目前世界上最早的、有明确日期记载的印刷物，比欧洲现存最早的、有确切日期的雕版印刷品《圣克利斯托菲尔》画像早近600年。

活字印刷术的出现弥补了雕版印刷的不足。活字印刷是北宋庆历年间由平民毕昇发明的。据《梦溪笔谈》记载，毕昇以胶泥刻字，一字一枚，火烧使之坚硬，存于木格之中。印刷时，用一铁板，上面敷以松脂、腊、纸灰等物，用铁框框住，然后照书稿将一个个活字检排于铁框之中，放在火上加热，待铁板上的混合物稍熔，以平板压平，冷却后便可印刷。这种方法省时、省料，把印刷术推进到了一个新的阶段。但当时的活字是用胶泥做的，不耐用。到了元代，王帧在泥活字的基础上制成了木活字，并发明了“转轮排字架”，采用“以字就人”的方法，提高了效率，减轻了劳动强度。至此，活字印刷术才得以迅速发展。随后人们又发明了锡活字和铜活字，明代又在世界上最早使用了铅活字等金属活字。古代的印刷术大约于公元8世纪传入朝鲜，以后又传入日本等地，经丝绸之路传入阿拉伯国家，后传入欧洲。中国的活字印刷术15世纪才传到欧洲，欧洲人用活字印刷的第一部重要作品是公元1456年由德国古登堡出版的《圣经》，比毕昇发明活字印刷术晚了400多年。

## （三）火药

火药是在炼丹过程中发明的。古代火药的主要原料是硝石、硫黄和木炭。从认识火药原料和特性到逐步掌握火药的制造经历了一个很长的过程。据唐代中期的炼丹著作《真元妙道要略》记载，硫黄、硝石、木炭混合燃烧，会爆发烈焰，烧坏人的面部，乃至使房舍化为灰烬。为了防止发生意外，人们发明了控制这些药物的方法——“伏火法”，唐代孙思邈的《丹经》中就记录了这种方法。可见，大约到唐代中国人就已经发明了火药，掌握了火药的制造技术。到了北宋时期，火药被用于制造武器，开始在军事上发挥作用。1044年曾公亮编著《武经总要》一书，书中所载的火药配方和后世黑火药的配方已相当接近了。以后又出现了铜或铁制的筒式火炮等。火药应用于军事是武器发展史上的一次革命，揭开了古代兵器史的新篇章。13世纪中国的火药制造技术经过印度传入阿拉伯国家，欧洲人在与阿拉伯人的战争中学会了制造火药和火药武器。直到14世纪中叶，英法各国才逐渐掌握了火药的制造技术，西欧国家才有了关于火药、火器的记载。

### （四）指南针

中国人很早就发现了磁铁的指极性。早在春秋战国时期，《管子》和《吕氏春秋》中就有了关于磁石性能的论述。《韩非子·有度》中提到“先王立司南以端朝夕”，司南就是指示方向的仪器，它以磁石为原料，状如勺子，圆底，置于平滑的刻有方位的盘上，其勺柄所指就是南方。这是世界上最早的指南仪器。后来人们发现沿一个方向多次摩擦钢针等物，也会使其具有指南性，并开始掌握人工磁化的方法，于是出现了指南针。到了宋代，有人制造了“指南鱼”和“指南龟”，不久又发明了指南针。11世纪末，指南针开始用于航海。南宋创制罗盘以后，指南针在航海中的地位更加重要。到了元代，航海已完全依靠罗盘指向引航。中国的指南针大约于公元12世纪传入阿拉伯国家和欧洲。作为一种指向仪器，指南针在航海事业上起到了重要作用，大约在1180—1190年，指南针从阿拉伯人手中传到欧洲人手中。欧洲人学会用指南针航海，至少比中国晚了100年。

中国的四大发明对世界文明做出了突出贡献，对欧洲的影响尤为明显，可以说，四大发明为欧洲文艺复兴提供了物质、技术上的准备，正如马克思所指出的：“**火药、指南针、印刷术**——这是预告资产阶级社会到来的三大发明。火药把骑士阶层炸得粉碎，指南针打开了世界市场并建立了殖民地，而印刷术则变成新教的工具，总的来说变成科学复兴的手段，变成对精神发展创造必要前提的最强大的杠杆。”[①]从这些评价中，我们不难看出四大发明对人类的突出贡献。这是我们民族的骄傲，但是四大发明在我们本国却未能实现应有的社会价值，鲁迅说，指南针和火药“应用在枪炮和航海上，给本师吃了许多亏”（鲁迅《集外集拾遗·近代木刻选集》小引）。这种现象不能不令我们后人深思。

## 二、水利工程技术

由于水利工程技术与农业生产有着极为密切的关系，中国很早就开始了大规模的水利工程建设。最早的渠系工程——期思雩娄灌区（在今河南商城东）出现在公

① 马克思恩格斯全集：第47卷．北京：人民出版社，1979：427.

元前 605 年左右，由楚国的孙叔敖主持修建。见于记载的最早的大型蓄水灌溉工程是约于公元前 597 年建成的芍陂（在今安徽寿县南），据说建成后“破径百里，灌田万顷”。战国以后，水利工程建设有了进一步的发展，其中较著名的工程有两个：（1）都江堰。建于公元前 256 年左右，由秦国蜀郡太守李冰领导修筑，全渠长 150 多千米，在当时已是相当大的工程。（2）南北大运河。建于公元 7 世纪，总长 2 700 多千米，既利航运也可兼顾灌溉，堪称水利工程建设史上的一个奇迹。这些成就表明中国古代水利工程技术已达到相当高的水平。

## 三、其他实用技术

### （一）金属冶炼技术

中国的青铜铸造技术在商代就达到了很高的水平，现在发现的许多商代青铜器均以精致美观而著称于世。人工冶铁技术大约始于春秋晚期，先是采用块炼法，后来发明了熔炼法。公元前 513 年，中国人已经能够冶炼铁水，铸造生铁，比欧洲国家要早 1 000 多年。公元 31 年，东汉人杜诗发明了世界上最早的水利鼓风设备——水排。西汉时期有人发明了低温炼钢技术，这项技术直到 18 世纪才被欧洲人掌握。汉代还发明了世界上最早的水法冶金——“胆水炼铜”。此外，炼锌技术也由中国人发明，中国生产的锌 16 世纪以后曾大量远销欧洲，欧洲人是公元 1738 年才从中国学到炼锌技术的。

### （二）陶瓷制造技术

早在新石器时代，中国人就已开始创造和使用陶器。商代出现了上釉陶器，即原始青瓷，这是由陶器发展到瓷器的关键一步。到了汉代，制瓷技术渐臻成熟，公元 3 世纪左右已发明了瓷器，明清时期发展到最高峰。从陶器发展到瓷器，关键在于提高窑的温度，这项技术是中国人的独创。欧洲人 15 世纪后半叶才学会制瓷，18 世纪初才大量制造出真正的瓷器。

### （三）纺织技术

公元前 3000 年中国就有了发达的丝织业，商周时期已能织出具有斜纹、花纹等一些复杂纹样的丝织物。中国的丝织物约在公元前 4 世纪就远销国外，在汉代形成了著名的“丝绸之路”。西汉时期就有人发明了可以依设计好的程序使经纬线交错变化而制作出预定图案的提花织机。元代王祯《农书》中记述的轧花机、三锭式脚踏纺车以及能同时带动 32 个锭子的“水转大纺车”在当时都是相当先进的棉纺织机具。

### （四）机械制造技术

中国古代的能工巧匠曾经制造出许多十分精巧的机械。秦汉时期已有用铜或铁铸成的齿轮。汉代的记里鼓车、指南车和天文仪器都使用了复杂的齿轮传递系统，指南车甚至被认为是世界上最早的控制论机械。北宋苏颂和韩公廉控制制成的水运仪象台，既可用于观测天象，又可由水力推动演示天体的运行，还能自动报时，实为世界上最早的机械钟。元代郭守敬在制造天文仪器时发明了滚柱轴承，也是机械制造史上的一件大事。

### （五）建筑技术

中国的建筑技术在奴隶社会比较落后，进入封建社会以后逐渐发展起来，并形成了自己独特的风格，留下了许多不朽的杰作。秦代的万里长城、隋代的赵州桥、明清的皇宫、至今仍屹立不倒的千年古塔以及独具特色的木构架建筑等，都从不同角度反映了中国古代建筑技术的水平。

### （六）造船技术

中国古代的造船技术在世界上曾经长期处于领先地位，战国时就能制造出很大的战船——楼船。秦汉时期发明的方向舵，几百年后才传到西方。唐代所采用的水密隔舱技术，欧洲人直到 18 世纪才能掌握。最能反映中国古代造船技术水平的是明代的郑和七下西洋，他的宝船长 147 米，宽 60 米，可载上千人，是当时世界上最大的船只。

## 四、中国古代技术对世界文明的伟大贡献

以造纸术、印刷术、火药和指南针四大发明为代表的中国古代技术，对世界文明所做出的贡献是巨大的。著名英国哲学家弗兰西斯·培根曾经指出：“印刷术、火药和指南针这三种东西已经改变了世界的面貌。第一种在文学上，第二种在战争上，第三种在航海上。由此又引起了无数的变化。这种变化如此之大，以至没有一个帝国、没有一个宗教教派、没有一个赫赫有名的人物，能比这三种发明在人类的事业中产生更大的力量和影响。”（《新工具》）美国学者德克·卜德则认为：“纸对后来西方文明整个进程的影响无论怎样估计都不会过分。”（《中国物品西传考》）马克思更

是把这些发明与社会的进步发展直接联系起来，认为它们为欧洲资产阶级革命提供了强大的武器，为资本主义制度的确立创造了重要的物质条件，是“资产阶级发展的必要前提”[①]。除了四大发明之外，中国还有很多技术发明传到西方，对西方世界乃至整个人类的生产、生活和政治都产生了重大影响。据英国著名的科学史家李约瑟的研究考证，公元1—18世纪至少有26项重要发明先后由中国传到了欧洲和其他地区，其中在中国使用1 000年以上才传到欧洲的有龙骨车、碾子、冶金术、铸铁术、鼓风机、活塞风箱和风筝等，在中国使用500年以上才传到欧洲的有水磨、独轮车、弩、拱桥、纸、火药、雕版印刷术等，在中国使用100年以上才传到欧洲的有活字印刷术、指南针、船尾舵、火药武器等。可以说，整个西方的近代文明是借助中国古代的文明成果发展起来的。英国学者罗伯特·坦普尔在他所写的《中国——发现和发明的国度》一书中更进一步指出，现代世界赖以建立的基本的发明创造，有一半以上源于中国。他列举了中国的100个世界第一。可见，中国古代的技术成就是巨大的，对世界文明进程的贡献和影响也是无与伦比的。可惜的是，中国古代技术主要是实用的技术，没能形成系统的技术思想以及揭示自身规律的技术理论，因而难以产生革命性的飞跃。

# 第四节 中国古代科技的整体观和方法论

中国古代科学思想是传统文化在科学技术上的直观反映。它的形态和历史命运同中国传统文化的特点息息相关。以儒道两家思想为主干的传统文化的深刻影响，既使中国科学思想形成了在古代社会的特有形态及其延续性，又在一定程度上决定了它在近代造成中国的科学思想停滞不前的命运。

## 一、中国古代科学思想的主要形态

中国古代的科学思想，大约形成于西周和春秋战国时期。易文化的兴起以及先秦诸子百家学说的争鸣为各种科学思想的产生创造了条件。随着儒家学说在传统文

① 马克思恩格斯全集：第30卷．北京：人民出版社，1974：318.

化中占据主导地位以及儒道合流的出现，古代科学思想也逐渐形成了自己的主流。它以《周易》为源头，以“气”“阴阳”和“五行”为核心概念，强调在变化中认识规律，从整体中把握本质，于实践中体验真理。这种科学思想一直为后人所沿袭，对中国古代科学技术体系的形成与发展起着重要作用。

## （一）《周易》中的科学思想

作为中国古代科学思想的源头，《周易》在中国科学技术发展中无疑具有重要的地位，近年来在世界范围内兴起的《易经》热就充分说明了这一点。《周易》本身并非科学专著，而是一部儒家经典，主要作占卜之用。它分为《易经》和《易传》两部分。《易经》形成于西周，《易传》则稍后。《周易》的来源可以追溯到远古时代，流行说法是伏羲画八卦，文王演周易，后经孔子等人整理而成。

《周易》虽是一本占卜用书，但其中含有丰富的哲学和科学思想。它通过阴阳、八卦交互演化的形式，推测自然和社会变化，认为阴阳两种势力的相互作用是万事万物产生和发展的根源。自然事物和人事变化以阳爻（—）、阴爻（— —）相配合而成，三个爻的不同排列结合组成八卦，每个卦象征一种自然现象，八卦即为乾、坤、震、巽、坎、离、艮、兑，象征天、地、雷、风、水、火、山、泽八种自然现象。若再将八卦交杂相配，便得出六十四卦，一个卦便是解释世界的一种模式。六十四卦中，每卦六爻，每爻各有自己的象征含义，预示未来行为的凶吉。由此可见，《周易》中所包含的科学思想是宽广而深刻的，以至于有人认为，大到宇宙起源、天体演化，小到尘埃飘浮、粒子结合，近至眼前的风云变化，远至未来的成败得失，都可以在《周易》中得到解释。这种过分夸大《周易》的作用，甚至将它神秘化的说法固然不足取，但《周易》对中国古代科学思想的形成和发展所产生的影响却是不容低估的。它所包含的自然哲学思想、多元逻辑思维方式不仅催生了后来的众多学说，而且对中国传统哲学的发展和多维文化结构的形成具有重要意义。

## （二）“阴阳”“五行”与“气”

中国古代科学思想主要是儒道两家思想合流的产物。“阴阳”“五行”与“气”作为它的核心概念，与儒家学说和道家的自然哲学有着深刻的渊源。“阴阳”与儒家经典《周易》有着直接的联系，在《易传·系辞》中就有“一阴一阳之谓道”的说法，把阴阳交替看作宇宙的根本规律。而“气”与“阴阳”之间的关系可见于道家学说。老子有云：“万物负阴而抱阳，重启以为和。”既肯定阴阳的矛盾是事物本身所固有的，也指出其在阴阳对立中的作用。在后来形成的元气说中，更有“阴阳二气”之说，把阴阳看作气的存在形式。古人很早就把气看作构成世界万物的本原或基本实体。庄子说："通天下一气耳。"东汉王充则认为"天地合气，万物自生"。"五行"的概念见于春秋时期的《左传》《国语》以及儒家的另一经典《尚书》之中。古人企图以日常生活中习见的水、火、木、金、土五种物质来表达世界的多样性统一和相互转化，到了战国时期更是出现了"五行相生相克"的原理。"相生"意味着相互促进，如"木生火，火生土，土生金，金生水，水生木"等。至于阴阳与五行的关系以及二者在自然演化过程中的作用，宋代大儒周敦颐描述道："阳变阴合，而生水火木金土，五气顺布，四时行焉。"阴阳与五行说的合流即为阴阳五行学说，这种学说对我国古代科学起着较为重要的作用。

有学者认为，在中国的科学思想中，"气"主要表达万物同源的思想，"阴阳"主要表达万物互动的思想，"五行"主要表达万物生化循环的思想。这三者虽然各有渊源，但一俟合流则逐渐成为统摄整个中国科学思想的本体论预设。气是宇宙的基本实体，它的动因在于阴阳，而五行乃是阴阳之气的基本形态。于是五行的相生相克具体展示了阴阳之气循环复始和聚散相荡的过程，成为宇宙生生不息的基本构象。这种说法明确指出了"阴阳""五行"和"气"的相互关系及其在中国科学思想中的地位。从三者的联系看，出现合流是必然的。事实上，在中国古代科学中特别是发展较为成熟的农、医、天、算四大学科中，这三个概念都被广泛使用。不少科学家运用元气说、阴阳五行说以及《周易》中的有关思想方法进行实际观察和经验总结，得出了自己的科学发现。

中国古代的科学思想是十分丰富的，除了以儒道两家思想为主流的科学思想外，在古代科学发展史上较有影响的还有战国时期墨家的科学思想。《墨经》中包含着类似欧氏几何的构造原理要素，《墨子》一书中有9篇讲解防御战术和守城器械，还有对光学的研究和对杠杆力学原理的研究。墨家思想重视经验证实，主张实验方法和思维形式的明晰性、阶段性，并研究了一些逻辑思维方法，比如分析和综合、归纳和演绎、类比、比较等。但由于墨家在政治主张、哲学观点、思维方式等方面与儒家相对立，随着儒学主流地位的形成，墨家的科学思想受到排挤和冷落而成为一朵没有结果的花。

此外，春秋战国时期还出现了不少极有价值的科学思想，如《庄子》中的无知无限可分的思想、尸佼的地动思想和惠施的地圆思想等。可惜的是，这些思想由于与人的直觉经验相背离而难以为人们所接受，因而不可能产生像《周易》、元气说和阴阳五行说那样大而持久的影响。

## 二、中国古代科学思想的基本特点

### （一）实用性

注重实际是中国人传统的行为取向，表现在古代科技领域中的第一个特点，就是鲜明的实用性，其中又“绝对地以国家的‘实用’为主”。中国古代天文学很发达是由于帝王认为天象直接联系着皇家的命运。《周易》曰：“天垂象，见吉凶。”（《系辞上》）所以“自古有国家者，未有不致谨于斯者也”（《元史・天文志》）。立法的准确与否，被看作一个王朝是否顺应天意的标志。在地学方面，《汉书・地理志》开创了按行政区划记述各地山川地形的地方志的先声，以后历朝历代都重视编修地方志，内容扩大到各地的物产、户口、贡赋、沿革、古迹等，将自然地理和人文地理有机结合，其内容之广博、数量之庞大、历史之悠久也居世界之首位。而其动因，当然是为了满足社会管理、生产发展和文化交流的需要。对世界文明进程有巨大影响的“四大发明”，则更是国家和人们日用需要的直接和间接产物。

### （二）整体性

在中国古代的科学思想中，自然界被看作一个互相联系的活的机体，天地人、有机界和无机界、物质和精神、人和自然环境之间并无严格的界限。它们彼此贯通，相互渗透，人类社会、自然界都是整个宇宙秩序的一部分，一切都由气构成，阴阳交感而生化万物，五行循环而演化发展，即所谓“万物一理”。“一”与“多”之间并无绝对的界限，各个概念范畴不应当截然分开，自然界是一个整体，人对自然界的认识也应具有整体性。这一特点正如一个西方学者所比喻的：“在传统的中国，宇宙对人们来说，好像一组由其自身构成的庞大的交响曲。这儿没有造物主，也没有驾驭它的上帝，但是它的节奏始终是完美的，因为它的每个部分都和谐地一起演奏。”注重整体性对于认识事物的本质和规律是有积极意义的。但它由此而忽略个别物质实体、物质内部深层结构的独立研究，不能了解事物的细节，容易造成思想上的模糊和认识的不精确，特别是当它成为一种固定不变的认知模式并沿袭下来时，就会阻碍人们对自然界的深入分析和对事物本质的深刻认识，从而难以发展成为真正科学的理论。

### （三）辩证性

受传统哲学的影响，中国古代科学思想充满辩证法。《周易》云：“易者，变也。”但这不是无秩序、无目的的变化，而是进化、发展、生生不息的运动变化。从气构成万物、阴阳相互对立相互感应到五行相生相克，也都把世界看作是运动不息、无穷转化的。这种朴素的辩证法思想，从动态功能把握事物，把对立面的相互作用看作事物发展变化的内在根据，符合客观事物的本来面目。但它只满足于揭示矛盾，泛化变化，而忽视实证和分析，从而造成科学认识上的不确定性，形成“亦此亦彼”的思维习惯。这种缺陷正是近代实证科学难以在中国产生的一个重要原因。

### （四）经验性

中国古代的科学思想是建立在经验体察基础上的。从《周易》中不难看到，不论是从个别到一般的认识，还是从一般到个别的认识，都是观察、体察基础上的直入式思维，力图从一系列个别把握事物的内在本质，将之具体化为一套符号系统和诠释文学，并以此作为指导人们认识个别的依据和人们行动的准则。根据《易传·系辞》的说法，伏羲创立八卦就源于对事物的观察所产生的灵感，即所谓“仰观天文，俯察地理，近取诸身，远取诸物”。阴阳五行学说和元气说也明显来源于经验直觉。阴阳和五行都是可以直接观察到的，加上哲学上的思辨，即形成学说。人们在实践中观察天气的变化、物质形态的转化，体验气在人体内的运行，推想有一种充满宇宙之间的气，任何物质形态均可转化为肉眼看不见的气。这种观点同易学和道家自然哲学中关于宇宙演化、自然生生不息和自然有机论的观点汇合起来，就逐渐形成以气为本体范畴的元气说。这种“观物取象”的认知方式，决定了中国古代科学研究方法中占统治地位的是意象思维而非抽象思维，数学、天文学、化学和物理学中的成就大多是意象思维的产物。正是由于缺少抽象思维，中国科学到了近代再难以产生革命性的飞跃，众多的科学定律、定理几乎无一以中国人命名就是明证。

## 三、中国古代科学思想对科技发展的影响

以《周易》为源头，以“气”“阴阳”和“五行”为核心概念的科学思想，对中国古代科学的影响是深刻、广泛而持久的，特别是对已形成体系的农学、医学、天文学、算术学四大学科以及略有成就的化学、物理学的发展起着重要的作用。

《周易》特别是《易经》中包含着中国古代独特的数理哲学，对我国古代数学的发展影响较大。以创造“割圆术”而著名的三国时期数学家刘徽认为我国第一部重要的数学专著《九章算术》乃源于八卦。八卦数学方法的延伸同中国的天文历法、音乐律吕均有联系。《易传》及后来的易学还描绘了一种有等级、层次的宇宙结构，并提出从无形无质的混沌极演化出万物的观点，对我国古代天文学的发展具有一定的影响。①

有学者认为，中国古代天文学以八卦和元气说为内核，中医学则以阴阳五行学说和元气论为内核。这个内核大致决定了科学理论的生长点和理论的形态。② 这种

① 林德宏，肖玲．科学认识思想史．南京：江苏教育出版社，1995：138，149，165.
② 同①138，165.

看法是符合事实的。在天文学方面，除依据八卦和元气说推测宇宙演化之外，解释宇宙结构的著名学说“宣夜说”和“浑天说”也建立在气的基础上，或者设想天体浮游于气中，或者设想天地“乘气而立”。汉代著名天文学家张衡正是采用了当时得到发展的元气学说，比较完整、系统地描述了天地万物生成、变化、发展的过程，对后世产生了深远的影响。在医学方面，中医理论和方法最初是受《易经》启发的，但影响最大的则是元气说和阴阳五行学说。可以说，离开气、阴阳、五行的概念，就没有中医学的理论。传统中医学中最重要的著作《黄帝内经》便以阴阳五行作为框架，创立了朴素的“人体系统论”，而中医学中最基本的阴阳和谐平衡思想、“辨证施治”思想则是对元气说和阴阳五行学说的具体应用。当然，这些学说的作用并不局限于天文学和医学学科，特别是元气说，在物理、化学、生物等学科中也有广泛的应用。同天文、医学一样，这些学科也以元气说为指导，建立各自的应用理论，丰富、积累有关的实践知识。[①] 由于农业生产上的需要，古人也运用五行和阴阳二气来解释气候和温度变化，阐明各种天气现象产生的原因及其对农业生产的影响，这对我国古代农学的发展也起到了重要作用。

# 第五节 中国古代科技在近代落后的原因

从公元 15 世纪末开始，近代科学技术在意大利等欧洲国家兴起，并出现了朝气蓬勃、欣欣向荣的局面。中国虽然曾经创造了灿烂的古代文化，科学技术也曾走在了世界的前沿，但是到了近代，被西欧国家所超越，昔日的灿烂不复呈现。那么，中国科技在近代落后的原因是什么呢？

## 一、经济发展模式上，中国科技缺乏必然性的推动力

影响科学技术发展的因素很多，但社会经济发展的需求却是诸多因素中最根本的，它是科学发展的强大推动力。正如恩格斯指出的，社会一旦有了技术上的需要，这种需要就会比十所大学更能把科学推向前进。按照马克思主义的观点，强劲不衰

① 林德宏，肖玲．科学认识思想史．南京：江苏教育出版社，1995：149.

的经济增长的需求正是科技发展的最根本的原因，而社会的经济支持和经济竞争是科学技术发展的必要条件。经济发展为科技发展提供了越来越多的课题、经验材料、新的实验工具及设备手段，能极大地推动科技的发展。中国封建社会之所以不重视培养科技人才，整个社会之所以会呈现出鄙薄科学技术的局面，恰恰是因为封建经济，特别是生产力方面对科技没有提出发展的必然性要求。

首先，中国自给自足的自然经济模式很难对经济发展提出迫切需要。自然经济在中国封建经济中长期占统治地位，其特点是小农业和家庭手工业紧紧地结合在一起，在中国广大的农村中形成了一种十分广泛而又牢固的经济体系，所谓“男耕女织”就是这种经济的基本形式。受此影响，人们长期被束缚在土地上，使得城市工商业缺乏广大的商品市场和劳动力市场，经济缺乏对科学技术的内在需求，从而导致科技发展缺乏强劲的推动力。其次，中国封建社会实行的一系列经济政策一定程度上遏制了科学技术的发展。这主要表现在重农抑商政策上。中国的历代封建王朝都以农为本，对工商业的发展则采取抑制的态度。如对工商业征收高额赋税，层层盘剥。有些地方任意收税，必然性地阻碍了商业的流通和扩大再生产。对于工业的发展，态度也是如此。比如明代严禁人民开矿，如有违反，轻者按“盗窃罪”论处，重者则要判刑充军。此外，明清两代实行严厉的海禁政策，阻碍了经济发展和科技交流。明朝初年开始，为了防止倭寇进犯，明太祖朱元璋下诏规定，片帆不许下海。到清朝这种禁令更加严格，人们无法进行正常的贸易，更谈不上对科学的推动。

## 二、思想政治上，封建制度对科技发展具有严重的束缚阻碍作用

首先，高度集中的中央集权统治束缚了科技的发展。在长达数千年的封建统治中，科学事业的发展自始至终是为政治统治服务的，统治阶级的政治需求决定了科学发展的命运，科学事业便依附为封建专制制度的奴婢，缺乏独立的社会地位。而以中央集权制为其政治结构的中国，其专制独裁必然阻碍了科技发展。历史已经证明，科学发展需要自由和宽松的社会环境。在封建专制统治下，统治阶级的意志左右着社会各方面的发展，他们鄙薄科学技术，从事科学技术研究在封建社会也是得不到尊重的。例如，孔子就反对自己的学生研究科学技术，他认为学习治国、治人之术的人才是君子，而研究技术的只能是“小人”。自从汉武帝采纳董仲舒的建议“罢黜百家，独尊儒术”之后，儒家重治国、治人之术而轻科学技术的思想成为历代统治者的一项政策，束缚了科技人才的探索，阻碍了科技的发展。因而，在中国古代，科学技术得不到政治的支持和鼓励，技术成果只能成为偶然的事件，得不到历史的传承和发展。

其次，古代的教育和科举制度影响了科技的发展。中国古代的教育鲜有科学内

容，大多数知识界的精英都以科考为目的。儒家经典被当作各级官、私学校的主要教科书。儒家尊经崇古，重传统，重继承，而轻批评和创新，科学技术或被排斥，或被忽视。虽然隋唐的科举中设过数学科目，但其地位十分低下，不受统治者重视。当时，国学博士是正五品，而算学博士却是品位最低的从九品下，到唐朝末期，明算科就停止了。后来科举考试以八股文为标准模式，要求题目和内容都依据“四书”及朱熹的《四书集注》，不允许自由发挥。中国的学堂培养不出懂科技的知识分子，而从事生产和技术工作的人又几乎都是文盲，在这种情况下，中国的科技很难发展。

再次，对重要的科学项目实行国家垄断，限制民间自由的学术研究。如对天文历法的研究历来被国家天文台把持，禁止民间习历。明人沈德符写道：国初学天文有厉禁，习历者遣戍，造历者殊死。明代在科技方面成就甚微，在天文历法方面甚至还出现了一定的倒退，与政府的这种态度不无关系。

最后，闭关锁国政策是中国科技在近代落后的一个重大原因。自明代中期以来，一方面，倭寇的骚扰、西方资本主义的崛起引发封建统治者的恐惧；另一方面，中国传统的以“天朝大国”自居的老大自尊思想，谓我华夏地大物博，根本无须向夷族学习，自高自大，而无危机感。这样，在西方各国积极向外探索、谋求发展之时，中国却不幸与世隔绝。在闭关政策的支配下，统治者夜郎自大，排斥外国来的一切科技成果，导致世界上的先进科技难以在中国产生影响。一方面自身的科技发展陷入停滞，另一方面外面的先进科技又进不来，学不到，加大了中西科技的差距。中国科技的发展越来越故步自封，难以突破，最终落后于西方各国。

## 三、中国古代科技内部的缺陷致使自身发展内在动力欠缺

中国科技本身存在着缺陷，主要表现为重思辨轻实验、重实用轻理论，这是造成中国科技落后的内在原因。西方近代科学的兴起与近代实验科学的兴起具有密切的关系。英国伟大的哲学家弗兰西斯·培根大力提倡观察和实验，认为只有观察和实验才能推动科学的发展。人们往往把近代自然科学称为“实验的女儿”就说明了这一问题。

中国古代思辨性思维发达，而对于实验以及在实验基础上进行的理论抽象工作则做得较少。古代墨家相对来说比较重视实验，也取得过一些实验成果，但并没有形成科学的定律和定理。墨家以后，学术方向发生了重大偏转，连实验也很少进行了。宋代二程、朱熹等人也曾提出“格物致知”思想，但它并不是指通过实践去获取知识，而在于寻求“心内之物”。对于科学中认识不清的问题，人们不是通过观察实验去解决，而是常常通过思辨的方式去解决。如将电的起因说成是“阴阳相激而为电”；在解释地震起因时，说是由于“阳伏而不能出，阴迫而不能蒸”；对于磁石

吸铁的原因也说成是“磁石吸铁……皆阴阳相感，隔碍相通之理”等。思辨造成了虚假的解释，阻碍了中国近代科学的发展。

中国古代科学还有一个显著的缺陷，即重实用而轻理论。中国古代留下的大量科技著作中，大多是对当时的生产经验和自然现象的记录和描述，而理论方面的探讨极少。数学方面的《九章算术》，问题指向当时生产、生活中的实际问题，李时珍的《本草纲目》、宋应星的《天工开物》、徐光启的《农政全书》都具有很强的实用性。虽然技术上有四大发明，但都是工匠们长期实践经验的总结，没有引发学者们的研究，没有引起理论上的发展。

总之，在历史发展的长河中，中国人创造了辉煌的科技成就，并长期处于世界领先地位，但是由于封建制度以及中国科学的内在缺陷，中国科技在近代落后了。落后就要挨打，中国近代苦难和屈辱的历史恰恰说明了这一点。因此，在新世纪，我们一定要按照“科教兴国”的宏伟战略，高度重视并大力发展科教事业，同心同德，踔厉奋发，再造新时代民族复兴的“中国梦”，从而造福于全人类。

## 思考题

1. 概述中国古代科技文化发展的基本脉络。
2. 中国古代科技思想及其方法论对古代科学技术的发展有何影响?
3. 简述中国科技在近代落后的主要原因，并对比中国传统科技的工具主义价值观与科学主义价值观的异同。
4. 请列举事实，说明中国古代的“四大发明”对人类社会发展的历史性贡献。
5. 请采用中西方文化史比较的方法，举例印证英国科学史家李约瑟“中国在公元 3 世纪到 13 世纪之间保持着一个西方所望尘莫及的科学和知识水平”观点的合理性。
6. 分别列举中国古代科学各门类所取得的辉煌成就。

## 扩展阅读

1. 李约瑟．中国古代科学思想史．陈立夫，主译．南昌：江西人民出版社，1990.
2. 李约瑟．中国科学技术史．《中国科学技术史》翻译小组，译．北京：科学出版社，1975.
3. 徐朝旭．中国古代科技伦理思想．北京：科学出版社，2010.
4. 杜石然．中国科学技术史：通史卷．北京：科学出版社，2003.
5. 席泽宗．中国科学技术史：科学思想卷．北京：科学出版社，2001.

# 第十章

# 中国古代教育

**【本章要点】**

1. 中国古代的学校教育制度和人才选拔制度。
2. 中国古代的教育思想及其特征。

教育是人类有目的地传授知识、学习技能、培养思想道德品质的一种活动，它与社会发展有着密切的联系，能推动物质生产和人的再生产，促进人类社会的发展。中国古代教育是灿烂辉煌的中国古代文化的重要组成部分，是中国传统文化赖以延续和发展的基础。

# 第一节 中国古代教育制度

## 一、中国原始社会时期的教育和学校的萌芽

### （一）中国教育的起源和原始社会时期教育的特点

教育是人类社会特有的活动和社会现象。教育传承过去、造就现在、开创未来，是推动人类文明进步的重要力量。[①] 中国大地上，人类一出现，就产生了教育活动，这就是中国教育的起源。中国最早的人类，据目前科学家测定，为距今 204 万年的“巫山人”。也就是说，中国的教育也已有 200 多万年的历史。

原始教育是原始人群生存所必需的基本社会实践活动之一。在漫长的历史进程中，原始人群首先面临的是生存问题，他们必须依靠群体的力量，制造简陋的工具，与自然界进行坚持不懈的斗争，在这其中必须把群体生活和生产活动的要求传给下一代和必要的人群。这一历史事实说明，教育是社会一切实践活动的需要，也是人类自身生产的需要。在人类的生存发展进程中，下一代如果不经历长者对自己有目的、有意识的言传身教，就难以适应社会发展的洪流，必将被淘汰。正是为了适应原始社会生产和生活的需要，原始先民们开始了对下一代的教育，使下一代懂得怎样创造和使用劳动工具，怎样团结互助进行集体采集和狩猎活动，怎样同毒蛇猛兽及其他自然灾害进行斗争，以保证社会生产的进行和集体生活的安全，于是产生了原始状态的教育。

① 习近平致首届清华大学苏世民书院开学典礼的贺信．(2016-09-11)[2024-03-23]. https：//news.12371.cn/2016/09/11/ARTI1473544611449707.shtml? t=636092315206642742.

氏族公社产生于旧石器时代晚期，新石器时代达到鼎盛，在青铜时代趋于瓦解。氏族公社分为母系氏族公社和父系氏族公社两个阶段。约从 12 000 年前开始，人类进入了母系氏族社会。母系氏族是以母系血缘为纽带组成的社会生产和生活单位，实行生产资料公有制，人们共同劳动和消费，过着平等的生活。母系氏族公社处于原始社会的发展阶段，具有比较典型的形态，这一时期的教育活动比较明显地体现了原始社会教育的基本特点。

母系氏族公社的教育活动主要包括以下几个方面。

第一，生产劳动教育。生产劳动教育在氏族公社的教育中占据突出地位。在母系氏族公社，原始人的劳动经验已较为丰富，拥有了一定的生产技术，例如人工取火、石器磨制技术、农业种植技术等。这些经验和技术不仅需要推广，更需要传授给后代。生产技术一般是母传女，舅传甥。

第二，生活方式的教育。这种教育包括遵守一定社会历史阶段的婚姻家庭制度，建立与之相适应的道德观念；衣、食、住、行等日常生活习惯的培养和生活能力的训练；进行原始氏族民俗活动的教育；等等。

第三，宗教教育。它产生于原始社会后期的原始宗教活动，有自然崇拜、图腾崇拜、鬼魂崇拜、祖先崇拜、巫术占卜等多种形式，不同的形式中有着各自的教育内容。对图腾、鬼魂、祖先的崇拜则是人们祈求神灵祖先的保佑，以加强亲缘关系、氏族团结与繁衍发展。巫师占卜的活动反映了早期人类希望运用一定的方式方法来改变客观世界的良好愿望。可以说，巫师是当时代表社会原始文化科学的知识分子的前身。

总体而言，母系氏族公社的教育表现出原始社会教育的显著特征：教育没有阶级性，男女教育机会均等，人人都有受教育的权利；教育还没有从社会生产和生活的母体中分离出来，教育的基本内容是传授生产经验、劳动技能以及社会生活常识，教育的主要途径也是通过生产劳动和社会生活实践来进行，没有专职人员和专门机构；妇女、老年人是社会主要的教育者，教育的主要方式方法是口耳授受、观察模仿。

### （二）古代学校的萌芽

文字的产生对学校的产生起了重要的推动作用。我国传说中的学校产生于父系氏族公社时期。《周礼·春官宗伯》记载："成均，五帝之学。"汉代学者董仲舒断言，成均为五帝时期的大学。以传授乐教为主的成均之学完全有可能是我国在公元前 2700 年左右出现的最早的学校。

在父系氏族公社晚期，生产力的提高，剩余产品的存在，使得一部分人脱离生产转为脑力劳动者第一次有了可能性。氏族首领由民主推选变为世袭，最初的部落显贵产生了，他们逐渐垄断了文化教育，教育也出现了早期的分化。《礼记·王制》云："有虞氏养国老于上庠，养庶老于下庠。"（郑玄注："上庠，右学，大学也，在西郊；下庠，左学，小学也，在国中王宫之东。"）即把庠分化成两个等级，安置不同社会地位的老人，显示出这一时期教育也有了等级上的差别。这种庠既是藏米的仓库，又兼作养老和教育活动的机构，是学校的萌芽。它在教育方面的功能主要是进行有组织的军事教育和礼乐、孝道教育活动。

综上所述，成均和庠是当时的教育场所，虽然还不是正式的学校，但它已开始进行有目的、有组织的活动，为以后专门教育机构的产生奠定了基础。古今中外，关于教育和办学，思想流派繁多，理论观点各异，但在"教育必须培养社会发展所需要的人"[①] 这一点上是有共识的。

## 二、中国古代的学校教育制度和人才选拔制度

### （一）古代的官学

所谓"官学"，就是指古代由各级官府兴办的各级各类教育机构，以伦理道德教育为中心任务，旨在培养封建统治人才。它具有鲜明的阶级性和明显的等级性。古代官学教育源远流长。

夏朝把教育事务作为行政管理的重要任务之一，交由政务官之一的司徒负责。据说当时不仅国都有学校，地方也有学校，学校教育出现了等级层次。在夏朝王都所在地有"序"这种学校，它是奴隶主贵族专门教育子弟的场所。

商代文字趋于成熟，甲骨文是迄今为止中国发现的年代最早的成熟文字系统，是商代晚期最主要的文字。对贵族的教育按年龄划分为不同的阶段，设立了不同层次的教育组织。西周为了管理的需要，制定法纪规章，有文字记录，汇集成书本，由当官者掌握，这种现象史称"学术官守"，并由此造成"学在官府"现象。唯官有书，有器，有学，而民无书，无器，无学。春秋时期的 200 多年间，官学没有新的发展。世袭制度造成贵族不重视教育的现象，学校荒废，战争打破了旧的文化垄断，因而官学衰落，私学逐渐兴起。汉代是中国古代官学迅速发展的重要时期。从兴办太学开始，汉朝为我国封建社会学校教育的发展和完善奠定了基础。历代官学分为两级：中央官学和地方官学，它们共同构成了古代社会最主要的官学教育制度。

中央官学在汉朝正式创办。至唐朝，中央官学繁盛，制度完备。南宋以后逐渐

① 习近平．在北京大学师生座谈会上的讲话．北京：人民出版社，2018：5.

走下坡路。清朝末年，中央官学完全被学堂和学校取代。根据中央官学各自所定的文化程度、教育对象和教学内容的不同，可将整个中国封建社会的中央官学分为最高学府、专科学校和贵族学校三大类。

太学和国子监是中国封建国家的最高学府，是封建王朝培养人才的主要场所。元朔五年（公元前 124 年），汉武帝采纳董仲舒的建议，为博士置弟子，标志着太学的正式设立。太学的设立是汉武帝实施“独尊儒术”政策的重要步骤。国子监是中国古代最高学府和教育管理机构。晋武帝司马炎始设国子学，至隋炀帝时，改为国子监。唐、宋时期，国子监作为国家教育管理机构，统辖其下设的国子学、太学、四门学等。太学和国子监在办学育才、繁荣学术、发展中国古代文化科学方面积累了许多宝贵的经验，在中国和世界教育史上占有重要地位。历代太学、国子监都注重考试。汉初定岁试，后实行两岁一试。考试分口试、策试和设科射策。东汉桓帝永寿二年（公元 156 年），更定课试之法，每两年考一次，不限录取名额，以通经多寡授以不同的官职。这种注重课试、以试取士的做法，打破了世卿世禄、任人唯亲的制度，对于选拔封建贤德之才具有积极的意义，在当时世界教育史上也属罕见。唐代中央官学的旬试、岁试、毕业试，宋代太学的三舍法，明清国子监一年积满八分为合格的积分试法，都可看成汉朝太学课试方法的继承和发展。太学、国子监强调自修、自由探究学术，汉代尤是。以后历代均不同程度地继承和发扬了汉代太学这一优良传统，并培养出许多大学问家。

专科学校主要培养实用的专门人才。东汉末年创立的鸿都门学，唐宋明三代创办的书学、算学、律学、医学、画学、武学等，都是属于培养某种专业人才的专科学校。它们的教师、教材、教法、生徒及管理制度等都有比较完备的规定。这些学校培养了不少专业人才，对发展中国自然科学、法学、文艺等都起过很大的作用。

贵族学校在各代都有设立，如东汉的四姓小侯学，唐朝的弘文馆、崇文馆，宋代的宗学、诸王宫学及内小学，明朝的宗学，清代的旗学、宗学，都属于这一类型。东汉明帝永平九年（公元 66 年）为外戚樊氏、郭氏、阴氏、马氏四姓小侯开立学校，置五经师。初期可入学的只有四姓子弟，后来门户开放，一般贵族子弟，不分姓氏，皆可入学。此学影响渐大，声名益彰，匈奴亦慕名遣子入学。唐代的弘文馆、崇文馆是特别教育一等亲贵子弟的贵胄学校。宋代的宗学是专为皇族子孙开设的贵族学校。明朝的宗学在两京所属地方，凡属宗室年未弱冠的世子、长子、众子及将军中尉等官的子弟，皆可入学读书。清朝的贵族学校可分宗学和旗学两种。旗学是清朝中央政府设置的专门教育满蒙八旗及汉军八旗子弟的贵胄学校。清政府在八旗教场设八旗教场官学，每旗一所。后来又陆续办起景山官学、八旗义学、咸安宫官学、八旗算学馆、八旗蒙古唐古忒官学、盛京官学等八旗子弟学校。

综上，中央官学不仅具有阶级性，而且具有明显的等级性。其办学宗旨是培养各种封建统治人才，以供朝廷之用。教育内容以儒家经籍为主，以“四书”“五经”

为主要教材。中央官学在培育各种优秀人才、继承中国古代文化遗产、繁荣科学和学术事业等方面曾经起过十分重要的作用。

古代地方官学，溯源西周时期，当时就有一种设在王都郊外六乡行政区中的地方学校——乡学。根据其规模的不同，当时的乡学被冠以庠、序、校、塾不同的名称。但从严格意义上来说，古代的地方官学创设于西汉。汉景帝时，蜀郡太守文翁到达成都后，深感蜀地文化落后，便选小吏十余人，到京师向博士学习，学成后回到本地，委以重任。与此同时，他在成都设立学官，在属县中抽调一批年轻人为学官弟子，根据学习成绩分派官职。这便是教育史上所说的“文翁兴学”。汉武帝很欣赏这种兴办地方官学的做法，下令“天下郡国皆立学校官”。此后，地方官学逐渐发展。东汉时，地方官学发展极盛，形成了“四海之内，学校如林，庠序盈门”的繁荣景象。

自汉末建安以来，经魏晋南北朝，长达400年间，国家经常处于战乱、分裂与种种矛盾之中，造成官学或兴或废的状态。

隋唐时期，地方官学得到了相应的发展，取得了一定的成就。隋朝国家重归统一，但由于立国时间较短，虽隋文帝、隋炀帝皆设庠序郡县之学，但实际上“空有建学之名，而无弘道之实”。唐代是中国封建社会“盛世”时期，教育事业也空前发展，特别是唐代前期，贞观、开元年间官学繁盛，中叶自天宝后即告衰废。地方官学除在府州和县设有由长史管辖的“儒学”外，还设有直辖于太医署的府州“医学”，直辖于中央礼部下的祠部的府州“崇玄学”。

元代的地方官学制度比较完备，在路、府、州、县四级均有相应的学校，只是并未普遍设立。元代地方官学除设以上学校外，还设具有民族特点的蒙古字学、医学、阴阳学，促进了边远地区的开化和发展。

明代前期是中国封建社会地方官学兴盛的时期。地方学校的普及程度超过了以往的任何一个朝代。最盛时全国合计有学校1 700余所。明朝的地方官学，按其性质划分，可分为儒学、专门学校和社学三类。清代地方官学基本沿袭明制。依其地方区划设有府学、州学、县学，统称“儒学”，并于乡间置社学。各地均设专职学官，负责管理学政事务。

### （二）古代的私学

中国古代私学发端于春秋中叶，到了春秋末叶已发展到初步繁荣的阶段。春秋战国时期，列国纷争，各诸侯国内部斗争也很激烈。在此情况下，统治者无心顾及教育，于是官学普遍衰废。但统治者为了维护其统治地位并扩张其势力，需要有一批人才以组成强有力的政权机构，这给民间人士参政提供了机会，私学就是在这样的形势下兴起的。

据史书记载，最早创办私学的是法家先驱人物春秋中叶郑国的邓析，他在学校中讲授自己的著作《竹刑》，专教讼诉之法，学生需交纳一定的费用。当时规模最大的是孔子私学，少正卯的私学名声也很大，二者并立，竞争颇为激烈。到春秋末期，私学更加兴盛，最有名的是儒、墨两家。战国时期，私人讲学之风大盛，对教育发展影响最大的为儒、墨、道、法四家私学，其中以儒、墨两家的规模为最大，影响也最广。儒家私学在孔子去世后最有影响的是以孟轲为代表的“孟氏之儒”和以荀况为代表的“孙氏之儒”。孟子“从者数百人”，以阐明人伦为教学目的；荀子私学极其注重儒家经籍的传授，对保存古代文献做出了贡献。墨家私学是个纪律严明的政治团体和学派，要求学生具有吃苦耐劳、服从和舍己为人的精神，并重视生产劳动和科技知识的教育。

《孔子杏坛讲学图》

秦代实行“禁私学，以吏为师”的政策。汉代私学分两部分：一部分是以启蒙教育为主的书馆或学馆，先教认字，可读《孝经》和《论语》；另一部分是传授经学的精舍。精舍一般由当时精通儒学的名家创建，其讲学已初具学术讨论与研究性质。

魏晋南北朝时期，官学兴废无常，私学相对得以发展。名儒聚徒讲学，常有几百人或几千人听讲。北魏时期的徐道明讲学二十余年，学生多至万人。

隋唐时期官学兴盛，私学也随之发达。隋朝大儒王通、曹宪，唐代颜师古、韩愈等都曾在私学中教授学生。许多名儒隐居山水胜地，开学馆，设书院，当为宋代书院大兴的起源。

宋代私学教育和启蒙教育都得到了充分发展。经过北宋三次兴学，加之南宋官学有名无实，许多学者都致力于私学。这一时期的启蒙教育已形成相对稳定的教学内容，《三字经》《百家姓》《千家诗》等启蒙教材大都为宋人所编撰或改订。

辽、金、元各朝私学也很活跃，其原因是统治阶层发生了不同民族的更迭，各民族都迫切需要加速培养本民族的治国人才，而战乱的频繁使得官学远远不能满足需要，因此私学才得以兴盛，其形式有私塾、家塾、经馆、家学等。明清时期的私学仍兴盛不衰，形式也无大的区别。另外，值得一提的是，唐末以后的私学中产生了一批书院，其在宋代得到发展后，明清时期即向官学转化，这是私学在中国历史上的贡献之一。

总之，私学的产生是基于社会变革时期各个阶级阶层不断分化组合、吸引人才的阶级斗争的需要。春秋时期私学替代官学是中国教育发展史上一次历史性的重大变革。在特定的历史条件下，私学依靠自由办学、就学、讲学竞争来发展教育事业，满足了当时社会对人才的需求。

## （三）古代的书院

书院之名始于唐代，分官私两类，但都不是聚徒讲学的教育组织，前者为藏书、修书之所，后者为文人士子治学之地。唐“安史之乱”以后，国家由强转衰，政治腐败，民生凋敝，官学废弛，礼义衰亡。于是一些宿学鸿儒受佛教禅林的启发，纷纷到一些清静、优美的名胜之地读书治学。此后，归隐山林、论道修身、聚徒讲学之风逐渐兴起，但在当时还不普遍，规模也不大，没有形成系统的规章制度。真正具有聚徒讲学性质的书院至五代末期基本形成，北宋初年才发展成为较完备的书院制度，成为中国传统教育制度的重要组成部分。

宋朝实现了国家统一，社会生产得到一定程度的恢复和发展，文风日盛。统治者无暇顾及振兴官学，急功近利，因而对著名的私学采取“赎买”政策，于是官私联营的学校模式出现。据考证，两宋书院应有两三百所，最著名的六大书院包括白鹿洞书院、岳麓书院、应天府书院、嵩阳书院、石鼓书院、茅山书院。

白鹿洞书院

北宋自仁宗庆历四年（公元 1044 年）起，开始重视设学育才，曾先后三次掀起大规模的兴学运动，官学空前兴盛。且重在改革的实践理性成为主流，纯学术的研究日渐消沉，因而书院不彰，连著名的六大书院也破败停办或改为官学。

南宋外族的入侵、内部的倾轧和科举的腐败致使官学形同虚设。由于朱熹等人对书院卓有成效的复办和理学的流行，书院又日渐昌炽。书院教育的理学家们特别推崇《大学》《中庸》《论语》《孟子》等儒家经典，朱熹专门为这四部书做了注解，合称为《四书集注》，成为南宋书院和后代各级学校、科举考试的基本教材。习近平总书记在《增强推进党的政治建设的自觉性和坚定性》重要文章中提到的“国以民为本，社稷亦为民而立”[①] 就出自该书。

宋代书院还普遍订立了比较完备的条规，这是书院制度化的重要标志，其中朱熹亲自拟订的《白鹿洞书院揭示》成为书院学规的典范，不仅对当时及以后的书院教育，而且对官学教育都产生过重大影响。

到了元代，统治者为缓和蒙汉民族的矛盾、笼络汉族士心，对书院采取保护提倡的政策，同时也逐渐加以控制，元代书院日益呈官学化趋势。

明后期，由于书院研究学术特质的复归，讲学的政治色彩愈来愈浓，“讽议朝政，裁量人物”，统治者深感“摇撼朝廷”。当权者先后四次禁毁书院，严重地戕害了学术思想的发展。“洞学科举”的创设使书院、官学、科举逐渐融为一体。

清初，统治者为压制舆论、消除南明的复国情绪，对书院严加限制，不过这时的书院已经同官学并无区别，从元代开始的书院官学化倾向，到清代达到极致。清代书院学习的主要内容是八股文制艺，目的是通过参加科举考试获取功名，书院完全丧失了原有的教学风格与学术研究的性质，其独立性和自主性已所剩无几。

鸦片战争之后，清政府采纳了张之洞、刘坤一的建议，于光绪二十七年（公元1901年）下诏将各省城书院改为大学堂，各府书院改为中学堂，各州县书院改为小学堂，并多设蒙养学堂。至此书院制度走完了近千年的曲折历程之后，最终汇入了近代学校教育的洪流之中。

书院是我国封建社会独具特色的文化教育模式，开辟了新的学风，成为推动教育和学术发展的重要动力。正如张其成教授所言，具有千余年历史的“书院”，历来是中华优秀传统文化活态传承的重要载体和推动力量。[②]

近年来，书院教育在我国重新兴起，大多进行国学培育和书画交流等文化教育活动。[③] 不同于当代大学，中国古代书院承担的是精英教育的使命，它为极少数人提供高品质的教育资源。自书院出现以后，我国古代教育便发生了一个很大的变化，即出现了官学、私学和书院平行发展的格局，三者成鼎足之势。直到清朝末年，它们之间虽有排斥，但更多的是互相渗透与融合，促进了我国古代文化教育的发展和繁荣。书院在中国大地上存在了1 000余年，成为中国文化史和教育史上引人注目的一大奇观。

## （四）古代的人才选拔制度

### 1. 察举制

汉代统治者为了适应日益庞大的官僚机构对吏员的需要，逐步建立和形成了一

---

① 习近平．增强推进党的政治建设的自觉性和坚定性．求是，2019（14）.

② 关于发挥民办书院功能助力中华文化复兴的提案．中国报道，2023-03-08.

③ 教育部对十三届全国人大一次会议第2290号建议的答复.（2018-09-20）[2023-12-25]. http://www.moe.gov.cn/jyb_xxgk/xxgk_jyta/jyta_zgs/201812/t20181221_364261.html.

套选拔统治人才的制度。汉代选士始于汉高祖十一年（公元前196年），高祖下诏求贤，要求郡守劝勉贤士应诏，并书其行状、仪容、年纪，以待擢用；郡守若遗贤不举则免官。汉文帝二年（公元前178年）下诏“举贤良方正能直言极谏者”。十五年（公元前165年）又下诏“诸侯王、公卿、郡守举贤良能直言极谏者”。文帝还亲自出题策问。察举作为一种制度，是在汉武帝时期确立下来的。《汉书·武帝纪》载：建元元年（公元前140年）冬，武帝诏“举贤良方正直言极谏之士”。董仲舒就是在这次贤良对策中被列为上第的。其后汉武帝接受董仲舒的建议，重察举取士，于元光元年（公元前134年）冬，令郡国举“孝廉”各一人，察举正式成为一种制度。元封四年（公元前107年）汉武帝又令诸州每年各举“秀才”一人。自此，每年州举“秀才”，郡举“孝廉”，历代沿袭，成为固定的选士制度。

察举，即由地方（也包括中央各部门）长官负责考察和举荐人才，朝廷予以录用为官。察举的科目可分为两大类：一为经常性举行的科目，称作常科，一般是每年由州郡长官按规定的名额、标准向朝廷推荐人才；另一类为特科，是皇帝根据需要临时指定选士标准和名目的科目。

察举常科中最主要的是孝廉科。各郡每年按人口比例举荐孝廉，平均20万人口举荐1名，不足20万人口的郡隔年或隔两年举荐1名。儒家强调为人立身以孝为本，任官从政以廉为基。可见该科主要选拔德行优良之士，借此在社会上形成“在家为孝子，出仕做廉吏”的风尚。“夫孝，德之本也”①。自古以来，中国人就提倡孝老爱亲，倡导老吾老以及人之老、幼吾幼以及人之幼。孝是一切德行的根本，一切教化都是从它这儿生发出来的。但德行的考察难度较大，难免名不副实。到东汉中，对各地举荐上来的孝廉，朝廷要进行复试，“诸生试家法，文吏课笺奏”（《后汉书·左雄列传》）。举荐变成了笔试儒家经学或公文写作，以德行为主的选拔标准也就变味了。

察举常科中还有秀才、明经等科目。秀才（东汉时避刘秀之讳改为茂才）科主要选拔奇才异能或有非常之功的士人，明经科察举通晓儒经的人才。另外还有选拔12～17岁“博通经典”者的童子科，可见当时已经重视对有特殊才能的儿童的培养和任用。

特科因是皇帝临时决定，故科目开设是随心所欲的，名目众多。其中最主要的科目也是最制度化的科目是贤良方正。一般在遇到“灾异”或国家有重大问题需要探讨时，下诏让各地举荐贤良方正，由皇帝亲自策问，让他们对这些问题进行分析，发表对策。对策中皇帝的意，马上就可以做官或升官，所以贤良方正在察举中地位最高。

---

① 习近平：在2019年春节团拜会上的讲话.（2019-02-03）[2024-04-23]. http：//www.xinhuanet.com/politics/leaders/2019-02/03/c_1124084002.htm.

察举各科设置之初，颇能体现选贤任能的原则，也的确选拔出不少济世之才。正所谓“用一贤人则群贤毕至，见贤思齐就蔚然成风”。同时，它也极大地促进了讲习儒经的社会风气的形成和教育的发展。当时，民间流行着这样一句谚语：“遗子黄金满籝，不如教子一经。”察举的主要特点是以主管官员（地方长官和中央各部门长官）的推荐为前提，因而要引起主管官员的注意。于是，士人便沽名钓誉，弄虚作假，或者攀附权贵，贿赂请托。因而，世风日下，察举不实。东汉顺帝阳嘉元年（公元 132 年），尚书令左雄从察举最泛滥的孝廉科着手进行改革，规定孝廉所举之人必须在 40 岁以上，由朝廷对岁举的孝廉进行考试。儒生考以儒家经典，文吏试以奏章律令，然后在端门进行复试。自此，察举制由推荐发展为推荐与考试相结合，为选士制度的进一步完善探索了新路。

在南北朝，考试日益成为决定被举者得官与否的中心环节。人们对秀才的关注，主要是对策时文辞的优美，孝廉则在于经学的深湛。唐朝初年规定参加科目考试者可以自由报名，名额上没有限制。这样，察举制也就由一种地方长官的推荐制度，经漫长演变，变成了一种中央设科招考、士人自由投考的科举制度。

**2. 九品中正制**

九品中正制是魏晋南北朝时实行的按门第家世选拔与录用官吏的制度，由曹丕创建。所谓九品中正制，就是各郡推选有名望的人出任“中正”，“中正”把管辖范围内的各类人物分为上上、上中、上下、中上、中中、中下、下上、下中、下下九个等级（称“九品”），并按照级别先后推荐他们做官。中正考评由中央有名望的官员负责，其任职条件有三个：一是中正必须是本地人，外籍人员不得担任；二是中正必须由中央官员兼任，个别中央退休人员亦可；三是中正必须人品优秀，人品不好者可随时罢免。中正每月召开一次会议，评定或升降士人的品第；每隔三年对士人的品第进行一次总调整。

“九品中正”选士制度的实施过程是：第一，设置中正官。郡置小中正，州置大中正，由司徒选择“德充才盛”或“贤有识鉴”的中央政府现职官员，担任其原籍贯的中正官，这样就收走了原来由地方长官把持的人才选拔权，有利于加强中央对选士的控制。第二，品第人物。中正负责查访本籍贯的士人，了解其家世和德才表现，并做出评价。第三，按品授官。品第士人的材料逐级审核上报。小中正报大中正，大中正报司徒，司徒呈吏部待用。吏部根据中正品第的等级授官，一般来说，品第越高官职越大。

在实施九品中正制的过程中，中正官是否“中正”是关键。初期选任中正比较慎重，多数中正对士人的品第考察也比较认真，在一定程度上扫除了东汉以来浮华的朋党之风，扭转了选士腐败的局面，国家也能选到一些有用之才。但是后来世家大族的势力日益膨胀，中正官职几乎全部被位居朝廷的大世族把持。他们品评士人，往往把门第家世作为唯一标准，以致“上品无寒门，下品无世族”，这样就使九品中正制偏离了选拔人才的方向，逐渐蜕变成门阀世族的政治工具，堵塞了寒门士子的仕进之路，而那些门阀世族子弟由于前程无忧，严重地影响了当时的教育。

**3. 科举制**

科举是由中央政府或皇帝亲自考试以录取人才、委以官职的取士制度。科举制度源于西汉察举，形成于隋唐，经宋、元、明时代的发展演化，至清代在方法上已甚是完备。

隋朝统一天下后，对以前的取士制度进行了调整。隋文帝废九品中正制而采用分科考试办法选拔官吏，到隋炀帝时始建进士科，文士不论门第、家世，也无须官员举荐，均可应试，这是我国古代科举取士的开端。到唐代，科举已形成制度。唐代的科举考试分为常科和制科，常科就是每年定期举行的分科考试，而制科属于皇帝临时下诏举行的特科。唐代科举科目众多，常科中参加人数最多、社会影响最大的是明经和进士两科。明经科选拔人才侧重于精熟儒家经典，而进士科除帖经和时务策外，从玄宗时起加试诗赋。制科是朝廷临时需要某方面的人才时，由皇帝不定期下诏举行的考试。制科科目繁多，参加的可以是普通百姓，也可以是登过常科的人，由皇帝亲自主持，但其地位不如进士科。科举实行统一考试，命题和考录均由朝廷决定，这样，选官权就掌控在中央政府手中。

科举的地位在宋代受到“崇文抑武”政策的影响，水涨船高，各项制度也愈加完善。科举录取人数、待遇远远超过唐代。元代在灭南宋后的将近 40 年间由于文化差异和政治因素，中止了科举。到仁宗皇庆二年（公元 1313 年），随着政权巩固，人才急需，科举考试恢复了。元代由于存在民族地位差异和文化差异，科举分两榜录取，蒙古人、色目人为“右榜”，汉人、南人居“左榜”。右榜试两场，而左榜试三场，左榜的录取率低于右榜。由此可见，元代科举中存在着民族歧视的问题。

明朝选拔人才的制度原来主要有两种：荐举和科举。荐举的科目有聪明正直、贤良方正、孝悌力田、儒士、孝廉、秀才、人才等。然而，自建文、永乐以后，科举日重，荐举日轻，士人都以科举登进为荣，而荐举则名存实亡。科举日益成为明朝最重要的选士制度。明朝开科取士始于洪武三年（公元 1370 年）。明朝的科举基本为三级考试：乡试、会试、殿试。乡试每逢农历子、卯、午、酉年秋八月在各省城举行，皇帝也可以在非常科年份决定开乡试，称为恩科。乡试的考场称为贡院。考生为本省各府州县学的生员，俗称秀才。考中者称为举人，即获得本省推举进京参加会试的资格。会试于第二年春二月在京城贡院举行，考中者已是实际上的进士，立即准备参加殿试。殿试是最高一级的考试，由皇帝亲自主持，殿试阶段一般不筛选，只是为进士排定名次。殿试放榜后，皇帝会在礼部举行恩荣宴招待进士，并授予他们不同的官职。

明朝科举制度较之前代有所发展，其中之一是选庶吉士，即点翰林。它始于洪武十八年（公元1385年）。凡进士观政于翰林院、承敕监等衙门者，均称庶吉士。至永乐二年（公元1404年），规定庶吉士专属翰林院，经过三年的培养而后正式步入仕途。明朝中期有所谓“非进士不入翰林，非翰林不入内阁”的情况，足见科举考试对于文人的仕途、对于朝廷的政治格局影响之大。

明朝科举除考试体制发生变化外，考试内容、形式也有了一定的改变。虽然考试仍以“四书”“五经”和理学家的解说为主，但从明代中叶起就要求这些阐发经义的文章必须采取“八股”的形式。八股文也叫“时文”或“制艺”，每篇由破题、承题、起讲、入手、起股、中股、后股、束股八个部分组成。

清朝的科举制度从体制、形式和内容方面沿袭明朝。在清代，科举制度的种种弊端、腐败也达到了积重难返的地步，严重滞后于社会发展的需要。鸦片战争后，民族危机和清王朝统治危机日益加深，旧式科举出身的士大夫在知识和能力方面都应付不了国难当头的局面。科举制度把持着人才的选拔和任用，成为新式学校教育发展的主要障碍，到新的学制建立起来后更是如此。1905年，张之洞等联名上书，指出科举一日不停，学堂绝无大兴之望，要求立即废除科举，清政府批准了这一建议，于是历时1 300年之久的科举制度终于进入了历史的博物馆。

**江南贡院——中国最大的科举考场**

科举制作为中国古代特有的官员选拔制度，是“学而优则仕”在制度上的保障，是封建荐才选官制度的重大进步，它有利于人才辈出和政局稳定，也确有客观公正的制度特点，从而大大激起了士人学习的积极性，促进了教育事业的发展和兴盛。但同时它也使教育成为科举的附庸，构成典型的应试教育模式，学用不一致的矛盾也十分突出，带来严重的消极影响。后人对于科举制的评价极高，它开创了人才教育的评价、选拔的新纪元，并以其鲜明的特点、强大的生命力和作用力对中国和人类社会的发展产生了极为深远的影响。

# 第二节 中国古代教育思想及其特征

教育是人类特有的一种社会实践活动。人们在从事教育的过程中，对教育现象的各种认识，无论是零散的、不系统的、肤浅的、即兴而发的议论，还是全面的、系统的、深刻的、结构严谨的理论学说，都属于教育思想的范畴。

## 一、教育的作用

教育的作用体现在教育的社会作用和教育对人的发展的作用两个方面。

中国古代教育家普遍重视教育的社会作用。教育是民族振兴、社会进步的重要基石，是功在当代、利在千秋的德政工程。孔子高度评价了教育的社会作用，他认为教育是立国之基、为政之本。孔子强调通过教育取得民众的信任，使民众有坚定的信念和信心，这才是立国的根本。他认为通过教育传播道德伦理比国家的政令、刑法更为重要和有效，“为政以德”，只有实施良好的教育，才能真正实现“德治”的社会理想。孔子认为“庶”“富”“教”是治国的三个基本条件，即要治理好一个国家，要有众多的人口、发达的经济，还要加强教育工作。孔子是最早从教育与政治、经济的关系角度来论述教育作用的教育家。儒家学说以及在此基础上发展起来的儒家思想，同中华民族形成和发展过程中所产生的其他思想文化一道，记载了中华民族自古以来在建设家园的奋斗中开展的精神活动、进行的理性思维、创造的文化成果，反映了中华民族的精神追求，是中华民族生生不息、发展壮大的重要滋养。① 孟子从“仁政”的观点出发，强调教育的社会作用是“行仁政”“得民心”。中国最早的教育学专著《学记》（约公元前 221—公元前 206 年）开篇就揭示了教育的重要性，提出了“化民成俗，必由其学”“建国君民，教学为先”的主张，认为要把教育放在建立国家、教化人民的优先地位进行发展，这是对教育的社会作用的经典性总结。统治阶层大都非常重视教育对于治国安民的重要作用。明太祖朱元璋以一个农民起义领袖和杰出政治家的身份登上历史舞台后，从历史的经验教训和亲身

---

① 从延续民族文化血脉中开拓前进 推进各种文明交流交融互学互鉴．(2014-09-25)[2024-04-23]．http：//politics．people．com．cn/n/2014/0925/c1024－25729174．html．

实践出发，认为“治国以教化为先，教化以学校为本”，广设学校，重视科举，培育和选拔人才。正是由于明初统治者认识到了教育的社会作用，因而明朝教育事业的普及程度超过了历史上任何一个朝代。

对于教育对人的发展的作用，古代教育家往往是通过人性与教育的关系的视角来探讨的。孔子指出：“性相近也，习相远也。”人的先天禀赋是很接近的，后来之所以有较大的差别，是环境和教育的结果，他充分肯定了教育在人的发展中的决定性作用。被后人尊为“亚圣”的孟子提出了“性善论”，认为人性生来就是善的，有不学而能的“良能”和不虑而知的“良知”，人人都先天具有仁、义、礼、智四个“善端”。这四个善端是每个人与生俱来的，因而从理论上讲，人人皆可为尧舜。荀子学说中最突出的是“性恶论”。荀子认为人的本性是恶的，而人的善德是后天习得的。荀子从性恶论出发，高度重视教育对个人发展的作用。他认为教育在人的发展中起着“化性起伪”的作用，他指出凡人都可以通过“化性起伪”改变自己的恶性，化恶为善，成为君子，甚至成为像禹那样的高尚人物。因此他给教育的定义是：“以善先人者，谓之教。”教育使人“博学，积善而化性”。这一教育定义赋予了教育目的性、主动性和社会性，在一定程度上揭示了教育的社会职能。“性善论”和“性恶论”看似相互对立，实则殊途同归，两种观点分别从两个极端证明了教育对人的发展的决定作用。前者侧重强调教育的可能性，而后者侧重强调教育的必要性。

西汉著名的哲学家、教育家董仲舒有“汉代孔子”之称。汉武帝采纳董仲舒的“天人三策”，即独尊儒术、兴建太学和改革官制，特别是在文化政策上“罢黜百家，独尊儒术”后，儒学成为封建社会的正统思想。董仲舒总结了孟、荀两人关于人性善恶的争论，认为人性只是“天”创造人类时赋予的一种先验的素质，存在善恶两种可能性，只有通过教育才能使它进而为善。他提出“性三品说”，即把人性分为“圣人之性”“中民之性”“斗筲之性”三个等级。圣人之性是绝对的善，无须教化；斗筲之性为天生恶性，难以教化；中民之性为“有善质而未能善”，只有通过王者教化方可成善。因此，教育对绝大多数具有“中民之性”的人的发展具有决定性的作用，他们是教育的主要对象。

中国古代唯物主义哲学家对这一问题的认识，肯定了教育对人的发展的决定作用，作为一脉相承的思想，充满了唯物辩证色彩。东汉哲学家王充所处的时代正是封建统治者把孔孟思想作为正统思想的时代，而他反对把儒家学说当成千古不变的教条。北宋唯物主义哲学家和教育家张载提出过一个著名的命题：“圣人可以学而至。”他把人性分成“天地之性”和“气质之性”两个层次。凡人同圣人一样，都具有“天地之性”；要想成为圣人，也没有什么神奇的奥秘，关键就在于改变“气质之性”，也就是克服后天的缺陷，这就要靠教育，靠学习，即“学即能移”。王夫之指出：“性者，生也，日生而日成之也”（《尚书引义》卷三），明确提出性不是天生的，而是在后天不断的生长变化过程中逐渐形成的，因此教育或使人继善成性，或使人改恶为善。戴震是中国18世纪早期启蒙思想家中的重要代表人物，他的教育思想是对传统的继承和发展，并以独到的见解形成了富有特色的教育思想体系。戴震认为教育的作用主要表现在两个方面：一是化愚为智，二是去私解蔽。他否认人性有先天的善恶，认为智愚的差异乃是后天学习和教育的结果。他反对理学家把“天理”和“人欲”对立起来，谴责“存天理，灭人欲”的说法是“以理杀人”，是阻碍人性发展的，但他也反对个人欲望无限制的扩张，因此又提出了“去私”，即合理地节制欲望的主张，并将此看作教育的一个重要的作用。

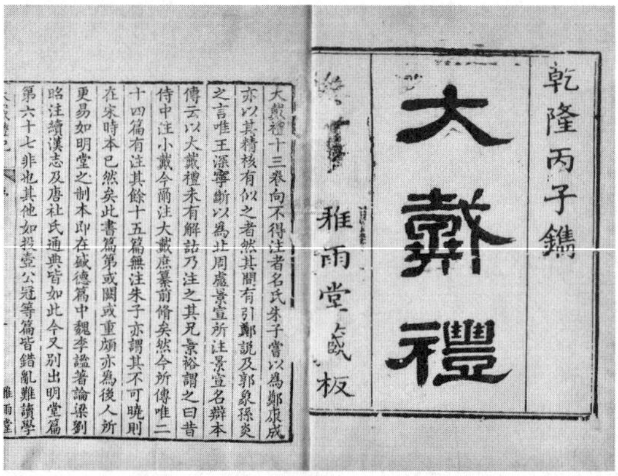


《大戴礼》

把培养治国人才放在教育的第一位，把道德教育放在培养治国人才的第一位，把个人修养放在道德教育的第一位，这是中国古代教育的优良传统。这一传统表明教育的社会作用和对人的发展的作用犹如鸟之两翼，是须臾不可忽视的，这影响了整个古代社会的发展，成为主要的思想潮流；也是具有理论基础的，儒家典籍《礼记》中的《大学》篇提出教育的八条目是“格物”“致知”“诚意”“正心”“修身”“齐家”“治国”“平天下”。这一论述说明了儒家关于教育的过程和步骤，也清楚地表明了儒家对教育（道德教育）作用的看法，通过格物、致知达到诚意、正心，从而形成完善的人格，这是教育对个人发展所起的作用。在此基础上，每个人都为积极促进家庭和谐、国家繁荣而做出贡献，即所谓齐家治国，这是教育对社会发展所起的作用。需要指出的是，儒家传统文化中的个人发展不是只强调“自我”而不顾他人的极端个人主义发展，而是“已欲立而立人，已欲达而达人”，目的是形成完善人格，使群体和谐一致。

## 二、教育的目的

教育的目的是指人们在进行教育活动之前，对教育结果的一种设计和预想，它包括两个方面的内容：一是将受教育者培养成为哪个社会所需要的人；二是根据特定的社会的要求，使受教育者具备怎样的素质，即知识、智能、品德、体质等身心素质达到什么样的规格标准。习近平总书记强调：我们建设教育强国的目的，就是培养一代又一代德智体美劳全面发展的社会主义建设者和接班人。[①]

中国古代教育家在这个问题的认识上也提出了不少独到的见解。孔子力求通过教育培养德才兼备的士、君和成人，达到改良社会政治的目的，子夏提出的“仕而优则学，学而优则仕”比较准确地概括了孔子关于教育目的的主张。孟子明确提出，教育的目的在于“明人伦”，以伦理道德教育为主体，做到“父子有亲，君臣有义，夫妇有别，长幼有序，朋友有信”。

荀子为适应战国后期社会形势发展的需要，提出了“始乎为士，终乎为圣人”的培养目标。他把教育培养目标分为“士”“君子”“圣人”三个层次。其中“士”从事具体事务，要德才兼备；“君子”最主要的是“笃志而体”，坚固其志，身体力行；“圣人”是最高的智者，博大精深，无所不明，“故学者，固学为圣人也”。在荀子看来，教育的目的是培养由士到圣人等各种治术之才，而教育的内容就要以《诗》《书》《礼》《乐》《春秋》为主体，各门课程对人的培养作用及其社会作用各不相同。汉代的董仲舒、宋代的朱熹都继承了孔孟思想，强调教育的目的在于“明人伦”“修己治人”和“修己以安人”。与儒家正统思想不同的一批教育家，如墨子，提倡教育的目的在于培养“兼士”或“贤士”，具体标准是“厚乎德性”“辨乎德行”“博乎道术”，他把这种德才兼备的贤人看作国家的珍宝、社稷的梁柱。法家思想的集大成者韩非子在教育的培养目标上从推行封建“法治”的需要出发，反对“所养非所用，所用非所养”，强调教育要培养“智术之士”“能法之士”“耿介之士”。东汉时期著名的教育家王充把“鸿儒”视为最理想的培养对象，因为这种人富于独立思考能力和创造精神，是有益于国家和百姓的人。封建社会后期一批反理学的教育家都主张教育要培养有实学、理实事、善实行的“经世致用”的人才，认为“有人才则有政事，有政事则有太平”。

纵观中国古代社会，居正统地位的儒家和非正统地位的其他各家关于教育目的的主张虽有不同，但也有不少相同的地方，其主要共同点在于教育必须以培养“治术人才”为主旨，而“治术人才”的培养要从“修己”的功夫和“治人”的本领两个方面同时加以提高。

## 三、道德教育的理论和原则

“人无德不立，品德是为人之本。止于至善，是中华民族始终不变的人格

① 习近平．扎实推动教育强国建设．求是，2023（18）．

追求。”[①] 道德教育既是教育目的理论的延伸，也是我国教育的重要内容，在我国教育中具有独特的地位和价值。

从儒、道、墨三大学派到唐宋明清等时期的教育家、思想家都把道德教育放在首位，希望能通过教育来传播伦理道德，并且把道德教育的成败与国家政治能否稳定强盛联系在一起。韩愈主张人们接受教育，学好仁义道德。宋代理学家朱熹更是提出：“德行之于人大矣……士诚知用力于此，则不唯可以修身，而推之可以治人，又可以及夫天下国家。故古之教者，莫不以是为先。”（《学校贡举私议》）明朝中叶著名教育家王守仁、清初思想家王夫之等都继承发展了儒家重视道德修养的传统，把道德教育与修养放在学校教育工作的首要位置。

在中国古代教育家看来，之所以要将道德教育放在首位，是由道德教育的作用决定的。道德教育可以使社会安定，社稷长存，秩序井然，保持稳定，使普通百姓“安分”“守己”，使统治者“修己”“正己”。“自天子以至于庶人，一是皆以修身为本。”（《礼记》）

孔子为道德教育的内容奠定了基础。他主张以“礼”为道德规范，以“仁”为最高道德准则，凡符合“礼”的道德行为，都要以“仁”的精神为指导，因此，“礼”与“仁”成为道德教育的主要内容。“礼”可以防止社会动乱不安，是维护统治秩序的重要工具。孔子说：“安上治民，莫善于礼。”（《礼记·经解》）为了使人都知道遵守“礼”的规范，他要求学生学“礼”，“不学礼，无以立”（《论语·季氏》）。“仁”是孔子学说的中心思想，在《论语》中“仁”字出现了109次。“仁”的道德品质是君子的重要条件，他说：“君子去仁，恶乎成名？君子无终食之间违仁，造次必于是，颠沛必于是。”（《论语·里仁》）以仁的精神面对不同的伦理关系，其中产生的最重要的道德规范是“忠”和“孝”，以便维护家长地位，巩固家法制度。除此之外还有“敬”“慈”“恕”“信”“义”等内容，孔子还提出了“温”“良”“恭”“俭”“让”等个人行为和修养的标准。

孔子总结了一些进行道德修养的基本原则，包括以下几个方面。

（1）立志。“为学须先立志。志既立，则学问可次第着力。立志不定，终不济事。”孔子在教育中引导学生坚持志向，他说：“三军可夺帅也，匹夫不可夺志也。”（《论语·子罕》）这表明志向的确立和坚持取决于个人的信仰和自觉努力。“士志于道，而耻恶衣恶食者，未足与议也。”（《论语·里仁》）

（2）克己。孔子要求学生约束和克制自己的言行，使之符合“礼”“仁”的规范。他说：“君子求诸己，小人求诸人。”（《论语·卫灵公》）遇事先反躬自问，随时检查自己的言行是否符合道德规范。

---

① 习近平：在纪念五四运动100周年大会上的讲话.（2019-05-01）[2024-04-23]. http://www.cppcc.gov.cn/zxww/2019/05/05/ARTI1557016321198122.shtml.

（3）力行。孔子提倡“力行”，要求言行一致，“言必信，行必果”（《论语·子路》），道德认识的真假、深浅，依靠道德实践的检验而得到证实。

（4）中庸。孔子认为待人处事都要中庸，防止偏向，一切行为都要中道而行。中庸作为一种至善的道德品质，是有修养的君子才具有的：“君子中庸，小人反中庸。君子之中庸也，君子而时中；小人之中庸也，小人而无忌惮也。”（《礼记·中庸》）

（5）内省。孔子认为道德认识或实践，都需要有主观积极的思想活动，是所谓内省。内省并没有复杂的条件，随时都可以进行，所谓“见贤思齐焉，见不贤而内自省也”（《论语·里仁》）。

（6）改过。孔子认为现实中不存在不犯过错的圣人。人非圣人，即使是君子，要一贯正确也是不可能的，加强道德修养正是为了减少错误。他提出“过则勿惮改”（《论语·学而》），鼓励学生勇于改正错误，“迁而不改，是为过矣”（《论语·述而》）。

墨子以“一同天下之父”作为道德教育的中心，以“兼爱”作为道德教育的基本内容。墨子主张教育要培养“兼士”，其主要品德是“兼爱”，即能毫无区别地爱一切人。作为“兼士”，必须具备三个条件：“厚乎德行，辩乎言谈，博乎道述。”（《墨子·尚贤上》）即道德的要求、思辨的要求、知识的要求。知识技能是为了使兼士具有兴利除害的实际能力，思辨要求是为了“上说下教”，去向社会推行其“兼爱”的主张。

孟子着重发展了孔子的“仁”和“义”的道德教育内容，将之概括为仁、义、礼、智、信，强调发扬恻隐、羞恶、恭敬、是非之心。在道德教育实践上，他提出了扶志养气、动心思性、存心养性、反求诸已的基本原则和方法。作为先秦思想的集大成者，孟子对中国古文化的继承产生过重大影响，他着重发展了孔子关于“礼”的内容，主张以礼义和礼法作为道德教育的中心内容。荀子曾访问秦国，认为秦国缺少的不是武力，而是礼义教化，曾建议秦国“力术止，义术行”（《荀子·强国》）。

汉代董仲舒把儒家传统伦理道德观念推上巅峰。在董仲舒的教育思想中，道德教育是核心。“三纲五常”是董仲舒伦理思想体系的核心，也是其道德教育的基本内容。所谓“王者三纲”，即“君为臣纲，父为子纲，夫为妻纲”，是董仲舒从孟子倡导的“五伦”中酌取前三伦改造而成的，并用“天人感应”“阳尊阴卑”的理论进行系统论证，使之在教育和伦理实践中产生深刻的影响。与“三纲”相配合的“五常”是仁、义、礼、智、信。董仲舒从封建统治的需要出发，为了培养封建统治阶级的忠臣顺民，改造先秦儒家思想，把“三纲五常”及与其相应的忠、孝等封建道德说成是上天赋予的，是违背不了的，强化了被统治者绝对服从统治者的义务。董仲舒的这一理论被后世称为“名教”，成为两千多年来中国封建社会道德教育的中心内容。它代表了全部封建宗法的思想和制度，是束缚中国人民的极大的绳索。

中国古代教育家所提出的道德教育内容具有双重性：既存在直接维护剥削阶级利益的明显阶级性的内容，符合当时现实政治的需要，压抑人性的自由发展，规范和强化了统治秩序；也有符合劳动人民要求的广泛的社会性内容，反映了人类社会的共同生活准则和本民族的道德传统，体现了道德教育中某些规律性的特点，至今仍有可借鉴之处。即使是同一道德内容，也有双重性，如“忠”，既可以体现为维护皇权的“忠心”，也可体现为人与人之间的“忠信”，而“忠信”对任何阶级和社会来说都是必要的。

董仲舒

## 四、教育原则和方法

重教尚学是中华民族世代传承的优良传统，是中华民族生生不息的内在动力。①在中国古代教育思想史中，教育家们从实践出发，提出了许多有价值的教育原则和方法，这是具有恒久价值的。这些原则和方法是中国传统文化的思想精华，也是对全人类思想文化的卓越贡献。

### （一）因材施教

“因材施教”是公认的优秀传统教学方法之一。“教育要注重以人为本、因材施教，注重学用相长、知行合一。”② 孔子在教育实践的基础上创造了因材施教的方法，并将它作为一个教育原则贯彻于日常的教育工作之中，取得了成效，他是我国历史上首倡因材施教的教育家。孔子通过“听其言而观其行”（《论语·公冶长》），“退而省其私”（《论语·为政》），“视其所以，观其所由，察其所安”（《论语·为政》），全面了解学生的个性特点和实际情况，有目的、有意识地进行教育，培养了一批有才干的人。孟子传承发展了孔子的思想，强调采用灵活多样的教学方法，提出“君子之所以教者五，有如时雨化之者，有成德者，有达财者，有答问者，有私淑艾者，此五者，君子之所以教也”（《孟子·尽心上》），“教亦多术矣，予不屑之教诲也者，是亦教诲之而已矣”（《孟子·告子下》）。对学生教法很多，要因人而异。朱熹把这一教学经验概括为：“圣贤施教，各因其材。”（《四书集注》）教学亦与治病一样，要因人施教。

王守仁有鉴于儿童教育中的问题提出教育应适应儿童的身心发展特点，尤其要

① 习近平．扎实推动教育强国建设．求是，2023（18）．

② 习近平在北京市八一学校考察时强调 全面贯彻落实党的教育方针 努力把我国基础教育越办越好．(2016-09-09)[2024-04-23]. https：//www.gov.cn/guowuyuan/2016-09/09/content_5107047.htm.

根据儿童“乐嬉游而惮拘检”（《王文成公全书》卷二《训蒙大意示教读刘伯颂等》）的特点，顺应其性格，激发其兴趣。

总之，古代教育家认为学生的资质是不同的，教学应注意各人长短优劣的特点，发展每个学生的个性，反对用一个模式去束缚学生。

### （二）循序渐进

善于依据教学内容的客观顺序和学生的承受能力有步骤、有层次地引导学生学习，这就是中国古代教育家所普遍倡导的循序渐进原则。

孟子透彻地论述了循序渐进的道理。他认为教学是一个自然发展的过程，不可松懈或间断，但也不应流于急躁或躐等。孟子以宋人“拔苗助长”为例，告诫人们在教育上不要干那种违背事物规律的蠢事。他还拿流水做比喻，认为学习像流水一样，“盈科而后进”（《孟子·离娄下》），等后面的水灌满了坑，继续向前奔流，否则就会“其进锐者，其退速”（《孟子·尽心上》）。

继《学记》中提出“学不躐等”思想之后，王守仁、张载、朱熹也分别对之予以重视和强调，认为施教和学习应当像上台阶一样，不可超越。

总之，中国古代教育家已充分认识到，知识的积累和智力的增长都是一个循序渐进的过程，强调教学要注意阶段性和节奏感，要顺其自然，这是符合客观规律的。

### （三）由博返约

由博返约指做学问人广博出发，继而务精深，最终达到简约，这是中国古代教育家共同提倡的一个主要教学原则，其主要内容包括广与专、博与约不可偏废等，由博返约，以约驭博，教学效果才可以显著提高。孔孟认为学习深造，不仅要博学，还要善于“由博返约”。荀子重视博学，同时也主张深思，要求“思索熟察”，“兼陈中衡”（《荀子·解蔽》），他认为缺乏广博，就失去了专精的基础，而缺乏专精，就会杂乱无章，一无所得。韩愈在《进学解》中提倡“贪多务得，细大不捐”，“俱收并蓄，待用无遗”，同时强调精约，要求“提其要”“钩其玄”，只有这样，才可达到“沉浸浓郁，含英咀华”的效果。王夫之关于博与约的关系的看法充满了朴素辩证法的色彩，“学非有碍于思，而学愈博则思愈远；思正有功于学，而思之困则学必勤”（《四书训义》卷六），表达更全面、精练，综合了历代学者关于博约关系的论述。

“由博返约，以简驭繁”要求我们根据一定的原则去归纳、简约或精要各种知识成果，得出简明扼要的结论，这是一种重要的思维方法和学习方法，是古代教育思想宝库的重要组成部分。

## (四) 学思并重

中国古代教育家多主张学思并重，把二者完美结合起来。孔子说：“学而不思则罔，思而不学则殆。”（《论语・为政》）他强调必须在学习的基础上思考。《礼记・中庸》把孔子这一思想发展为“博学之，审问之，慎思之，明辨之，笃行之”五个步骤。既肯定了学思并重，又强调了思维的重要性。荀子继承了孔子这一思想，强调多见广识，重视深思，他说：“吾尝终日而思矣，不如须臾之所学也。”（《荀子・劝学》）并要求在学习的基础上“思索以通之”（《荀子・劝学》），即通过思维活动把所学的知识融会贯通。

后世的教育家一致赞同、遵循和发展了孔子学思并重的教育原则。王充认为要使经验知识转化为分析解决问题的能力，少不了理性的思考，强调“以心原物”，“是非者，不徒耳目，必开心意”（《论衡・薄葬》）。朱熹对思考同学习一样重视，他所提出的“六条读书法”中，有三条（即“熟读精思”“虚心涵泳”“切己体察”）都是强调思考的。王夫之从学习和思考互相促进的角度，张载从学习和疑惑的关系的角度分别发展了学思并重的原则，进而认为师生之间展开辩论是促进思维进步的有效措施，教师也会在学生的启发下推陈出新，达到教学相长的境界。

总之，学思并重的全部内容就是：在学习的基础上思考，在思考的统率下学习，以论辩问难来促进学习，以生疑解惑来加强思考。这些都是中国古代教育家在长期的教育和治学实践中对学思关系辩证法的深切体验和精辟总结。

## (五) 启发诱导

中国古代教育家特别重视通过启发诱导去开发每一个学生的智力潜能。他们很早就认识到教学是师生的双向活动，掌握知识应该是一个主动探索的过程，教师在教学中能否充分调动学生的积极性是教学效果好坏的关键。

孔子最早提出并实行了启发式教学。他说：“不愤不启，不悱不发，举一隅不以三隅反，则不复也。”（《论语・述而》）朱熹对这句话进行了解释：“愤者，心求通而未得之意。悱者，口欲言而未能之貌。启，谓开其意。发，谓达其辞。”（《四书集注》）儒家要求在教学中必须让学生认真思考，举一反三，适时进行启发和开导，以达到良好的教学效果。

孟子也有一句名言：“君子引而不发，跃如也。”（《孟子・尽心上》）他认为教师在教学中为了培养学生深造自得的兴趣和能力，应该对学生进行启发和诱导，激发学生有进无退的学习积极性。《学记》对孔孟的启发式教学做了完善和发挥，强调要善于启发：“道而弗牵，强而弗抑，开而弗达。道而弗牵则和，强而弗抑则易，开而弗达则思。”也就是说，教育学生要进行引导而不是牵着学生走，要勉励而不是强制使之顺从，要启发而不是简单告知现成结论。

除此之外，中国古代教育家为教育概括出来的原则和方法还有立志乐道、身体力行、自省自克、改过迁善、以预为先、潜移默化、及时而教、躬行实践、诚实谦虚、传承创造等，所有这些原则和方法都是中国古代教育家的经验总结和智慧结晶，对今天的教育实践仍有着重要的借鉴和指导意义。

中国古代教育家群体还提出了许多重要的教育思想，如孔子提出的以《诗》《书》《礼》《易》《乐》《春秋》等为主要内容的教育模式，墨子提出的主动、创造、实践、量力的教育方法，商鞅首倡、韩非提出的“以法为教，以吏为师”的法治教育思想。贾谊（公元前200—前168年）主张胎儿是生命的起点，教育应从胎教开始。颜之推（公元531—约595年）针对南北朝时期士族地主教育的没落状况，提出了改良业已衰微的士大夫教育的重要主张。

韩愈认为教师的任务是：“师者，所以传道、授业、解惑也。”（《师说》）柳宗元（公元773—819年）从自己的切身体验出发，认识到教师在教学过程中的重要作用：“不师如之何，吾何以成?”（《柳宗元集·师友箴》）王廷相（公元1474—1544年）主张“真知”来自实践：“讲得一事即行一事，行得一事即知一事，所谓真知矣。”（《家藏集·与薛君采二首之二》）黄宗羲对中国古代教育理论的独特贡献是，他认为学校不应仅培养人才、改进社会风俗，还应议论国家政事，“公其非是于学校”（《明夷待访录·学校篇》），这闪烁着民主思想的光辉。

习近平总书记在《致全国优秀教师代表的信》中提到，“教师群体中涌现出一批教育家和优秀教师，他们具有心有大我、至诚报国的理想信念，言为士则、行为世范的道德情操，启智润心、因材施教的育人智慧，勤学笃行、求是创新的躬耕态度，乐教爱生、甘于奉献的仁爱之心，胸怀天下、以文化人的弘道追求，展现了中国特有的教育家精神。”从古至今，中国教育家们的思想代表着教育实践与教育思想发展的不同阶段，为中国传统文化的构成做出了历史性的贡献。

## 五、中国古代教育思想特征

中国古代的教育思想大致具备以下特征。

### （一）人文性

中国古代教育注重教给人智慧与德行，而不是单纯的知识。尤其强调道德教育与德性培养，注重气节、操守、立志、境界，把个人责任与社会责任结合起来，这对后世的影响力是不可低估的。

## （二）综合性

中国古代教育家把教育问题放到整个社会大系统中去考察和解决，以促进整个社会的进步和发展。从教育的社会作用来看，他们大都强调，许多教育问题实际上是社会问题，要认识到教育作为子系统对治国安邦的巩固作用。

## （三）内省性

中国古代教育思想强调人心中具有一种价值自觉的能力，自省、自反、慎独，自我修养、完善，从而求得在社会秩序中的和谐，重视启发内心的感悟，相信个人主体内在的强大力量。这是一个非常重要的特征。

## （四）辩证性

中国古代教育家在道德与知识的关系、教与学、师与生、博与约、学与思的关系等重大问题上，强调要认识到矛盾双方的对立统一，巩固发扬积极因素，克服消极因素，抓住转化时机，达到教育的最佳效果。这些深刻的辩证观点充满了东方智慧，是中国乃至世界教育思想中的奇葩。

### 思考题

1. 中国古代的学校教育制度和人才选拔制度主要有哪些？
2. 中国古代教育的原则与方法主要有哪些？
3. 中国古代教育思想的特征是什么？
4. 书院在“传承中华优秀传统文化”中起到了什么作用？
5. 在当代我国崇尚五育并举，德育为什么处于首位？
6. 为什么修身齐家在当代仍对人格实践有重要意义？

### 扩展阅读


1. 孙培青．中国教育史．4 版．上海：华东师范大学出版社，2019.
2. 高时良．中国古代教育史纲．3 版．北京：人民教育出版社，2003.
3. 曲铁华．中国教育发展史纲．长春：东北师范大学出版社，2006.
4. 张传燧．中国教育史．北京：高等教育出版社，2010.
5. 赵国权．中国教育史．郑州：河南大学出版社，2015.
6. 孙培青．中国教育简史．北京：中国人民大学出版社，2021.

# 第十一章

# 中西文化比较

**【本章要点】**

1. 中西文化特质的综合比较。
2. 中西文化现象的分类比较。
3. 中西文化基本理念的异同。

文化作为人类社会的产物，涵盖了人类有史以来所进行的全部社会活动及成果，构成了人类特有的具有多层次结构和多方面内容的动态有机系统。文化在遵循自身规律不断演进的过程中，逐步积累并形成了特定的民族文化传统，赋予了不同民族、不同地域的文化以不同的特质。中国传统文化和西方文化是世界文化大系统中最具有代表性和主导性的两种不同的文化体系。

中国文化系统在发展过程中多次与异质文化交汇，或以外来文化作为补充，或以外来文化作为复壮剂，使整个机体始终保持旺盛的生命力，并保持文化传统的连续性。从 15 世纪地理大发现起，中西文化多次交汇，甚或发生文化冲突，在 16 世纪之后引起了国内外学者对中西文化比较自觉的关注以至文化论争。可以说，19—20 世纪的中国文化研究是围绕“全盘西化”“西体中用”“西体中源”和“儒学复兴”等命题展开的，知识分子对中西文化进行了深入而广泛的探究，从中也体现出中国文化人渴望民族复兴的强烈愿望和对民族文化反思的自觉意识。

民族文化本身的特征及其内在的多元结构，呈现出复杂的多变性，而主流文化与亚文化、民族文化与异质文化等多元文化的碰撞、冲突和交汇，更增添了文化比较的复杂性。要找出中西文化的“同中有异”或者“异中有同”，从体验的角度都有话可说，可要真正全面、理性、思辨地把握其本质并非一件易事，甚或会走入一个扑朔迷离的迷宫。

但是，文化比较本身并非要以己之长比人之短，或以己之短比人之长，以得出孰优孰劣的简单结论，而是要立足于世界和历史环境的大视野，发现和认知不同文化内在结构的相同性与独特性，以理性的态度审视和关注不同文化的交融、碰撞与文明借鉴，通过对话、交流与发展来促进民族文化的时代更新，营造富有时代精神的人类先进文化的大家园。

## 第一节 中西文化之特质

不同的生存环境在给不同民族带来相互不同的生产形式和与之相适应的经济模式的同时，也产生了富有民族特色的原初的生活方式与社会结构，进而影响到文化的深层结构和民族心理。民族文化的特质是由自然、社会和民族心理三重对象关系的特点所决定的，而与自然做物质交换的特殊方式又在其中起着基础性和决定性的作用。其中，历史地理环境对文化具有潜在的重要影响。黑格尔曾在《历史哲学》中指出：“助成民族精神的产生的那种自然的联系，就是地理的基础。”①

李大钊也在《东西文明根本之异点》一文中将东方文明与西方文明分别归结为“南道文明”与“北道文明”，认为“南道得太阳之恩惠多，受自然之赐予厚，故其文明为与自然和解与同类和解之文明。北道得太阳之恩惠少，受自然之赐予啬，故其文明为与自然奋斗与同类奋斗之文明”②。

从历史地理环境看，中国传统文化产生并成熟于相对隔绝的东亚大陆。中国属于一个典型的陆海兼备的国家，疆域辽阔，地形复杂，地理位置比较优越，大部分地区，尤其是华夏文明的发祥地——黄河流域，处于中纬度，季风气候发达，气候温和，雨量充足，土地肥沃，河流众多，为农业生产提供了良好的自然条件。这样的自然环境非常适宜农业的发展。因此，从殷商时期起，中国便成为世界上最古老的农业发源地之一，形成了自给自足的农耕自然经济，一直延续到20世纪。在这漫长的历史长河中，“自给自足的自然经济占主要地位。农民不但生产自己需要的农产品，而且生产自己需要的大部分手工业产品。地主和贵族对于从农民剥削来的地租，也主要是自己享用，而不是用于交换。那时虽有交换的发展，但是在整个经济中不起决定的作用”③。农耕自然经济要求生产者必须与土地紧密结合，才能实现经济的发展，一切生产都是为了满足生产者自身和家庭物质生活的需要，而不是为了物质交换或者积累财富。生产者“日出而作，日落而息”，常年固守于土地，世世代代生于斯长于斯，加之统治阶级长期以来坚持的重农固本思想和政策与之相辅相成，限制老百姓从事海上贸易，致使海外贸易发展迟缓，也导致了老百姓普遍缺乏开拓冒险精神。

古代的农业生产比较落后，个体小生产者势单力薄，经不起风吹雨打，要更多地依靠群体力量才能从事大规模的生产建设活动，因而重视集体利益和团结协作便成为人们普遍的文化观念。农业发展需要居住相对稳定，从而逐步形成以血缘关系为纽带的长期聚族而居的关系，最终形成了牢固的宗法制度。国家大一统形成后，历代统治阶级为了发展生产力而努力增加人口，扩大土地面积，而农业收成又与农民的劳动成正比，因而农民逐渐养成注重实际的文化精神和稳定、包容、求和的心态。小农业与家庭手工业相结合的一家一户为一个基本的生产与消费单位，男耕女织，分工明确，自给自足的自然经济便演变为中国传统文化赖以生存和发展的经济基础，形成了封闭自足、以家庭为单位、以群体利益为中心的特征。这种经济模式和传统思想在一定历史时期内保证了中国经济的持续发展，保证了供养规模相对庞

---

① 黑格尔．历史哲学．北京：三联书店，1956：123.

② 张岱年，程宜山．中国文化与文化论争．北京：中国人民大学出版社，1990：25.

③ 毛泽东选集：第2卷．2版．北京：人民出版社，1991：623－624.

大的人口，形成了灿烂的中华古代文明。历史上中国西北部有许多游牧民族多次侵入中原，但由于经济文化远远落后于中原的农耕文明，都未能替代农耕文明。

总之，由于高山、大漠与海洋的天然阻隔，在一个相当漫长的历史时期，中国与世界其他文明的交流保持着极为有限的规模和范围，促成了中国传统文化的稳定性，也造成了中国传统文化的相对独立和封闭。经济基础决定上层建筑。长期以来居于主导地位的农耕自然经济的性质和特点决定了中国传统文化的特质。中国传统的生产方式缺乏向外拓展的精神，注重以血缘为纽带的群体生活，讲求行为处事的实际效果，追求天人合一，顺应自然，避免对抗，宽厚包容，自足和谐，这些特质养成了中华民族朴实无华、讲求实在、立身行事不尚空谈的价值观念，同时也造成了中国人偏重实惠和经验主义的消极影响。如此的文化追求，其结果是构建起以“正心、诚意、修身、养性”为内核的伦理道德观念和以家族为本位、以宗法专制制度为特征的社会结构，经世致用成了所有学问的出发点。

西方文化产生的地理历史环境与中国有较大的差异，最基本的区别在于海陆关系。西方文化的源头之一是产生于欧洲地中海意大利半岛的古希腊-罗马文明。半岛三面环海，海岸线长达数万公里，并且曲折而多天然优良港湾，适宜发展海洋贸易和运输。土地面积狭小，平原少，山地丘陵多，海洋性气候明显，不利于农业生产。为了自身的生存与发展，古代欧洲人只能注重利用海洋和港湾的优势，从事海洋贸易和运输等商业活动，商品经济成为古代欧洲经济的基本特征。另外，古希腊-罗马地区东边直接与亚洲接壤，南面与非洲隔海相望，是连接欧亚非三大洲的交通要冲，历史上就不断与亚非各文明交流融合，古代两河流域（幼发拉底河和底格里斯河）和埃及文明都与古希腊-罗马文明有过直接的交流和冲突，特别是起源于古代两河流域的希伯来-基督教文明后来与古希腊-罗马文明相融合，对西方文化产生了深远的影响。

商品生产与交换要互通有无，因此经济便有了开放性和外向性的特点，进而影响到西方文化开放性和外向性基本特征的形成，走上了向外部世界寻求拓展的道路。在充满挑战和冒险的寻求外部世界的过程中，需要时时注意发现和观察自然环境变化规律，充分利用自然条件，因此养成了欧洲人心性豁达的心理和崇尚理性、科学的文化精神，从而奠定了现代自然科学发展的基础。特殊的地理环境导致欧洲多民族、多人种共存的状况，这又决定了民族国家众多，而很难实现整个欧洲在政治上的大一统。但是，基督教在罗马帝国时期的传播和发展直接导致欧洲形成了一个精神信仰的共同体，成为欧洲作为一个文化整体的精神基础。宗教文化所具有的超越性，重精神、轻物质的特性也在一定时期深刻地影响了西方人的思想，成为西方文化一个潜在的文化特性。

此外，以贸易和商品交换为基础的经济模式决定了保证个人有充分的自主自由权利以自由地进行迁徙和贸易，风险性很大的商业活动和海上贸易也锻炼了人们不畏强暴的精神，因此统治者不能过度集中垄断经济与政治权利。“商人不像土地占有者那样被拴在某个固定的地方，他们与其说是本地的公民，不如说是世界的公民。他们经常了解各种新的法律、新的风俗习惯，决不愿接受某种后来使自己变成它们的奴隶的习惯；他们只染上一种习惯——什么习惯也没有。”[①] 见多识广，自然对自由、平等、民主的要求就比较强烈，城邦民主制便最早在古希腊应运而生，从而孕育了西方文化的平等、民主观念，科学与民主也就成为西方文化的基本特质之一。

# 第二节
# 中西文化现象之比较

客观存在的文化现象差异是产生文化比较的逻辑起点。中西文化同属于人类文化的不同类型，自然存在产生发展过程中和文化传统的类似性，也形成了丰富的各有特色的文化现象。

## 一、中西语言文化之比较

作为文明的标志的语言是维系人与世界各种关系的基本纽带，是表达人的思想、情感、意志的主要手段和思维的工具，也是文化发展的主要媒介。语言在人对客观世界以及人自身认识探究的进程中居于核心地位，是民族文化最典型的表征。中西语言的差异主要体现为中国语言重词汇，西方语言重语法，属于两种不同的类型。语言学家徐通锵将中西语言概括为“语义型语言”和“语法型语言”。中国的汉语总体上归属于汉藏语系，是典型的语义型语言；西方语言大多归属于印欧语系，是典型的语法型语言。

### （一）灵活性与规定性

词汇在汉语中的地位十分重要。中国文字是由象形文字发展而来的表意文字，具有书面语和口语同源的特点。“汉语语词单位的大小和性质往往无定规，有常有

① 马克思历史学笔记：第1册．北京：红旗出版社，1992：246.

变，可常可变。语素在意会组合中形成丰富多彩的词汇。词组在铺排包孕中形成千变万化的句子格局。汉语随表情达意的需要穿插开合，随修辞语境增删现隐，体现出强烈的立言造句的主体意识。”① 不同于西方语言，汉语的虚词和实词要担负起结构语言的任务，形成了以词汇为核心，语义、音韵、表达和文化相互交叉渗透，相互并存的状态。音义结合使得汉语具有鲜明的灵活性。词汇在语句中的变化伸缩性明显，一旦位置发生变化会带来相应的意义或者语言环境的变化，语法功能随之弱化。

西方文字则是由字母组成的拼音文字，如果字母分拆则会失去词汇的本来意义，语音直接具有区分意义的作用。因此，与汉语相比，语音在西方语言中的地位十分重要。此外，句子在西语中居于本位，词汇只是构成句法结构的基本单位。一个句子必须有一个主语、一个谓语，相互之间由一致关系予以联系。从构成方式看，汉语属于意合语言，句子的构成主要依据语境等语义因素；而西方语言则属于形合语言，句子的构成主要依据形态规则，对性、数、格、时、态、体、式、人称、语气和语言的结构层次有严格的规定。

## （二）能动性与确定性

汉语在修辞和表达上显得简约、模糊、含蓄，呈现出语言的朦胧美，富有能动性；而西方语言则显得更为周严、精确、直露，呈现出语言的澄明美，具有确定性。《周易》曰：“易简而天下之理得矣。”启功曾谈起汉语简约与英语周严的差异，风趣地说：“（古汉语）句子真是五花八门，没有主语的，没有谓语的，没有宾语的，可谓触目惊心。我回忆小时学英语语法有一条：一个句子如在主语、谓语、宾语三项中缺少任何一项时，这就不算一个完整的句子。我国古代作者怎么作了这么多未完成的句子呢？真不减于小孩唱的一首儿歌：‘两只老虎，两只老虎。跑得快，跑得快。一只没有尾巴，一只没有脑袋。真奇怪，真奇怪。’我努力翻检一些有关讲古代汉语语法修辞的书，得知没有的部分叫作‘省略’，但使我困惑不解的是为什么那么多省略之后的那些‘老虎’还那么欢蹦乱跳地活着？”② 由于汉语属于典型的语义型语言，模糊性就比较明显。

汉语表达时，句子中常常出现省略或者隐含，要理解和体验必须将其置于整个语境中，而在语法型的印欧语系语言中这些不可或缺。同样以汉语和英语的比较为例。如马致远的“枯藤老树昏鸦，小桥流水人家，古道西风瘦马”，在汉语中属于表达精妙之名句，富有意象，句子可以不出现谓语，在英语中则必须具备，否则就不

① 张岱年，方克立．中国文化概论．北京：北京师范大学出版社，1994：139.

② 启功．汉语现象论丛．北京：中华书局，1997：2.

完整。还有白居易的诗句："玉容寂寞泪阑干，梨花一枝春带雨。"它表达的究竟是比喻还是象征，无须指明，英语中则必须加上"like"一类的动词予以明确。同时，汉语属于意合语言，表达具有含蓄的效果；而西方语言属于形合语言，表达效果具有直露的特点。这一差异在诗歌艺术上表现得更为突出，"西洋语言比起汉语来，显得啰唆，用字多。英语比汉语明确，但铺开。其他语言更复杂。法语非但代词要标明性别，而且形容词也要标明性别。俄语除代词、形容词标示性别外，动词过去式也要标明性别。就作诗而论，都不如汉语简练、含蓄"①。但是，西语诗歌在音韵上的变化比汉语要丰富，也具有独特的韵律美感。

## 二、中西宗教文化之比较

宗教作为人类意识形态的重要组成部分和民族文化形态的重要因素，是人类史上一种古老而又普遍的文化现象。"人的宗教观念的产生和发展，以及它们对人的活动所产生的影响则是人类历史上的一个重要组成部分，是必不可少和核心的一部分。"② 中西宗教发展相同的一点是，都经历了一个从非理性的巫术与迷信也就是原始信仰向成熟的不排斥理性的文明宗教进化的过程。宗教意义的核心在于人类精神上对超自然的神灵和偶像的膜拜与信奉，祈求灵魂上超脱现世生存状态，以达到突破生命限制的境界。"追求一种美好的理想生存境界，这种愿望对于生活在任何文化环境中的人来说，都是共同性的。"③ 但是，中西文化在长期的发展过程中，形成了各自不同的宗教形态、宗教观念和宗教经验。由于历史发展中诸多因素的影响，中西文化内部拥有不同的宗教态度和宗教体系，使得宗教领域比较复杂。故而，对中西宗教文化的比较只能选择对精神领域倾向性比较集中、明显的特点予以阐析。

在对待宗教的态度上，中国传统文化体现为对现世生活的热爱，具有以人为本的价值尺度；西方文化则表现为对一个超越的彼岸世界的向往，价值观念上体现为以神为本。④

中西方文化都经历了原始宗教逐渐消亡的过程，在这一人类从原始巫术思维向理性思维过渡的历史进程中，人类社会从自然当中分化出来，有了自我认知和自觉发展的能力，伦理化倾向日益明显。也就在这一演进的过程中，中西方文明出现了分化。西方人逐渐意识到人自身的有限，从而转向对超越的无限性的追寻。在寻找

---

① 丰华瞻．中西诗歌比较．上海：上海三联书店，1987：110.

② 韦尔斯．世界史纲：生物和人类的简明史：上卷．曼叶平，李敏，译．北京：北京燕山出版社，2004：89.

③ 赵林．西方宗教文化．武汉：长江文艺出版社，1997：3.

④ 徐行言．中西文化比较．北京：北京大学出版社，2004：184.

解决现实问题的途径时，人们将信仰和希望寄托在理想的彼岸世界上。在这个过程中，西方文明接受了起源于古代希伯来人高度伦理化的一神教信仰，取代了原始的诸神信仰。到了中世纪，基督教神学成为涵盖一切知识领域的唯一真理，对自然和社会的观照全部要归于宗教神学的框架之下。西方文化也因此以理性精神促成了科学体系的形成，用基督教伦理来确定人际关系，靠契约立法来建立宪政。所以，一些西方学者把西方文明视为基督教文明。基督教把人看作灵魂与肉体的双面体。灵魂属于上帝，人只拥有肉体；灵魂是第一性的、永恒的，肉体是第二性的、暂时的。西方人把人的生命意义和人生信念寄托于超越现世的彼岸世界，现世的人生则永远陷于“原罪”的惩罚中，只有经过信仰的拯救才能实现回归上帝的愿望。基督教的普世精神促使西方人具有强烈的人类整体意识，告诫人与人之间应当高度信任，人与人，即便是毫无血亲关系的人，为了共同的目标也要密切合作，这对整个西方社会的进步起到了积极的推动作用。基于普世原则，基督教会自成立之初就成为与世俗王权分庭抗礼的强大力量，在与世俗王权合作与斗争的过程中，欧洲专制王权始终无法取得绝对的权威地位。

与此相对应，中国文化在从原始宗教向理性化、伦理化的文明社会过渡的过程中，更多地意识到了神性意识的局限性，较早实现了文化的人文转向。至西周，神本观念即已衰退，人本思潮兴起。价值取向未关注超越现实人生的彼岸世界，而是以理性和世俗的方式结束了宗教信仰及神话叙事，倡导积极入世。哲学此时也走向了人生哲学，强调“天人合德”，人生的最高境界就是实现个体与王道的合一，从而在诸子百家时期就奠定了中国传统文化思想和精神的支柱与基石。中国哲学史上，无论是儒家、道家，还是墨家和法家，尽管也关注天命，但从不系统探讨彼岸世界的问题，也未出现此岸世界和彼岸世界明显对立的观念，而是更为关注现世此岸世界的问题，明显具有重现实、重当下人生的特征。儒家思想在中国传统文化发展过程中具有强大的整合功能，同基督教文化成为西方文化主流一样，它逐步演变成了中国文化的主流。儒家思想不大讨论神的问题，“敬鬼神而远之”，“不语怪，力乱神”。力求从实际出发，强调人与人之间的伦理关系对中国传统文化的影响很大。在中国传统文化价值体系中，世俗帝王是最高统治者，也是天上神权的最高代表。因此，在中国古代的社会生活中，宗教文化始终处于专制王权的操纵和控制之下，宗教必须为王权服务，而世俗王权一直处于至高无上的地位，失去了应有的制衡与监督。

在宗教体验上，中西也呈现出明显的差异。中国传统文化强调现世人伦，不同的宗教和信仰都十分注重人自身的感性心理和自然生命，自觉追求知性知天、“天人合一”的境界，以实现人生的最大快乐。即便是来源于印度的佛教在进入中国后也被本土文化所同化，与中国传统的老庄思想和魏晋玄学结合，成为中国化的佛教。唐宋之后，中国文化便以儒家文化为主流，与佛、道合流，三者互补，形成了一个既影响士大夫阶层，又深入民间百姓的观念体系。而西方基督教教义的基本问题是神人关系，体现的是原罪意识。为了赎罪，人们要通过不断的努力，争取重新回到上帝的怀抱。在基督教看来，人存在罪感的同时，也要体验上帝的爱感。爱是基督教最大的法律，上帝之爱本质上不同于世俗之爱，它是精神之爱的最高形式。爱感和罪感成为基督教最重要的信仰体验，人要从现世苦难的负罪当中得到解脱，感受上帝之爱，就要靠上帝借基督的牺牲使人得以救赎。

## 三、中西社会规范系统之比较

任何一个民族文化中的法律和道德都共同体现和维护着特定的文化价值，是社会成员行为模式的最基本的规范形态。这两种文化现象具有共同的价值目标，影响和规定着社会成员的行为。中西原始文化阶段，道德、法律与宗教混同。自进入文明社会之后，中西文化在社会规范系统的价值选择和规约方式上产生了不同的倾向，并直接影响到各自的文化传统。作为中国传统文化主流意识形态的儒家思想尚礼，而礼的基础是严格的等级秩序与道德约束，因此德治就成了政治的最高理想。西方倡法，法的核心是制度约束与权利平等。①

中国古代社会比较早地确立了以“礼”为核心的社会规范系统。早在商周时期，以礼制为形成标志的重孝、亲人、贵民、崇德的思想已成为社会成员的共同意识和价值取向。春秋战国时期礼崩乐坏，孔子积极倡导“克己复礼”，虽然难以恢复周时的理想状态，但从此“礼治”成为历代封建王朝的治国方略。孔子主张“志于道，据于德”。这里的“道”，即指理想人格；“德”则指个人的立身行为准则。由己推人，由个人推及社会，以求得实现“礼治”的社会理想。因此，中国传统知识分子始终以修身、齐家、治国、平天下为己任和价值取向，伦理道德成为促进人际关系和谐与维护社会秩序的纽带，社会治理讲求“为政以德”。至汉代，“三纲五常”已深入人心，成为统治阶级调整和维护人际关系、社会秩序的伦理道德，渗透到社会心理的各个层面，固化为家国一体的社会政治结构。

介于德治与法治之间的“礼治”将社会约定和民间习惯上升为统治阶级的意志，体现为官方意识形态，它在价值层面上通过构建以德为核心的社会规范系统来协调和解决德与法的关系，使德法并构成为治国的手段，形成了“德主刑辅”的社会规范模式。礼制规范了伦理，建立了以亲亲、君君、臣臣、父父、子子为社会关系准则的等级秩序，奠定了“人治”体制的理论和思想基础，国家的权力高度集中于统治者个人或者权力阶层，形成了严格的宗法制度。这样的制度，更多地依赖君主自身的修养，缺乏社会制度的有效制衡，因此《唐律疏义》所明确的“德礼为政教之

① 徐行言．中西文化比较．北京：北京大学出版社，2004：224.

本，刑罚为政教之用”在中国封建社会并未真正实现过，相反却造成了许多人间悲剧。

在西方古希腊时期，以柏拉图和亚里士多德为代表的思想家就开始思考人治与法治的问题。柏拉图主张国家应依靠哲学家的智慧来统治；而亚里士多德则指出人治为一人之治，法治为众人之治，人有情，故带来偏私，法无情，故带来公正，“法治应当优于一人之治”，“法律是最优良的统治者”①。在与人治思想的争论中，法治思想逐步发展成熟并深入人心，至中世纪人们已普遍相信法律反映的是上帝的意志，是天赋的。到近代，许多资产阶级法学家明确界定了德与法在功能及适用范围上的区别：道德只对个人行为和思想负责，重情任性，侧重于人们行为的动机，属于“主观科学”，由“心中法庭”管辖；而法律对个人及他人共同负责（共同自保），铁面无私，侧重于行为的后果，属于“客观科学”，由“心外法庭”管辖。② 社会规范系统中德与法的关系被确定下来，法律被赋予了至高无上的地位，并且由于西方民主政治发展较快，法治有效地制约了政府和王权，遏制了专制体制的建立和发展，从而成为西方民主政治的主要特点。

## 四、中西文学之比较

文学以审美的方式观照人的社会生活和丰富多彩的精神与情感。它是人类文化的生动体现，是人类掌握世界的特殊方式。在各种文化现象中，文学是各民族文化成果彼此间交流最为频繁广泛、最为直接迅速的形式之一。文学活动及其作品作为人类精神的重要载体，不仅体现出不同的民族文化内涵和风格特色，而且在发展中呈现出双向悖逆的趋势。美国当代著名文艺批评家艾布拉姆斯在其《镜与灯》中指出，作品、作者、宇宙和读者构成了文学的四要素，四者之间相互制约。民族文化内涵不同，文学就呈现出不同的审美理想、审美角度和审美特征。“中国美学和西方美学之间有相似之处却又截然不同”，从根源上说，“西方文化是由基督教塑造的，而中国文化是由美学塑造的”③。中国古代文学以抒情表现为传统，注重作者的主观表达，偏重于表现、抒情、言志，属于表现型；而西方传统文学侧重作品与宇宙的关系，注重反映客观现实，偏重模仿、再现、写实，属于再现型。但在20世纪以后，中国作家开始积极借鉴西方文学的创作形式和风格，注重反映社会现实生活的叙事艺术；而西方作家则不断反叛传统，转向主观自我表现，积极探究人的主观精

① 亚里士多德．政治学．北京：商务印书馆，1965：167-171.
② 徐行言．中西文化比较．北京：北京大学出版社，2004：232.
③ 卜松山．中西美学的异与同．中国社会科学报，2021-10-20.

神世界，似乎都走向了对方。中西文学仪态万千，我们的比较不可能面面俱到，这里仅以文学传统为视界，通过古典神话、诗歌、小说的阐释，揭示隐含在文学现象背后的文化特征。

## (一) 中西神话比较

神话是世界文学的源头。它以故事的形式反映了人们对自然现象和社会现象的认识与愿望，是“通过人民的幻想用一种不自觉的艺术方式加工过的自然和社会形式本身”①。神话形象地反映了原初民族的自然观、社会观和信仰意识，体现了民族文化的初始形态。中西神话在本质上是中西民族的文化先宗——中国初民和西方初民本身的投影。② 中国古代神话由于时代久远和儒家重实际、轻玄想的影响，对神话采取排斥态度，致使资料零散不全，文献记载甚少。而作为西方神话典型代表的古希腊神话则被完整系统地保留下来。无论是中国神话，还是古希腊神话，都具有神话的共同本质和一般内容，涉及宇宙发生、人类起源、氏族英雄、灾难（洪水、旱灾、猛兽等）斗争等主题，但在具体表现方式和价值指向上却呈现出较大的反差。

中国神话诸神以群体为本位，一切从氏族利益出发；古希腊神话诸神则以个人为本位，一切从自我出发。在与自然斗争和战争的神话中，中国神话英雄表现出强烈的忧患意识和厚生爱民意识。女娲补天、后羿射日、鲧禹治水、黄帝战蚩尤、愚公移山等著名神话中的神举并非为了个人利益，而是为了群体和氏族利益，神话英雄们自觉承担起维护宇宙秩序的崇高责任。在个体利益与群体利益面前他们选择的是为群体利益挺身而出。而在古希腊神话中，天父乌拉诺斯为了保全自己的天主地位不惜将亲生子女一个个打入地牢。他的儿子克劳诺斯为了夺取天主宝座，联合母亲将父亲打翻在地，又唯恐子女造反，竟然将自己的子女统统吞到肚子里。宙斯的妻子赫拉出于嫉妒心，对情敌伊俄、塞墨拉、卡列斯特、拉挪娜、阿尔克墨涅等极尽迫害之能事。他们为了个人利益，可以不择手段加害其他神，甚或自己的亲人。

中国神话诸神舍己为公，抑情节欲，追求道德完善；古希腊神话诸神则个性奔放，放纵自我，追求个人情欲。中国神话中，诸神清心寡欲，婚恋逸事甚少，表现出强大的道德力量，体现了中华民族的道德观念和伦理范式。大禹为了治水，在外13年，唯恐违反“三十而娶”的古制才娶了涂山氏女为妻，但为了不以私害公，婚后四天就复往治水，三过家门而不入。希腊神话中的神明则经常昼夜宴饮娱乐，放纵情欲，时不时到人间留下些风流韵事或者滋生事端。宙斯为了满足自己的情欲，不仅占有七位妻室，成群小妾，还经常溜到人间去偷情，诱奸了伊俄、欧罗巴、斯

① 马克思恩格斯选集：第2卷．北京：人民出版社，1995：29.

② 肖锦龙．中西文化深层结构和中国文学的思想导向．北京：中国社会科学出版社，1995.

巴达女王等不计其数的民间女子。他们从不顾及他人，追求个人享乐，与中国神话中的神明呈现出极大的反差。

## （二）中西诗歌比较

诗歌以高度凝练、富有节奏感的语言来抒发人的思想情感，这是中西诗歌共通的地方。由于文化背景、语言文字和民族价值取向不同，中西诗歌在体裁、题材、表现方式等方面产生了诸多差异。

诗歌的体裁主要有抒情诗和叙事诗两大类。中国古代诗歌史上占主导地位的是抒情诗，而西方则是叙事诗。中国诗歌一开始就把抒情言志作为其创作的理论基础。对后世文学产生重大影响的中国第一部诗歌总集《诗经》以“含蓄蕴藉”的写实抒情著称于世，其中叙事性的作品或者成分也存在，但基本是为抒情服务的。它开创了“风雅精神”，直接影响了中国文学的抒情传统。屈原的《楚辞》是中国第一部文人创作的诗集，充满了强烈的主观抒情性。此后的汉乐府民歌，到唐诗宋词，以至元曲都以抒情性为基本特征。与中国诗歌突出的抒情性不同的是，西方是叙事诗处于主导位置。《荷马史诗》是欧洲文学的源头，它包括《伊利亚特》和《奥德赛》两大史诗，两千多年来一直被看作西方叙事诗的典范。《荷马史诗》用神话的方式表达了特定的社会历史内容。《伊利亚特》用诗的语言记述了希腊人攻打特洛伊城的故事，《奥德赛》描写的则是希腊的民族英雄奥德修斯在特洛伊战争结束后还乡的故事。黑格尔称史诗为“民族的形象化的历史”，“如果把各民族的史诗都结集起来，那就成了一部世界史，而且是一部把生命力成就和功勋都表现得最优美自由和明确的世界史”。《荷马史诗》规模宏大，内容丰富，生动形象地描绘了由氏族社会向奴隶制社会过渡时期希腊的社会面貌和人们的精神状态。紧承此传统，西方到中世纪时期的史诗《贝奥武甫》叙述了盎格鲁-撒克逊人的英雄功绩，《伊格尔远征记》记述了俄罗斯民族的丰功伟绩。史诗成为西方叙事诗的传统。客观地说，中西诗歌的抒情性和叙事性的差异是相对而言的，西方的叙事诗也不乏抒情性，中国的抒情诗也不乏叙事性，但并不占主导地位。

就中西诗歌所表现的题材而言，中西爱情诗所占比重都不小。但是由于中国文化偏重礼乐，文人雅士多喜仕宦羁旅，同时受儒家思想影响，女子地位比较低，难得受教育，男女自由恋爱和自主表达情感的愿望与伦理道德规范相违背，即便夫妻恩爱也只能置于伦理规范之下，因此出现了中国人重婚姻、轻恋爱的倾向。中国古代的爱情诗虽然很多，但远不及抒发忧国忧民的思想情感和表达朋友之情的诗歌多，而且中国古代的爱情诗多抒写婚后之情，写得最感人的往往是惜别祭悼之诗。西方诗歌则相反，多抒写婚前恋爱之情，中世纪的骑士抒情诗中就有大量描写骑士与贵妇爱情的诗歌，文艺复兴时期的英国文豪莎士比亚也写了大量的以爱情为题材的十四行诗。这主要是由于西方人主体性突出，善于抒发个人感受，爱情是生活中的重要内容，加之在中世纪受到基督教圣母崇拜的影响，女子地位较高，自由恋爱和男女情感表达的社会环境相对比较开放自由，因此才有了“恋爱至上”的说法。歌德和席勒、济慈和雪莱、华兹华斯和柯勒律治等诗人关系尽管十分密切，却没有出现中国的李杜、苏黄、建安七子等诗人友情深厚以致成为古今佳话之美谈，自然抒写友情的诗歌就更少了。

就中西诗歌的表现手法而言，中国诗歌简洁、含蓄、深沉，抒写避实就虚，讲求神似，篇幅也以短诗见长，富有阴柔之美，哲理性诗歌并不多见。西方诗歌篇幅较长，善于详尽的描叙，重在形似。诗歌热情奔放，直率大胆，幻想奇特，富有哲理。朱光潜先生将中西诗歌的差异概括为“西方爱情诗最长于‘慕’”，“中国爱情诗最善于‘怨’”，“西诗以直率胜，中诗以委婉胜；西诗以深刻胜，中诗以微妙胜；西诗以铺陈胜，中诗以简隽胜”①。

## （三）中西小说比较

小说是世界文学发展和成熟较晚的文学形式，但在各民族文学发展中，它又是最重要的叙事类文体。小说的成熟与城市的出现和市民的兴趣相关，这在中西小说发展史上是共同的。中国古代小说的直接源头是史乘和说话，也就是说，文言小说起于“史”，通俗小说起于“话”。而欧洲小说是从史诗、中世纪传奇演变来的世俗散文故事。② 中国古代小说最初取材于历史演义、英雄传奇和神怪故事，至明清之际，人情小说取而代之，以家庭关系为中心，向各个社会阶层和各种生活内容辐射，尽管还不时掺入传奇或者神怪的内容，但是小说的题材空前丰富。欧洲小说始终比较关注世俗生活和个性解放，具有强烈的批判精神。中西小说还在小说的结构和人物塑造等方面有不同特点。

中国小说不论是长篇还是短篇，在结构上多把发生在生活中的复杂事件整理成分明的线索，脉络清晰，层次分明，无论情节如何复杂，总是呈现封闭的连锁结构，以便把各种错综复杂的矛盾交代清楚。西方小说结构上的特点是以情节曲折取胜，各种线索交织，忽隐忽现，吸引读者必须认真阅读、积极思考和想象，才能彻底理清作品的全部内涵。正如《小说丛话》所言：“读中国小说，如游西式花园，一入门，则园中全景，尽在目前矣。读外国小说，如游中国名园，非遍历其境，不能领略个中滋味也。盖以中国小说，往往开宗明义，先定宗旨，或叙明主人翁来历，使阅者不必遍读其书，已能料其事迹之半。而外国小说，则往往一个闷葫芦，曲曲折

① 朱光潜．诗论．北京：三联书店，1998：80.

② 刘上生．中国古代小说艺术史．长沙：湖南师范大学出版社，1993：5.

折，直须阅至末页，方能打破也。”[①] 中国小说在人物塑造上擅长以写意勾勒的手法，从细节、语言、动作、外貌和神态等方面去挖掘人物的内心世界和性格特征。而西方小说注重对人物内心世界的挖掘，直接表现人物的思想情感和性格特征。

## 五、中西艺术之比较

艺术是人类以审美的态度掌握世界的方式，是人们用语言、动作、线条、色彩、音响等多种手段创造形象，反映社会生活，并表达人的思想情感的一种社会意识形态。它包括音乐、美术、舞蹈、曲艺、摄影、影视、工艺、雕塑、建筑等多种门类，体现了人对美的追求和对世界的把握，是文化的重要组成部分。中西艺术家和理论家在艺术的本体——志、情、意、神上有大体的共识，在具体表现上由于文化的差异出现了不同的风格。总体而言，中国艺术具有强烈的写意性、程式化、整体感和运动感的特点，追求美和善的统一、内容与形式的高度和谐。西方艺术则具有强烈的写实性、个性化、科学性和真实感的特点，追求美和真的统一、内容与形式和谐的同时，更偏重形式。

### （一）中西音乐艺术比较

音乐是人类艺术品类中最纯粹的艺术，人们称之为皇冠艺术。音乐是以声音为物质媒介，以时间为存在方式，并且诉诸听觉，用以表达人的思想情感和情绪的艺术。它主要包括旋律、节奏、和声、音色和曲式等审美要素，具有强烈的抒情性和表现性，有着鲜明的节奏感和韵律感，并呈现出明显的过程性和流动性。人类早期活动中，音乐与舞蹈紧密相连，从来没有“舞而不歌”的舞蹈，也没有“歌而不舞”的音乐，总是“载歌载舞”。《礼记·乐记》道：“诗，言其志也；歌，咏其声也；舞，动其容也。”随着人类文明的进步，音乐和舞蹈逐步有所偏重，有所分离，但仍然密切相关。

中国古代音乐在先秦时期雅乐兴盛，多种民族乐器陆续产生。到汉唐，官府专门成立了音乐主管机构——乐府，北方和南方的音乐都得到了蓬勃发展，并且风格多样化：北方之乐激昂率直，多阳刚之气；南方之乐绮丽纤柔，富阴柔之美。随着西域音乐大量传入中原，各种音乐交汇融合，以唐代歌舞大曲为标志，音乐呈现出空前的繁荣景象，成为古代音乐史上的全盛时期。宋元明清时期，音乐逐渐世俗化，戏曲和曲艺兴起，时调小曲流行，器乐独奏和合奏发展趋于成熟，音乐的表演、创

① 郭纪金，高楠，赵有声．中国文学阅读与欣赏．北京：首都师范大学出版社，1999：728.

作和理论得到了更为广泛的发展，呈现出勃勃生机。中国古代音乐具有突出的教化功能，加之文化传统特质和儒、佛、道的交互作用，经过历代传承、发展、演变，形成了民族音乐的审美特征：讲究艺术品的“气韵”和“意境”；强调艺术创作的“风骨”和“神貌”；注重艺术精神的人与自然的统一与和谐；追求艺术表达中情感和伦理的结合与渗透；推崇艺术表现的含蓄、婉约、中和之美，并相应形成了独特的音乐风格——思维方式以线形为主，表现主题多自然风景，表述方式动静相衬，节奏安排匀称平稳，曲式结构均衡相称，展开手法逐层递进，调式结构五声音阶为主，呈现出以旋律为主体，平和宁静、恬淡逸远、古雅亮洁、圆润清丽、宏健明快的品格，更富有阴柔美。

节奏、旋律及和声是音乐的三要素，要素不同就会出现不同的音乐风格。西方古典音乐在节奏方面不如中国古代音乐自由，比较规范。西方复调音乐的几个旋律始终保持着独立性并同时进行立体的结合，旋律伴有一定的节奏，在文艺复兴与巴洛克时期这样的特点就比较明显。西方古典音乐在 9 世纪以后，和声被普遍应用。西方音乐发展与宗教有直接的关系，传统音乐以复调音乐为主。复调音乐采用多声部轮唱，旋律不仅可以独立发展，而且每一旋律线条结合起来就形成了和声系统，不仅让人体验到宏大的气势，而且在听觉上产生丰满、浑厚的立体效果。由于西方文化特质的影响，西方传统音乐风格具有奔放明快、汪洋恣肆、宽广宏大、明朗刚健的特征。

### （二）中西雕塑艺术比较

雕塑是采用实体性的、可刻可塑的物质材料，通过塑造三维空间立体艺术形象来反映社会生活、表达思想情感的造型艺术，具有直观性、具象性、立体性和精练含蓄的特征。中国雕塑在材质上多使用土、木、石、玉、铜等，土和木最为普遍。从仰韶文化的人像雕塑到长沙汉墓的彩绘木俑，从秦兵马俑到唐代木雕迦叶像，从敦煌莫高窟的彩塑菩萨到明清小品雕刻，都表明了中国人对土和木的特殊感情。而西方雕塑主要是石雕，所使用的材质种类要比中国少。古罗马时期的奥古斯都皇帝曾宣称要把砖头的罗马城变成大理石都城，使建筑和雕塑上石质材料风行一时，一直影响到西方现代派出现之前，涌现出米开朗琪罗、罗丹、贝尼尼等一批卓越的雕塑大师。

从中西雕塑所表现的题材和内容来看，中国雕塑的题材和内容十分宽泛，从木俑、陶俑到寺庙佛像，从奇禽异兽到玉山影壁，无不随处可见，争奇斗艳，体现了中国人对自然情趣与生机的无限追求。西方雕塑所表现的题材内容基本以人体为主，更关注人体与精神的统一，并不注重雕像面部表情和内心世界的刻画，即便是教堂神庙中的多利亚柱式和爱奥尼亚柱式，也都分别模仿男性和女性的身体而表现出健壮和修长两种不同的风格。

中国雕塑：秦始皇陵兵马俑

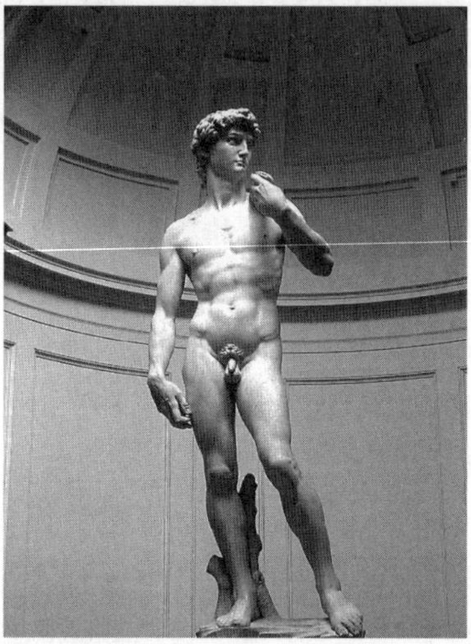

米开朗琪罗的雕塑《大卫》

中西艺术家尽管都强调再现和表现的结合，但西方更强调再现、模仿和写实，中国则更注重表现、抒情和写意，追求情景交融和虚实相生。中国的雕塑一般不是以孤立的实体出现，而是尽可能地与自然景象融为一体，雕塑通常由空间形式和雕绘故事来映衬，与书法、绘画、建筑、文学等其他艺术门类相结合，体现出最大的兼容性。而西方雕塑一般围绕独立的人体塑造探索宇宙结构的原理，创造出例如人体的1∶7和1∶8的比例等一系列标准法则。西方雕塑用光线和阴影的变幻来展现形体的空间实在性，并不是凭借自然景物的烘托，具有自身的独立价值。西方雕塑作为艺术的一个门类，与其他的艺术门类有严格的界限和相互独立的表现手法。因此法国的雕塑家法尔孔奈说："如果雕塑能保持在自己确定的范围之内，它就不会丧失自己任何一项优点；但是，如果它要使用绘画的全部手段，它就会受到失败的威胁。这两种艺术各有各的表现手段——色彩不是雕刻的手段。"① 中西艺术家都重视线条的表现力。西方雕塑的线条运用仅仅服务于造型的需要，刻意追求团块和体积，重视三维空间的立体感，线条的痕迹几乎完全隐藏起来。而中国雕塑中运用线条十分灵活自由，通常以最简单的线条来表现丰富的变化和美感。

在审美取向上，西方雕塑反映了重精神的特点，哥特式教堂的垂直造型，孤立地刺破青天，表现出强烈的出世精神。同时，西方雕塑也侧重关注个体的完美形态，即便是园林或者喷泉等装饰上的群雕，也会仔细塑造每个个体形态的具体特征，观审视线是固定的、静止的。而中国雕塑则不关心个体超越性的精神世界，集中反映了中国传统艺术重群体的意识，不太关注个体的完美和逼真，其视线是流动的、转折的。

---

① 杨身源，张弘昕．西方画论辑要．南京：江苏美术出版社，1990：219.

## (三) 中西建筑艺术比较

建筑艺术是通过建筑物的形体、结构方式、内外空间的组合、建筑群以及色彩、质地、装饰等方面的审美处理而形成的实用造型艺术。它具有实用性、艺术性、民族性和时代性等特征。

中国建筑的典范：北京故宫

西方哥特式教堂的代表：德国的科隆大教堂

中国传统建筑具有延续时间长、分布地域广的特点，虽然曾多次受到外来影响，但始终保持着民族的特征。中国传统建筑主要以建筑群的形式出现，材料以土木为主。中国古代建筑除园林建筑和少数民居在布局上较为自由灵活外，建筑群大多布局规整，对称均衡，层次分明，给人以稳定和谐的艺术感受。布局设计大都以纵轴线为主，以横轴线为辅，建筑物沿纵轴排开，主体建筑依次排列在轴线的中部，轴线两侧安排次要建筑物，主体建筑物一般形体巨大而引人注目，庭院开阔畅朗。在主体建筑出现之前常安排一系列狭小的庭院作为过渡和铺垫，之后有若干庭院作收尾，并且沿轴线分布一连串的庭院，共同组成了层次明显、空间深阔、相互烘托的建筑空间，加之雕梁画栋的细节处理，整体给人以和谐温馨、错落有致、宏伟壮丽的感受，也反映了等级和主次之别。

西方建筑多单体，材料以砖石为主，注重个体的艺术效果和建筑风格，设计上多采用集中式构图，主体建筑物一般比较庞大，气势宏伟，雄劲壮观。西方的单体式建筑以造型取胜，注重变化的对比，刚健充实，刚中带柔，给人以永恒、壮美的感受，充满了理性与人文气息。西方古代建筑发展史上，从拜占庭建筑到中世纪基督教建筑，从罗马式教堂到哥特式教堂，从文艺复兴之后的古典建筑到 17、18 世纪的新古典主义和浪漫主义，以及穿插其间的巴洛克、洛可可风格等建筑，随着社会思潮的更迭，建筑的形式和风格不断发生变化。而中国古代建筑文化则比较稳定，表现出守成的特点。

### (四) 中西绘画艺术比较

绘画是以线条、色彩、形体为基本造型语言，创造静态视觉形象的艺术形式。绘画艺术直接诉诸人的视觉器官，以鲜明生动的视觉形象刺激和愉悦观赏者的视觉，具有具体而鲜明的特点，中西绘画不同的审美特征便蕴含在这些可感的形式当中。

中国传统绘画自成完整体系，因此被称为“中国画”，简称“国画”。中国传统绘画尽管有着写意画和工笔画两个大类，但是最受推崇、被视为中国画主流的还是写意画，体现出中国绘画注重写意、追求美和善统一的审美取向。中国画所采用的工具材料是表现力很强的毛笔和墨，这就决定了中国画十分讲究线条的运用。绘画时，笔墨点线从来不为单纯摹形状物而存在，而是极力去表现画家的主观理解和感受，使得作品超越了对描绘对象形似的要求，讲求神韵、幽远和疏淡。无论是绘画布局、艺术风格，还是审美追求，中国山水画均以纵轴统观全局，人物、动物、植物描绘以勾画轮廓为主，以象征性的写意表现为基本特征，以想象真实代替感觉真实，极为讲究风貌神韵，擅长用抽象的线条节奏来表现凝练的感情，具有高度的抽象性和概括性，强调对浑厚隽永的意境的直接领悟，具有独特的审美特征。

西方传统的绘画作品则没有写意、工笔之分，主要采用丰富多彩的油质颜料和硬质画笔，充分运用光学和几何学构图，追求描摹对象的绝对真实和环境的真实，崇尚形式，强调对描绘对象的模仿与再现，注重刻画审美对象在自然中的具体形象，描绘人物和动物都要求以解剖学为基础，静物、风景则讲究透视比例的立体感，刻意写实，以感官真实为目标，讲究对审美对象加以系统的条分缕析，以达到美和真的统一。只是到了现代，西方绘画开始注重人的精神气质之表现，通过非写实的形象传达艺术家独特的世界感受和审美体验，逐步偏离了古典的写实传统。

宋代画家米芾的山水画。米芾的山水画是中国古代文人画的代表，有“米家山水”之称

意大利文艺复兴时期著名画家达·芬奇的名作《蒙娜丽莎》

## （五）中西戏剧艺术比较

戏剧是通过演员在舞台上活的语言和形体动作表演，在一定的时间和空间内塑造完整的舞台形象，以反映生活、表达思想感情的综合性艺术，具有舞台性、冲突性、直观性和语言性的审美特征。中国戏剧包括传统的戏曲和新文化运动前后受西方影响而产生的话剧，传统的中国戏剧指以京剧为代表的戏曲艺术。在长期的历史演变过程中，中国戏曲依托深厚的古典文化背景，形成了 360 多个剧种，具有独特的风格特征、完整的体系和丰富的文化内涵，与从古希腊发展而来的西方戏剧有鲜明的区别。

中国传统戏曲注重表现，具有音舞性、虚拟性、程式化和写意性的形式特征。音舞性是中国戏曲艺术形式最基本和最重要的特征，也是区别于西方戏剧最本质的特征。所谓音舞性就是用歌舞来演绎故事情节，塑造艺术形象。演员表演时，语言转化成了音乐语言，台词采用歌唱的形式，即便是道白也具有吟诵的意蕴，以与歌唱协调配合；演员的舞台动作追求一招一式的律动韵味和舞蹈化，以抒发人物的内心世界或者交代其行为动作；舞台效果也讲究音乐节奏，可以说节奏成为戏曲艺术综合“唱、做、念、打”的媒介和手段；在服饰化妆甚至道具方面也具有舞蹈化的倾向。中国戏曲的虚拟性主要表现在舞台时空和演员表演两个方面。演员表演基本在没有景物造型的舞台上，用自身的身段动作来调动观众的想象，创造剧情需要的舞台时空环境。尽管省略了真实的时空景物，但并未排除它的存在，演员的动作姿态和所演人物的内在情感都受到虚拟时空景物的影响，追求强烈的虚拟效果和观众的积极参与。程式化则是中国戏曲特有的艺术特点，它要求演员的虚拟表演必须符合程式要求，否则观众会感到莫名奇妙，难以理解。戏曲的程式不光体现在戏剧语言、角色行当上，还体现在音乐唱腔和化妆服饰上。程式化给戏曲带来了简洁、鲜明的审美效果。中国戏曲的写意性体现在舞台设计、表现手法和整体追求三个方面。中国传统戏曲的舞台设计呈现出空灵的结构，既不重视制作写实性的布景，也不着意创造逼真的舞台空间，在时间、空间、物象、环境和动作等方面都是虚的，但给观众提供的却是富有想象空间和诗意的结构。在表现手法上讲究夸张变形以表情达意。整体追求写意性，讲求神似，场面动作不求真实再现，只做虚拟处理，从而营造出一种富有神韵、古朴、空灵的艺术境界。

西方传统戏剧艺术经过两千多年的发展形成了以再现为基本特征的艺术形式，讲求对动作的模仿，对现实生活的模仿。其形式最本质的特征就是舞台时空的正观式再现，舞台展现给观众的是具体而实在的空间，所传递的都是实物环境。观众正观舞台，舞台时空根据舞台物质条件而更替变化，不必靠演员的表现来实现。西方舞台的再现有两种形式：动态再现和静态再现。以莎士比亚的戏剧为代表的正观式动态再现，要求把舞台作为动态空间连续不断地展现给观众。静态再现就是把舞台当作相对固定的空间，采用以景分场的办法，在特定的场景中演绎故事情节。新古典主义戏剧的“三一律”结构原则就是正观式静态再现的代表。这类戏剧强调的是舞台时空的固定再现，戏剧所表现的时间限定，场景固定，免去了舞台实景布置的转换。因此西方戏剧与中国戏曲的表现形式不同，强调再现性。

在戏剧的文化价值取向上，中西方戏剧也有明显的差别，其中尤以悲剧为甚。悲剧是最能体现民族文化意识，也最能打动人的戏剧类型。西方古典悲剧的主人公以神话英雄和贵族为主角，比如俄狄浦斯、普罗米修斯等，着重表现主人公与外部压力或自身内在精神世界间不可调和的矛盾，进而招致个体毁灭的结局，因此具有强烈的悲剧震撼力；中国传统悲剧的主人公则一般是弱小善良而无辜受害的小人物，尤其是处于社会底层的妇女，比如窦娥、李香君、秦香莲等，主人公善良的本性和悲苦的遭遇呈现出明显的反差，从而使观众在无限的感叹和同情中获得悲剧美感。在悲剧冲突上，西方悲剧着重展现冲突的不可调和性，比如《俄狄浦斯王》中俄狄浦斯面对不可抗命运的奋力抗争，《哈姆雷特》中哈姆雷特面对人生虚无的无奈和重整乾坤的无力感，都表达了一种明知不可为而为之的悲剧意识；而中国传统悲剧主要描写的是主人公的悲惨遭遇，严格来说并没有剧烈的冲突，往往带有忠奸、正邪、善恶、美丑之类的道德伦理评判倾向。同时，中西方悲剧在结局处理上也呈现出明显的差异：西方悲剧结局是主人公面对不可调和的冲突用自己的生命来抗争，属于冲突的白热化，在彻底的毁灭中结束；而中国传统悲剧往往喜欢在悲剧中加一个“大团圆”的结局，或借助现实生活中的圣君清官，或借助地府天界的鬼神来主持公道，求得皆大欢喜和冲突的和解。这都与文化传统有根本性的关系。

# 第三节
# 中西文化的基本差异

文化现象是文化基本结构的具体表征。中西文化现象的差异源于中西文化内在基本结构的不同。文化结构主要包括物态文化、制度行为文化和精神心理文化。文化在异化的过程中所带来的中西传统文化在结构上的差异主要体现在对待人与自然关系问题上的天人合一与征服自然，在思维方式上的直觉思维与逻辑推理，在对待人的社会关系问题上的群体认同与个人本位，在对待对外关系问题上的善邻怀远与征服天下，在政治问题上的民本人治与民主法治。

## 一、天人合一与征服自然

中西文化的基本差异之一就是在人与自然的关系问题上，中国传统文化比较重视人与自然的和谐统一，而西方文化则强调人要征服自然、改造自然，才能求得人类自身的生存与发展。

中国古代思想家在人与自然的关系问题上的观点主要有三个类型：一是以老庄为代表的服从自然说，二是以荀子为代表的征服自然说。这两种观点在古代思想史上都有一定的影响，但并不占主导地位。占据主导地位的是以《易传》为代表的天人协调说。《易传》的本体论“太极阴阳说”属于朴素的唯物主义观点。它认为太极为天地之根源，天地为万物之根源：“有天地然后万物生焉。”“有天地，然后有万物；有万物，然后有男女；有男女，然后有夫妇……”（《序卦传》）人类是自然界的产物，是自然界的一部分。人对于自然既应有所因任，又应有所改造；人既应遵循自然规律，又应当发挥能动性。虽然《易传》有明显的历史唯心主义观点，认为只有国君、圣人和大人才有辅相的功能，但这种天人协调说仍不失为一种全面而辩证的观点。与此观点接近的还有《中庸》的“与天地参”说和孟子的“亲亲，仁民，爱物”说。汉代以后，《易传》的天人协调思想融入“天人合一”观念，并得到了进一步的发展和发挥。“天人合一”思想起源于周代，经过孟子的“性天相同”说与董仲舒的“天人感应”说，到宋代的张载、程颢、程颐逐步成熟。“天人合一”思想认为人是自然界的一部分，是自然界不可缺少的要素之一；自然界有普遍规律，人应当服从自然界的规律；人性即为天道，人的道德原则和自然规律是一致的；人生之理想为天人之协调。这就说明中国古代的天人合一思想比较注重人与自然的和谐。作为绵亘中国古代数千年的主导文化，作为渗透文化方方面面的传统观念，天人合一思想在自身发展过程中，既有丰富的内涵，也产生了芜杂的内容或者倾向。它忽略了物质生产这个建立、保持和发展人与自然统一的关键环节；夸大了人与自然界的统一，掩盖了人与自然界的分立和斗争；强调了人与自然界的共同规律，却忽视或者掩盖了人类社会与自然界各自的特殊规律；将道德原则与自然原则看作一致，人为地把道德永恒化和绝对化，产生了不少的负面影响。

西方传统文化强调征服自然的思想渊源可以追溯到古希腊哲学，古希腊哲学家很早就把世界当作一个可以认识的对象加以探究。另外，西方文化的另一大思想资源基督教蕴含了一种独特的人与自然的关系的思想。《圣经》认为世界是上帝创造的，人也是上帝创造的。上帝按照自己的形象创造了人，并让他们去管理自己所创造的一切。原本人与自然相处得很好，但由于人类始祖亚当和夏娃吃了禁果，因而遭到了上帝的惩罚，此后人必须终年劳苦才有可能生存。其中隐含的人与自然的关系的思想观念是：(1) 人是站在自然界之上、之外的，有统治自然界的权利；(2) 人与自然界是斗争的；(3) 人要征服自然才能求得自己的生存。这些思想观念孕育了西方传统文化关于人与自然的关系的基本态度，影响深远。在经过中世纪漫长的积淀之后，古希腊哲学与基督教思想充分融合，文艺复兴之后，西方开始出现了一系列对科学发展影响重大的思想家。在这个方面首推文艺复兴时期英国思想家弗兰西斯·培根。培根认为“知识就是力量”，人们追求科学的目的，不是在争辩中说服对方，而是支配自然。要命令自然就必须不断研究自然，探究自然界的发展规律。此后，法国的勒内·笛卡儿和德国的伊曼努尔·康德两位启蒙哲学家继承此思路发展出的思想影响极大，对西方科学技术和工业的发展产生了巨大的推动作用。因此，西方科学从古代开始就在对自然的探求中得到了迅速的发展，既有古代伟大的科学家毕达哥拉斯、欧几里得、阿基米德，也有中世纪的伽利略、布鲁诺以及近代的牛顿等，另外还有哥伦布发现新大陆、瓦特发明改良蒸汽机等对人类文明产生了巨大影响的发现和发明。但是，这样的思想也有明显的片面性，它过分夸大了人的主观能动性和科学技术的作用；在征服自然、战胜自然的过程中有可能带来自然的报复，直到马克思和恩格斯提出人与自然不仅存在对立而且存在和谐的思想，西方关于人与自然关系的问题才走向理性反思。

## 二、直觉思维和逻辑推理

中西文化由于宇宙观不同，因此相应产生了思维方式上的直觉思维和逻辑推理的差异。中国古代哲学思维侧重运用直觉体验的方式获取和传达涵盖力强，比较灵活，为认知主体留有较大领悟空间的认知成果。西方则侧重通过严密的逻辑推理获得和传递精确、可靠的知识。

中国古代哲学思维具有非逻辑性的特征。这并不是说中国人的思维缺乏逻辑性，而是说中国哲学思维追求非逻辑、非形式化带来的灵活和深刻。它压缩或者抛弃了思维过程的逻辑秩序，直接切入本质，因此我们很难看到思维前后的逻辑过程，却能感悟到博大精深的哲理。作为中国传统文化的核心，儒、释、道三者有别，但从思维模式来看它们具有相同之处，都存在直觉思维的特点。“仁”是孔子思想体系的基本概念，但是究竟何谓“仁”，他说“仁者爱人”，“仁者人也”，“克己复礼”即为仁，“己所不欲，勿施于人”等，始终难以找出“仁”的准确意义，只能通过一系列的类比和领悟从整体层面来把握其内在含义。老子的“道”也一样，“道可道，非常道”，“道生一，一生二，二生三，三生万物”，对概念的阐释从整体到局部，促使人发挥主观能动性去领悟。禅宗强调“自悟”“顿悟”，其悟性特征要比印度佛教浓厚得多，这是印度佛教传入后被同化的结果。直觉思维注重整体的把握，重视给认知者留下需要运用直觉体验方法去领悟的主观空间。直觉体验因人而异，主观性极强，认知本身也就产生了随意性和灵活性，给认知个体智慧的发挥以充分的自由，从而构成了中国古代哲学思维的绝妙之处。而且直觉思维具有立体有机联系的特征。思维的联系互为因果，彼此包容，相互作用变化，相互转化。这在中医文化中体现得最为充分。直觉思维难以给出准确的经验和清晰的知识体系，因此会给思想的理解和知识的传授与积累带来一定的障碍。

西方思维方式呈现出明显的逻辑推理的特点。逻辑推理主要靠两条途径实现：一是理解上的逻辑，二是可以控制的实验。由于西方宇宙观的人与自然的二元对立认识，现象与本质必然处于普遍的对立状态。事物本质经常被现象包围或者覆盖，要认清本质必须去除表象，这就需要分析的方法。分析要将整体逐步分解，越单纯越具体越唯一，就越能得到确定的、精密的、真实的认识。分析的方法要排除表象的干扰，切断纵横的联系，将认识对象尽可能地单一化、具体化，使认识更为确定和明晰，在此基础上再建立逻辑的认识系统。简而言之就是先拆分认识对象，然后再组合认识系统。分析注重事物间的区别，组合注重事物间的共同点，但必须依照严格的逻辑规则来分析推理。这样的逻辑化、抽象化的过程，超越了经验的局限，摆脱了主观的偏见。[1] 因此分析的方法成为西方哲学认识的心理基础，由此发展出追求精密分析和严谨逻辑的科学文化形态，也促成了西方发达的科学文化，创造出灿烂的科技文明。

## 三、群体认同与个人本位

中西方文化的价值系统都把人放在中心位置，但在价值取向上却呈现出家族本位和个人本位的差异。中国传统文化将人看作类的存在物，注重人的社会价值，认为人是社会关系的派生物，人的价值因群体而存在并借此体现。西方文化强调人的个体意识的独立性，认为人是有尊严、有理智、有自由意志的个体的人，人应当首先对自己负责。

中国传统文化中人的群体认同的价值意义主要体现在两个方面：其一，人要依存于以血缘关系为纽带的家族而存在。家族是以婚姻和血缘关系为基础结成的基本社会单位。家族本位在中国人的思想意识中根深蒂固，并由此形成了完备而系统的宗法制度，建立了家国同构的社会结构。可以说中国伦理精神的特点之一就是家族本位。家族既是人伦的基本原则和出发点，又是人伦的归宿；既是人格的生长点，又是人格的最高理想。因此，家是中国人心目中生活的宇宙，具有超乎寻常的凝聚力和向心力，人在这个关系中生存发展，并满足自己的一切社会性需要，也履行必不可少的义务，处理群体内外事务也有不同的价值标准，对家族和社会产生很强的依赖性。在姓氏排列当中，中国人的姓氏先是宗姓，其次是辈分，然后才是自己的名字，这与西方国家先是自己的名字，其次是父名，然后才是族姓的排列顺序完全相反。家族本位尤为重视人与人之间关系纽带的建立，进而由以血缘为纽带的人际关系延伸到以地域为基础的乡亲观念和其他泛化的群体认同的比照关系，例如师兄、师妹等。其二，个体在家族系统乃至整个社会结构中的身份和角色必须明确，不能逾越，这就是人伦。在家族系统中，父子关系、夫妻关系、兄弟关系等构成了基本的结构体系，即所谓的“君君，臣臣，父父，子子”，要求“父慈，子孝，兄良，弟悌，夫义，妇听，长惠，幼顺，君仁，臣忠”（《礼记·礼运》）。钱穆先生言道：“中国人的人生观乃非个人，非全体，亦个人，亦全体，而为一种群己融洽天人融洽之人生。……于人伦中见人道，亦即于人伦中见天道。无个人，即无全体。而个人必于全体中见。”[2] 个体要根据自己的角色和身份行事，要讲求孝道。孝是无条件的，是绝对的。因此孝道是国粹，中国传统文化讲求以孝治家，以孝治国。同时，我们

---

① 徐行言．中西文化比较．北京：北京大学出版社，2004：123－133.

② 钱穆．人生十论．北京．三联书店，2012：64.

应该清醒地认识到，在这样的礼制规范之下，个体人格和地位的独立性丧失了意义，只能以义务为本，其实质是遏制和牺牲个体的需要和个性来维护群体秩序的威严。

西方文化在群体与个体的关系上肯定人作为个体存在的价值，奉行个人本位，以自我为中心，注重个体人格和尊严的独立性。亚里士多德指出，一个人最高的善在于自我实现，也就是运用人的本性中最能真实显示出人之所以为人的那一部分，因此自我实现便与理性生活相一致。相对于中国而言，西方的家庭组织比较小，家庭结构松散，家庭观念淡薄，个体意识极强，个人不依附于家庭，也不依赖他人，而是倾向于自我依赖。家庭与个人之间只存在暂时性的纽带。个体本位文化精神在伦理观上的体现，即所谓的“合理利己主义”的人际关系原则。这一原则的实质就是在不损害他人利益的前提下，每个人都坚定地维护自己的个人利益。当合理利益发生冲突时，只好运用法律来协调，因此，在近代西方，法律对个人权利的规定已经深入到了家庭生活，以至于夫妻之间、父母与子女之间，维护个体不受对方干预的隐私权和个人财产权。可见西方文化始终把维护个体利益作为一切社会关系的前提。个人本位注重个体的价值和人格尊严，有利于个体主观能动性的发挥，但是个人本位意识会使得社会人伦亲情和群体观念淡薄。

## 四、善邻怀远与征服天下

中西文化都有强烈的民族意识，但在对外关系问题的处理上表现出善邻怀远与征服天下的差异。

中国在对外关系问题的处理上的传统原则，就是既要维护民族的独立，又不向外扩张，其理想的民族关系模式是通过道德的教化，以德怀远，顺俗施化，亲仁善邻，协和万邦，有爱好和平的优良传统。明代万历年间来华的意大利传教士利马窦就曾经说过，明朝军队是他见过的世界上规模最庞大、装备最精良的军队，但是他发现这支军队是防御性的，中国人没有想过用这支军队侵犯别的国家。陈独秀也指出：“西洋民族以战争为本位，东洋民族以安息为本位。”[①] 中国自秦汉以来一直是一个统一的以汉民族为主体的多民族国家。在中国历史上，历朝统治阶级都本着善邻怀远和协和万邦的原则处理内部民族矛盾和外部民族冲突。西周时期，周武王为了安抚殷商遗民和夷族，满足其宗族感情的需要，采取了顺俗施化的政策，一方面封赏纣王之子，任用殷商贵族；另一方面分封夷族部落，使之逐步同化。汉朝采取抚和政策，对态度反复无常的匈奴以宽大为怀，力求和谐共处。封建社会鼎盛时期

① 陈独秀．东西民族根本思想之差异//金元浦，等．中国文化概论．北京：首都师范大学出版社，1999：654.

的唐朝对于境内的少数民族也采取顺俗施化的策略，给予相当的优待，很少主动对外扩张，即便有热衷于开拓疆土的帝王发动对外侵略战争，也往往得不到舆论的支持，最终以无果而告终。明代采取“内安诸夏，外托四夷，一视同仁，咸期生遂”的政策，对元亡后留在中原的蒙古人、色目人给予与汉人同等的待遇。汉民族极为珍视民族独立与文化传统，在独立自主的前提下，多采取防御性策略，中国古代多朝代修筑的长城就是明证，但是遇到敌人入侵时，必当全民抗敌，以求得民族和国家主权的完整。对外多采取“怀柔”“抚和”政策，亲仁善邻，协和万邦。这样的传统与儒家强调道德修养、以礼治国，反对武力争夺有关，与道家主张顺应自然、“无为而无不为”以及佛教不主张杀生的思想也有直接的关系。

西方文化崇尚力争，讲求竞争，讲求斗争，许多思想家主张征服别的民族，甚至统治世界，而这些思想往往被统治阶级采纳并付诸行动。亚里士多德就主张希腊人与野蛮人（非希腊人）的对立，对外族持完全歧视的态度。他认为希腊人走到哪里都不应该是奴隶，相反野蛮人天生注定就是奴隶。对外族的歧视导致希腊人大肆掠夺奴隶、土地和财富，不断向外扩张，也成为西方人征服天下的理论基础。翻开西方历史就可以发现，民族不仅因为种族的差异经常发动战争，而且宗教信仰不同也会引发宗教战争。罗马帝国后期的基督教思想家奥古斯丁把人类分为选民（注定得救的人）和非选民（注定灭亡的人）。他歧视异教徒，认为他们是注定要灭亡的人，应该采取残酷的手段去征服他们。奥古斯丁的思想当时风靡一时，为基督教向异族异教掠夺和扩张提供了理论根据，促发十字军东征等战争。因此西方民族发展的历史是充满了种族对立、相互争夺的斗争史。

## 五、民本人治与民主法治

在政治思想上，中西文化表现出民本人治与民主法治的差异。民本并不等于民主。民本思想是相对于君主专制政体而言的，其基本含义体现为以人民利益为重，对君主专制不构成根本威胁；民主则强调民治，人民要直接参政，其本身就能形成一种管理制度和法律制度，与法治密不可分，并会与君主专制发生冲突。但是民本与民主并不冲突，可以相互促进，相互借鉴。

中国在先秦时期已经产生的民本思想根植于中国古代重农的社会深层心理结构，与重农主义互为表里关系，包括两个层面的内涵：一是，对于统治阶级来说，要以民为本，重视百姓的疾苦，为百姓安居乐业谋福利，即“民为邦本”；二是，民心和民意是构成统治阶级政权合法性的基础，即“得民心者得天下”。老子认为“圣人无常心，以百姓心为心”（《道德经》第四十九章），要求统治者必须顺应民意，谴责“以百姓为刍狗”的做法为“不仁”。孔子积极倡导德政，主张“修己以安人”，希望统治阶级“因民之利而利之”（《论语·尧曰》）。孟子则指出“民为贵，社稷次之，君为轻。是故得乎丘民而为天子，得乎天子而为诸侯，得乎诸侯而为大夫”（《孟子·尽心下》），明确提出了“民为邦本”和“政得其民”的思想。在统治阶级实践经验总结中也有唐太宗李世民“民为水，君为舟，水可载舟，亦可覆舟”（《贞观政要·论君道》的例证。民本主义从统治阶级的长治久安出发，严格划分了“治人者”和“治于人者”，一方面强调“民为邦本”，另一方面又强调“民以君为主”，“君权神授”，“天子受命于天，天下受命于天子”（《春秋繁露·为人者天》），为稳定的以人治为特征的高度集权封建专制政体提供了理论基础。

西方的民主思想起源于古希腊。由于历史环境的原因，古希腊的雅典早早建立起了城邦民主制度，从一开始全体自由民的权利就都是平等的。在此基础上，古希腊人建立了法律体系。在雅典，自由的含义是在一个共同的法律制度之下团结生活，无法无天的状态和专制暴政都被认为是不自由的。因此，城邦的全体成员要按照共同商定的法律办事，“在法律面前，人人平等”。此后，来源于希伯来–基督教传统的契约精神也成为民主思想的基石。基督教关于“神赋人权”的思想后来被启蒙时期的思想家用于支持民主政治，积极肯定每个人都有平等的政治权利。在此基础上，斯宾诺莎、霍布斯、洛克、孟德斯鸠、卢梭等西方思想家相继提出资产阶级民主理论，使西方民主思想逐步发展完善起来。西方的法律制度也在巩固民主权利方面发挥了重要作用。城市市民资产阶级在与封建主和国王做斗争时，每取得一次成果就用法律形式巩固下来。西方正是通过法律制度来保证人民的民主权利的，民主与法制互相作用，密不可分。

## 思考题

1. 中西悲剧有哪些区别？其所反映的深层文化心理和价值取向各是什么？
2. 思考并分析产生中西文化特质和观念差异的根本原因。
3. 中西文化的差异表现在哪些方面？
4. 请列举中国传统文化较之于西方文化的独特优长。
5. 从文化自觉立场出发，请分析德国学者卜松山所言“西方文化是由基督教塑造的，而中国文化是由美学塑造的”论断的合理性。

## 扩展阅读

1. 罗素．西方哲学史：及其与从古代到现代的政治、社会情况的联系．何兆武，李约瑟，译．北京：商务印书馆，2009.

2. 冯友兰．中国哲学简史．北京：三联书店，2009.

3. 刘小枫．拯救与逍遥．上海：三联书店，2001.

4. 钱穆．晚学盲言．北京：三联书店，2010.

# 第四版后记

《中国传统文化概要》自2005年8月初版以来，已经历两次较大幅度的修订，本次又是一次全面而深入的修订，其成长已近20个春秋。

历次修订主因大致有二：其一是学术思想的丰富与发展，以及中国传统文化研究的新成果、新视界、新发现和新理念有必要及时进入教材，使教材与时代同进步、共成长，力求在与时俱进的学术传承中丰富和发展传统文化。这也是我们传统文化的长期研习者责无旁贷的使命与责任。其二，在教学实践过程中，会发现些许体系不尽完善、条理性不够或服务师生的信息资源提供不足等缺憾，很有必要臻于至善，尽力使遗憾减少，特色更为彰显。

就传统文化的认知和体认而言，主体精神结构的变迁、社会共识的新境界、时代的价值氛围或多或少都会对见识和看法产生不同程度的影响。但传统文化作为历史性遗产在本源和脉流上已难以替代和更改，所变化的多为观照视角和对待传统的态度与理念。中国传统文化博大精深、源远流长，一直葆有坚韧而顽强的生命力。在民族复兴之梦的时代新征程上，无论是“根”与“魂”，还是古为今用的现实意义，都具有无可取代的历史地位。正如习近平同志2023年6月2日在文化传承发展座谈会所强调的：“在新的起点上继续推动文化繁荣、建设文化强国、建设中华民族现代文明，是我们在新时代新的文化使命。要坚定文化自信、担当使命、奋发有为，共同努力创造属于我们这个时代的新文化，建设中华民族现代文明。”因此，我们应高度重视对中国传统文化的教研实践。

本次修订前，《中国传统文化概要》已被评为“十二五”普通高等教育本科国家级规划教材，并先后荣获了全国兵工高校优秀教材一等奖和陕西省高等学校优秀教材一等奖。这些鞭策敦促我们必须踔厉不止，继续尽好自己的职分，努力打造一部特色鲜明的传统文化精品教材。

本次修订，我们主要贯彻的是以下基本原则：其一，从指导思想上，真正将习近平同志的新时代文化建设思想和党的“二十大精神”领会贯通，内化于心，融之于文；其二，核心理念着眼于“概要”的要求，以面向普通大学生和读者的研习需求为初衷，力求主次有别、条理清楚、层次分明，进一步激发阅读者的自学兴趣，以更好地贴近教习过程；其三，在内容和观点表述上，尽力吸收已取得共识的最新学术研究成果，并使之有机融入。

本次修订采用的是第三版的框架结构，在具体内容和结构上均有不同程度的增删和充实、完善，编写人员也都是挚爱中国传统文化并在本领域颇有造诣或长期从事中国传统文化教学研究的学人。各章节具体的撰稿人如下：

绪论，冯希哲；第一章，敬晓庆；第二章，师爽；第三章，王素；第四章，陈丛兰；第五章，孙雅芬；第六章，董凯、张晓剑；第七章，程建虎；第八章，蔡静波、肖娜；第九章，徐光明、刘旭峰；第十章，张志昌；第十一章，冯希哲、郭星。

本次修订提纲由主编负责草拟，集体讨论确定。主编和副主编分别承担所负责章节的统稿与审核责任，在多方征求专家意见的基础上，最后由主编逐一审改定稿。教材的电子拓展资源等一并由章节撰写人提供，由统稿人审核，主编审定。教材编写和修订中引用和参考了大量同人的相关研究成果和学术观点，限于篇幅，行文中难以一一注明，特此致歉并深表谢意。修订过程中，我们得到了张新科、尚永亮、李浩、党怀兴等全国知名学者的谆谆指教，得到了西安工业大学领导的深切关怀和大力支持，得到了中国人民大学出版社的悉心指导与帮助，在此谨表谢忱和致谢。编写过程中，难免有挂一漏万，恳望得到诸位方家一如既往的批评指正。

编　者

2024 年 2 月

图书在版编目（CIP）数据

中国传统文化概要／冯希哲主编；敬晓庆等副主编．
4版．--北京：中国人民大学出版社，2024.8
（新编21世纪中国语言文学系列教材）．--ISBN 978-7
-300-33036-5
Ⅰ．K203
中国国家版本馆CIP数据核字第202422VQ93号

“十二五”普通高等教育本科国家级规划教材
新编21世纪中国语言文学系列教材
**中国传统文化概要（第四版）**
主　编　冯希哲
副主编　敬晓庆　程建虎　张志昌　蔡静波
Zhongguo Chuantong Wenhua Gaiyao

| | | | |
|---|---|---|---|
| **出版发行** | 中国人民大学出版社 | | |
| **社　　址** | 北京中关村大街31号 | **邮政编码** | 100080 |
| **电　　话** | 010－62511242（总编室） | | 010－62511770（质管部） |
| | 010－82501766（邮购部） | | 010－62514148（门市部） |
| | 010－62515195（发行公司） | | 010－62515275（盗版举报） |
| **网　　址** | http：//www. crup. com. cn | | |
| **经　　销** | 新华书店 | | |
| **印　　刷** | 北京密兴印刷有限公司 | **版　　次** | 2012年8月第1版 |
| **开　　本** | 787 mm×1092 mm　1/16 | | 2024年8月第3版 |
| **印　　张** | 20.25插页1 | **印　　次** | 2024年8月第1次印刷 |
| **字　　数** | 394 000 | **定　　价** | 49.90元 |

## 关联课程教材推荐

| ISBN | 书名 | 作者 | 定价（元） |
|---|---|---|---|
| 978-7-300-27627-4 | 《资治通鉴》二十讲（第2版） | 刘后滨　李晓菊 | 45.00 |
| 978-7-300-21892-2 | 美学导论（第4版） | 张法 | 38.00 |
| 978-7-300-22528-9 | 美学概论（第四版） | 牛宏宝 | 32.00 |
| 978-7-300-28927-4 | 美学原理（第二版） | 王一川 | 45.00 |
| 978-7-300-15457-2 | 世界文学名著赏析 | 钱谷融　刘洪涛 | 59.00 |
| 978-7-300-25462-3 | 唐诗宋词鉴赏（第二版） | 张明非　等 | 39.00 |
| 978-7-300-29709-5 | 外国文学名著选读（第4版） | 梁坤 | 68.00 |
| 978-7-300-25751-8 | 西方文化概论（第3版） | 方汉文 | 49.80 |
| 978-7-300-33036-5 | 中国传统文化概要（第四版） | 冯希哲 | 49.90 |
| 978-7-300-33108-9 | 中国文化概论（第五版） | 金元浦 | 51.00 |
| 978-7-300-29003-4 | 中国文化概论精编本（第二版） | 金元浦 | 39.00 |
| 978-7-300-27838-4 | 中华传统文化导读 | 王霁 | 55.00 |

## 配套教学资源下载说明

尊敬的老师：

衷心感谢您选择人大版教材！相关的配套教学资源，请到中国人民大学出版社官网（www.crup.com.cn）下载。部分教学资源需要验证教师身份后下载。请您登录出版社官网，点右上角“注册”，填写“会员中心”的“我的教师认证”项目，等待后台审核。我们将尽快为您开通下载权限。

如您急需教学资源或教材样书，也可以直接与我们的编辑联系。

联系人：刘静　　电话：010-62513587　　电子邮箱：12918646@qq.com

欢迎您加入全国汉语言文学教师群，开展学术讨论，交流教学心得。（QQ群号：1062057602）

全国汉语言文学教师群
群号：1062057602

俯仰天地　心系人文

www.crup.com.cn